INSTITUTES

DE JUSTINIEN

NOUVELLEMENT EXPLIQUÉES.

TROYES. — IMPRIMERIE DE CARDON.

INSTITUTES

DE JUSTINIEN

NOUVELLEMENT EXPLIQUÉES,

PAR A. M. DU CAURROY,

AVOCAT A LA COUR ROYALE,

PROFESSEUR DE LA FACULTÉ DE DROIT DE PARIS.

TOME DEUXIÈME

CONTENANT LES DEUX DERNIERS LIVRES.

Sixième Edition

REVUE ET CORRIGÉE.

PARIS.

G. THOREL, S[r] D'ALEX-GOBELET, LIBRAIRE,

PLACE DU PANTHÉON, 4, PRÈS L'ÉCOLE DE DROIT.

1841.

INSTITUTES

EXPLIQUÉES.

LIVRE TROISIÈME.

TITRE PREMIER.

Des Hérédités déférées ab intestat.

PR.

808. On meurt intestat,

1° Lorsqu'on n'a fait aucun testament, ou, ce qui revient au même, lorsqu'on n'a fait qu'un testament irrégulier (*non jure factum*) et par conséquent nul (*text. hic*);

2° Lorsqu'un testament, régulier dans l'origine, est devenu inutile, ou a été rompu (*text. hic*) de toute autre manière que par la confection d'un second testament. La rescision du testament inofficieux est aussi un des cas qui rendent le père de famille intestat (*Ulp. fr.* 6, § 1, *de inoff. test.*).

Il en est de même 3° lorsque nul ne veut ou ne peut se porter héritier en vertu du testament qui reste abandonné (*text. hic; Paul. 4 sent.* 8, § 1; *Ulp. fr.* 1, *de sui et legit.*).

§ I.

809. Pour conserver les biens du défunt dans sa famille, la loi des Douze-Tables appelle d'abord à l'hérédité les membres de la famille proprement dite, et à leur défaut les membres de la famille générale (100,231).

De là deux ordres d'héritiers ab. intestat : 1° les héritiers siens; 2° les agnats (1). La même division conservée, à quelques modifications près, dans le droit honoraire (820, 894), s'y trouve complétée par un troisième ordre purement prétorien, qui admettait, sans autre distinction que celle du degré, tous les parents du défunt (*unde cognati; v.* § 13 *in fin. h. t.;* § 3, *de bon. poss.; Modest. fr.* 1, *quis ordo*).

Jusqu'à la novelle 118, les modifications qu'a subies cette partie de la législation n'ont rien changé à la division précédente. Les héritiers siens, les agnats, les cognats ont toujours formé trois ordres distincts; seulement les préteurs, le sénat et les princes ont successivement élevé, soit au rang d'héritiers siens, soit au rang d'agnats, différentes personnes que le droit primitif laissait au nombre des cognats (v. § 15 *et* 16, *h. t.;* § 3, *de legit. agnat. succ.; pr., de sc. tertyll.; pr., de sc. orfic.*).

---

(1) *Paul.* 4 *sent.* 8, § 5. Au défaut des agnats, la loi des Douze-Tables appelait, en troisième ordre, les gentils (*gentiles; Paul ibid.; Gaius*, 3 *inst.* 17; *Ulp.* 26 *reg.* 1), c'est-à-dire les membres d'une famille plus étendue encore que celle des agnats. Nous n'avons pas la définition que Gaius avait donnée des *gentiles*, et je ne chercherai pas à y suppléer par des conjectures; car le *jus gentilicium* était tombé dans une désuétude complète dès le temps de Gaius, et ce jurisconsulte a jugé inutile de s'en occuper davantage (3 *inst.* 17).

Pour l'intelligence de cette matière, je rattacherai à cette division en trois ordres, la série des titres relatifs aux successions ab intestat. Celui-ci est consacré aux héritiers siens. Nous parlerons séparément, 1° des héritiers siens proprement dits; 2° des personnes considérées comme tels par le préteur; 3° des personnes assimilées aux héritiers siens par les constitutions.

I. DES HÉRITIERS SIENS PROPREMENT DITS.

§ II.

810. Il faut appliquer ici ce que nous avons dit précédemment (666) sur les héritiers siens, ou plutôt sur les siens héritiers; car on est sien, *suus*, relativement à un père de famille, avant d'être et même sans être jamais héritier, par cela seul qu'on est sous sa puissance, à quelque degré que ce soit. Parmi les enfants siens, c'est-à-dire parmi les fils de famille, ceux qui se trouvent sous la puissance immédiate du défunt à l'époque de sa mort, sont héritiers : les enfants du second degré, précédés par leur propre père dans la famille de l'aïeul, sont toujours siens pour ce dernier, mais ne sont pas héritiers (*text. hic*; § 2, *de her. qual.*).

811. Cette décision suppose que le décès de l'aïeul défère immédiatement l'hérédité légitime; mais en règle générale, l'hérédité ne s'ouvre ab intestat que lorsqu'il est devenu certain que le défunt n'aura pas d'héritier testamentaire (§ 7, *h. t.*; v. § 6, *de legit. agnat. succ.*). L'incertitude à cet égard, cesse à l'instant même de la mort, lorsqu'il n'existe aucun testament valable (v. *d.* § 6). Alors les fils de famille qui se trouvent sous la puis-

sance immédiate du défunt, sont héritiers par cela seul qu'ils survivent à l'hérédité déférée (§ 3, *h. t.*). Leur décès, quelque rapproché qu'on le suppose, ouvrirait une hérédité nouvelle, et dans ce cas les petits-enfants deviendraient héritiers, non de leur aïeul prédécédé, mais de leur père (*Ulp. fr.* 3, § 30, *de suis et legit.*). Au contraire, lorsqu'on peut espérer un héritier testamentaire, cet espoir suspend l'ouverture de l'hérédité légitime, comme l'institution conditionnelle suspend l'ouverture de l'hérédité testamentaire (667), et si le fils décède dans l'intervalle, l'hérédité déférée après son décès arrive aux petits-enfants qui étaient retombés sous sa puissance (v. § 7, *h. t.*).

§ VII.

812. On suppose, en effet, que l'aïeul institue un étranger en déshéritant son fils. Après le décès du testateur et pendant que l'institué délibère, le fils meurt; puis l'institué répudie. Dès lors il est certain que l'aïeul n'aura pas d'héritier testamentaire, et l'hérédité est déférée ab intestat au petit-fils qui n'est plus précédé par personne. Il en serait de même, si le fils institué sous une condition potestative (601) décédait après le testateur, mais avant d'avoir accompli la condition. Dans ce cas, comme dans le précédent, l'hérédité de l'aïeul serait déférée au petit-fils retombé sous la puissance de son père et devenu *sui juris* par la mort de celui-ci. Ce petit-fils s'est trouvé sous la puissance de l'aïeul au décès de ce dernier, il était par conséquent *suus* : plus tard il devient héritier; il est donc AVO SUUS HERES (*text. hic*; *Pap. fr.* 7, *si tab. test. null.*; *Ulp. fr.* 1, § 8, *de suis et legit.*).

§ VIII.

813. Les petits-enfants appartiennent à la famille de l'aïeul paternel dès leur conception (207). Il leur suffit, pour être *sui*, d'avoir été conçus du vivant de l'aïeul, lors même qu'ils ne naîtraient qu'après sa mort. (*Ulp. fr.* 1, § 8; *fr.* 3, § 9, *de suis et legit.*; *Cels. fr.* 7, *eod.*).

Quant aux petits-enfants conçus après le décès de l'aïeul, comme son existence a fini avant le commencement de la leur, il n'a jamais pu se former entre eux et lui aucun lien de parenté (*nullo jure cognationis tetigit*) : leur qualité de descendants devient donc indifférente quant à l'hérédité (*non sunt quantum ad hereditatem liberi*). Aussi ne succèdent-ils ni à l'aïeul, ni à aucun autre parent mort avant leur conception (*text. hic; Julian. fr.* 6, *de suis et legit.*), c'est-à-dire plus de dix mois avant leur naissance (*Ulp. fr.* 3, § 11, *eod.*). A cet égard le droit prétorien ne leur est pas plus favorable pour la possession de biens que le droit civil pour l'hérédité (*text. hic; Julian. fr.* 8, *de suis et legit.*; *Ulp. fr.* 1, § 8, *unde cogn.*).

814. Il en est de même des enfants qu'un fils émancipé adopte avant comme après la mort de son père (*text. hic*; v. *Paul.* 4 *sent.* 8, § 12); car la parenté civile qui résulte de l'adoption s'établit uniquement dans la famille de l'adoptant (181), et comme l'émancipé sort de la famille du père émancipateur, ce dernier reste complètement étranger aux enfants adoptés même de son vivant par l'émancipé. Il n'est pas leur aïeul; ils ne sont pas ses petits-fils (*nec ille est inter liberos avo, text. hic;* v. *Julian. fr.* 26, *de adopt.*).

§ IV.

815. Par exception aux règles précédentes, Justinien cite un héritier sien qui, à l'époque du décès, n'était pas sous la puissance du défunt. Il s'agit du prisonnier de guerre rentré après la mort de son père. Pendant sa captivité, il était de fait hors de puissance; mais l'exception disparaît, lorsqu'on se rappelle que le prisonnier rentré est censé n'avoir jamais été pris (193). Il conserve donc tous ses droits, et les exerce sur l'hérédité paternelle conformément aux principes du *postliminium* (*Paul. 4 sent.* 8, § 7; *Ulp. fr.* 1, § 4, *de suis et legit.*; *Diocl. et Max.* C. 9, *de postl. revers.*).

§ V.

816. En sens inverse nous verrons des fils de famille restés sous la puissance de leur père, ne pas devenir héritiers siens, ou plutôt le devenir pour déposer ensuite cette qualité (*text. hic*). La véritable exception consiste ici dans la poursuite exercée après la mort du coupable, contre sa mémoire (*Ulp. fr.* 1, § 3, *de suis et legit.*; *fr.* 11, *ad leg. jul. maj.*), et dans l'effet rétroactif de la sentence qui, dans un cas particulier, remonte à l'époque même où le crime a été commis (*Marcian. fr.* 15, *de donat.*; *Pap. fr.* 31, § 4, *eod.*). Cette fiction une fois admise, il en résulte que le coupable a immédiatement perdu la puissance paternelle. Ses enfants, considérés comme *sui juris* depuis la même époque, ne peuvent, lors de son décès, devenir héritiers siens d'un père qui ne laisse ni hérédité ni héritier, et n'a d'autres successeurs que le fisc (*cum fiscus ei succedat*).

En général, ceux qui perdent la liberté ou même la qualité de citoyen, n'ont jamais d'héritier. Les biens d'un père de famille déporté ou devenu esclave de la peine sont acquis au fisc (*Alex.* C. 1; *Gord.* C. 4; *Diocl. et Max.* C. 6, *de bon. proscript.*); et quand les personnes *sui juris* deviennent esclaves d'un particulier, ce dernier acquiert tous leurs biens (v. § 1, *de succ. subl.*). Il en est autrement du prisonnier mort chez l'ennemi; la loi Cornélia, en le supposant mort à l'instant même de sa captivité (562), conserve sa succession aux héritiers qu'il a institués, et même aux héritiers légitimes (§ 5, *quib. non est perm.*; *Julian. fr.* 12, *qui test. fac.*; *Up. fr.* 1, *de suis et legit.*).

§ VI.

817. Lorsqu'un fils sort de la famille paternelle, sa place est aussitôt remplie par ses propres enfants, qui ont alors sur l'hérédité de l'aïeul tous les droits de leur père (v. *text. hic*; *Gaius*, 3 *inst.* 7; *Ulp.* 26 *reg.* 2).

De là il résulte, 1° qu'un fils exclut ses propres enfans, sans jamais exclure ceux d'un autre fils (§ 2 *in fin.*, *h. t.*; *Paul.* 4 *sent.* 8, § 8); 2° que les petits ou arrière-petits-enfants ont entre eux la part qu'aurait eue celui dont ils prennent la place (*Ulp.* 26 *reg.* 2; *fr.* 1, § 4, *de suis et legit.*): aussi distingue-t-on ici deux manières de succéder ou plutôt de partager entre les enfants siens l'hérédité légitime. Elle se divise (*in capita*) par têtes ou portions viriles, c'est-à-dire en autant de parts égales qu'il y a d'héritiers, lorsque les enfants du premier degré succèdent seuls à leur père; mais au contraire, lorsque les descendants d'un degré inférieur occupent dans la famille la place que leur père a laissée vacante, l'hérédité se divise, sans égard au nombre des héritiers, comme si le fils représenté par ses enfants existait encore dans la famille (*Paul.* 4 *sent.* 8, § 9; *Ulp.* 26 *reg.* 2; *Gaius*, 3 *inst.* 8). C'est le partage par souche (*non in capita sed in stirpes*), ainsi appelé parce que chaque fils est considéré comme formant souche, par rapport à ses descendants (v. *Themis*, *t.* 7, *p.* 263 *et* 383).

Remarquons que le partage se fait par souches entre les héritiers siens, lors même qu'il y a parité de degré entre les petits-enfants (*text. hic; Gaius*, 3 *inst.* 8; *Paul.* 4 *sent.* 8, § 9).

818. Les filles et petites-filles sont héritiers siens du père ou de l'aïeul qui les avait sous sa puissance, et à ce titre elles succèdent comme les descendants mâles (v. § 2, *h. t.*); mais leur place dans la famille paternelle n'est jamais remplie par leurs propres enfants, qui appartiennent nécessairement à une autre famille (*Gaius*, *fr.* 196, § 1, *de verb. sign.*; *Paul.* 4 *sent.* 8, § 10). Cependant nous les verrons bientôt admis par Théodose avec les héritiers siens (§ 15 *et* 16, *h. t.*).

§ III.

819. L'hérédité légitime est acquise aux siens comme l'hérédité testamentaire. Tout ce qu'on a dit précédemment (668) sur l'une s'explique et se complète par ce qui est dit ici sur l'autre, et réciproquement (*text. hic.*; *Paul.* 4 *sent.* 8, § 6).

Tel est, sur les héritiers siens proprement dits, le système de la loi des Douze-Tables renfermé dans les huit premiers paragraphes de ce titre.

II. DES PERSONNES CONSIDÉRÉES COMME HÉRITIERS SIENS PAR LE PRÉTEUR.

§ IX.

820. Les enfants sortis de la famille, ne se trouvant pas sous la puissance du mourant, ne sont ni siens ni héritiers d'après le droit civil (*text. hic; Gaius*, 3 *inst.* 19). Il en est autrement dans la succession prétorienne. En admettant en premier ordre les enfants du défunt, le préteur appelle non-seulement ceux qui sont restés dans la famille, mais avec eux et sans distinction, les émancipés (*text. hic; Modest. fr.* 1, § 2, *quis ordo*). Dans la succession testamentaire nous les avons vus (573) assimilés aux héritiers siens qu'on est obligé de déshériter ou instituer : ici, par suite du même principe, et lorsqu'il n'existe aucun testament (*Ulp. fr.* 3, *si tab. test. null.*), le préteur accorde la possession de biens UNDE LIBERI aux mêmes enfants qui, dans le cas contraire, faute d'avoir été déshérités ou institués, obtiendraient la possession CONTRA TABULAS (*Ulp. fr.* 1, § 5 *et* 6, *eod.*; 826).

Le préteur en admettant ainsi les émancipés, ne leur confère point le titre d'héritiers (*text. hic in fin.*), titre réservé exclusivement aux successeurs appelés par la loi civile, mais en résultat les héritiers ne succèdent réellement que pour partie (*pro parte*), puisqu'ils sont obligés de partager avec les concurrents que le préteur leur donne dans la possession de biens.

821. Ce qu'on dit ici des enfants émancipés s'applique à plusieurs descendants qui n'ont jamais été sous la puissance du défunt, par exemple, aux enfants d'un fils émancipé (*Ulp. fr.* 3, *de b. p. contra tab.*) : conçus

avant ou après l'émancipation de leur père, ils ont toujours été étrangers, dans le premier cas, à la puissance de l'émancipé, dans le second cas, à la puissance de l'aïeul émancipateur. Néanmoins le préteur admet à la succession du fils émancipé ses propres enfants conçus avant l'émancipation, et à la succession de l'aïeul émancipateur, les enfants de son fils conçus après l'émancipation de ce dernier (1). En effet, le préteur admet en général tous les enfants que le droit civil reconnaîtrait lui-même pour héritiers siens, si eux ou leur père n'étaient point sortis de la famille (572) par une CAPITIS DEMINUTIO que le droit honoraire regarde comme non-avenue, et n'oppose à aucun descendant (*Pomp. fr.* 5, § 1, *si tab. test. null.*).

822. Ce qu'on a dit ici de l'émancipation s'applique également à toute autre manière de dissoudre le lien de famille (*Ulp. fr.* 1, § 6, *de b. p. contra tab.*); car la moyenne et la grande CAPITIS DEMINUTIO ne nuisent qu'autant qu'elles privent du droit de cité : aussi ne sont-elles pas opposées à celui qui se trouve réintégré dans sa qualité de citoyen (*Ulp. fr.* 1, § 9; *Hermog. fr.* 2, *eod.*).

§ X.

823. Les enfants donnés en adoption ne différeraient point des enfants émancipés, si l'adopté, en sortant de sa famille naturelle, ne passait pas dans une famille étrangère. Le préteur qui, à la mort du père naturel, trouve l'adopté dans cette famille, ne peut pas le consi-

---

(1) *Paul. fr.* 6, *de b. p. contra tab.; Modest. fr.* 21, *eod.; Pomp. fr.* 5, § 1, *si tab. test. null.* Observez que les petits-enfants ne viennent jamais à la succession de l'aïeul qu'à défaut de leur père (*Pomp. d. fr.* 5, § 1; v. *Paul, fr.* 4, § 1, *de b. p. contra tab.*).

dérer comme appartenant en même temps à deux familles différentes : aussi dans ce cas l'adopté ne sera-t-il appelé à la succession de son père naturel, ni par le droit civil, ni par le droit prétorien (1).

Ce n'est pas la *capitis deminutio* en elle-même qui empêche les adoptés de succéder au père naturel, c'est la position qu'ils occupent dans une autre famille au décès de ce dernier (*si modo cum is moritur in adoptiva familia sint*) ; et peu importe, en effet, comment ils sont sortis de la famille primitive. L'émancipé qui s'est donné en adrogation, comme le suppose notre texte, et ses enfants passés avec lui ou conçus postérieurement dans la famille de l'adoptant, ne diffèrent en rien du fils de famille donné en adoption proprement dite : tous sont également écartés, soit de l'hérédité, soit des possessions de biens *contra tabulas* ou *unde liberi*, par cette seule raison qu'ils sont dans une famille étrangère ; *hoc solum quæritur an in adoptiva familia sit* (2).

824. Pour succéder au père naturel, les enfants passés dans une famille adoptive doivent en sortir avant la mort de ce dernier ; car s'il suffisait d'en sortir à une époque quelconque, l'adoptant pourrait à son gré faire que la succession restât aux personnes qui se sont trou-

(1) Le préteur ne l'admet pas en premier ordre, par la possession de biens *unde liberi*, mais il lui accorde en troisième ordre la possession de biens *unde cognati*. Voyez le § 13 et son explication (867)

(2) *Gaius, fr.* 9, *de b. p. contra tab.; v. text. hic; Ulp.* 23 *reg.* 3; *Paul. fr.* 6, § 4, *eod.* Les enfants de l'émancipé ne sont pas censés changer de famille, lorsqu'ils passent par adoption de la puissance du père émancipé dans celle de l'aïeul émancipateur, *et vice versa*. En effet le préteur qui considère l'émancipation comme non avenue, doit considérer le père et l'aïeul paternels comme formant toujours une seule et même famille (*Ulp. fr.* 3, § 7 *et* 8; *Modest. fr.* 21, § 1, *eod.*).

vées dans la famille du défunt à l'époque de sa mort, par exemple aux agnats, ou, en émancipant l'adopté, faire que celui-ci reprît la préférence que le droit prétorien accorde aux enfants. Pour ne pas laisser à l'adoptant une semblable faculté (*text. hic in fin.*), les adoptés que le père adoptif émancipe ne succèdent au père naturel que lorsque l'émancipation a précédé la mort de ce dernier (1).

§ XI.

825. Quant au père adoptif, les adoptés ont les mêmes droits que les enfants naturels; et le préteur lui-même ne met aucune différence entre eux, tant que l'adoption subsiste (§ 4, *de exhered. lib.*; *Ulp. fr.* 1, *de b. p. contra tab.*; *fr.* 1, § 6, *si tab. test. null.*). Après l'émancipation, le droit civil ne met encore aucune différence entre l'adopté et l'enfant naturel : l'un et l'autre cessent d'être siens, et perdent leurs droits sur l'hérédité (§ 3 *et* 4 *de exhered. lib.*). Toutefois l'émancipé reste toujours fils du père naturel dont il a quitté la famille (§ 3, *de legit. agn. tut.*; *Paul. fr.* 4, *si tab. test. null.*); l'adopté, au contraire, dès qu'il sort de la famille de l'adoptant, ne compte plus, sous aucun rapport, parmi les enfants de ce dernier, *desinit in numero liberorum esse* (§ 12 *in*

(1) *Text. hic; Paul. fr.* 6, § 4, *de b. p. contra tab.* Si l'on exige qu'ils soient émancipés, c'est pour qu'ils sortent, non-seulement de la puissance, mais aussi de la famille de l'adoptant; car les enfants peuvent devenir *sui juris* sans sortir de la famille; c'est ce qui arrive par le décès du père (237). Aussi la mort de l'adoptant ne rend-elle pas à l'adopté le droit de succéder à son père naturel : *utrum pater adoptivus vivit an defunctus est, nihil interest* (*Gaius, fr.* 9, *eod.*). La seule chose à examiner, c'est de savoir si l'adopté est encore dans la famille de l'adoptant, *an in familia sit.*

fin., *h. t.*; v. *Paul. d. fr.* 4, *eod.*). Aussi le préteur lui refuse-t-il la possession de biens qui n'appartient qu'aux enfants du défunt (v. 10, *h. t.*; *Ulp. fr.* 8, § 12, *de b. p. contra tab.*).

§ XII et XIII.

826. Les possessions de biens *contra tabulas* et *unde liberi* sont deux voies tendant au même but, que le préteur ouvre et ferme aux mêmes personnes, d'après les mêmes règles (*Ulp. fr.* 1, § 6, *si tab. test. null.*), mais dans es circonstances opposées. La possession *contra tabulas* suppose l'existence d'un testament, dans lequel un enfant héritier sien, ou considéré comme tel d'après les règles ci-dessus, n'a été ni institué ni déshérité suivant les formes requises (*ut oportet*; *text. hic*; *Ulp. fr.* 8, *de b. p. contra tab.*; *fr.* 1, *eod.*). La possession des biens *unde liberi* se donne au contraire lorsqu'il n'existe aucun testament, et le testament n'existe, dans le sens du droit prétorien, qu'autant qu'il a été revêtu de cinq cachets (*Ulp. fr.* 3, *si tab. test. null.*; v. § 2, *de test. ordin.*).

827. Dans l'une ou l'autre de ces possessions de biens, l'émancipation étant considérée comme non avenue, l'émancipé concourt avec les héritiers siens, leur enlève une partie des biens paternels, et par suite une partie des biens que ces mêmes héritiers siens ont acquis au père commun. Ce dernier n'a point profité des acquisitions faites par les émancipés; il est donc juste que ceux-ci remettent dans la masse héréditaire les biens qu'ils auraient acquis au père commun, si l'émancipation n'avait pas eu lieu (*Ulp. fr.* 1, *de collat. bon.*). De là il suit que l'émancipé doit rapporter, pour être partagés avec les

héritiers siens (*Julian. fr.* 3, § 3, *eod.*) dont il diminue la portion (*Ulp. fr.* 1, § 5, *eod.*), et qui concourent avec lui dans la succession prétorienne (1), les biens dont il se trouve propriétaire au décès du père de famille (*Gordian.* C. 6, *de collat.*).

Quant aux acquisitions postérieures, quand même on les supposerait faites par un enfant resté sous la puissance paternelle, elles n'auraient jamais pu appartenir au défunt : aussi l'émancipé ne les rapporte-t-il pas (v. *Paul. fr.* 11, *de collat. bon.*; *Diocl. et Max.* C. 15, *de collat.*). Par la même raison, il n'a jamais rapporté, même parmi les acquisitions antérieures, celles qui auraient fait partie des pécules castrans ou quasi-castrans (*Ulp. fr.* 1, § 15, *eod.*); et, dans le nouveau droit, il ne rapporte plus les biens adventifs. Les biens profectifs sont, en effet, les seuls auxquels continuent de s'appliquer, à l'égard des fils de famille, les conséquences de la puissance paternelle (v. § 1, *per quas person.*), ou à l'égard des émancipés, la nécessité du rapport (*Justin.* C. 21, *de collat.*).

828. Les enfants appelés aux possessions de biens *contra tabulas* et *unde liberi*, y viennent dans le même ordre qu'à l'hérédité légitime (*Ulp. fr.* 1, § 1, *de l. p. contra tab.*). En conséquence les enfants du fils prennent dans la succession de l'aïeul la place et la part de leur père

(1) *Ulp. fr.* 1, § 1, *eod.* L'héritier sien qui ne demande pas la possession de biens, ne peut pas forcer l'émancipé au rapport, du moins d'après les termes de l'édit; mais une interprétation plus équitable soumet l'émancipé au rapport, dans tous les cas où il diminue la part de l'héritier sien, lors même qu'ils succèdent, l'un d'après le droit civil, l'autre d'après le droit prétorien (*Scævol. fr.* 10, *eod.*; *Paul. fr.* 7, *de dot. col.*; *Pothier*, 37 *pand.* n° 5).

(*Paul. fr.* 11, § 1, *eod.*); et lorsque celui-ci survit, il exclut ses propres enfants (*Ulp. fr.* 1, § 8, *eod.*; *Pomp. fr.* 5, § 1, *si tab. test. null.*). La chose est toute simple à l'égard des petits-enfants qui seraient comme leur père hors de la famille; mais les enfants d'un fils émancipé restent souvent sous la puissance de l'aïeul, alors ils prennent la place de leur père et deviennent héritiers siens (§ 2 *et* 6, *h. t.*). En rendant au père la place qu'il avait perdue, le droit prétorien va dépouiller ses enfants d'un droit acquis; il fera prévaloir la fiction sur la réalité. Telle est cependant la conséquence exacte du principe qui regarde l'émancipation comme non avenue, et cette conséquence n'a été modifiée que sous Adrien. D'après une nouvelle disposition ajoutée à l'édit par Salvius Julianus, les petits-enfants que l'aïeul a conservés sous sa puissance ne sont pas exclus par leur père émancipé; ils concourent avec lui sur la portion que leur attribue le droit civil et que les anciens édits rendaient en totalité au père. Cette portion se subdivise par moitié entre les petits-enfants héritiers siens et leur père émancipé; et comme c'est à eux que préjudicie dans ce cas la possession de biens obtenue par leur père, c'est à eux seuls qu'il rapporte (*Ulp. fr.* 1, *pr. et* § 1, *de conj. cum emanc.*).

Voyez, pour l'explication du § 13, celle du § 3, *de success. cognat.*

III. DES PERSONNES ASSIMILÉES AUX HÉRITIERS SIENS PAR LES CONSTITUTIONS.

§ XIV.

829. D'après ce qui précède, l'adopté ou l'adrogé qui

sort de la famille adoptive après le décès du père naturel, perd deux successions, savoir : celle du père naturel à cause de l'adoption qui subsiste encore, et celle de l'adoptant malgré l'adoption qui ne subsiste plus (§ 11, *h. t.*). Les anciens jurisconsultes avaient inutilement cherché les moyens d'éviter ce résultat. Justinien tranche la difficulté, en dépouillant de son principal effet l'adoption proprement dite, qui désormais ne doit plus transférer la puissance paternelle qu'aux ascendants de l'adopté (171).

Si Justinien déroge aux anciens effets de l'adoption, s'il maintient dans leur famille primitive les enfants adoptés par un étranger, c'est uniquement pour leur conserver l'hérédité paternelle. Ce motif ne s'applique point aux petits-enfants dont le père est encore dans la famille. Ils ne sont point héritiers de l'aïeul ; en passant dans une famille adoptive, ils n'ont rien à perdre : aussi l'adoption conserve-t-elle son plein et entier effet sur les petits-enfants que l'aïeul ne serait pas obligé d'instituer ou d'exhéréder. Ils passent dans la famille et sous la puissance de l'adoptant, même étranger (*Justin.* C. 10, § 4, *de adopt.*).

L'adrogation conserve également son effet sur l'adrogé *sui juris*, qui, n'étant héritier sien de personne, se place lui-même dans une famille étrangère (*text. hic; d.* C. 10, § 5, *de adopt.*).

830. Les adoptés qui passent sous la puissance de l'adoptant, ont dans sa famille, tant qu'ils y restent, les mêmes droits que tous autres fils de famille. Rien n'est plus régulier ; mais par une singularité remarquable, l'adoption imparfaite, lorsqu'elle n'a pas été dissoute par l'émancipation, confère à l'adopté les droits d'héritier sien (*etiam sui heredis jus*; *Justin.* C. 10, § 1, *de adopt.*) sur la suc-

cession de l'adoptant qui n'a point la puissance paternelle. L'adopté succédera donc concurremment avec les enfants naturels de l'adoptant, mais *ab intestat* seulement; car en cas de testament, l'adopté omis ne peut ni recourir, soit à la possession de biens *contra tabulas*, soit à la plainte d'inofficiosité, ni demander la quarte sabinienne (v. *text. hic;* § 2, *de adopt.*).

Lorsque le père de trois enfants mâles donne l'un d'eux (*ex tribus maribus*) en adoption, le Sc. Sabinien (1) assure à ce dernier le quart des biens de l'adoptant (*Theoph. hic*). Cette quarte, semblable à la quarte Antonine de l'adrogé impubère (176), est supprimée ici pour tout adopté qui, d'après la distinction consacrée par Justinien, reste dans sa famille primitive.

§ XV.

831. Les enfants ne naissent jamais dans la famille de leur aïeul maternel; ils ne sont donc pour lui que de simples cognats, et à ce titre, le droit prétorien ne les admet à succéder qu'en troisième ordre (*text. hic;* § 2, *de success. cogn.*).

Ainsi la fille prédécédée n'était pas représentée dans la famille paternelle, soit pour l'hérédité, soit pour les possessions de biens *contra tabulas* ou *unde liberi*. Ce ne fut que très-tard, sous les empereurs Valentinien, Théodose

(1) Haubold place le Sc. Sabinien entre l'an 914 et l'an 922 de la fondation de Rome, sous le règne de Marc-Aurèle. Dans les conjectures auxquelles on est réduit sur les dispositions de ce Sc., les interprètes s'accordent preque tous avec Théophile. Heineccius seul (*Elem. jur. n*° 186), prend la quarte sabinienne, non sur les biens de l'adoptant, mais sur ceux du père naturel. Notre texte qui ne concerne que l'adoptant et sa succession, contredit évidemment cette opinion.

et Arcadius (C. 4, C. Th. *de legit. hered.*), que les enfants de la fille purent concourir avec les héritiers siens de leur aïeul maternel (1), et recueillir les deux tiers de ce que leur mère aurait personnellement recueilli (*text. hic*).

§ XVI.

832. Dès que les enfants de la fille purent concourir avec les héritiers siens, ils eurent, au défaut de ceux-ci, la préférence sur le second ordre, c'est-à-dire sur les agnats, sans cependant les exclure en totalité, comme on l'induirait mal à propos des expressions trop générales du texte précédent (*iisque.... adeuntibus adgnatos* MINIME *vocabant*; § 15, *h. t.*).

En effet, Théodose réservait aux agnats un quart de l'hérédité (*text. hic*). Justinien, plus favorable aux enfants de la fille, annonce que désormais ils prendront sans aucune diminution (*sine ulla diminutione*) la part de leur mère. On croirait, d'après cela, que Justinien accorde réellement aux enfants de la fille le droit de prendre la place et la part de leur mère sans aucune

(1) Il en est de même dans la succession des ascendantes, *quando femina mortua sit cujus de hereditate agitur*; mais quelque important que soit ce passage de notre texte, il faut observer qu'il sort de la matière pour anticiper sur l'explication du Sc. Orphitien (v. § 1, *de sc. orphit.*). En effet, nous traitons ici des héritiers siens et des personnes qui leur sont assimilées; il faut donc avant tout que le défunt puisse avoir des héritiers siens. Aussi tout ce qui précède est-il exclusivement relatif à la succession des ascendants mâles (*Paul. fr.* 4, § 2, *de b. p. contra tab.*; *Gaius*, *fr.* 13, *de suis et legit.*); en effet, lorsque les enfants ont été admis à la succession maternelle, ils ne l'ont point été comme siens, mais comme agnats (*in locum adgnatorum*; *pr.*, *de success. cognat.*; v. *pr. de sc. orphit.*).

déduction, soit du quart en faveur des agnats, soit du tiers en faveur des héritiers siens. Il n'en est pas ainsi. Justinien (C. 12, *de suis et legit.*) déroge effectivement à la constitution de Théodose en privant les agnats du quart que ce prince leur avait réservé ; mais il conserve la première partie de cette même constitution (C. 9, *eod.*), pour le cas où les enfants d'une fille prédécédée concourent avec des héritiers siens. Les premiers n'ont réellement que les deux tiers de la portion maternelle; et s'ils ont obtenu la totalité, ce n'est que postérieurement, par la Novelle 118 (v. 909).

833. Les personnes qui, sans être héritiers siens, sont appelées au même rang, soit par le préteur, soit par les nouvelles dispositions du droit civil, ne sont pas pour cela héritiers nécessaires. Les derniers mots du § 8 (*hæc de suis heredibus*) établissent à cet égard une ligne de démarcation bien tranchée. On ne peut donc pas étendre aux personnes énumérées dans la suite du titre, les principes exposés dans la première partie, et spécialement dans le § 3. S'il a fallu un texte formel pour appliquer à d'autres qu'aux héritiers siens le principe de la représentation et du partage par souches, il faudrait une disposition non moins précise pour rendre héritiers nécessaires les personnes qui succèdent sans avoir été sous la puissance du défunt. Ils doivent acquérir l'hérédité comme l'acquièrent en règle générale les externes, c'est-à-dire par une adition volontaire (670, 671). En effet, Justinien parlant des agnats exclus par les enfants de la fille, suppose que ces derniers font adition (*iis.... adeuntibus*; § 15).

Quant au préteur, il accorde la possession de biens, d'après des règles particulières (v. 905).

TITRE II.

De la Succession légitime des agnats.

PR.

834. A défaut d'héritiers siens, la loi des Douze-Tables appelle en second ordre les agnats du défunt (*Gaius*, 3 *inst.* 9).

Ici, Justinien, d'après la législation existante de son temps, nous montre les agnats précédés non-seulement par les héritiers siens, mais encore par tous les descendants que le droit honoraire et les constitutions impériales appellent *inter suos heredes* (*text. hic;* 820, 829, *etc.*). En effet, lorsque ceux-ci recueillent la succession d'une manière quelconque (*quoquo modo*), c'est-à-dire la possession de biens, en vertu du droit honoraire, ou l'hérédité, en vertu des constitutions impériales, les agnats sont totalement exclus (832).

§ I ET II.

835. Considérée comme lien de famille, l'agnation existe entre les parents directs aussi bien qu'entre collatéraux. Dans ce sens, le fils est le premier agnat de son père (*Pomp. fr.* 12, *de suis et legit.*) : mais relativement à l'hérédité, les descendants formant un ordre séparé, le titre d'agnat, pris par opposition à celui d'héritier sien, ne convient qu'à des collatéraux; car tout descendant qui ne serait pas *suus*, ne serait certainement pas agnat (v. *Pap. fr.* 7, *si tab. test. null.*).

Ce que nous avons dit au premier livre (231) suffit pour

l'intelligence de notre texte (§ 1), et supplée à l'inexactitude de sa définition. Sont agnats entre eux tous les membres de la même famille : *familiam dicimus omnium agnatorum* (*Ulp. fr.* 195, § 2, *de verb. signif.*), et par suite, l'adopté se trouve associé au droit d'agnation, non-seulement avec l'adoptant et les personnes soumises à sa puissance, mais encore avec tous les agnats collatéraux de l'adoptant, à quelque degré que ce soit (§ 2, *h. t.*; 181).

§ III.

856. La loi des Douze-Tables déférait l'hérédité au plus proche agnat sans distinction de sexe. Ce principe a été conservé intact entre les agnats du second degré, c'est-à-dire entre les frères ou sœurs naturels ou adoptifs du défunt. On les a désignés spécialement sous le titre de consanguins (§ 2, *h. t. Ulp.* 26 *reg.* 1); tandis que le titre d'agnat, resté propre aux degrés subséquents, a cessé de comprendre les femmes. Conséquemment, au-delà du second degré, ces dernières ont perdu le droit de succéder aux membres de leur famille. Voilà pourquoi Ulpien (26 *reg.* 1; *fr.* 2, § 1, *de suis et legit.*) et Paul (4 *sent.* 8, § 13), limitent toujours leur définition des agnats aux personnes du sexe masculin.

Cette division des membres de la même famille, en deux classes, a été introduite par l'interprétation des prudents (1). Il en résulte que l'hérédité légitime, à défaut

(1) *Media jurisprudentia*, etc. (*text. hic.; Paul.* 4 *sent.* 8, § 3). L'exclusion des femmes tendait à conserver les biens dans la famille du défunt. Aussi Paul (4 *sent.* 8, § 22), en parlant de la distinction établie entre les consanguins et les agnats, annonce-t-il qu'elle dérive de la loi Voconia, ou plutôt de son esprit : *Voconiana ratione.*

d'héritier sien, se déférait d'abord aux consanguins ; c'est-à-dire aux agnats frères ou sœurs du défunt, sans distinction de sexe ; et secondement, à défaut de consanguins, aux agnats proprement dits, c'est-à-dire aux mâles de la même famille (*text. hic ; Ulp.* 26 *reg.* 1 ; *fr.* 2, § 1, *de suis et legit.*). Ainsi les femmes, lorsqu'elles ne laissaient point de consanguins, avaient pour héritiers des agnats à qui elles-mêmes n'auraient pas succédé (*text. hic; Gaius* 3, *inst.* 14), si ce n'est comme cognats et en troisième ordre seulement, d'après le droit honoraire (866).

837. Justinien (*text. hic ;* C. 14, *de legit. hered.*), supprimant la distinction introduite par l'interprétation des prudens, rétablit tous les agnats sans distinction de sexe, dans les droits que leur donnait primitivement la loi des Douze-Tables ; non toutefois pour revenir au système de cette loi, mais au contraire pour le modifier par d'autres innovations, en sens inverse de celle qu'il abroge.

§ IV.

838. En effet, non content de rendre aux femmes les droits d'agnation qui leur appartiennent, il attribue à certains cognats, c'est-à-dire aux enfants de la sœur, les privilèges d'une agnation qui n'existe pas. Ainsi, conformément à la loi des Douze-Tables, la fille d'un frère consanguin succèdera, nonobstant son sexe, à son oncle paternel (*patrui sui*) ; mais de plus, on admettra dans la même hérédité les enfants de la sœur consanguine ou utérine, quoique le défunt, en sa qualité d'oncle maternel (*avunculi sui*), n'ait jamais été leur agnat. Justinien les reconnaît lui-même pour de simples

cognats; mais il les élève au rang des héritiers légitimes, comme s'ils étaient véritablement agnats (*text. hic.*).

Cette faveur ne profite qu'à un seul degré de cognats (*unus tantummodo gradus*); car Justinien n'admet pas toute la descendance des sœurs, mais seulement leurs fils ou filles (*filius et filia soli*), neveux et nièces du défunt et ses parents au troisième degré. Le même privilège ne s'applique ni aux petits-neveux ou petites-nièces ni à aucun autre cognat du quatrième degré; et, dans le troisième, rien n'autorise à étendre aux oncles ou tantes du défunt la disposition qui concerne les neveux et nièces (v. *Just. d.* C. 14, § 1, *de legit. hered.*).

839. Lorsqu'on admet ainsi comme agnats les enfants de la sœur même utérine, il paraît impossible de ne pas l'admettre elle-même, ainsi que les frères utérins : déjà, en effet, Justinien (C. 7, *ad sc. tertyll.*) les avait appelés à l'hérédité fraternelle, et cependant c'est en 534 seulement, après la promulgation des institutes, que l'agnation fut réellement étendue à tous les frères ou sœurs, comme à tous les neveux et nièces.

Voici quelle a été la marche de cette législation :

En 498, Anastase avait réservé le droit d'agnation aux frères et sœurs émancipés, en les admettant à l'hérédité légitime concurremment, mais non pas également, avec les autres consanguins restés dans la famille. Ce bénéfice ne s'étendit point jusqu'aux enfants de l'émancipé : la constitution d'Anastase les laisse au rang des cognats (v. 243; § 1, *de success. cogn.*).

Justinien, qui affecte de confondre la distinction des agnats et des cognats avec celle des parents paternels et maternels, s'occupe uniquement de ces derniers. Il accorde les droits d'agnation dans toute leur plénitude; d'abord en 528 (*d.* C. 7, *de sc. tertyll.*) aux frères ou sœurs utérins ; puis en 532 (*text. hic;* C. 14, § 1, *de legit. hered.*) aux enfants de sœur, et sans doute aussi, quoiqu'il n'en parle pas, aux enfants de frère utérin, sans rien faire encore pour les consanguins émancipés, ni pour leurs enfants. Ces derniers restent purement et simplement dans la classe des cognats, et le frère ou la sœur émancipés ne concourent eux-mêmes avec les agnats qu'en perdant le quart de leur portion virile, d'après la constitution d'Anastase (§ 1, *de succ. cognat.*). Enfin, en promulgant son code révisé, Justinien (C. 15, § 1, 2 *et* 3, *de legit. hered.*) admet, sans déduction ni réserve, les frères et sœurs émancipés, aussi bien que les frères et sœurs utérins, les neveux et nièces nés soit de frère ou sœur émancipés, soit de frère ou sœur utérins. Dès-lors il ne reste plus de cognats dans le second degré, et il ne reste dans le troisième que les oncles et tantes du défunt, puisque les enfants d'une sœur quelconque, ceux d'un frère utérin, et ceux d'un consanguin émancipé, sont tous également rangés parmi les agnats (1).

840. Les neveux et nièces succéderont donc tous à leurs oncles et tantes, à défaut de frères et de sœurs; car ces derniers, venant au second degré, excluent leurs propres enfants, et même ceux d'un autre frère ou sœur prédécédé (*text. hic in fin.*). En effet, la représentation et le partage par souches, n'étant qu'une

(1) Tous ceux qui sont ainsi considérés comme agnats pour l'hérédité, le sont également pour la tutelle (v. C. 15, § 4, *de legit. hered.*). Une disposition spéciale pour le frère émancipé devenait donc inutile dans le nouveau Code, où l'on a cependant conservé une partie de la constitution d'Anastase (C. 4, *de legit. tut.*; v. 243).

conséquence de la puissance paternelle, n'existaient primitivement qu'entre héritiers siens (§ 6 *de hered. quæ ab intest.*); et, quoiqu'ensuite on ait admis les enfants de la fille à prendre dans la succession de l'aïeul maternel, la part de leur mère prédécédée (§ 16, *eod.*), c'est beaucoup plus tard, et seulement par la Novelle 118, que Justinien étendit aux successions collatérales la représentation et le partage par souches. Ici, au contraire, chacun succède de son chef et partage par têtes, *hereditate non in stirpes sed in capita dividenda* (*text. hic*, *in fin.*).

§ V.

841. La loi des Douze-Tables n'appelle à l'hérédité, parmi les agnats, que le plus proche ou les plus proches (*text. hic*; *Gaius*, 3 *inst.* 11; *Ulp.* 26 *reg.* 1). Les conséquences et l'interprétation de ce principe n'ont besoin d'aucune explication (v. *Paul.* 4 *sent.* 8, § 17, 18, 19).

§ VI.

842. Pour les agnats, comme pour les héritiers siens, l'hérédité s'ouvre ab intestat, lorsqu'on est certain que le défunt n'aura point d'héritier testamentaire, et c'est alors seulement que la priorité du degré détermine la préférence entre les agnats existants à cette époque (*text. hic*).

§ VII.

843. L'hérédité ne se déférait ab intestat qu'une seule fois, au plus proche et à lui seul (*Paul.* 4 *sent.* 8, § 23). Elle restait donc à jamais fermée pour tout autre que

ceux à qui elle s'était d'abord ouverte; ainsi, lorsque le plus proche ne recueillait pas l'hérédité, aucun autre agnat ne pouvait s'y présenter d'après le droit civil. En ce sens, il n'y avait pas succession (*successionem non esse; text. hic;* v. *Gaius*, 3 *inst.* 12; *Ulp.* 26 *reg.* 5; *Paul.* 4 *sent.* 8, § 23), c'est-à-dire dévolution successive de degré en degré.

Justinien admet, dans l'hérédité, la dévolution déjà admise dans les possesions de biens par le préteur. Ainsi l'hérédité sera déférée ab intestat, à tous les agnats successivement et graduellement, comme si chaque degré d'agnation était substitué au précédent.

De cette manière, l'agnat le plus éloigné passera toujours avant tous les cognats, même plus proches que lui, car la priorité du degré n'établit qu'une préférence relative entre successibles du même ordre (v. § 12, *de grad. cognat.*).

844. Si l'hérédité légitime déférée au plus proche agnat n'admettait pas la dévolution, l'hérédité déférée aux héritiers siens ne pouvait pas même l'admettre (v. *Ulp. fr.* 1, § 8, *de suis et legit.*), puisque les siens deviennent héritiers nécessaires, et par cela seul excluent tous les héritiers légitimes (*Diocl. et Max.* C. 2, *unde liber.*); mais avec les siens et parmi eux, les constitutions ont admis d'autres descendants qui n'acquièrent pas *ipso jure* l'hérédité de leur aïeul maternel, ni celle d'un adoptant étranger (833) : faute par eux de la recueillir, sera-t-elle fermée à tous autres successeurs légitimes? Le principe de la dévolution me paraît devoir s'appliquer entre tous les successibles qui ne sont pas héritiers nécessaires. Les descendants qui, sans êtres héritiers siens, succèdent comme eux et avec eux (§ 14, 15 *et* 16, *de her.*

quæ ab int.), se confondent avec les agnats, quant à l'acquisition de l'hérédité qu'ils prennent ou rejettent à à leur gré. Je ne vois donc pas ce qui empêcherait la dévolution : en effet, si les agnats sont exclus par les enfants de la fille, c'est lorsque ces derniers acceptent l'hérédité de leur aïeul paternel (*iis adeuntibus*; § 15, *de hered. quæ ab intest.*).

§ VIII.

845. Dans le système de la loi des Douze-Tables, aucun ascendant ne succède en cette qualité. En effet, les fils de famille n'eurent rien à eux jusqu'à la concession des pécules. Ceux qui deviennent *sui juris* sans émancipation, n'ont plus d'ascendants paternels. Quant à l'émancipé, ses ascendants paternels ne tiendraient plus à lui par le lien de famille, qui d'ailleurs n'existe jamais pour les ascendants maternels.

L'émancipé n'a point d'agnats. Ils sont remplacés, pour lui comme pour les affranchis auxquels il est assimilé, par le patron qui, à défaut d'héritiers siens, arrive en second ordre à l'hérédité (v. *pr. de success. liber.*; *pr. de legit. patr. tut.*). Dans l'origine, ce patron des émancipés n'était autre que l'acheteur à qui on les avait mancipés : ce fut ensuite ou l'acheteur ou le père de famille vendeur, suivant que l'émancipation se faisait avec ou sans fiducie (201; v. *Gaius*, 1 *inst.* 175); enfin ce fut toujours l'ascendant émancipateur, lorsque sous Justinien l'émancipation, simplifiée dans sa forme, fut censée, quant à ses effets, avoir été faite *quasi contracta fiducia* (*text. hic*).

846. L'ascendant émancipateur, considéré comme pa-

tron, continue de succéder, en cette qualité, à défaut d'hériters siens, par préférence à tous autres parents; Justinien, par une correction adaptée selon toute vraiblance à une constitution de Dioclétien (C. 2, *ad sc. tertyll.*), préfère les frères et sœurs de l'émancipé en règlant sa succession comme était déjà réglée, quant aux pécules, celle des fils de famille.

Ces derniers disposaient par testament des biens castrans et quasi-castrans. Ils pouvaient donc avoir un héritier testamentaire, et cependant ils n'avaient point d'héritier légitime (v. 553); mais à Constantinople, et lorsqu'on réserva au fils de famille la nue-propriété des biens maternels (512), ils commencèrent à transmettre héréditairement ces mêmes biens, savoir : 1° à leurs enfants; 2° à leurs frères et sœurs; 3° au père de famille qui dans ce cas recueille les biens de son fils à titre de succession (*Theod. et Val.* C. 3; *Leo et Anthem.* C. 4, *de bon. quæ lib.; Justin.* C. 11, *commun. de succ.*). Nous avons déjà vu les mêmes règles appliquées comme droit commun par Justinien aux biens castrans (553).

Ceci nous conduit naturellement à voir quels sont les droits de la mère.

TITRE III.

Du sénattus-consulte Tertullien.

PR.

847. Les femmes n'ont jamais ni puissance paternelle, ni héritier sien; il n'existe pour elles ab intestat qu'un seul ordre d'héritiers, celui des agnats, dont leurs enfants ne font point partie, puisqu'ils appartiennent à la

famille du mari (*Gaius*, *fr*. 196, § 1, *de verb. sign.*). Ainsi, d'après la loi des Douze-Tables, point de succession réciproque entre la mère et les enfants (1), le préteur seul les admettait en troisième ordre à la possession de biens *unde cognati* (*text. hic*).

---

(1) *Text. hic; Gaius*, 3 *inst*. 24. La femme passait, en certains cas, dans la famille du mari (*in manu*); alors elle était considérée comme fille de ce dernier, et par suite comme sœur consanguine de ses propres enfants (v. *Gaius*, 1 *inst*. 111, 114). En cette qualité de consanguins, la mère et ses enfants se succédaient respectivement comme héritiers légitimes (*Gaius*, 3 *inst*. 24; v. *Ulp*. 26 *reg*. 7). Les sénatus-consultes Tertullien et Orphitien (§ 2, *h. t.*; *pr., de sc. orphit.*) ont voulu qu'ils se succédassent dans tous les cas, et lors même que la mère ne serait point passée dans la famille de son mari, SINE IN MANUM CONVENTIONE (*Ulp*. 26 *reg*. 7).

La femme passait *in manu*, 1° par confarréation, c'est-à-dire par une cérémonie religieuse dans laquelle on employait un gâteau de farine; 2° par une vente fictive (*coemptio*) qui se faisait avec les solemnités ordinaires de la mancipation; 3° par une usucapion (*usu*) qui s'accomplissait après une année de mariage, mais qui se trouvait interrompue lorsque la femme s'était absentée pendant trois nuits du domicile marital (*Gaius*, 1 *inst*. 110, 111, 112 *et* 113; v. *Ulp*. 9 *reg*. 1). Il pouvait donc se faire que la femme ne fût pas *in manu mariti;* c'est ce qui à défaut de coemption et de confarréation, avait toujours lieu pendant la première année du mariage, et même pendant les années subséquentes, lorsque l'usucapion avait été interrompue : cependant le mariage n'en existait pas moins. En effet, Cicéron (*in topic.*) distingue deux sortes d'épouses: *Genus est enim uxor, ejus duæ formæ. Una matrum familiarum; hæ sunt quæ in manum convenerunt : altera earum quæ tantummodò uxores habentur*. Il ne faut donc pas confondre les noces avec la puissance que le mari pouvait avoir ou ne pas avoir sur son épouse et qu'il acquérait de trois manières, *usu, farreo, coemptione* (*Gaius*, 1 *inst*. 110); les noces au contraire se sont toujours formées par le simple consentement (118; v. *Ulp*. 5 *reg*. 2). Ce que nous avons dit de l'usucapion était tombé en désuétude dès le temps de Gaius; mais la confarréation et la coemption étaient encore usitées du temps d'Ulpien (v. *Gaius*, 1 *inst*. 111, 112 *et seqq.*; *Ulp*. 9 *reg*. 1).

§ I.

848. L'hérédité légitime, c'est-à-dire le droit de succéder d'après la loi civile, comme les agnats eux-mêmes, a été déférée pour la première fois par l'empereur Claude, sinon à la mère en général, du moins à une mère en particulier (*ad solatium liberorum amissorum*), pour la consoler d'avoir perdu ses enfants, c'est-à-dire, je crois, tous ses enfants (v. *Cujac.*, *Jan. a Costa*, *hic*).

§ II.

849. Le droit de succéder (*plenissime*), en règle générale, a été accordé par le Sc. Tertullien (1) à la mère sans que le même avantage fut donné à l'aïeule (*matri non etiam aviæ, text. hic*; v. 858). Il importe peu que la mère soit *sui juris* ou soumise à la puissance paternelle (2), sauf que dans ce dernier cas elle ne pourra

---

(1) Notre texte rapporte ce sénatus-consulte au règne d'Adrien (*Hadriani temporibus*), et en effet plusieurs jurisconsultes contemporains se sont occupés du Sc. Tertullien (*Pomp. fr.* 11, *de suis et legit.*; *fr.* 10, *ad sc. tertyl.*; *Gaius, fr.* 8, *eod.*; v. *Ulp. fr.* 1, § 1, 2 *et* 8, *eod.*). Cependant les interprètes admettent généralement une date plus récente, celle du consulat de Tertullus et de Claudius Sacerdos, l'an de Rome 911, et de J.-C. 158, sous le règne d'Antonin-le-Pieux qu'on appellerait ici Adrien, du nom de son père adoptif.

(2) *Text. hic*; *Paul. fr.* 6, *ad sc. tertyll.* D'après la loi des Douze-Tables, au contraire, l'hérédité n'est jamais déférée qu'aux personnes *sui juris* : en effet, les petits-enfants ne deviennent héritiers siens de l'aïeul paternel que lorsque leur père ne peut plus les avoir ou ne les a déjà plus sous sa puissance (810, *etc.*). Dans l'ordre des agnats, les fils de famille sont nécessairement d'un degré plus éloigné que leur père; ils se trouvent donc exclus par lui.

faire adition qu'avec le consentement du chef de sa famille.

§ IV.

850. Pour profiter du Sc. Tertullien, la mère devait remplir plusieurs conditions. Il fallait premièrement qu'elle eût mis au monde un certain nombre d'enfants (§ 2, *h. t.*) nés vivants, à terme et de couches différentes (*Paul.* 4 *sent.* 9, § 1 *et seqq.*); le tout sauf les dispenses accordées par le prince qui admettait quelquefois la mère à l'hérédité du seul enfant qu'elle avait eu (*Paul.* 4 *sent.* 9, § 9). Cette indulgence a été transformée en règle générale, même avant Justinien, qui confirme ici (*text. hic;* C. 2, *de jur. liber.*) une constitution de Théodose (C. 1; *eod.*)

§ VI.

851. La seconde condition, celle d'avoir demandé un tuteur, ne devient obligatoire pour la mère qu'à l'âge de vingt-cinq ans accomplis (*Diocl. et Max.* C. 2, *si advers. del.*), et ne doit lui être opposée que pour l'hérédité des enfants décédés impubères (*Const.* C. 3, *ad sc. tertyll.*); car, après la puberté, le fils qui peut instituer un héritier et qui ne l'institue pas, excuse évidemment la négligence maternelle (v. 795).

Ce tuteur doit être demandé le plus tôt possible, et dans l'année (*intra annum*) au plus tard (v. *Ulp. fr.* 2, § 23 *et* 43, *ad sc. tertyll.*).

§ III.

852. Cette nécessité de faire nommer un tuteur prouve que le sénatus-consulte avait en vue l'hérédité des enfants

sui juris. En effet, les fils de famille n'avaient encore ni hérédité ni héritier légitime (846).

Aussi notre texte, en indiquant le rang que la mère obtient dans la succession de sa fille, suppose-t-il que cette dernière est décédée *sui juris* (*suæ mortuæ*; § 3, *h. t.*).

853. La mère, placée au rang des agnats (v. *pr.*, *de successs. cogn.*), ne venait comme eux qu'à défaut des héritiers siens ou des personnes appelées comme tels en premier ordre (*text. hic*; *Ulp.* 26 *reg.* 8; *fr.* 2, § 6, *ad sc. tertyll.*). C'est l'hypothèse générale sur laquelle est fondé, pour la succession du fils (1), tout ce qui regarde la mère et les autres héritiers du second ordre. Dans cette hypothèse donc, le défunt est devenu *sui juris* avec ou sans *capitis deminutio*.

Dans le premier cas, l'émancipé, n'ayant plus d'agnats, n'avait pour héritier légitime que l'ascendant émancipateur : mais le préteur admettait aussi à la possession de biens les enfants de ce dernier, et par conséquent le père des petits-enfants émancipés par l'aïeul. Or, le père soit qu'il se présente d'après le droit civil ou d'après le droit prétorien, exclut toujours la mère (*text. hic*; *Ulp.* 26 *reg.* 8; *fr.* 2, § 16, *ad sc. tertyll.*; *Modest. fr.* 10, *de suis et legit.*); mais elle passe avant l'aïeul émancipateur, lorsqu'il est seul (*scilicet cum inter eos solos, etc.*). Autrement, si le père existe, la mère qui expulse l'aïeul est à son tour repoussée par le père, auquel revient la succes-

(1) Les femmes n'ont jamais d'héritier sien. Ce n'est donc pas à ce titre, mais par suite d'un sénatus-consulte dont s'occupe le titre suivant, que les enfants et ensuite les petits-enfants d'une fille ont été préférés, comme on le dit ici, à la mère de leur mère (v. 858).

sion prétorienne et qui en ferait profiter l'aïeul. Autant vaut conserver à celui-ci l'hérédité; aussi dans ce cas le sénatus-consulte reste-t-il sans effet (*Paul. fr.* 5, § 2, *ad sc. tertyll.*).

854. Quant aux enfants devenus *sui juris* sans *capitis deminutio*, ils ont rarement des ascendants mâles (v. 855). La mère, admise parmi les agnats, se trouve au premier degré; cependant elle n'exclut que ceux du troisième degré, et ne concourt pas même avec tous ceux du second. Toujours écartée par les frères consanguins, c'est à leur défaut seulement que la mère concourt avec les sœurs consanguines (v. *text. hic; Ulp.* 26 *reg.* 8).

Dans ces différents cas, les personnes préférées à la mère ne lui faisaient obstacle qu'autant qu'elles recueillaient la succession. A leur refus, l'hérédité s'ouvrait pour la mère (*Ulp. fr.* 2, § 9 *et* 14, *ad sc. tertyll.*), la dévolution dans ce cas ayant été admise de tous temps; et réciproquement au refus de la mère, l'hérédité était déférée à l'agnat qui se trouvait le plus proche au moment de la répudiation (*Ulp. fr.* 2, § 20 *et* 22, *eod.*).

855. L'ancien droit civil, en préférant à la mère tous les agnats, lui préférait souvent des parents très-éloignés. Le Sc. Tertullien établirait une préférence non moins injuste, s'il faisait toujours monter la mère au rang des agnats, tandis qu'on laisse parmi les cognats certains parents qu'elle ne doit pas exclure. Tels sont, par exemple, les fils ou filles que le défunt a donnés en adoption et qui sont restés jusqu'à sa mort dans la famille adoptive (825): à leur égard, le Sc. Tertullien demeure sans effet (v. *Ulp. fr.* 2, § 9, *ad sc. tertyll.*). Dans ce cas donc, s'il n'existe aucun agnat, la possession de biens arrive en troisième

ordre aux plus proches cognats, c'est-à-dire à la mère et aux enfants du défunt (v. § 3, *de success. cognat.*).

Il en est de même pour la succession des petits-enfants que l'aïeul a conservés sous sa puissance, après l'adoption ou l'émancipation de leur père (*Ulp. fr.* 2, § 17 *et* 18, *ad sc. tertyll.*). Ce dernier se trouvant relégué dans la classe des cognats, y retient la mère qui alors ne profite pas du sénatus-consulte, à moins que ce ne soit pour l'emporter sur un agnat, qui autrement exclurait tous les cognats et le père lui-même (*Ulp. d. fr.* 2, § 17, 18 *et* 19, *eod.*).

§ V ET VII.

856. Les dispositions du Sc. Tertullien ont été modifiées, même avant Justinien, par différentes constitutions (*Const.* C. 1; *Valent. et Val.* C. 2, C. Th. *de legit. her.*) favorables aux mères qui n'ont pas procréé le nombre d'enfants exigé, et défavorables aux autres. On accorda aux premières un tiers; et réciproquement on retrancha un semblable tiers aux secondes, pour le donner à certains agnats que le sénatus-consulte excluait en totalité, c'est-à-dire à l'oncle, à ses fils et petits-fils.

En réglant les droits de la mère par rapport aux frères et sœurs, le sénatus-consulte n'avait en vue que les consanguins, puisqu'eux seuls étaient appelés à l'herédité légitime (836). L'assimilation des utérins aux consanguins fournit à Justinien l'occasion de quelques changements faciles à saisir par le texte même (§ 5, *h. t.*).

Le § 7 sera expliqué avec le § 4 du titre 5, *de success. cognat.*

TITRE IV.

Du Sénatus-consulte Orphitien.

PR.

857. Le Sc. Tertullien n'avait point admis les enfants à l'hérédité maternelle ; c'est plus tard (1) et en vertu du Sc. Orphitien, qu'elle a été déférée aux fils et aux filles. Considérés désormais comme agnats de la défunte (*pr. de success. cogn.*), ils se trouvent au premier degré; conséquemment ils excluront tout autre héritier légitime, sans excepter les consanguins (*text. hic*; *Ulp.* 26 *reg.* 7; *Alex.* C. 1, *ad sc. orphit.*). Par la même raison ils concouraient avec leur aïeule, mère de la défunte (*Paul.* 4 *sent.* 10, § 1), antérieurement admise par le Sc. Tertullien; mais ici on leur donne la préférence, en vertu de plusieurs constitutions (*Theod.* C. 11, *de suis et legit.*; C. 4, *de sc. orph.*) postérieures au Sc. Orphitien. Indépendamment de ces constitutions et par la combinaison même des deux sénatus-consultes, la mère se trouvait pareillement exclue de la succession de sa fille, lorsque celle-ci laissait des enfants et en outre un frère consanguin. Ce frère empêchait la mère de succéder en vertu du Sc. Tertullien (854); et comme il était lui-même exclu par les enfants (*text. hic*), l'hérédité déférée à ces derniers par le Sc. Orphitien l'était sans concurrence. (*Alex.* C. 1, *ad sc. orphit.*; v. *Vinnius*, *hic*).

(1) L'an de Rome 931, pendant le règne de Marc-Aurèle et de Commode, sous le consulat de Julianus Rufus et de Gavius Orphitus (*text. hic*; *Ulp.* 26 *reg.* 7).

§ I.

858. Le Sc. Tertullien ayant appelé la mère seulement, et non l'aïeule (849), le Sc. Orphitien admit par réciprocité (*per contrarium*, *pr. h. t.*) les fils et filles, sans admettre les petits-enfants. Ils n'ont succédé à leur aïeule que sous Théodose; et c'est ici qu'il faut placer ce que Justinien a dit précédemment (§ 15 *et* 16, *de hered. quæ ab intest.*) sur l'hérédité de cette dernière.

§ II et III.

859. Le droit d'hérédité, réservé par la loi des Douze-Tables à la famille du défunt, ne suivait pas hors de cette famille les membres qu'elle perdait par la *capitis deminutio;* mais lorsqu'une législation plus récente fit dépendre certaines hérédités des liens du sang, et les déféra indépendamment de l'agnation à de simples parents, ceux-ci ont pu, même en changeant de famille, conserver des droits qui ne tiennent pas au lien de famille (*Pomp. fr.* 11, *de suis et legit.*). De là vient la règle exprimée dans notre texte (v. *text. hic; Ulp.* 27 *reg.* 5; *fr.* 1, § 8, *ad sc. tertyll.*).

Nous reconnaîtrons donc ici deux systèmes de sucession qui diffèrent entre eux comme l'agnation et la cognation dont ils dépendent. En effet, la petite *capitis deminutio* qui détruit la première sans altérer la seconde (§ 3, *de legit. agn. tut.*), suffit pour anéantir les droits que la loi des Douze-Tables attache à l'agnation, sans nuire à ceux que des lois postérieures, notamment les Sc. Tertullien et Orphitien, attachent à la simple cognation (*Ulp. fr.* 1, § 8, *ad sc. tertyll.*); mais le lien du sang et la cognation, tout indissolubles qu'ils sont, restent méconnus par le droit civil relativement aux citoyens qui perdent ce titre (§ 7, *de cap. demin.*). Pour succéder, même en vertu du Sc. Tertullien, il faut donc être citoyen au moment de l'adition (*Paul.* 4 *sent.* 10, § 3; *Ulp. fr.* 1, § 4, *ad sc. tertyll.*); car, si l'hérédité légitime n'est plus uniquement un droit de famille, elle est toujours un droit civil (v. *Paul.* 4 *sent.* 10, § 2).

Le § 3 sera expliqué avec le § 4 du titre suivant.

§ IV.

860. On suppose ici que l'hérédité légitime déférée à plusieurs personnes concurremment aurait été appréhendée par quelques-unes seulement, et abandonnée par d'autres (*omiserint hereditatem*). La part de ces derniers accroîtra aux héritiers acceptants *reliquis qui adierint* (*text. hic*; v. *Ulp.* 26 *reg.* 5); car en se portant héritiers ils ont acquis cette qualité, non-seulement pour la portion qui leur était personnellement déférée, mais aussi pour toutes les autres parts qui ne seront point recueillies par leurs concurrents.

861. Ceux qui ont fait adition peuvent prédécéder (*ante decesserint*), c'est-à-dire décéder avant les autres, ou plutôt avant que l'accroissement s'opère (*antequam adcresceret*; *Marcian. d. fr.* 9, *de suis et legit.*); il s'opèrera toujours, sinon pour ceux qui ont fait adition, du moins pour leurs héritiers (*heredibus eorum*). En effet, l'accroissement qu'il ne faut pas confondre avec la substitution vulgaire, a lieu de portion à portion, indépendamment de la personne (611).

Par suite du droit d'accroissement admis entre ceux à

qui l'hérédité a été déférée concurremment, on voit que la dévolution dont nous avons parlé ci-dessus (843) se restreint au cas où aucun d'eux ne devient héritier (v. *Ulp.* 26 *reg.* 5).

TITRE V.

De la Succession des Cognats.

PR.

862. Nous avons parcouru jusqu'ici deux ordres de succession différents. Dans le premier, se sont trouvés d'abord, d'après la loi des Douze-Tables, les héritiers siens (809); ensuite avec eux (*inter suos heredes*) d'après le droit prétorien, les enfants séparés de la famille paternelle par la *capitis deminutio* (820); et enfin, d'après les constitutions du Bas-Empire, les enfants de la fille (831). Dans le second ordre réservé par la loi des Douze-Tables aux agnats, ont été admis (*in locum adgnatorum*) par les Sc. Tertullien et Orphitien, la mère et ses enfants (847), par Justinien (839), tous les neveux et nièces du défunt.

863. Dans ces deux premiers ordres, la proximité de parenté ne donne pas toujours une préférence certaine. Les petits-enfants, par exemple, sont préférés aux frères et sœurs qui occupent comme eux le second degré, et même aux père et mère qui occupent le premier (§ 11, *de grad. cogn.*; v. 810, 857). A défaut d'héritiers siens ou de descendants considérés comme tels, la priorité du degré n'établit qu'une préférence relative entre agnats. Quel que soit leur degré, ceux-ci l'emportent sur

tous les cognats qu'une exception spéciale n'a pas mis au rang des agnats (858). Si les parents au même degré succèdent concurremment, et si le plus proche exclut le plus éloigné, c'est donc à proprement parler, lorsque personne ne succède soit comme héritier sien, soit comme héritier légitime (§ 12, *eod.*). Alors, en effet, la priorité devient un titre de préférence absolu pour le troisième ordre (1) de possession de biens que le préteur accorde *proximitatis nomine* (§ 5, *h. t.*) aux parents du défunt conçus avant son décès (*Ulp. fr.* 1, § 8, *unde cognat.*), et qui jouissant encore du droit de cognation au jour où ils demandent la possession de bien (*Julian. fr.* 3, *eod.*), n'auront été précédés par aucun autre, quand elle a été déférée ab intestat (*Ulp. fr.* 1, § 6, *et* 7 *eod.*; v. 842).

864. Ce troisième ordre est une ressource offerte par le droit prétorien à ceux que le droit civil exclut (*Ulp. d. fr.* 1, *eod.*). Cette ressource est la seule qui, jusqu'aux Sc. Tertullien et Orphitien, ouvrît à la mère et à ses enfants un droit de succession réciproque (*pr.*, *de succ. cognat.*); c'est la seule qui, jusqu'à Théodose, permît aux petits-enfants de succéder à leurs aïeul et aïeule maternels. Avant Justinien, il n'existait pour les femmes aucun autre moyen de succéder à leurs agnats (§ 3, *de legit. agnat. success.*), et pour les agnats eux-mêmes de suppléer au défaut de dévolution (§ 7, *eod.*); sous Justinien enfin, l'agnation est encore un titre de préférence dont la privation relègue au troisième ordre

---

(1) *Tertio ordine* (§ 1, *h. t.*), et improprement *tertio gradu* (§ 2; v. § 3, *h. t.*); car *gradus* s'applique ordinairement au calcul des générations (v. § 7, *de grad. cogn.*).

tous les parents qu'une exemption formelle n'appelle pas *inter legitimos* (§ 1, *h. t.*).

§ I.

865. En effet, le changement de famille rompt l'agnation sans détruire la parenté naturelle (244) : aussi le préteur admet-il, en troisième ordre avec tous les autres parents, les agnats *capite minuti* (*text. hic*; *Ulp.* 28 *reg.* 9).

Le préteur considère la CAPITIS DEMINUTIO comme non avenue à l'égard des enfants qu'elle a séparés de la famille paternelle, et leur accorde les mêmes droits qu'aux enfants siens (821) : s'il en était de même entre collatéraux, les agnats *capite minuti* devraient venir en second ordre ; mais la fiction prétorienne ne s'étend pas jusque-là. Le préteur n'ouvre ce second ordre qu'aux personnes appelées comme héritiers légitimes par le droit civil. Les agnats qui ont perdu ce titre ne peuvent donc se maintenir au second rang qu'en vertu d'une exception spéciale (v. *Gaius*, 3 *inst.* 26 *et* 27 ; *Pomp. fr.* 5, *unde cogn.*).

Nous avons déjà expliqué (839) celle qui résulte ici de la constitution d'Anastase.

§ II.

866. Ce qu'on vient de dire pour les parents privés du titre d'agnat, s'applique naturellement à ceux qui ne l'ont jamais eu. Ainsi les parents par les femmes ne succèdent qu'en troisième ordre (*Gaius*, 3 *inst.* 24 *et* 30), sauf les exceptions précédemment introduites en faveur des ascendants et descendants, tant par les Sc. Tertullien

et Orphitien (849, 857) que par les constitutions de Théodose (831) et de Justinien (839).

§ III.

867. Les enfants qui se trouvent dans une famille adoptive au décès du père naturel ne lui succèdent, même d'après le droit prétorien, ni en premier ordre, parce qu'ils n'ont plus *gradum liberorum*; § 11, *de her. quæ ab inst. defer.*; 823), ni en second ordre, parce qu'ils ne sont pas héritiers légitimes; mais comme ils sont toujours parents de leur père, rien ne les empêche de se présenter en troisième ordre (§ 13, *eod.*; *text. hic.*).

Justinien a modifié, sous ce rapport, les effets de l'adoption proprement dite (829); mais la règle subsiste pour les émancipés qui se donnent eux-mêmes en adrogation (§ 10, *de her. quæ ab intest.*).

868. Quant à la famille adoptive, l'adopté, en vertu de la parenté fictive qui l'unit à l'adoptant et à tous ses agnats, succède au premier comme héritier sien (825), et à tous les autres membres de la famille, soit en second ordre, parce qu'il est devenu leur agnat (835), soit même en troisième ordre, parce qu'il est aussi leur cognat (*Ulp. fr.* 1, § 4, *unde cognat.*); en effet, les agnats sont nécessairement cognats, tandis que les cognats ne sont pas toujours agnats (*Paul.* 4 *sent.* 8, § 14; *Modest. fr.* 5, *unde legit.*). L'adopté, en passant dans la famille de l'adoptant, devient l'agnat de tous les membres de cette famille, et par cela même il devient aussi leur cognat (*Paul. fr.* 23, *de adopt.*); mais réciproquement aussi en perdant le premier de ces titres, il perdrait en même

temps le second, et ne viendrait plus à la possession de biens, même en troisième ordre (*Julian. d. fr.* 3, *unde cogn.*).

Il ne peut donc s'y présenter comme cognat que parce qu'il est agnat, et tant qu'il conserve cette qualité; mais alors quel intérêt peut-il avoir à venir en troisième ordre, lui qui pourrait arriver au second? Il faut se rappeler à cet égard qu'avant Justinien, l'hérédité s'ouvrait une fois pour toutes, en faveur de l'agnat le plus proche, sans dévolution aux agnats du degré subséquent (843). Ceux-ci avaient donc intérêt à se présenter comme cognats en troisième ordre (§ 7, *de legit. agnat. success.*; v. *Gaius*, 3 *inst.* 22).

§ IV.

869. Nous avons distingué des enfants légitimes que les justes noces placent dans la famille paternelle; des enfants naturels, nés du concubinat, qui ont un père connu sans être dans sa famille, du moins tant qu'ils ne sont pas légitimés, et enfin des *spurii*, à l'égard desquels la paternité, tout-à-fait incertaine, est comme n'existant pas; *patrem habere non intelliguntur* (§ 12, *de nupt.*; 155).

De là cette conséquence que les *spurii* ou *vulgo concepti* n'ont point d'agnats et ne sont pas même agnats entre eux (*text. hic*). Ainsi donc ils ne succèderont en second ordre, ni à leur père ni à ses parents. Ils ne doivent pas non plus leur succéder en troisième ordre, car du côté paternel la parenté simple est aussi incertaine que la paternité.

Les enfants naturels ne diffèrent en rien des *spurii* sous

le rapport de l'agnation; car chacun d'eux est en naissant *sui juris* et chef d'une famille dans laquelle ne se trouve aucune autre personne, ni par conséquent aucun agnat; mais puisqu'ils ont un père certain, ils ont aussi des parents paternels : rien ne doit donc les empêcher de succéder comme cognats, en troisième ordre, soit à leur père (1) et à ses parents, soit entre eux.

870. Ces distinctions ne s'appliquent point à la mère et aux parents maternels, parce que d'une part la maternité est toujours susceptible d'être prouvée, et parce que d'autre part la famille des enfants n'est jamais celle de leur mère. Relativement à cette dernière, ils sont tous confondus dans la classe des parents naturels. Aussi le préteur les admet-il tous indistinctement comme cognats (*text. hic*). Pareillement, quant à l'hérédité légitime, les liens de famille qui n'existent pas entre la mère et ses enfants, n'ont été, entre ces derniers, l'origine d'aucune différence. Exclus de l'hérédité maternelle par la loi des Douze-Tables, ils le furent tous; admis par le Sc. Orphitien, ils le sont encore tous, sans excepter les *vulgo quæsiti* (2); et tous aussi, dès que le droit civil les reconnut comme héritiers, furent appelés, comme légitimes (3), à la possession de biens en second ordre.

---

(1) Leur droit dans la succession du père décédé intestat est réglé, par Justinien, au sixième de la totalité des biens, tant pour eux que pour leur mère (*nov.* 89, *ch.* 12, § 4).

(2) § 7, *de Sc. Tertyll.*; § 3, *de sc. Orphit.*; *Paul.* 4 *sent.* 10, § 1; *Ulp. fr.* 1, § 2; *fr.* 2, § 1 *et* 3, *ad Sc. Tertyll.*. Justinien (C. 5, *eod.*) veut que les *spurii* ne reçoivent rien, soit par donation entre vifs, soit par testament ou ab intestat, d'une mère illustre qui aurait d'autres enfants nés de justes noces.

(3) *Pr. de success. cogn.*; *Ulp. fr.* 2, § 4, *unde legit.* « Legitimis,

§ V.

871. Pour obtenir la possession de biens en troisième ordre, le plus proche cognat ne doit pas être plus éloigné que le septième degré; car dans ce degré même le préteur n'admet que deux personnes, le fils et la fille (*nato natæve*) des cousin et cousine issus de germains. Ainsi le bénéfice de la possession de biens *unde cognati* n'existe dans toute sa latitude que jusqu'au sixième degré inclusivement (*text. hic; Ulp. fr.* 1, § 3, *unde cogn.; Pap. fr.* 9, *eod.*). Dans le second ordre, au contraire, les agnats appelés, soit à l'hérédité par la loi des Douze-Tables, soit à la possession de biens par le préteur, sont admis au huitième ou dixième degré (*text. hic*; *Pap. fr.* 9, *eod.*), et même à un degré plus éloigné; car le dixième degré n'est ici qu'un exemple pris pour indiquer une distance aussi grande que possible dans le cours ordinaire de la vie, sans exclure les degrés ultérieurs s'il en existe. En effet, quand Ulpien (*fr.* 2, § 1, *de suis et legit.*) définit les agnats à qui peut arriver l'hérédité, loin de restreindre leur vocation par une limitation de degré, il l'étend au contraire à l'infini (*ceteri, si qui sint..... in infinitum*); et les autres textes s'accordent également pour admettre les agnats *etiam longissimo gradu* (§ 5, *de legit. agn. succ.*); *etiamsi longissimo gradu sit*, (§ 12, *de grad. cogn.*; v. *Vinnius hic*).

---

hoc est quibus legitima potuit deferri hereditas » (*Ulp. d. fr.* 2). « Qui jure civili ad successionem admitti non possunt, id est, cognatos » (*Ulp. fr.* 1, *unde cogn.*).

TITRE VI.

Des degrés de parenté.

PR. § I, II, III, VIII et IX.

872. Ce qui vient d'être dit prouve suffisamment combien il importe de connaître les degrés qui déterminent la proximité de parenté entre cognats et entre agnats (v. § 8, *h. t.*). Le calcul de ces degrés n'offre aucune difficulté sérieuse. Sans rien ajouter à ce que j'ai dit précédemment (129, 130), je renverrai ceux qui désirent de plus amples détails aux différents textes que Paul (4 *sent.* 11; *fr.* 10, *de grad. et affin.*) nous a laissés sur cette matière, sauf à joindre quelques notes au texte, lorsqu'elles paraîtront nécessaires à son intelligence.

§ IV.

873. Consobrinus et consobrina ne se prennent pas toujours dans la même acception. Le plus ordinairement cette dénomination s'applique entre cousins sans distinction (*text. hic*; *Paul. fr.* 10, § 15, *de grad.*); mais quelques jurisconsultes la restreignent aux enfants de deux sœurs (*text. hic, in fin.*; *Paul.* 4 *sent.* 11, § 4), en désignant par des noms particuliers les cousins nés de deux frères (*fratres patrueles*), ou d'un frère et d'une sœur (*amitinos*).

§ V et VI.

874. Propior sobrino, c'est-à-dire le fils de mon

grand-oncle ou de ma grand'tante (§ 5, *h. t.*), le cousin de mon père ou de ma mère, ainsi appelé parce qu'il est nécessairement d'un degré moins éloigné que son propre fils, qui serait mon *sobrinus* (§ 6, *h. t.*).

En effet, lorsque les cousins (*consobrini*; § 4, *h. t.*) ont des enfants, ces derniers se nomment entre eux *sobrini* (§ 6, *h. t.*).

§ VII.

875. Jusqu'au sixième degré, les parents se distinguent tous par une dénomination particulière dont la langue du droit ne fournit aucun exemple dans les degrés ultérieurs (*Paul.* 4 *sent.* 11, § 7). On se contente de les désigner par le degré qu'indique le nombre des générations, *quippe semper generata persona gradum adjiciat.* Appliquez donc ici ce que nous avons dit précédemment (130).

§ X, XI ET XII.

876. Le lien du sang forme entre les esclaves comme entre les hommes libres une véritable parenté (*Paul. fr.* 10, § 5, *de grad.*). Cependant cette parenté servile (*serviles cognationes*) ne profitait à personne. Lors même que les esclaves étaient devenus citoyens romains, la parenté servile suffisait pour empêcher les noces (§ 10, *de nupt.*), sans donner aucun droit ni pour l'hérédité ni pour la possession de biens *unde cognati* (§ 10, *h. t.*; *Paul. d. fr.* 10, § 5, *de grad.*; *Ulp. fr.* 1, § 2, *unde cogn.*).

Justinien déroge à cette rigueur par une constitution dont les dispositions seront mieux saisies, lorsque nous aurons vu dans le titre suivant comment se règle la succession des affranchis.

L'explication des § 11 et 12 est jointe à celle du *principium,* dans le titre précédent.

TITRE VII.

De la Succession des affranchis.

PR.

877. D'après la loi des Douze-Tables, l'hérédité d'un affranchi est déférée par testament aux institués, et ab intestat, aux héritiers siens. Jusque-là nulle différence entre l'ingénu et l'affranchi; mais le premier peut laisser des agnats, l'autre n'en ayant jamais, son patron et les enfants de ce dernier lui en tiennent lieu : c'est du moins ce qu'on peut induire de la disposition qui, dans la loi, défère au patron ou à ses enfants l'hérédité légitime de l'affranchi décédé intestat sans héritier sien (*text. hic;* v. *pr., de legit. patron. tut.; Ulp.* 27 *reg.* 1; *fr.* 3, *de suis et legit.; Gaius,* 3 *inst.* 40, 45).

Les femmes n'ont pas d'héritiers siens; ainsi leurs enfants n'empêchaient point l'hérédité légitime d'arriver au patron de la défunte (*Ulp.* 29 *reg.* 2). D'un autre côté, celui-ci n'avait rien à redouter du testament que l'affranchie, placée sous sa tutelle, ne faisait jamais qu'avec son autorisation (*Gaius,* 3 *inst.* 43; 1 *inst.* 192). L'affranchi, au contraire, pouvait facilement exclure son patron : il lui suffisait pour cela d'instituer un héritier, ou de se donner un héritier sien en prenant sous sa puissance un enfant adoptif (*text. hic; Gaius,* 3 *inst.* 40).

§ I.

878. Le droit honoraire fut le premier qui prévint cet abus.

Le préteur n'appela point le patron au préjudice des enfants naturels de l'affranchi : soit qu'ils se trouvent dans la famille paternelle, soit qu'ils en aient été séparés par émancipation ou par adoption, il leur suffit de succéder comme héritiers institués, ou d'obtenir la possession de biens *contra tabulas* pour exclure totalement le patron ; mais les enfants exhérédés n'étant admis ni à l'hérédité, ni à la possession de biens *contra tabulas*, ne lui font aucun obstacle (*text. hic; Gaius*, 3 *inst.* 41 ; *Ulp.* 29 *reg.* 1).

Quant aux enfants adoptifs, le préteur a voulu, qu'en aucun cas, ils ne pussent exclure entièrement le patron : ainsi, malgré l'existence d'un héritier sien adoptif, le patron d'un affranchi décédé intestat obtient, à titre de possession de biens, la moitié de la succession. Pareillement, en cas de testament, la moitié qui n'aurait pas été laissée au patron par les dispositions testamentaires lui est accordée par une possession de biens CONTRA TABULAS (*text. hic; Gaius*, 3 *inst.* 41 ; *Ulp.* 29 *reg.* 1).

§ II.

879. D'après la loi des Douze-Tables, les enfants, c'est-à-dire les fils ou filles du patron mâle avaient, à défaut de leur père, les mêmes droits que lui (*pr., de legit. patr. tut.*; v. *Gaius*, 3 *inst.* 45) ; mais le droit honoraire, en accordant au patron et à ses enfants mâles les possessions de biens dont nous venons de parler, les refusait à la pa-

tronne et aux filles du patron. Ainsi les femmes ne succédaient à leurs propres affranchis, comme aux affranchis de leur père, que conformément à la loi des Douze-Tables. La loi Papia Poppæa, plus indulgente, favorisa les femmes qui seraient devenues mères d'un certain nombre d'enfants, en étendant jusqu'à elles la possession de biens que le préteur réservait au patron et à ses enfants mâles (*Ulp.* 29 *reg.* 5, 6 *et* 7; v. *Gaius*, 3 *inst.* 46, 47 *et* 48).

Cette même loi, plus favorable aux patrons que la loi des Douze-Tables et le droit prétorien, veut qu'ils ne soient pas toujours exclus par les enfants. Elle accorde part virile au patron, lorsque l'affranchi testat ou intestat laisse moins de trois enfants et un patrimoine de cent mille sesterces (*text. hic; Gaius,* 3 *inst.* 42). En évaluant le sesterce, c'est-à-dire quatre as ou le quart du denier d'argent, à 21 centimes, cent mille sesterces équivalent à 21,000 fr.

La loi Papia Poppæa accorde le même avantage aux femmes, dans la succession de leurs affranchis, lorsqu'elles ont procréé un certain nombre d'enfants; mais dans ce cas même l'assimilation n'existe complétement que pour les ingénues (*Gaius*, 3 *inst.* 50; v. *Ulp.* 29 *reg.* 6).

§ III.

880. Justinien évalue ou plutôt réduit, pour son temps, les cent mille sesterces de la loi Papia Poppæa, portée sous le règne d'Auguste. Pour mille sesterces, valant 21,000 centimes ou 210 fr., il ne compte qu'un denier d'or (*unus aureus*) qui vaut 25 deniers d'argent, cent sesterces ou 21 fr.; ce qui fait pour cent mille sesterces

2,100 fr. Le taux de Justinien est donc exactement le dixième du taux fixé sous Auguste, par la loi Papia Poppæa.

Cette limite sert encore à déterminer les droits du patron, mais seulement lorsque l'affranchi laisse un testament; on distingue, en effet, si le testateur est *minor* ou *major centenariis*. Dans le premier cas, le patron n'a que ce que lui attribue le testament; dans le cas contraire, Justinien lui conserve la possession de biens *contra tabulas* (878), en la réduisant de la moitié au tiers.

884. Ab intestat, il est très-difficile de préciser ce qu'a établi Justinien dans cette compendieuse constitution (*compendioso tractatu habito*), dont nous avons ici un extrait si diffus.

L'empereur annonce que le patron, lorsqu'il n'existe aucun enfant, est réintégré dans les droits que lui attribuait la loi des Douze-Tables, et cependant le patron se trouve exclu de la succession de tout affranchi, sans distinction de sexe, par tous les enfants ou descendants, même lorsque leur naissance a précédé la manumission du défunt (§ 10, *de grad. cognat.*; v. *Justin.* C. 4, § 8, *de bon. libert.*). Ainsi la parenté servile est admise en ligne directe descendante, à l'exclusion des patrons (*jure patronatus in hac parte sopito; d.* § 10); mais ce n'est pas tout.

Justinien veut de plus que les enfants de l'affranchi se succèdent entre eux, comme ils succèdent à leurs père et mère (*d.* § 10, *in fin.*). Ainsi le patron sera exclu par les frères et sœurs. Il le sera aussi par les ascendants, suivant un autre texte (*Justin.* C. 4, § 8, *de bon. libert.*) où se retrouve la formule : PATRONATUS JURE IN HAC PARTE SOPITO.

C'est donc en quatrième ordre seulement que Justinien admet les patrons de l'un ou de l'autre sexe, ensuite leurs enfants et enfin leurs parents ou cognats, jusques et compris le cinquième degré. Comment concevoir alors l'uniformité ou la presque uniformité qu'il prétend avoir établi entre la succession des ingénus et celle des affranchis (*text. hic in fin.*; v. § 5, *de bon. poss.*). Il faut je crois distinguer deux classes de successeurs, savoir : 1° les parents du défunt; 2° le patron et ses parents jusqu'au cinquième degré. Dans la première classe, la succession de l'affranchi semble déférée, comme celle des fils de famille (846), à ses enfants, à ses frères et sœurs, enfin à ses ascendants; dans la seconde classe, le patron et ses parents succèdent à l'affranchi comme s'il était leur parent, c'est-à-dire par les possessions de biens *unde legitimi* ou *unde cognati* (v. § 5, *de bon. poss.*).

882. Lorsque les enfants du patron succèdent à un affranchi, la préférence entre eux se détermine par la priorité du degré. Ceux qui se trouvent au même degré succèdent par têtes et non par souches. Il en est de même pour les collatéraux d'un ou de plusieure patrons. A cet égard, Justinien (*text. hic*) ne fait que confirmer l'ancien droit (*Gaius*, 3 *inst.* 60, 61, 62; *Ulp.* 27 *reg.* 3 *et* 4; *Julian. fr.* 23, § 1 *et* 2, *de bon. libert.*).

§ IV.

883. Les règles précédemment exposées sur la succession des affranchis supposent que le défunt était citoyen romain. En effet, les latins Juniens n'avaient jamais d'héritier. Le patron conservait sur leurs biens tous

les droits qu'un maître a sur le pécule de ses esclaves. Ces biens étaient censés avoir appartenu au patron et par conséquent avoir été compris dans sa succession et transmis comme biens héréditaires aux héritiers du patron prédécédé. Or il arrive souvent que les enfants ne sont pas héritiers de leur père, et dans ce cas le Sc. Largien, porté en 795, sous le règne de Claude, attribue les biens du latin Junien aux enfants du patron prédécédé, par préférence à l'héritier externe qui aurait recueilli l'hérédité de leur père, excepté cependant lorsque les enfants sont formellement exhérédés (*text. hic;* v. *Gaius*, 3 *inst.* 56 *et seq.*).

884. L'édit de Trajan, dont parle notre texte, concerne les latins Juniens à qui le prince accorde les droits de cité, malgré le patron ou à son insu. Citoyens romains pendant toute leur vie, ils étaient considérés à leur mort, et relativement au patron, comme latins, en sorte que celui-ci reprenait leurs biens par préférence aux enfants du défunt (*text. hic; Gaius*, 3 *inst.* 72, 73).

Quant aux déditices, et relativement aux biens par eux acquis, on considérait le défunt comme citoyen ou comme latin, suivant le mode d'affranchissement employé à son égard, et abstraction faite des autres causes qui l'avaient empêché d'obtenir l'un ou l'autre titre (*Gaius*, 3 *inst.* 74).

Dans la législation justinienne, les affranchis sont tous citoyens romains (*text. hic;* 83).

TITRE VIII.

De l'Assignation des affranchis.

PR.

885. Par exception à la règle qui appelle tous les enfants du patron prédécédé à l'hérédité de l'affranchi, nous voyons ici cette même hérédité attribuée en totalité (*uni ex liberis*) à l'un des enfants, comme s'il était seul, et comme s'il avait lui-même conféré la liberté à l'affranchi de son père (*ut is solus patronus habeatur*). Il faudrait, en effet, que cet enfant mourût sans postérité, pour que les autres reprissent le droit que leur attribue concurremment la règle générale (*text. hic; v. Ulp. fr.* 1, *de assign. libert.*).

§ I.

886. L'exception dont il s'agit résulte du choix que le patron peut faire entre les enfants qu'il a sous sa puissance (§ 2, *h. t.*), en assignant un affranchi de l'un ou de l'autre sexe, soit à un fils ou petit-fils, soit à une fille ou petite-fille (*text. hic*); et cela quand même les petits-enfants devraient retomber sous la puissance de leur père (*Ulp. fr.* 3, § 2 *et* 3, *de assign. libert.*).

Le choix du patron ne s'exerce donc pas seulement parmi les fils de famille qui, se trouvant au même degré, succéderaient concurremment à l'affranchi de leur père. L'assignation faite au profit d'un fils de famille lui attribue la préférence même sur les descendants des degrés antérieurs (*Ulp. d. fr.* 3, *pr. et* § 1, *eod.*).

§ II.

887. Ce qu'on a dit pour l'assignation d'un affranchi à l'un des enfants, n'empêche pas d'assigner un ou plusieurs affranchis à un ou à plusieurs enfants (*Ulp. fr.* 1, § 1, *eod.*), pourvu que ces derniers soient fils de famille (*text. hic*; *Pomp. fr.* 13, § 1, *de assign. libert.*), et cependant, d'après une opinion qui a prévalu, le patron qui a plusieurs enfants sous sa puissance peut faire l'assignation, soit au profit de l'un d'eux, soit même au profit d'un émancipé (*Modest. fr.* 9, *h. t.*).

§ III.

888. La volonté d'assigner un affranchi n'est soumise à aucune solennité. Elle peut être manifestée verbalement ou par signe, entre-vifs ou par acte de dernière volonté (*text. hic; Ulp. fr.* 1, § 3, *de assign. libert.*; v. *Scævol. fr.* 7, *eod.*); et pour révoquer une assignation déjà faite, il suffit aussi de manifester une volonté contraire (*Ulp. fr.* 1, § 4, *h. t.*), par exemple, en émancipant le fils de famille à qui l'affranchi était assigné (§ 2, *h. t.*).

Cette faculté d'assigner dérive d'un sénatus-consulte porté sous le règne de Claude et pendant le consulat de S. Rufus et de Scapula, c'est-à-dire l'an de Rome 799, et de l'ère chrétienne 46 (v. *text. hic*; *Ulp. fr.* 1, *de assign. libert.*).

TITRE IX.

Des Possessions de biens (1).

PR.

889. En examinant ce que deviennent après la mort d'une personne, l'ensemble et l'universalité des droits qui existaient pour elle ou contre elle, et comment ces droits passent à une ou plusieurs personnes vivantes qui prennent la place du défunt, le représentent et lui succèdent, nous avons attribué à deux sources différentes (527), les règles d'après lesquelles cette succession s'opère. De nombreux exemples ont confirmé la distinction établie entre l'hérédité ou succession civile, et la possession de biens ou succession prétorienne.

Dans la première, l'ancien droit civil ou la loi des Douze-Tables s'occupaient moins de chercher des successeurs au défunt, que d'en choisir un petit nombre parmi les membres de sa famille. L'hérédité était déférée par testament aux institués; ab intestat, on y appelait, 1° les fils de famille; 2° pour la succession d'un ingénu, les agnats, et à leur défaut les gentils les plus proches (809); pour la succession d'un affranchi, le patron ou ses enfants. Après eux, nul ne succédait, les biens du défunt, restés vacants, devaient appartenir au fisc. Le droit prétorien, au contraire, s'attache à ne point laisser le défunt sans successeur (*ne quis sine successore moreretur*; § 2, *h. t.*) : aussi le droit de succession, restreint, sous le titre

---

(1) BONORUM POSSESSIO que je traduis par *possession de biens*, n'a rien de commun avec la POSSESSIO BONORUM dont s'occupe le titre XII.

d'hérédité, dans les étroites limites que lui assignaient les Douze-Tables, prend-il dans le droit honoraire, et sous le titre de possession de biens, une extension plus équitable (§ 2 *in fin.*, *h. t.*).

890. Les préteurs ne se contentèrent point de suppléer à l'insuffisance du droit civil; en s'attachant à des principes plus humains (1), leur système compléta celui de la loi des Douze-Tables, et en mitigea la rigueur (2). C'est en considérant les possessions de biens sous ce rapport, que Justinien les présente ici comme ayant pour objet (*emendandi veteris juris gratia*) de corriger l'ancien droit; tandis que dans plusieurs autres cas, elles venaient au contraire confirmer et appuyer ses dispositions (*Pap. fr.* 7, *de just. et jur.*; v. § 1, *h. t.*; § 2 *in fin.*, *eod.*).

Les possessions de biens qui corrigent la rigueur du droit civil, se donnent soit ab intestat, soit même lorsqu'il existe un testament (*text. hic*). Justinien ne rappelle ici aucun exemple des premières, sans doute parce que nous devons encore avoir sous les yeux ce qu'il a dit précédemment des possessions de biens *unde liberi* (820) et *unde cognati* (862). Quant aux secondes, elles se donnent, soit *contra tabulas* pour empêcher l'effet du testament dans lequel les enfants qui sont héritiers siens ou considérés comme tels par le préteur, n'ont été ni institués ni déshérités (573); soit au contraire *secundum tabulas*, tant pour confirmer les institutions valables que pour valider certaines institutions qui autrement reste-

(1) « *Humano proposito... Laudamus quidem prætores suæ humanitatis* » (§ 3, *de legit. agn. succ.*).

(2) « *Paulatim asperitatem juris corrigentes, sive quod deerat adimplentes* » (*d.* § 3, *de legit. agn. succ.*).

raient inutiles; par exemple lorsque le testament, conforme au droit prétorien, ne réunit pas toutes les solennités requises par le droit civil (531; v. *Ulp.* 28 *reg.* 6), quelquefois même lorsqu'il a été infirmé (643), et spécialement lorsqu'on a institué un posthume externe (*text. hic*; v. 724).

891. Dans ces exemples et autres semblables, les préteurs, malgré l'importance des modifications résultant de leurs édits, ne dérogeaient point ouvertement à la loi. Ils profitaient de son silence pour admettre les personnes qu'elle négligeait, sans jamais ouvrir la possession de biens aux personnes que le droit civil exclut expressément de l'hérédité (*Ulp. fr.* 12, § 1, *de bon. poss.*).

§ I.

892. Le préteur confirme le droit civil, lorsqu'il appelle à la possession de biens les personnes qui sont appelées à l'hérédité.

Ainsi, par exemple, l'institution valable, d'après le droit honoraire, peut également valoir d'après le droit civil; et dans ce cas, les institués obtiennent, avec l'hérédité, la possession de biens *secundum tabulas* (*text. hic*; *Ulp. fr.* 2, § 4, *de p. b. sec. tab.*). Pareillement, les possessions de biens *contra tabulas* et *unde liberi* qui se donnent conjointement aux héritiers siens et aux enfants que le préteur considère comme héritiers siens (572, 820), confirment le droit civil pour les premiers, tandis qu'elles le corrigent pour les seconds. Il existe même une possession de biens purement confirmative du droit civil, la possession UNDE LEGITIMI, que le préteur accorde ab intestat aux *legitimi*, c'est-à-dire aux agnats et aux autres personnes qui viennent à l'hérédité en second ordre (*text. hic; Ulp. fr.* 2, § 4, *unde legit.; Paul. fr.* 3, *eod.*).

Dans les différents cas dont nous venons de parler, la possession de biens n'est pas inutile pour les héritiers qui l'obtiennent (*Gaius*, 3 *inst.* 34; v. § 3, *de interd.*).

§ III.

893. Examinons les différents ordres de possessions de biens.

Les préteurs, à l'exemple de la loi des Douze-Tables, règlent d'abord la succession testamentaire et ensuite celle des intestats (*text. hic; Ulp. fr.* 1, *si tab. test. null.*). Lorsqu'il existe un testament, deux possessions de biens se donnent, l'une malgré le testament et contre ses dispositions, l'autre conformément aux intentions du testateur. En effet, le préteur examine d'abord s'il y a lieu de rescinder le testament en faveur des enfants omis par un ascendant paternel, et dans ce cas il donne à ces derniers (*liberis prœteritis*) la possession de biens *contra tabulas*; mais à leur défaut, soit qu'ils décèdent ou laissent expirer le temps fixé pour demander cette possession de biens, le préteur qui favorise la volonté du testateur en lui accordant souvent plus de latitude que le droit civil, admet les institués *secundum tabulas* (*text. hic; Ulp. fr.* 2, *de bon. poss. sec. tab.*).

894. Ab intestat, le texte énumère huit possessions de biens. Les deux premières, accordées aux enfants (UNDE LIBERI) qui sont héritiers siens ou considérés comme tels (*text. hic*), et aux héritiers légitimes (UNDE LEGITIMI, § 5, *h. t.*) ne souffrent aucune difficulté. Cette même énumération comprend une possession de biens à laquelle

Justinien a déjà consacré un titre spécial (*tit.* 5), celle des cognats (UNDE COGNATI, § 5 *h. t.*); mais ici, au lieu de venir en troisième ordre, elle n'arrive qu'au quatrième. Quelles sont donc les dix personnes qui occupent le troisème rang? Ce sont dix cognats que, dans un cas particulier, le préteur croit devoir préférer à l'un des héritiers légitimes (*extraneo manumissori*).

895. Il faut supposer, en effet, que le défunt est un ingénu émancipé sans fiducie et ensuite affranchi par un étranger auquel appartiennent conséquemment tous les droits d'un véritable patron (201). A ce titre il est admis à l'hérédité légitime. On devrait donc aussi l'admettre en second ordre à la possession de biens UNDE LEGITIMI : mais par équité, le préteur choisit, parmi les parents de l'émancipé qui n'a plus d'agnat, les dix personnes (UNDE DECEM PERSONÆ, § 4 *h. t.*) que notre texte désigne. On les préfère, non pas au patron d'un véritable affranchi, ni au père considéré comme patron des enfants par lui émancipés, mais à l'étranger (*extraneo manumissori*) dont les droits reposent uniquement sur un titre fictif sans aucun lien du sang; et néanmoins, à défaut des dix cognats qu'on lui préfère, cet étranger reprendrait en second ordre le rang qui lui appartient comme héritier légitime.

La possession de biens UNDE DECEM PERSONÆ, dérogeant à la possession de biens UNDE LEGITIMI, n'est donc qu'une exception qui, dans un cas spécial et très-rare (1)

(1) L'émancipation se faisait ordinairement *contracta fiducia* (246). Voilà sans doute pourquoi la possession de biens UNDE DECEM PERSONÆ est passée sous silence dans Ulpien (28 *reg.* 7). Voyez, dans la première partie du *Juris civilis enchiridium*, un reste des Institutes du même jurisconsulte.

admet en second ordre les parents de l'émancipé jusqu'au second degré inclusivement.

896. Ainsi les cognats d'un ingénu lui succèdent en troisième ordre immédiatement après les héritiers légitimes, c'est-à-dire après les agnats du défunt devenu *sui juris* sans CAPITIS DEMINUTIO, ou après l'ascendant considéré comme patron des enfants émancipés *contracta fiducia.* Au contraire, lorsque l'émancipation a eu lieu sans fiducie, il ne suffit plus de distinguer entre les héritiers légitimes et les cognats. Il faut subdiviser ces derniers en deux classes, dont l'une passe avant, et l'autre après le *manumissor extraneus*. Les dix cognats formant la première classe obtiennent, à défaut d'enfants, la possession de biens UNDE DECEM PERSONÆ; le patron étranger vient ensuite à la possession de biens UNDE LEGITIMI; et comme il n'y vient qu'en troisième ordre, les autres cognats se trouvent nécessairement au quatrième.

897. Les parents d'un esclave ne lui succédant jamais, même lorsqu'il est devenu libre (876), les préteurs ont établi pour la succession des affranchis plusieurs règles particulières. A défaut du patron et de ses enfants qui viendraient à la possession de biens *unde legitimi*, le préteur appelle les agnats du patron, et leur donne, en troisième ordre, une possession de biens que notre texte énumère la cinquième, TUM QUEM EX FAMILIA ou suivant d'autres éditeurs *tamquam ex familia* (*Theoph. hic*), comme si les agnats du patron remplaçaient, pour l'affranchi, la famille et les agnats qu'il n'a jamais de son chef (1).

(1) *Ulp. fr.* 3, *de suis et legit.* Voyez aussi le passage déjà cité des Institutes d'Ulpien.

Une autre possession de biens, la sixième de notre texte, appelle le patron de l'un ou de l'autre sexe, ses enfants (*liberis eorum*) et ses ascendants (*parentibus*). On conçoit facilement que le préteur établisse un ordre particulier pour les ascendants du patron et les enfants de la patronne qui ne se trouvent point compris dans les catégories précédentes; mais par la raison contraire, le patron et ses enfants, appelés en second ordre UNDE LEGITIMI, semblent inutilement rappelés dans un ordre inférieur. Il faut supposer que l'affranchi défunt a pour patron un autreaffranchi. Ce dernier sera, ainsi que ses enfants, admis en second ordre, *unde legitimi;* mais comme ils n'ont point d'agnats, nul ne peut, à leur défaut, se présenter *tamquam ex familia*. Voilà pourquoi le préteur, à défaut du patron *libertinus* et de ses enfants, appelle les patrons ingénus, c'est-à-dire le patron du patron, ses enfants et ses ascendants (1). En effet, Justinien, en se référant à l'ancien droit (2), nous dit lui-même que si l'affranchi défunt a pour patron un autre affranchi, on

(1) Théophile donne une explication différente. Suivant lui, il s'agirait du patron ingénu et de ses enfants, qui, ayant perdu le second rang, faute par eux d'avoir demandé la possession de biens *unde ligitimi* dans le délai fixé (v. § 8, *h. t.*), pourraient encore se présenter en sixième ordre, comme les enfants du défunt, qui après avoir négligé la possession de biens UNDE LIBERI, sont encore admissibles aux possessions de biens UNDE LEGITIMI ou UNDE COGNATI (*Ulp. fr.* 2, *unde legit.; fr.* 1, § 11, *de succ. ed.*). On les y admet effectivement, mais sans les appeler nommément, comme on appelle ici le patron, ses enfants et ses ascendants.

(2) Dans la célèbre constitution de *Jure patronatus* (v. § 3, *de success. liber.*) que Cujas (20 *obs.* 34) a tirée des Basiliques et traduite en latin, constitution dont la C. 4, *de bon. libert.* ne présente qu'un abrégé informe.

appelle au défaut de ce dernier, son patron, qui est par rapport au défunt le patron du patron.

898. Une septième possession de biens, *unde vir et uxor*, se donne pour la succession des ingénus comme pour celle des affranchis, à l'époux survivant qui est resté uni au défunt, par justes noces, jusqu'à son décès (*Ulp. fr.* 1, *pr. et* § 1, *unde vir et ux.*).

Enfin, pour la succession des affranchis, la possession de biens se donne aux cognats du patron *unde cognati manumissoris* (*text. hic*).

899. Ce système prétorien, si compliqué lorsqu'on le prend en masse, se simplifie beaucoup, lorsqu'on précise la condition du défunt. On arrive alors aux distinctions suivantes :

1° Si le défunt est un ingénu, né *suis juris* ou devenu tel sans *capitis deminutio*, quatre possessions de biens, savoir :

UNDE LIBERI,
UNDE LEGITIMI, *id est*, *agnati*,
UNDE COGNATI,
UNDE VIR ET UXOR;

2° Si le défunt est un ingénu émancipé sans fiducie, cinq possessions de biens, savoir :

UNDE LIBERI,
UNDE DECEM PERSONÆ,
UNDE LEGITIMI, *id est*, *manumissor extraneus*,
UNDE COGNATI,
UNDE VIR ET UXOR;

3° Si le défunt est un ingénu émancipé *contracta fiducia*, quatre possessions de biens, savoir :

UNDE LIBERI,
UNDE LEGITIMI, *id est*, *parens manumissor*,
UNDE COGNATI,
UNDE VIR ET UXOR;

4° Si le défunt a été affranchi par un ingénu, cinq possessions de biens, savoir :

UNDE LIBERI,
UNDE LEGITIMI, *id est patronus vel liberi ejus*,
TAMQUAM EX FAMILIA,
UNDE VIR ET UXOR,
UNDE COGNATI MANUMISSORIS;

5° Enfin si le défunt a été affranchi par un autre affranchi, quatre possessions de biens, savoir :

UNDE LIBERI,
UNDE LEGITIMI, *id est patronus vel liberi ejus*,
UNDE PATRONUS ET PATRONA, etc.,
UNDE VIR ET UXOR.

§ IV, V et VI.

900. La possession de biens *unde decem personæ* qui a lieu dans la succession des personnes émancipées sans fiducie, devient superflue sous Justinien (§ 4), puisque l'émancipation est toujours réputée faite *contracta fiducia* (§ 8, *de legit. agn. succ.*).

D'après les innovations de Justinien sur la succession des affranchis, les parents du patron jusqu'au cinquième degré, succéderont à l'affranchi, comme ils succéderaient au patron et dans le même ordre. Ainsi, chacun d'eux, héritier légitime ou simple cognat de l'affranchissant, obtiendra dans la succession de l'affranchi, les possessions

UNDE LEGITIMI ou UNDE COGNATI. En conséquence, Justinien supprime (§ 5 *et* 6, *h. t.*) les possessions de biens qui concernent spécialement la succession des affranchis intestats, et s'il conserve au patron dans la succession testamentaire la possession de biens CONTRA TABULAS (v. § 2, *de succ. libert.*; § 5, *h. t.*), c'est en la réduisant de la moitié au tiers (878, 880).

Ainsi Justinien, en conservant pour la succession testamentaire les deux possessions de biens CONTRA TABULAS et SECUNDUM TABULAS, réduit à quatre les possessions de biens qui se donnent ab instestat, savoir :

UNDE LIBERI,

UNDE LEGITIMI,

UNDE COGNATI,

UNDE VIR ET UXOR,

en tout, six possessions de biens ordinaires (§ 6, *h. t.*).

§ VII.

901. Les possessions de biens dont il a été question jusqu'ici, se nomment ordinaires, parce que chacune d'elles se donne toujours à certaines personnes, dans un cas et dans un ordre spécialement déterminés.

Sous ce rapport elles diffèrent d'une autre possession de biens que le préteur se réserve d'accorder par obéissance au droit civil, toutes les fois qu'une loi, un sénatus-consulte ou une constitution ordonneront que la possession de biens soit donnée dans tel rang, à telle personne. Aussi la possession de biens que le préteur accorde ainsi UTI EX LEGIBUS, n'est-elle mentionnée dans l'édit que par une clause générale qui s'adapte aux successions testamentaires ou ab intestat, au rang et dans l'ordre spécifié par les dispositions du droit civil. C'est ainsi que nous avons vu (879) la possession de biens *contra tabulas* du patron, s'étendre, en vertu de la loi Papia Poppæa, à la patronne ; c'est ainsi, je crois, que les personnes instituées dans un testament nuncupatif, sont admises *secundum tabulas* (537).

Cette possession de biens, UTI EX LEGIBUS, ne doit pas être confondue avec la possession de biens UNDE LEGITIMI. Celle-ci se donne ab intestat et en second ordre, aux personnes que le droit civil reconnaît comme héritiers légitimes, tandis que la possession de biens UTI EX LEGIBUS suppose une disposition du droit civil qui défère spécialement non pas l'hérédité, mais la possession de biens (v. *Paul. fr.* 3, *unde legit.; Ulp. fr.* 1, § 2, *uti ex legib.*).

§ VIII.

902. En attribuant à chaque possession de biens un rang particulier, le droit honoraire établit *plures species successionum*, ou plusieurs ordres qui doivent arriver successivement. Ainsi, les cognats, par exemple, obtiennent la possession de biens en troisième ordre, lorsqu'elle n'a point été demandée par ceux à qui elle appartient en premier ou en second ordre. Mais ce n'est pas seulement d'un ordre à l'autre que s'opère cette dévolution; c'est aussi de degré en degré, lorsque dans un seul et même ordre (*in unaquaque specie successionis*), par exemple dans l'ordre des héritiers légitimes ou dans celui des cognats, il existe des parents à différents degrés (*plures dispari gradu personæ*); chacun d'eux arrivera au défaut de celui ou de ceux qui précèdent.

903. Cette dévolution offrirait de graves inconvénients si les biens du défunt restaient trop long-temps sans maître. Aussi le préteur fixe-t-il à ceux qu'il appelle, un délai déterminé (*certum tempus*) dont l'expiration emporte déchéance. De cette manière, la dévolution devient plus rapide; les créanciers du défunt savent à qui s'adresser; l'exercice de leurs actions n'est pas indéfiniment retardé, et par suite ils ont moins de facilité à se faire envoyer en possession des biens du défunt (*text. hic;* v. 934).

Ce délai est d'un an pour les enfants et les ascendants; de cent jours pour les collatéraux (*text. hic in fin.*; *Ulp. fr.* 1, § 8, 13 *et* 16, *de succ. ed.*). Dans l'un ou l'autre cas, il se compose de jours utiles, c'est-à-dire que l'on examine, jour par jour, si les personnes à qui la possession de biens était déférée, l'ont su et ont pu la demander (§ 10, *h. t.; Ulp. fr.* 2, *quis ordo*).

§ IX.

904. A l'expiration du délai, celui qui n'a pas demandé la possession de biens perd le droit qui lui était déféré. Les personnes appelées concurremment avec lui profitent de sa part, qui accroît à la leur (*text. hic.; Ulp. fr.* 3, § 9, *de bon. poss.*), comme dans l'hérédité (860); et à défaut de concurrents, le droit de demander la possession de biens passe aux successeurs du degré ou de l'ordre subséquent, comme s'ils n'étaient précédés par personne (*text. hic*; *Ulp. fr.* 1, § 10, *de success. edict.*).

La même dévolution s'opère, sans attendre l'expiration du délai, aussitôt que la possession de biens est répudiée par ceux à qui elle était déférée (*text. hic; Ulp. d. fr.* 1, § 6 *et* 10).

§ X.

905 Nul ne devient *bonorum possessor* malgré soi (*Ulp. fr.* 3, § 3, *h. t.*). Pour obtenir la possession de biens, il fallait se présenter devant le préteur et la demander en termes solennels (*Theoph. hic*); mais la nécessité d'une demande formelle a été supprimée par Constantin. Il suffit d'une volonté manifestée, en temps utile, par un indice quelconque (*text. hic; Const.* C. 8 *et* 9, *qui admitt. ad bon. poss.*), comme pour l'hérédité (678).

§ II.

906. Le préteur, en accordant la possession de biens, donne le titre de *bonorum possessor* indépendamment du titre d'héritier qui n'appartient qu'aux successeurs reconnus par le droit civil (*text. hic*), en sorte que l'hérédité et la possession de biens appartiennent quelquefois à la même personne, et quelquefois au contraire à des successeurs différents. Dans ce dernier cas, le *bonorum possessor* qui n'est pas héritier n'a pas directement les actions héréditaires; mais le préteur qui le met *loco heredis*, donne à lui et contre lui des actions utiles, fictives, comme il les donne au fidéicommissaire ou contre lui, dans le cas du sénatus-consulte Trébellien (782; v. *Gaius*, 4 *inst.* 34).

907. Le *bonorum possessor* n'a en cette qualité ni la propriété, ni même la possession réelle des biens héréditaires; mais il peut acquérir cette dernière au moyen de l'interdit *quorum bonorum* (v. § 3, *de interd.*) et arriver à la propriété par l'usucapion (*Gaius*, 3 *inst.* 80 *et* 81), à moins qu'il ne soit évincé par un héritier exerçant la pétition d'hérédité.

Ainsi, par exemple, les héritiers siens satisfaits de ce titre peuvent ne pas demander la possession de biens qui, à leur défaut et d'après l'ordre de dévolution précédemment exposé, passera au plus proche agnat; mais ce dernier, pouvant être évincé par les héritiers proprement dits, aura la possession de biens *sine re*. Il en est de même lorsque l'institué ou le plus proche agnat acceptent l'hérédité testamentaire ou légitime sans demander la possession de biens. Ceux qui l'auront au défaut de l'un ou de l'autre, l'auront *sine re*, par opposition à d'autres personnes pour qui la possession de biens est définitive ou *cum re*, en ce sens qu'il n'existe aucun héritier qui puisse les évincer (*Gaius*, 3 *inst.* 35, 36 *et* 37; *Ulp.* 28 *reg.* 13).

La possession de biens *secundum tabulas* peut aussi n'être que *sine re* (v. *Gaius*, 2 *inst.* 119 *et seqq.*).

Dans la législation Justinienne, le droit civil et le droit prétorien marchent toujours d'accord (*in unam consonantiam*; § 3, *de test. ord.*), parce que le second remplace entièrement le premier du moins dans la pratique. Aussi n'est-il plus question des possessions de biens *sine re*. Cependant la distinction précédente nous servira plus tard à expliquer la nature et les effets de l'interdit *quorum bonorum* (*d.* § 3, *de interd.*).

APPENDICE.

Exposition des Novelles 118 *et* 127.

908. Le système de succession introduit par la loi des Douze-Tables, et successivement modifié par le droit prétorien (820), par les Sc. Tertullien et Orphitien, par

les constitutions de Théodose, d'Anastase et surtout de Justinien (831, 839), n'était plus, dans le Bas-Empire, qu'une de ces règles générales dont l'existence nécessite des exceptions nombreuses et sans cesse renouvelées. Justinien crut enfin devoir refondre cette partie de la législation en substituant un système uniforme à celui que tant de dérogations successives avaient compliqué, dénaturé, et cependant conservé jusqu'à l'année 540.

Cette époque est celle où parut la Novelle 118, qui distingue trois ordres de succession *ab intestat* : le premier pour les descendants, le second pour les ascendants et le dernier pour les collatéraux (*d. Nov. præf.*, *in fin.*).

CHAPITRE I.

909. Les descendants succèdent à l'exclusion de tous autres parents ; et quand même le défunt serait décédé fils de famille, les biens dont il était propriétaire seraient toujours déférés à ses enfants, par préférence au père de famille, sauf l'usufruit réservé à ce dernier sur les biens adventifs (512).

La préférence donnée aux enfants a lieu sans distinction de sexe ou de degré, sans examiner s'ils sont ou ne sont pas dans la famille du défunt. Ainsi les enfants de la fille succèdent à leur aïeul maternel, comme ceux du fils à leur aïeul paternel ; et l'émancipation ne produit à cet égard aucune différence.

Les fils et filles succèdent par têtes : les enfants d'un fils ou d'une fille prédécédés représentent leur père ou leur mère, et prennent dans l'hérédité la part que l'un ou l'autre prendrait s'il était vivant ; en d'autres termes, les petits-enfants partagent par souches.

CHAPITRE II.

910. A défaut de descendants, les ascendants succèdent, tantôt seuls, tantôt avec quelques-uns des frères ou sœurs.

Dans l'un ou l'autre cas, l'ascendant le plus proche exclut toujours ceux qui sont plus éloignés. Plusieurs ascendants du même degré succèdent concurremment, mais ne partagent point par tête : les ascendants paternels ont une moitié, et les ascendants maternels l'autre moitié, quel que soit le nombre des premiers ou des seconds.

911. Pour savoir dans quel cas les ascendants succèdent seuls, il faut distinguer parmi les frères et sœurs du défunt ceux qui seraient nés des mêmes père et mère que lui; ceux qui, nés du même père, auraient une autre mère; enfin ceux qui seraient nés de la même mère et de pères différents. Nous appellerons les premiers frères germains, les seconds frères consanguins, et les derniers frères utérins.

Les ascendants succèdent seuls, lorsqu'il n'existe point de frère ou sœur germains; dans le cas contraire, ceux-ci concourent avec les ascendants les plus proches. Ils partagent par têtes, même lorsqu'ils concourent avec leurs propres père et mère; et dans ce cas, le père de famille, concourant avec les enfants soumis à sa puissance, n'a point l'usufruit des biens recueillis par ces derniers dans la même succession.

CHAPITRE III.

912. Lorsqu'il ne reste aucun ascendant, l'hérédité est

déférée aux frères ou sœurs germains, et à leur défaut aux autres frères ou sœurs, consanguins ou utérins, sans distinction.

Les enfants d'un frère ou d'une sœur prédécédés prennent la place, les droits et la part qu'auraient pris leur père ou mère. En conséquence, les neveux et nièces du défunt, toujours préférés aux oncles et tantes de ce dernier, concourent avec ses frères ou sœurs survivants, c'est-à-dire avec leurs propres oncles ou tantes, les écartent ou sont écartés par eux, suivant que leur père ou mère aurait été dans le cas de concourir avec d'autres frères ou sœurs, de les exclure ou d'être exclu par eux.

Le frère ou la sœur prédécédé n'est jamais représenté par ses petits-enfants, mais par ses fils ou filles : eux seuls prennent, dans la succession de leur oncle ou tante, la place de leur père ou mère. En leur accordant ce bénéfice, Justinien ne l'accorde même pas dans toute sa plénitude. En effet, nous avons vu (911) que les frères et sœurs germains ont le privilége d'exclure les autres frères ou sœurs, et même de concourir avec les ascendants ; et néanmoins, si le défunt laisse un ou plusieurs ascendants, les enfants de frères ou sœurs germains prédécédés ne peuvent pas obtenir la portion qu'aurait eue leur père ou mère. La Novelle 118 le défend expressément; mais, huit ans après, Justinien supprima lui-même cette distinction (*Nov.* 127), et la présence des ascendants n'empêcha plus les neveux et nièces de prendre la place de leurs père et mère.

913. Lorsqu'un aïeul ne laisse que des petits-enfants qui se trouvent tous en égal degré, ceux-ci, prenant la place de leurs père et mère, partagent toujours par souches. Pour le décider ainsi sous l'empire de la No-

velle 118, il suffit d'appliquer ici le principe consacré dans l'ancien droit à l'égard des héritiers siens (817). En est-il de même pour les neveux et nièces, lorsqu'il ne reste ni frère ni sœur : ainsi, par exemple, lorsqu'un oncle laisse trois neveux, dont un est fils unique, tandis que les deux autres ont le même père ou la même mère, le partage se fera-t-il par têtes ou par souches? Chacun des trois neveux prendra-t-il un tiers, ou bien au contraire donnera-t-on la moitié au premier, et le quart à chacun des deux autres? Cette question, que Justinien laisse indécise, a partagé les interprètes et les tribunaux. Azon s'était prononcé pour le partage par têtes, Accurse pour le partage par souches. Vinnius, après avoir soutenu la première opinion, est revenu à la seconde.

914. Lorsque le défunt ne laisse ni frères ou sœurs, ni neveux ou nièces, l'hérédité appartient au plus proche parent; et ceux qui, à égalité de degré, succèdent concurremment, partagent toujours par têtes (*Nov.* 118, *cap.* 3, § 1), comme dans la possession de biens *unde cognati*.

CHAPITRE IV.

915. D'après ce qui précède, on voit qu'il n'existe plus aucune différence entre les parents. Soit qu'ils appartiennent ou non à la même famille, ils exercent tous les mêmes droits, et n'ont plus qu'un seul titre, celui de cognats, l'agnation étant expressément supprimée par Justinien.

CHAPITRE V.

916. Nous avons vu (227, 245) la tutelle légitime dé-

férée, comme l'hérédité, au plus proche agnat du pupille ingénu, ou au patron de l'impubère affranchi, et Justinien nous a lui-même prévenu que les fonctions de tuteur sont la conséquence du titre d'héritier présomptif, du moins lorsqu'il ne s'agit pas des femmes; car les femmes appelées à l'hérédité n'étaient pas également appelées à la tutelle (*pr.*, *de legit. agnat. tut.*).

En conservant ce principe, Justinien décide que la tutelle légitime sera déférée aux parents mâles d'après les règles nouvellement établies pour l'hérédité. Il écarte de la tutelle toutes les femmes, excepté la mère et l'aïeule du pupille : l'une ou l'autre obtiendront la tutelle légitime dans le même ordre que l'hérédité, c'est-à-dire par préférence aux collatéraux, et pourvu qu'il n'existe aucun tuteur testamentaire, la tutelle testamentaire exclut la tutelle légitime (227).

917. La Novelle 118 est la première constitution qui ait admis l'aïeule aux fonctions de tutrice; mais d'après une constitution de Théodose, étendue et confirmée par Justinien (C. 2, *quando mul. tut.*; *nov.* 94, *cap.* 2), la mère, à défaut de tout autre tuteur légitime, pouvait demander et obtenir la tutelle de ses enfants, lorsqu'elle renonçait à se remarier. Justinien exige que la mère et l'aïeule renoncent aux secondes noces, et en outre au bénéfice du Sc. Velléien.

CHAPITRE VI.

Après avoir posé, sur l'ordre des successions, les règles précédentes, Justinien les déclare exclusivement applicables aux catholiques; cette décision confirme la règle antérieurement établie qui rend les hérétiques incapables de succéder (719).

TITRE X.

De l'Acquisition par adrogation.

PR.

918. L'hérédité et la possession de biens dérivent l'une de la loi des Douze-Tables, l'autre du droit prétorien. Ici se présente une troisième manière d'acquérir par universalité, qui diffère des deux autres par son origine. Elle a été introduite par ce consentement tacite qui constitue le droit non écrit (*text. hic; tacito jure, Ulp. fr.* 15, *de adopt.*). Ce n'est, en effet, qu'une conséquence de la puissance paternelle dont l'adrogation investit l'adrogeant (*pr., h. t.;* § 1 *et* 11, *de adopt.*), et du principe qui, dans chaque famille proprement dite, ne reconnaît qu'un seul maître et un seul propriétaire (100). Ainsi toutes les acquisitions que fait une personne *alieni juris* profitent au père de famille (516), et réciproquement, lorsqu'une personne *sui juris* passe sous la puissance d'autrui, elle y passe avec tous les droits qui lui appartiennent.

Les Institutes nous offrent deux applications de ce principe, relatives, l'une à la puissance paternelle (*pr., h. t.*), l'autre à la puissance dominicale (§ 1, *de success. subl.*).

§ I.

919. L'adrogeant acquiert tous les biens, c'est-à-dire dire toutes les choses corporelles et même tous les droits ou choses incorporelles de l'adrogé (*text. hic ; Pap. fr.*

11, § 2, *de b. p. sec. tab.*), par exemple ses créances (*quæque ei debitæ sunt*) et le droit de puissance qu'il a sur ses propres enfants (§ 11, *de adopt.; Ulp. fr.* 15, *de adopt.*).

Toutefois comme l'adrogé subit par l'adrogation même une *capitis deminutio* qui éteint quelques-uns de ses droits, ces derniers ne passent point à l'adrogeant. Celui-ci ne profitait donc pas de l'usufruit ou de l'usage constitués en faveur de l'adrogé; car ces droits s'éteignaient toujours par cela seul que l'usufruitier ou l'usager subissait une *capitis deminutio* quelconque (426; *text. hic*). Sous Justinien, il n'en est plus de même : la petite *capitis deminutio* ne fait cesser ni l'usufruit ni l'usage; mais elle suffit toujours pour éteindre plusieurs autres droits qui conséquemment ne passent jamais à l'adrogeant. Justinien cite pour exemple le droit d'agnation et les obligations qu'il appelle *operarum*.

920. L'adrogé entré dans la famille de l'adrogeant devient l'agnat de tous les membres dont cette famille se compose (§ 2, *de legit. cap. agn. succ.*) : réciproquement, les membres de sa famille primitive ont cessé, à compter de l'adrogation, d'être les agnats de l'adrogé; aucun lien d'agnation ne peut donc s'établir, par ce dernier, entre eux et l'adrogeant.

921. Un affranchi a ordinairement un métier, une profession qu'il exerce en travaillant pour son patron, comme pour tout autre personne, indépendamment des travaux qu'il est tenu de faire gratuitement pour son patron et pour lui seul, lorsque ce dernier le demande (v. *Gaius, fr.* 22, *de oper. libert.*). De là une distinction entre les travaux qu'on appelle *fabriles* dans le premier cas et *officiales* dans le second, parce que l'affranchi qui

exécute ces derniers remplit un *officium*, c'est-à-dire un devoir ou une obligation naturelle (*officii præstatio; Gaius*, *d. fr.* 22; v. *Ulp. fr.* 26, § 12, *de cond. indeb.*), qui se transforme en obligation civile lorsque l'affranchi consacre ce devoir par un serment, ou promet de l'accomplir en répondant à une stipulation (*Gaius*, 3 *inst.* 83; *Ulp. et Paul. fr.* 5 *et* 7, *de oper. libert.*; v. *Julian. fr.* 23, *eod.*). Cette obligation, étant pour le patron une conséquence du droit de patronage, s'éteint avec ce droit par la *capitis deminutio*.

§ II.

922. Lorsque la puissance paternelle, modifiée dans ses effets, a cessé d'attribuer au père de famille la pleine et entière propriété des biens acquis par les enfants soumis à sa puissance, le droit du père adoptif a été restreint comme celui du père naturel. Par une conséquence nécessaire des principes exposés ci-dessus (512), l'acquisition de l'adrogeant doit se borner, et se borne effectivement à l'usufruit des biens de l'adrogé (*text. hic*).

Cependant le droit de l'adrogeant s'étend à la propriété même (*etiam dominium*) lorsque l'adrogé meurt dans la famille adoptive. C'est alors un droit de succession que le père adoptif obtient comme le père naturel et dans le même ordre, c'est-à-dire à défaut de descendants et de frères ou sœurs (553, 346).

§ III.

923. Les créances de l'adrogé sont directement acquises à l'adrogeant (*pleno jure*; § 1, *h. t.*); et cepen-

dant le droit civil ne rend pas ce dernier débiteur de ce que devait l'adrogé, quoique d'ailleurs la *capitis deminutio* suffise, quant au droit civil, pour libérer l'adrogé de ses obligations, ou pour parler plus exactement, des obligations par lui contractées (*Gaius*, 4 *inst.* 38); car la *capitis deminutio* ne libère jamais personne des conséquences de son délit (*Ulp. fr.* 2, § 3, *de cap. min.*). Il résulte de là que les créanciers n'ont plus d'action contre personne; mais ici, comme dans tous les autres cas où un débiteur subit la petite *capitis deminutio*, le droit prétorien la considère comme non avenue, et accorde aux créanciers une action fictive qui leur permet d'agir contre le débiteur comme s'il n'était pas *capite minutus* (*Gaius*, 3 *inst.* 84; 4 *ibid.* 38; *Ulp. fr.* 2, § 1, *de cap. min.*), et ensuite de vendre les biens qui sans l'adrogation lui appartiendraient encore. L'adrogeant ne peut empêcher ce résultat et profiter soit de la pleine propriété que l'adrogation lui conférait primitivement, soit de l'usufruit qu'elle lui confère encore sous Justinien, qu'en se portant lui-même défendeur pour l'adrogé (*si noluerit eum defendere*) et en donnant à cette occasion la caution JUDICATUM SOLVI (*Ulp. fr.* 63, *de judic.*; *fr.* 21, § 3, *ex quib. caus. major.*) dont nous parlerons plus loin (§ 1 *et* 4, *de satisdat.*).

924. Cette différence entre les créances et les dettes de l'adrogé coïncide encore avec les effets de la puissance paternelle, relativement aux obligations contractées soit par un fils de famille, soit envers lui. Le père de famille devient créancier de quiconque s'oblige envers les personnes soumises à sa puissance (§ 1, *de stip. serv.*; *pr.*, *per quas pers. nob. obl.*), et cependant ces dernières n'obligent pas leur père ou leur maître, du moins d'a-

près le droit civil (1). Il faut cependant excepter les dettes dont se trouve grevée l'hérédité déférée aux personnes *alieni juris* et par elles acquise au chef de leur famille. Celui-ci devenant héritier (§ 3, *per quas pers. nob. adq.*) est civilement tenu de solder toutes les dettes héréditaires; par la même raison, l'adrogeant sera soumis aux dettes dont l'adrogé n'était lui-même tenu que comme héritier d'une autre personne, dont l'hérédité se trouve fondue dans ses propres biens et transmise avec eux à l'adrogeant (v. *Gaius*, 3 *inst.* 84).

TITRE XI.

De celui à qui les biens sont attribués pour valider les affranchissements.

925. Justinien, en s'occupant dans le titre précédent des effets de l'adrogation, a interrompu ce qui restait à dire sur la transmission en masse, ou par universalité, des droits d'une personne décédée. Nous avons vu l'hérédité, déférée par testament aux institués, s'ouvrir à défaut de ceux-ci pour d'autres successeurs que la loi civile ou le préteur appelle ab instestat. Enfin les biens restés vacants appartiennent au fisc ; et si le fisc lui-même les abandonne, alors les biens du défunt que personne ne représente, peuvent être vendus par les créanciers (*pr.*, *de success. subl.*; v. *Diocl. et Max.* C. 5, *de bon. auct. jud.*).

---

(1) Voyez quant au droit prétorien, *liv.* 4, *tit.* 7.

§ I.

926. Dans cette position, la vente des biens peut encore être empêchée par la survenance d'un successeur qui se présenterait en vertu d'une constitution de Marc Aurèle ; Justinien en relate ici la teneur, et voici quelle en a été l'occasion :

Un testateur nommé Virginius Valens avait laissé la liberté à plusieurs esclaves. L'hérédité testamentaire n'étant point acceptée, aucun des esclaves ne peut obtenir la liberté (*Sever. et Anton.* C. 2, *de man. test.*). Non-seulement Virginius Valens n'a point d'héritier testamentaire, mais il ne trouve aucun successeur ab intestat, et les biens sont dans le cas d'être vendus par les créanciers, *in ea causa esse cœperunt ut væniri debeant.*

Dans ces circonstances, un certain Popilius Rufus demande que les biens lui soient attribués (1) en faveur des affranchissements qu'il promet de maintenir conformément à la volonté du testateur. Marc-Aurèle l'autorise à se présenter devant le magistrat compétent pour se faire attribuer les biens, sous la condition de garantir aux créanciers le paiement intégral de ce qui leur est dû (*si idonee creditoribus*, etc.).

927. Dans ce cas, on distingue entre les esclaves : ceux à qui le testateur avait donné la liberté fidéicommissaire, doivent être affranchis par la personne à qui les biens sont attribués ; ceux que le testateur avait affranchis di-

---

(1) *Addici bona* (*pr. h. t.*). Cette attribution que fait ici le magistrat ne doit pas être confondue avec l'*adjudicatio* que fait un juge, en vertu du pouvoir que lui confèrent certaines actions (v. § 4, 5 *et* 6, (*de. offic jud.*).

rectement deviendront libres, comme si l'hérédité avait été acceptée par l'institué (*ac si hereditas adita esset*). Conséquemment ils n'auront point d'autre patron que le défunt (798), à moins que, sur la demande de la personne à qui les biens sont attribués, et avec le consentement des esclaves intéressés, l'attribution ne soit faite sous la condition expresse que tous les affranchis auront cette personne pour patron.

PR.

928. Justinien suppose ici que l'attribution est faite à l'un des esclaves affranchis par le testateur (*qui libertatem acceperunt*), et c'est à eux en effet que s'appliquait le rescrit de Marc-Aurèle; mais on l'a étendu aux étrangers (*Gordian.* C. 6, *de manum. testam.*).

§ II.

929. Lorsque les biens sont ainsi attribués (*hac de causa*), ils ne peuvent plus être vendus par les créanciers (*cessat bonorum venditio*); parce qu'il existe un successeur qui doit se porter défendeur (*defensor*) pour le défunt, et qui de plus est *idoneus*, en ce sens qu'il donne caution pour la totalité des dettes (v. § 2, *de eo cui libert.*; § 5, *de satisdat.*).

En empêchant ainsi la vente des biens, on a voulu épargner un affront à la mémoire du testateur, et en même temps assurer aux esclaves, malgré l'abandon du testament, la liberté qui leur était destinée (*text. hic*; § 6, *h. t.*). On n'applique la constitution de Marc-Aurèle, que pour atteindre ce double but : ainsi l'attribution n'aura pas lieu, si le testateur dans son testament n'affranchit aucun esclave (§ 3 *et* 6, *h. t.*).

IV ET V.

930. D'autre part, le défunt n'est exposé à aucun affront, et ses biens ne sont jamais dans le cas d'être vendus sous son nom, lorsque l'hérédité a été recueillie, soit en vertu du testament, soit même ab intestat : aussi la constitution de Marc-Aurèle, d'après les expressions mêmes du rescrit, se restreint-elle au cas où le défunt devenu intestat reste sans successeur (1). Il faut donc être certain de n'en trouver aucun; le doute, en conservant l'espoir, suffit pour suspendre l'application du rescrit (§ 4, *h. t.; Ulp. fr.* 4, *de fideic. lib.*), jusqu'au moment où tous ceux qui peuvent recueillir la succession l'auront refusée. Si l'un d'eux se trouve mineur de vingt-cinq ans, et par conséquent susceptible de revenir plus tard contre sa répudiation, en obtenant la *restitutio in integrum* (685), cette circonstance n'empêchera ni l'attribution des biens ni l'affranchissement des esclaves. Le mineur de vingt-cinq ans pourra sans doute reprendre l'hérédité qu'il avait répudiée; mais les esclaves qui sont devenus libres ne rentreront pas en servitude (*text. hic; Ulp.*

(1) *Text. hic*; v. § 1, *h. t.* Ainsi les affranchissements testamentaires restent sans aucun effet, lorsque l'hérédité abandonnée par les institués est recueillie ab intestat, ne fût-ce que par le fisc. Dans ce cas, les biens ne restant pas vacants ne peuvent pas être vendus par les créanciers; la constitution de Marc-Aurèle est donc sans application (*Pap. fr.* 50, *de man. test.*). Il en est autrement lorsque le fisc veut se faire attribuer les biens dont les créanciers sont déjà saisis et qui se trouvent dans le cas d'être vendus par eux. Alors il en est du fisc comme de toute autre personne qui veut se faire attribuer les biens; il ne les obtiendra qu'à la charge de maintenir tous les affranchissements : c'est en ce sens qu'il faut entendre la dernière partie du rescrit (v. § 1, *h. t.; Ulp. fr.* 4, § 17, *de fideic. libert.; Pothier*, 40 *pand.* 4, n° 80).

d. fr. 4, § 1 *et* 2, *eod.*) : car la liberté, une fois acquise, ne se révoque jamais (v. *Ulp. fr.* 32, *de man. test.*; *Sever. et Anton.* C. 3, *de man. test.*).

§ III.

931. Le rescrit de Marc-Aurèle parle des affranchissements testamentaires; mais on l'applique aux esclaves affranchis dans un codicille, par une personne qui décède testat ou intestat. Dans le premier cas, l'application du rescrit n'a souffert aucun doute (*nemini dubium est*); dans le second, c'est une extension de faveur (*favor constitutionis*).

§ VI ET VII.

932. On a étendu cette même faveur jusque sur les affranchissements accordés à cause de mort ou entre vifs, afin d'empêcher qu'ils ne soient annulés, comme faits en fraude des créanciers (§ 6, *h. t.*; 87).

Justinien a considérablement ajouté au rescrit de Marc-Aurèle, par une constitution (C. 15, *de manum. testam.*) dont l'analyse n'offrirait ici qu'un très-médiocre intérêt. Je crois donc devoir, comme Justinien lui-même (§ 7, *h. t.*), renvoyer au texte original de cette constitution.

TITRE XII.

Des Successions supprimées.

PR.

933. Les biens du débiteur peuvent être vendus sur la poursuite des créanciers, soit après sa mort, lorsqu'il

n'existe aucun successeur (*Diocl. et Max.* C. 5, *de bon. auct. jud.*); soit pendant sa vie, lorsqu'il a fait la cession de biens dont nous parlerons plus loin (§ 40, *de act.*; v. *Diocl. et Max.* C. 4, *qui bon. ced. poss.*); lorsqu'il n'exécute pas, dans le délai déterminé, les condamnations qu'il a encourues; enfin, lorsqu'il se cache à dessein, *latitat*, pour qu'on ne puisse pas obtenir d'action contre lui, et pourvu, dans ce dernier cas, que personne ne se porte défendeur en son nom (*Gaius*, 3 *inst.* 78).

Dans ces différents cas, la totalité des biens se vendait en masse, avec des solennités dont le détail se trouve dans Théophile, ainsi que dans Gaius (3 *inst.* 79), et par suite desquelles le *bonorum emptor* se trouvait en quelque sorte assimilé au *bonorum possessor*. L'un et l'autre, en effet, sont des successeurs prétoriens qui exercent, ou contre qui s'exercent, sous le titre d'actions fictives, toutes les actions de la personne dont ils possèdent le patrimoine (*Gaius*, 4 *inst.* 34 *et* 35).

934. Par suite du changement survenu dans la procédure, lorsque les *judicia ordinaria* sont devenus *extraordinaria* (1172), les ventes solennelles sont tombées en désuétude; mais les créanciers ont conservé le droit de se faire envoyer en possession des biens de leur débiteur pour en disposer d'après certaines règles (*text. hic*).

En effet, dans les différents cas dont nous avons parlé, les créanciers peuvent, pour la conservation de leurs droits, *rei servandæ causa* (1), se faire envoyer en pos-

(1) *Ulp. fr.* 7, *quib. ex caus. in poss.* Le pupille est aussi envoyé en possession des biens du tuteur qui COPIAM SUI NON FACIT (§ 9, *de susp. tut.*) et par là empêche l'allocation d'aliments dont nous avons parlé (325). Cette possession est accordée au pupille comme aux créanciers

session par le magistrat (*Diocl. et Max.* C. 5, *de bon. auct. jud. poss.*), et acquérir ainsi un gage (*Ulp. fr.* 26, § 1, *de pigner. act.*) que l'on appelle communément prétorien. Le magistrat, avec l'assentiment des créanciers ou du plus grand nombre d'entre eux, désigne un ou plusieurs curateurs, qui administrent pour tous les créanciers, et qui exercent ou contre qui s'exercent toutes les actions qui pourraient être données au débiteur ou contre lui (*Ulp. fr.* 2, *pr. et* § 1, *de curat. bon.*).

Enfin, après un délai dont la durée est inconnue, les cranciers sont autorisés à vendre les biens séparément et non en masse, pour être payés sur le prix (*Diocl. et Max.* C. 9, *de bon. auct. jud. possid.*).

§ I.

935. Les biens d'un condamné sont acquis au fisc lorsque la condamnation emporte moyenne, ou à plus forte raison grande *capitis deminutio* (*Callistr. fr.* 1, *de bon. damn.*) et par suite servitude de la peine; mais dans plusieurs autres cas, ceux qui perdent la liberté tombent sous la puissance d'un particulier qui devient maître de leur personne et de tous leurs biens. Nous avons ici pour exemple un cas spécial de servitude établie par le Sc. Claudien, l'an de Rome 806, de J.-C.

---

rei servandæ causa, mais dans un but différent. En privant ainsi le tuteur de ses biens (*ut re sua careat*; *Ulp. fr.* 7, § 2, *de susp. tut.*), on veut seulement le contraindre à se présenter : aussi ne fait-on vendre les choses susceptibles de dépérir (*quæ mora deteriora futura sunt; d.* § 9). On les vend dans l'intérêt du tuteur même; car les aliments dont le pupille a besoin se prennent sur ses propres biens, et non sur les biens du tuteur (*Ulp. fr.* 3, § 6; *Tryph. fr.* 6, *ubi pupil. educ.*).

53, et supprimée par Justinien (*text. hic*; C. *de sc. Claud. toll.*).

De là résultait une acquisition semblable à celle dont nous avons parlé au titre X, sauf que le préteur, ne rescindant jamais ni la grande ni la moyenne *capitis deminutio*, ne donne aucune action contre les débiteurs qui ont perdu la liberté ou le droit de cité (*Ulp. fr.* 2; *Paul. fr.* 7, § 2 *et* 3, *de cap. min.*); mais il accorde une action utile contre le nouveau propriétaire des biens, et si ce dernier ne se porte pas défendeur en donnant la caution *judicatum solvi* pour le montant total des dettes, les créanciers sont envoyés en possession des biens (*Ulp. et Paul. ibid.*) comme on l'a dit ci-dessus (934).

936. Dans le cas particulier de notre texte, le Sc. Claudien semblerait avoir eu pour but de punir la débauche des femmes libres, qui s'abandonnent à l'esclave d'autrui; mais cette idée que font naître les expressions de Justinien (*servili amore bacchata*) se rectifie par l'examen des autres textes. Il s'agit en effet d'une espèce de mariage appelé *contubernium*, que les esclaves contractaient soit entre eux, soit avec des personnes libres (*Paul.* 2 *sent.* 21, § 6); et il n'est pas sans exemple qu'une fille de famille se mariât ainsi avec le consentement et sous l'influence de son père (v. *Paul. fr.* 27, *depos.*). Dans ce cas, les enfants naissaient libres, malgré l'esclavage du père (73), et par conséquent échappaient au maître de ce dernier. C'est pour attribuer à ce maître la postérité de son esclave mâle, que le Sc. Claudien rend la femme esclave du même maître.

Cela est tellement vrai que le sénatus-consulte ne statue pas d'une manière générale contre toutes les femmes qui s'abandonnent à un esclave quelconque, mais spécialement contre celles qui s'unissent en *contubernium* à l'esclave d'autrui (*Paul.* 2 *sent.* 21, § 1, 6, 7, 9, 10 *et* 12); et dans ce cas même le sénatus-consulte ne s'applique ni contre la femme à qui le maître devrait du respect, par exemple s'il était son fils ou son affranchi (*Paul. ibid.* § 13 *et* 16), ni malgré les conventions qu'il aurait faites avec toute autre femme (1). Aussi le Sc. Claudien ne frappe-t-il la femme que dans le cas d'un *contubernium* contracté sans le consentement du maître, et lorsqu'elle persévère dans cette union malgré l'opposition qu'il manifeste par trois avertissements successifs (*Paul. ibid.* § 1 *et* 17). Alors la femme abdique, pour ainsi dire, sa liberté et devient esclave *connubio* (*Valent.* C. 6, C. Th. *ad. sc. Claud.*), à cause de l'union qu'elle a contractée, et par l'autorité du magistrat qui l'adjuge au maître de l'esclave dont elle ne veut pas se détacher (*Paul. ibid.* § 17; *Theoph. hic*).

Justinien, toujours favorable aux affranchissements et à la liberté, abroge le Sc. Claudien (*text. hic*; C. 6, *de sc. Claud. toll.*; v. § 1 *et* 3, *de libertin.*; § 7, *qui et ex quib. caus.*; *pr.*, *de leg. fus. can.*; § 4, *de donat.*).

TITRE XIII.

Des Obligations.

937. Jusqu'ici nous avons traité de la propriété; c'est

(1) Lorsque le maître avait consenti, la femme conservait sa liberté; mais par une exception qui a duré jusqu'au règne d'Adrien, les enfants naissaient esclaves comme leur père (*Gaius*, 1 *inst.* 84). Tacite (12 *annal.* 53) dit que dans ce même cas, la femme, quoique libre, ne restait pas ingénue; elle était considérée comme affranchie. Ce passage de Tacite est confirmé par Paul (3 *sent.* 10, § 2) et par l'auteur inconnu du traité *de jure fisci*, § 12.

à son occasion que nous avons parlé de l'hérédité, de la possession de biens, des effets de l'adrogation et de plusieurs successions qui transportent à une personne tous les droits et conséquemment tous les biens qui appartenaient à une autre. Les obligations dont nous commençons à nous occuper, n'ont plus le même but; il n'entre pas dans leur nature de faire qu'une chose nous soit acquise (*Paul. fr.* 3, *de obl. et act.*). L'obligation ne transporte pas le domaine; elle ne l'ôte point au débiteur et ne l'attribue point au créancier. Seulement, elle établit entre différentes personnes un lien, un rapport, qui astreint l'une d'elles envers l'autre en plaçant la première dans la nécessité de donner (*ad dandum aliquid*), de faire (*vel faciendum*) ou de prester (*ad præstandum*; *Paul. d. fr.* 3); ce qui forme l'objet de l'obligation.

Ainsi, par exemple, relativement à une maison, le débiteur est tenu de la donner lorsque son obligation lui impose la nécessité de rendre le créancier propriétaire; car DARE signifie spécialement conférer la propriété (482; § 14, *de action.*); et par cela même qu'il faut donner, il est évident que l'obligation n'a pas opéré la translation qu'elle rend nécessaire. En effet, le créancier, s'il était déjà propriétaire, ne pourrait pas acquérir une seconde fois le même objet : l'obligation de donner ou en d'autres termes la nécessité de conférer une propriété au créancier, suppose donc que cette propriété ne lui appartient pas encore (*d.* § 14, *de act.*; v. § 2, *de inutil. stipul.*; § 10, *de legat.*; *Paul. fr.* 14, § 2, *de except. rei jud.*).

La maison, que nous avons considérée comme objet d'une obligation de donner, deviendrait l'objet d'une obligation qui astreint à faire, s'il s'agissait de sa construction ou de sa réparation, etc. (v. § 21, *de legat.*; § 4, *de locat.*

cond.). Enfin,il y a obligation de PRESTER, lorqu'un débiteur est astreint à livrer une chose sans être tenu d'en transférer la propriété en même temps que la possession. Telle est notamment l'obligation du vendeur envers l'acheteur (1).

PR.

938. L'obligation, ainsi nommée du verbe *ligare*, constitue un lien de droit (*vinculum juris*) par lequel nous sommes tenus (*adstringimur*) jusqu'au moment où l'obligation est exécutée; alors le lien est rompu et le débiteur est délié. En effet, le verbe *solvere,* appliqué à l'obligation même, exprime son extinction et la rupture du lien qui la constituait (*Paul. fr.* 54, *de solut.*); appliqué aux personnes, il indique qu'elles sont libérées et dégagées (v. *Pap. fr.* 116, *de verb. obl.*; *Ulp. fr.* 16, *pr. et* § 1, *de accept.*). Relativement à la chose pour laquelle les parties sont engagées, le verbe *solvere* indique spécialement la dation, ou le paiement proprement dit qui accomplit l'obligation de donner (*pr., quib. mod. toll. obl.*); mais dans une acception plus générale,il indique aussi l'accomplissement de toute obligation, soit qu'elle consiste à donner, à faire, ou à prester (v. *Ulp. fr.* 176, *de verb. sign.*). C'est dans ce dernier sens que l'obligation, suivant notre texte, nous impose la nécessité *alicujus rei solvendæ* (v. 1113).

En effet, les liens qui constituent l'obligation ne sont pas de nature à subsister indéfiniment; l'obligé peut se libérer en exécutant l'obligation, et non-seulement il le

---

(1) V. *Ulp. fr.* 11, § 1 *et* 2, *de act. empt.* Le mot *præstare* a souvent plusieurs autres acceptions dont le sens n'est pas bien précisé.

peut, mais il le doit et s'y trouve contraint malgré lui (*secundum jura civitatis nostræ*) par les moyens que donne le droit civil.

Le principal moyen consiste dans une action accordée à celui qui veut faire exécuter l'obligation contre celui qui s'y refuse, et s'il existe des engagements d'où il ne puisse naître aucune action, ils sortent de la classe des obligations civiles ou obligations proprement dites (v. *Ulp. fr.* 7, § 2 *et* 4, *de pact.*); on les nomme obligations naturelles (1116). Pour le moment, nous n'avons à considérer que les obligations proprement dites, les seules dont on s'occupe ici. Dans ce sens, l'obligation devient inséparable de l'action qui la sanctionne (v. § 1, *de action.*).

§ I.

939. La force que l'action donne à l'obligation lui est toujours attribuée par le droit civil, en ce sens qu'elle ne résulte jamais du droit des gens. Sous ce rapport, les obligations proprement dites sont toujours obligations civiles; mais le droit civil lui-même se distingue en droit honoraire et droit civil proprement dit (23), selon qu'il est établi, soit par les édits des magistrats, soit par les lois proprement dites ou par les sénatus-consultes et par les constitutions, *quæ legis vicem obtinent* (§ 7, *de except.*). Cette distinction s'applique notamment aux actions (§ 3, 8 *et seqq.*, *de act.*), et par suite aux obligations. Ces dernières sont prétoriennes ou civiles, comme l'action qui les sanctionne, et suivant que cette dernière résulte du droit honoraire ou du droit civil proprement dit.

§ II.

940. Les obligations, soit civiles, soit prétoriennes,

tirent leur existence de différentes causes ou circonstances dont le caractère et le nombre ne sont pas constatés avec la certitude et la précision désirables. Modestinus (*fr.* 52, *de obl. et act.*) fait dériver les obligations de plusieurs sources, que Gaius, dans ses Institutes (3 *inst.* 88), réduit à deux, le contrat et le délit; mais ailleurs, ce même jurisconsulte (*fr.* 1, *de obl. et act.*) ajoute que les obligations naissent aussi *proprio quodam jure ex variis causarum figuris.* Cette locution obscure s'explique imparfaitement par un autre texte (*fr.* 5, *eod.*), où Gaius s'occupe de plusieurs obligations nées de circonstances qui ne constituent ni contrats ni délits proprement dits, et qui cependant ne sont pas sans analogie soit avec les uns, soit avec les autres; de là Gaius conclut que dans ces différentes circonstances on est tenu, comme on le serait, tantôt par un contrat (*quasi ex contractu..... quasi ex mutui datione*), tantôt par un délit (*quasi ex maleficio teneri; d. fr.* 5, § 1, 2, 3 *et* 4, *eod.*). Ainsi dans le sens de Gaius, les obligations naissent des contrats et des délits, comme de deux sources principales, et forment deux classes dans chacune desquelles se rangent improprement d'autres obligations qui ne dérivent ni d'un contrat, ni d'un délit (v. 1092, *etc.*).

Telle est la division que Justinien emprunte, mais sans la suivre exactement, lorsqu'il énumère quatre classes d'obligations, la première pour les contrats, la troisième pour les délits, les seconde et quatrième pour certaines obligations qu'on assimile à l'une ou à l'autre classe, comme si elles étaient formées par un contrat (*quasi ex contractu*) ou par un délit (*quasi ex maleficio*).

941. Occupons-nous d'abord des contrats. Justinien les subdivise en quatre branches: en effet, les contrats se

forment par la remise d'une chose ou par l'exécution d'un fait (*re*), par des expressions solennelles que les parties prononcent (*verbis*), par certaines écritures qu'elles font (*litteris*) ou enfin par leur consentement (*consensu*). De là les contrats réels, verbaux, littéraux, consensuels.

Tous les contrats, sans exception, sont consensuels en ce sens qu'ils ne peuvent exister que par les volontés respectives des contractants, volontés dont le concours en un même sentiment (*in unam sententiam decurrunt*) forme le consentement ou la convention (*Ulp. fr.* 1, § 3, *de pact.*). Il n'y a point de contrat sans convention; mais, en sens inverse, il y a souvent convention sans contrat; car le consentement, toujours indispensable, suffit rarement pour constituer un contrat. Le plus souvent il faut remettre ou faire quelque chose, exprimer sa volonté verbalement ou par écrit en termes consacrés. Alors, on dit que certains contrats se forment RE, VERBIS OU LITTERIS, pour indiquer que leur formation exige outre la convention, une circonstance additionnelle (*Gaius*, 3 *inst.* 89; v. *Ulp. d. fr.* 1, § 3, *de pact.*); et dans ce sens on les oppose aux contrats purement consensuels qui existent, indépendamment de toute autre circonstance, par le seul consentement des parties (*pr., de obl. ex consens.*).

Justinien s'occupe d'abord des contrats réels.

TITRE XIV.

De quelles manières une obligation se contracte par la chose.

PR. ET § I.

942. La translation de propriété devient souvent la

cause d'une obligation imposée à celui qui acquiert; nous en avons un exemple relativement à l'usufruit des choses dont le simple usage emporte consommation. L'usufruitier, dans ce cas, devient propriétaire; mais en même temps il s'oblige à restituer l'équivalent (*Ulp. fr.* 5, § 1, *de usuf. ear. rer.*; v. *Javol. fr.* 10, *de prescript. verb.*), et cette obligation remplace, pour le créancier, la nue-propriété qui n'a pu être séparée de l'usage (435).

Ce résultat, auquel on arrive pour exécuter indirectement la disposition du testateur, est le but direct que se proposent deux contractants, lorsque l'un transfère à l'autre la propriété de certaines choses pour lesquelles ce dernier devra donner le même nombre, le même poids ou la même mesure de choses semblables. Dans ce cas, les contractants, sans considérer l'identité des objets, s'attachent uniquement aux quantités, en sorte qu'à égalité de poids, de nombre ou de mesure, les objets semblent exactement remplacés par d'autres objets (*non eædem res sed aliæ*) de même nature et de même qualité (*ejusdem naturæ et qualitatis*). Ainsi donc il faudra rendre non-seulement du blé pour du blé, du vin pour du vin (*Paul. fr.* 2, *de reb. cred.*), mais encore du blé pareil, du vin du même âge (*Pomp. fr.* 3, *eod.*).

943. Dans ce cas, la dation et l'intention commune des parties constituent le contrat qu'on appelle MUTUUM (1), à raison de la translation de propriété qui s'opère sur tout ce que l'emprunteur reçoit au compte, au poids ou à la mesure (*text. hic*; *Gaius*, 3 *inst.* 90; *Paul fr.* 2, § 2, *de*

(1) En français ce même contrat se nomme prêt. Aussi parlerai-je du prêteur et de l'emprunteur pour désigner les personnes qui contractent le *mutuum*.

reb. cred.); car lorsqu'on livre de cette façon (*numerando, adpendendo aut metiendo*) c'est pour transférer la propriété (*in hoc damus ut accipientium fiant*), et alors l'objet que je vous remets *fit ex* MEO TUUM. Cette étymologie semble plus ingénieuse que vraie. (Cujas *ad d. fr.* 2, § 2, *de reb. cred.*) ne la croit pas mieux établie que celle du mot *testamentum* (*pr., de test. ord.*).

Quoiqu'il en soit, le *mutuum* et l'obligation qui en résulte, n'existent pas à l'égard des choses que nous recevons sans les acquérir (*Paul. d. fr.* 2, § 2, *de reb. cred.*), notamment à l'égard des valeurs monnayées qui nous seraient remises par tout autre que le propriétaire (*Paul. fr.* 16, *de reb. cred.*), ou par un propriétaire incapable d'aliéner (§ 2, *quib. alien. lic.*). Dans l'un et l'autre cas, l'emprunteur, n'ayant rien acquis, n'est tenu d'aucune obligation (*non contrahit obligationem d.* § 2). Aussi la chose prêtée sera-t-elle revendiquée (*d.* § 2; *Ulp. fr.* 11, § 2, *de reb. cred.*), non par le prêteur, mais par celui à qui elle appartient. Enfin celui contre qui la revendication s'exerce, fût-il l'emprunteur même, ne sera point poursuivi comme débiteur, mais seulement comme détenteur de la chose d'autrui (502).

944. Puisque le *mutuum* s'opère par une translation de propriété, il consiste dans une dation, *mutui* DATIONE (*text. hic*), comme la donation (482), sauf cette différence que le donataire ne s'oblige à rien; tandis que l'emprunteur s'oblige en acquérant. Il en faut dire autant des personnes qui reçoivent du blé ou tout autre objet, à la charge de donner en place une chose différente, par exemple du vin; ces personnes deviennent en même temps propriétaires du blé et débitrices du vin, mais le contrat dans ce cas n'est plus un *mutuum*, c'est un

échange (1059). Cette différence, dans les effets de la dation résulte uniquement de la volonté des parties, et du but qu'elles se sont proposé; c'est leur intention qui distingue le *mutuum*, soit de l'échange, soit de la donation entre vifs ou à cause de mort (*Paul. fr.* 3, § 1, *de obl. et act.*; *fr.* 2, *de reb. cred.*; *Julian. fr.* 19, *eod.*); c'est l'intention enfin qui détermine l'effet de la tradition et qui, relativement au même objet, caractérise tantôt un *mutuum*, tantôt un dépôt, un commodat, etc. (v. *Paul. d. fr.* 2, *eod.*).

L'action qui résulte du *mutuum*, s'appelle condiction (*pr. h. t.*).

Le § 1 sera expliqué (1106) avec le § 6 du titre XXVII.

§ II.

945. La tradition n'a pas toujours pour but de transférer la propriété. On ne la fait souvent que pour mettre une personne en état d'employer à son usage la chose qu'on lui remet, *utenda datur* (*text. hic*). Dans ce cas la tradition, sans nous attribuer ni la propriété, ni cette partie du droit de propriété qu'on en détache quelquefois sous le nom d'usage, donne non pas le droit, mais la possibilité d'user. De là une différence caractéristique entre le commodat qui nous occupe ici, et le *mutuum*; car, bien que l'un et l'autre se forment par la remise des choses, bien que cette remise oblige toujours celui à qui elle est faite, cependant l'obligation qui en résulte varie comme l'intention et le but des contractants. Dans le *mutuum*, l'emprunteur doit avoir la propriété; il rend des objets semblables, sans rendre identiquement les mêmes objets; mais le commodataire doit se borner à tirer de la chose un service, un usage compatible avec la conservation

de cette chose. Aussi ne devient-il pas propriétaire, et ne peut-il pas rendre un objet pour un autre. Il doit restituer identiquement ce qu'il a reçu, *de ea re ipsa restituenda tenetur* (*text. hic; Gaius, fr.* 1, § 3, *de obl. et act.;* v. *Pomp. et Ulp. fr.* 8 *et* 9, *commod.*).

De là une différence importante pour le cas où la chose périt chez celui qui l'a reçue. Dans le *mutuum*, les cas fortuits, tels qu'un naufrage, un incendie, la force majeure résultant d'une attaque de voleurs ou d'une irruption de troupes ennemies, ne libèrent pas l'emprunteur (*nihilominus obligatus remanet*), parce qu'il est devenu propriétaire ou plutôt parce que l'objet qui a péri n'est pas précisément celui qu'il doit rendre (942). Il en est autrement du commodataire qui, obligé de restituer identiquement la chose reçue, ne doit plus rien dès que cette chose périt par accident.

946. Le commodataire n'est donc pas responsable des cas fortuits, ou pour mieux dire, il ne l'est pas toujours; car, si l'on ne peut empêcher un naufrage ni résister à une force majeure, il est souvent facile de ne pas s'y exposer, par exemple, de garder chez soi l'argenterie que l'on emprunte pour traiter des convives. En pareil cas, si la maison du commodataire est forcée par des brigands, il ne répond pas des objets que ceux-ci enlèvent; mais s'il emporte cette même argenterie en voyage, s'il l'expose par son fait à des chances dont elle aurait été préservée dans son domicile, ces chances retomberont sur lui (*text. hic; Gaius, fr.* 1, § 4, *de obl. et act.; fr.* 18; *Ulp. fr.* 5, § 7, *commod.*). Les cas fortuits dont le commodataire n'est pas tenu sont donc uniquement ceux qui n'ont été occasionnés par aucune faute de sa part, *si modo non ipsius culpa casus advenerit.*

Ce qu'on a dit pour une attaque de brigands (*latronum incursu*) ne s'applique pas au vol de la chose ; le commodataire à qui profitent les services ou l'usage de cette chose en est par cela même gardien (*necesse habet custodiam præstare*; § 16, *de obl. quæ ex del.*), et par suite il demeure responsable de sa négligence, lorsqu'il la laisse voler, perdre ou échapper. Sous ce rapport, il doit donner aux choses dont il use un soin que notre texte appelle *exacta diligentia*, en ajoutant pour expliquer cette expression, que le commodataire, lorsqu'il donne à la chose prêtée tous les soins qu'il donne habituellement à sa propre chose, ne fait pas toujours assez (*nec sufficit*). En effet, dans le cas où un homme plus soigneux (*alius diligentior*) aurait pu conserver la chose, le commodataire est tenu de la perte ou de la déterioration qu'une surveillance plus exacte aurait évitée. A la vérité, celui qui emploie chaque chose à l'usage pour lequel on la lui a remise, ne répond pas de la détérioration pour ainsi dire inévitable qui résulte de ce même usage (*Pomp. fr.* 23, *commod.*); mais il répond du tort qu'il a occasionné par sa faute (*Ulp. fr.* 10, *eod.*).

947. Le commodat se forme presque toujours pour l'avantage exclusif du commodataire : cependant cet avantage est quelquefois partagé par l'autre partie (*Gaius, d. fr.* 18, *commod.*), et quelquefois même il lui appartient tout entier (*Ulp. fr.* 5, § 10, *eod.*). Alors la responsabilité du commodataire est assimilée suivant le cas, soit à la responsabilité du mari à l'égard des objets dotaux, soit à la responsabilité du dépositaire, conformément aux principes que nous exposerons plus loin (1076, § 9, *de societate*).

Du reste et de quelque manière que soit combiné le

contrat, le commodataire use toujours gratuitement (*text. hic, in fin.*). Rien cependant de plus ordinaire que d'user de certaines choses moyennant une rétribution (*mercede accepta vel constituta*); mais dans ce cas l'usage de la chose n'est pas prêté, il est loué (*locatus usus rei videtur*). Au lieu d'un commodat, c'est un contrat différent, c'est-à-dire un louage (v. § 2, *de locat. cond.*).

948. Il est certaines choses *quæ ipso usu consumuntur* (§ 2, *de usufr.*), dont l'usage ordinaire absorbe et détruit la substance, en sorte qu'à leur égard *uti* et *abuti* ont le même résultat : aussi avons-nous vu (434) que les droits d'usufruit ou d'usage ne peuvent s'établir sur ces sortes de choses. Il sera pareillement impossible de les donner en commodat, lorsqu'il s'agira d'un usage plein et entier; mais le commodataire n'obtient souvent qu'un usage limité qui n'est pas toujours incompatible avec la conservation des choses dont l'emploi ordinaire emporte consommation (1) : les choses *quæ ipso usu consumuntur* pourront donc devenir l'objet d'un commodat, lorsqu'on les prêtera seulement AD POMPAM ET OSTENTA-

(1) Pour se servir d'une valeur monnayée, il faut la dépenser. Passée en d'autres mains, elle cesse d'exister, du moins pour celui qui l'a mise en circulation, et qui ne peut plus en faire une seconde fois le même usage (*ipso usu, assidua permutatione quodammodo extinguitur*; § 2, *de usufr.*). Il en est autrement des pièces de monnaie dont on se sert au jeu, pour marquer les points, ou des monnaies étrangères qu'un changeur reçoit pour garnir provisoirement les collections qu'il lui importe d'étaler. Dans ces deux cas et autres semblables, on se sert de la chose en la conservant; les écus peuvent être restitués en nature, et par conséquent devenir l'objet d'un commodat (v. *Gaius, fr.* 4, *commod.*). Les exemples analogues ne manqueraient pas relativement aux autres substances qui se consomment ordinairement par l'usage.

TIONEM (*Ulp. fr.* 3, § 6, *commod.; v. Gaius, fr.* 4, *eod.*). Dans tout autre cas, celui qui, pour se servir d'une chose, en absorbera la substance, ne restituera pas la chose même : il ne pourra que la remplacer par un autre objet de même nature et de même qualité; et alors, au lieu d'un commodat, il existera un *mutuum*. Nul doute en effet que le *mutuum* ne soit régulièrement établi sur l'argent monnayé et sur les denrées, comme le blé, le vin, l'huile, etc.; car ces sortes de choses sont précisément citées pour exemple parmi celles *quæ pondere, numero mensurave constant* (*pr., h. t.*). Plusieurs textes (§ 2, *de usufr.; v. Gaius, fr.* 7, *de usufr. ear. rer.*) les rangent également au nombre de celles *quæ ipso usu consumuntur*. De là vient qu'on a confondu les choses qui se consomment par l'usage avec celles *quæ pondere, numero mensurave constant*, et comme ces dernières sont les seules qui se donnent en *mutuum* (*pr., h. t.; Paul. fr.* 2, § 1, *de reb. cred.*), les interprètes (1) ont limité ce contrat aux choses qui se consomment par l'usage, et à l'égard desquelles le commodat n'existe que dans un cas spécial et assez rare. D'après ce système, les choses qui peuvent faire l'objet d'un commodat ne pourraient plus devenir celui d'un *mutuum*, et réciproquement, sauf l'unique exception du commodat *ad pompam et ostentationem*.

949. Cependant il existe beaucoup de choses dont la tradition constitue tantôt un *mutuum*, tantôt un commodat, et cela d'après la seule volonté des contractants. C'est leur intention qui, pour les espèces monnayées et

(1) Pothier, *Prêt de consomption, nos* 22 *et* 25; *Prêt à usage, no* 17; Domat, *Lois civiles, liv.* 1, *tit.* 6, *sect.* 1, *n°* 4.

autres choses susceptibles de se consommer par l'usage, caractérise le commodat *ad pompam et ostentationem*; cette même intention peut constituer un *mutuum* d'objets qui ne se consomment point par le simple usage (1). Quicònque reçoit une chose pour la restituer identiquement reçoit un commodat; il reçoit un *mutuum* toutes les fois, au contraire, qu'il est autorisé à remplacer les choses reçues par autant de choses semblables : alors, ainsi que nous l'avons déjà dit, les parties ne considèrent pas l'identité des substances; elles s'attachent uniquement à la similitude générique et aux quantités. Les quantités s'apprécient par le nombre, par la pesanteur et par les dimensions des choses; et ces dernières forment des quantités lorsqu'elles sont livrées au compte (*numerando*), au poids (*adpendendo*), ou à la mesure (*metiendo*). Alors, d'après l'intention des parties, *numero*, *pondere mensurave constant* (*pr.*, *h. t.*), et elles sont acquises à

(1) Les livres passent d'un lecteur à un autre sans se consommer. On les emprunte souvent dans l'intention de rendre identiquement le même volume, qui alors devient l'objet d'un commodat; mais lorsqu'un libraire prend un ou plusieurs exemplaires ohez un voisin, auquel il rendra plus tard autant d'exemplaires de la même édition, le contrat qui se forme entre eux n'est évidemment qu'un *mutuum*. Selon Domat (*loc. cit.*), l'on ne donnerait pas en *mutuum* « des animaux et autres choses qui, « quoique de même espèce, sont différentes en qualité dans l'individu. » C'est ainsi qu'il interprète le texte de Paul (*fr.* 2, § 1, *de reb. cred.*) et celui des Institutes (*pr.*, *h. t.*); cependant il est très-possible de donner en *mutuum* des animaux, par exemple, des chevaux. Ainsi lorsqu'un fournisseur manque de chevaux pour la remonte d'un régiment, il s'adresse à un autre fournisseur qui lui procure ce dont il a besoin, mais à la charge de rendre ultérieurement autant de chevaux de même âge, de même taille, en un mot réunissant les mêmes qualités : n'est-ce pas un *mutuum*? N'en serait-il pas de même si un boucher livrait à l'autre quatre moutons, pour lesquels ce dernier s'obligerait à donner le mois suivant quatre autres moutons de même pesanteur, etc., etc.

celui qui les reçoit, sauf l'obligation de rendre une même quantité de choses semblables (*d. pr.*).

Dans ce cas, l'objet à restituer se prend indifféremment parmi les objets homogènes, qui, relativement au but des parties, se représentent mutuellement, ou suivant l'expression de Paul (*d. fr.* 2, § 1, *de reb. cred.*), *in suo genere* FUNCTIONEM *recipiunt*. De là est venu, pour les choses qui s'apprécient au compte, au poids ou à la mesure, la dénomination de choses fongibles, dénomination qui serait prise dans un sens trop exclusif ou trop absolu, si on la restreignait aux seules choses, ou si on l'étendait à toutes les choses *quæ ipso usu consumuntur*. Ces dernières sont ordinairement considérées comme fongibles, mais elles cessent de l'être pour quiconque les emprunte *ad pompam et ostentationem*, ou les prend soit en dépôt, soit en gage (§ 3 *et* 4, *h. t.*). Réciproquement beaucoup d'objets qui ne se consomment point par l'usage peuvent être donnés tantôt en *mutuum*, tantôt en commodat, en dépôt ou en gage. Ils sont fongibles dans le premier cas, non fongibles dans le second, suivant la nature du contrat et des obligations qui en résultent, ou, ce qui revient au même, suivant le but et l'intention des contractants. Ainsi les choses *quæ ipso usu consumuntur* se distinguent par leur nature même; tandis que la distinction des choses fongibles ou non fongibles dépend uniquement du rapport sous lequel on les a considérées, et cadre exactement avec les distinctions qui opposent le genre aux individualités, les quantités aux corps certains.

950. Les obligations dont le commodataire est tenu donnent lieu contre lui à une action spéciale (*commodati actione*), qui prend le nom même du contrat dont

elle dérive directement, en ce sens que, dans tout commodat, la chose reçue doit nécessairement être restituée. Ainsi, point de commodat où le commodataire ne soit obligé, et par conséquent soumis à une action : en cela, il diffère du commodant qui, en cette qualité, n'est ordinairement tenu à rien. Toutefois le contrat, qui n'est pas pour ce dernier une cause d'obligation, peut en devenir l'occasion ; ainsi, par exemple, il devra indemnité pour les dépenses extraordinaires qu'aura exigées la conservation de la chose, ou pour le tort que son usage aura causé par suite des défauts que connaissait le commodant, et qu'ignorait le commodataire (*Gaius*, *fr.* 18, § 2 *et* 3, *commod.*; *Paul. fr.* 22, *eod.*). Semblable indemnité sera due aussi dans plusieurs autres cas (*Paul. fr.* 17, § 5, *eod.*; *Afric. fr.* 21, *eod.*), notamment si le prêteur a intempestivement repris l'objet du commodat ; car, si chacun est libre de ne pas faire le commodat, ou d'en limiter à son gré la durée, on ne doit pas revenir, après le contrat formé, sur ce qu'on a consenti ; il faut laisser au contrat sa latitude primitive pour ne pas faire tourner contre le commodataire le service qu'il a cru obtenir (*Paul. d. fr.* 17, § 3, *eod.*). Dans ces circonstances et autres semblables, il pourra donc, en défendant à l'action intentée contre lui, faire valoir tous les griefs qu'il aurait contre le commodant, et alors les indemnités réciproquement demandées se compenseront (v. 1273) ; mais, en outre, le commodataire peut aussi agir contre le commodant (*Gaius, fr.* 18, § 4, *commod.*) ; car le commodat, indépendamment de l'action principale qu'il produit toujours en faveur du commodant, produit aussi en faveur du commodataire une autre action dite CONTRARIA *commodati actio* ou

CONTRARIUM *commodati judicium* (*Paul. fr.* 22; *Afric. fr.* 21; *Gaius, d. fr.* 18, § 4), par opposition à l'action principale (*Paul. fr.* 17, § 1, *eod.*), que communément on appelle *directa* (v. *pr. de obl. quasi ex contr.*).

§ III.

951. Le dépositaire reçoit une chose, non pour l'employer à son usage comme le commodataire, mais pour la conserver et la garder à ceux qui l'ont placée chez lui comme dans un lieu de sûreté (v. *Ulp. fr.* 1, *depos.*; *Paul.* 2 *sent.* 12, § 2, 3 *et* 4). Le dépôt se forme gratuitement (*Ulp. fr.* 1, § 8 *et* 9, *eod.*), comme le commodat, mais dans un intérêt directement contraire, puisque l'avantage du contrat appartient tout entier au déposant (*Gaius, fr.* 1, § 5, *de obl. et act.*; *Ulp. fr.* 5, § 2, *commod.*). Aussi le terme fixé pour la durée du dépôt ne profitera-t-il qu'au déposant, en lui permettant de refuser une restitution intempestive, sans que le dépositaire puisse jamais retarder la restitution qu'on lui demande : en effet, il ne peut avoir aucun motif de prolonger le service purement gratuit qu'il rend au déposant : celui qui reçoit nos bons offices doit toujours être libre d'y renoncer, mais celui de qui on les reçoit ne doit pas les interrompre au mépris de la foi promise (v. *Paul. fr.* 17, § 3, *commod.*). Aussi, dans le dépôt, en sens inverse de ce qui arrive dans le commodat (950), la restitution peut-elle être demandée même avant l'échéance du terme convenu (*Ulp. fr.* 1, § 45 *et* 46, *depos.*), mais elle ne peut être offerte par anticipation qu'autant que le dépositaire a des motifs graves pour se décharger du dépôt (v. *Ulp. fr.* 5, § 2, *eod.*).

952. Par la même raison, c'est-à-dire parce que le dépositaire rend un service entièrement désintéressé, il obtient par l'action *contraria* des indemnités qu'on n'accorde pas au commodataire : par exemple, pour les frais de nourriture, s'il s'agit d'un esclave ou d'un animal quelconque (*Modest. fr.* 23, *depos.*; *Gaius, fr.* 18, § 2, *commod.*). Réciproquement, l'action de dépôt directe est moins rigoureuse que l'action de commodat : le dépositaire ne répond pas du vol de la chose déposée (*text. hic, in fin.*; § 17, *de obl. quæ ex del.*); et les fautes ou négligences qu'on lui reproche ne l'exposent à aucune condamnation : s'il est tenu, c'est uniquement pour le dol qu'il aurait commis (*ex eo solo si quid dolo commiserit*; *text. hic*; v. § 9, *de societ.*), par exemple, en détruisant ou détériorant à dessein la chose déposée. Il y aurait également dol si la chose avait été vendue par le dépositaire : cette vente constituerait un vol. Quant aux héritiers du dépositaire, ils peuvent ignorer le dépôt et vendre de bonne foi (§ 4, *de usucap.*). Dans ce cas ils ne sont pas tenus de payer toute la valeur de la chose; ils devront seulement rendre le prix qu'ils ont touché, ou céder les actions qu'ils ont soit pour toucher le prix s'il est encore dû, soit pour reprendre la chose même. En effet, quoiqu'ils aient été de bonne foi lors de la vente, ils cessent de l'être et commettent un dol dès qu'ils cherchent à retenir un bénéfice quelconque. Aussi leur enlève-t-on, par l'action du dépôt, tout ce dont ils se seraient enrichis (v. *Ulp. et Paul. fr.* 1, § 47; *fr.* 2, 3 *et* 4, *depos.*).

La condamnation que peut encourir le dépositaire n'est pas toujours limitée à la valeur des objets déposés; elle monte quelquefois au double (§ 17, *de action.*).

§ IV.

953. Le créancier qui, pour sûreté de sa créance, reçoit une chose en gage, s'oblige à rendre la chose même, et se trouve en conséquence soumis à une action directe, dite *pigneratitia* (*text. hic*), qui peut être exercée contre lui, aussitôt qu'il a obtenu satisfaction de la dette pour laquelle le gage était constitué (1). Il doit aussi tenir compte des fruits et de tous autres profits perçus à l'occasion de la chose (*Ulp. fr.* 22, *de pigner. act.*; *Sever. et Ant.* C. 1 *et* 2, *eod.*), notamment du prix qu'il a touché par suite de la vente (*Pap. fr.* 42, *eod.*; *Paul.* 2 *sent.* 13, § 1) qu'il est autorisé à faire (507). Le compte s'établit en imputant le prix sur la dette, pour rendre l'excédant au débiteur. Quant à l'objet même du gage, il doit être identiquement restitué lorsqu'il est encore entre les mains du créancier (*Pap. fr.* 40, § 2, *eod.*), c'est-à-dire lorsqu'il n'a point été aliéné ou détruit, et sauf la responsabilité que peut avoir encourue le créancier.

Le créancier est gardien de la chose dans le même sens que le commodataire, et comme lui responsable du vol (v. § 13 *et* 14, *de obl. quæ ex del.*), sans être plus que lui garant des cas purement fortuits (946) et de la force majeure (*text. hic*; *Diocl. et Max.* C. 19, *de pign. et hyp.*), qui en ôtant au débiteur sa propriété, et au créancier la sûreté qui résultait du gage, n'empêchent pas ce dernier d'exiger son paiement (*text. hic in fin.*; *Alex.* C.

(1) *Ulp. fr.* 9, § 3; *fr.* 11, § 3, *de pigner. act.* Gordien, par une constitution postérieure (C. *etiam ob chirogr.*), veut que, pour retirer le gage, le débiteur acquitte non-seulement la dette pour laquelle ce gage a été constitué, mais encore toutes les autres obligations dont il serait tenu envers le même créancier.

6, *de pign. act.*). Il lui suffit d'avoir donné au gage le soin que notre texte appelle *exacta diligentia* (v. 1074, 1076 ; § 9, *de societ.*).

954. Le créancier gagiste, comme le commodataire et le dépositaire, exerce l'action *contraria* pour se faire indemniser du tort que lui aurait causé la chose (*Afric. fr.* 31, *de pign. act.*), et des dépenses qui l'auraient améliorée (*Pomp. fr.* 8; *Ulp. fr.* 25, *de pign. act.*). Il exerce aussi la même action dans plusieurs autres cas (v. *Ulp. fr.* 22, § 3 *et* 4; *fr.* 36, *pr. et* § 1, *eod.*), notamment lorsque l'objet donné en gage ne l'a pas été par son véritable maître (*Paul. fr.* 16, § 1, *eod.*).

Dans ce cas, le créancier n'ayant pas le droit d'hypothèque qu'il voulait obtenir, et qui ne peut être conféré sur une chose que par les personnes capables d'en disposer (*Marcian. fr.* 1, *pr. et* § 1, *quæ res pign.*; *Sev. et Ant. fr.* 1 *et* 2, *si alien. res*), éprouve un préjudice dont l'appréciation est soumise au juge de l'action *pigneratitia*. En effet le contrat, quoiqu'il ait pour objet la chose d'autrui, n'en est pas moins valable entre les contractants; ils sont donc tenus de remplir leurs obligations respectives, notamment celle de restituer la chose à celui de qui on la tient (*Ulp. fr.* 9, § 4, *de pigner. act.*; *fr.* 22, § 2, *eod.*).

Il en est de même dans le commodat et dans le dépôt. Celui qui a prêté ou déposé la chose d'autrui peut agir par les actions directes de commodat et de dépôt (*Paul. et Marcel. fr.* 15 *et* 16, *commod.*; *Ulp. fr.* 1, § 39, *depos.*), pourvu cependant qu'il ne les intente pas contre le propriétaire même; car nul ne peut être dépositaire, commodataire, ou locataire de sa propre chose (*Julian. fr.* 15, *depos.*; *Ulp. fr.* 45, *de reg. jur.*).

955. Le gage et le dépôt se forment, comme nous l'avons vu, par la tradition d'un objet qui passe entre les mains du créancier ou du dépositaire sans devenir sa propriété. Sous ce rapport, ces deux contrats diffèrent essentiellement de l'ancienne fiducie, par laquelle une personne s'engage à retransférer ultérieurement la chose qu'on lui transfère actuellement par mancipation ou par *cessio in jure*, dans un but particulier. C'est ainsi que pour dissoudre sa puissance, un père de famille mancipait ses enfants *contracta fiducia* (201). C'est ainsi pareillement que pour confier un dépôt à un ami ou pour donner un gage à un créancier, on leur transférait la propriété, à condition que le dépositaire la retransférerait à la première demande, et le créancier dès que la dette aurait été payée. La fiducie ainsi contractée, produisait une action de fiducie, directe ou contraire, comme les actions de dépôt ou de gage. Dans ce cas, le débiteur ou le déposant avait même, pour recouvrer la propriété, une usucapion particulière, dite *usureceptio*, qui s'accomplissait à leur profit sans bonne foi et par une seule année de possession, même pour les immeubles (*Gaius*, 2 *inst.* 59 *et* 60; *Paul.* 2 *sent.* 13).

TITRE XV.

Des Obligations verbales.

PR.

956. Nous venons de voir plusieurs contrats, que l'on nomme réels, se former par la remise d'objet que l'une des parties livre à l'autre. Souvent la convention devient

obligatoire et produit action sans qu'il intervienne aucune dation ni tradition, à cause de certaines paroles que les contractants prononcent respectivement; et alors il y a *verborum obligatio*, parce que le contrat résulte d'une solennité verbale (*verbis contrahitur; pr. h. t.*).

Cette solennité consiste dans une interrogation que l'un des contractants adresse à l'autre, et dans une réponse que fait ce dernier; ce qui arrive, dit notre texte, lorsque nous stipulons *aliquid dari fierive*. En effet, stipuler c'est se faire promettre par une autre personne que l'on interroge, et qui répond en prononçant les expressions nécessaires pour former l'obligation qui se contracte *verbis* ou par stipulation (1).

La stipulation n'est donc à proprement parler, qu'une manière de contracter, une forme dont on se sert pour donner aux conventions la force qu'elles n'auraient pas autrement (*Paul.* 5 *sent.* 7, § 1); et c'est à raison même de leur effet confirmatif que ces formules ont été appelées stipulations, comme l'indiquent suffisamment l'origine et l'étymologie du nom, telles que les présente notre texte.

957. La convention ainsi fortifiée par la stipulation,

---

(1) *Pomp. fr.* 5, § 1, *de verb. obl.* Deux obligations spéciales pouvaient se contracter *verbis*, par les paroles que prononçait le débiteur sans interrogation préalable. La première est l'obligation dite *operarum*, qui résultait du serment de l'affranchi (921); la seconde est l'obligation de fournir une dot. Au lieu de promettre une dot en répondant à une stipulation, le père et les ascendants paternels de la femme, la femme elle-même ou son débiteur délégué par elle pouvaient se contenter de *dicere dotem*, en déclarant par une formule solennelle, le montant de la dot qu'ils s'engageaient à fournir, comme on le voit encore dans plusieurs textes (*Ulp.* 6 *reg.* 1 *et* 2; *Gaius*, 2 *epitom.* 9, § 4; *Julian. fr.* 44; § 1; *fr.* 46, § 1; *Javol. fr.* 57; *Paul. fr.* 25, *de jur. dot.*).

devient un contrat qui produit deux actions; le stipulant exerce l'une ou l'autre, d'après la nature de l'obligation, et selon que la stipulation est certaine ou incertaine. Dans le premier cas, il agit par la *condictio certi* ou condiction proprement dite; dans le second, par l'action EX STIPULATU (*text. hic; Ulp. fr.* 24; *fr.* 9, *pr. et* § 3, *de reb. cred.*) qui se nomme aussi *condictio incerti* (v. § 15, *de action.*).

La stipulation certaine est celle dont l'énoncé même suffit pour faire connaître l'objet ou les objets corporels dont il précise la nature et la quantité; par exemple, dix pièces d'or, l'esclave Stichus, cent mesures de froment africain de première qualité, etc. (*Gaius, fr.* 74, *de verb. obl.*; v. *Paul. fr.* 6, *de reb. cred.*) : mais au contraire, lorsqu'on stipule un esclave sans le désigner spécialement, une quantité déterminée de certaines marchandises, comme du blé ou du vin, sans en indiquer la qualité, ou une chose incorporelle, par exemple un usufruit dont l'objet serait ou ne serait pas déterminé, la stipulation est incertaine (*Ulp. fr.* 75, *pr.*, § 1, 2, 3 *et* 7, *de verb. obl.*). Il en est de même, à plus forte raison, lorsque le promettant s'oblige à faire ou à ne pas faire.

§ VII.

958. En effet, nous stipulons *aliquid dari fierive* (*pr., h. t.*), c'est-à-dire des choses (*res; text. hic*) que le promettant s'engage à donner, et des faits (*facta*) qu'il devra exécuter ou dont il devra s'abstenir *aliquid fieri vel non fieri*.

La sitipulation d'un fait positif ou négatif est toujours incertaine (*Ulp. fr.* 75, § 7, *de verb. obl.*). L'obligation de bâtir une maison, de creuser un fossé, astreint à faire, en ce sens que, pour accomplir directement l'obligation et pour libérer le débiteur, il suffit à celui-ci de construire l'édifice ou de creuser le fossé; mais toutefois le créancier ne poursuit pas l'exécution d'un semblable fait, comme on poursuit la dation ou même la simple prestation d'une chose quelconque. Avant d'agir contre celui qui serait obligé à faire, il faut lui laisser le temps dont il a besoin pour accomplir le fait (1), et alors le montant de la condamnation se règle sur l'intérêt que le demandeur avait à ce que le défendeur exécutât sa promesse (*Cels. fr.* 13, *pr. et* § 1, *de re jud.*).

Cet intérêt, plus ou moins fort suivant les circonstances, doit être prouvé par le demandeur, excepté lorsque les contractants l'auront eux-mêmes déterminé, en ajoutant à l'obligation une sanction que nous nommerons peine ou clause pénale. Cette sanction se joint à la stipulation principale par une autre stipulation conditionnelle, qui produit son effet lorsque le débiteur est en demeure, c'est-à-dire en retard d'exécuter la première. Alors le créancier demande, non pas *id quod interest*, mais la somme déterminée qui forme l'objet d'une stipulation certaine (v. *Paul. fr.* 68, *de verb. obl.*); et c'est précisément pour que la stipulation ne reste pas incertaine (v. *Venul. fr.* 11, *de stip. præt.*), et pour ne pas soumettre le demandeur à prouver *id quod interest*, que notre texte invite (*optimum erit*) ceux qui stipulent un

(1) *Pomp. fr.* 14, *de verb. obl.*; *Marcel. fr.* 98, § 1, *eod.*). Ulpien (*fr.* 72, § 2, *eod.*) veut au contraire que l'on puisse agir contre le débiteur du fait dès qu'il est en retard de faire, et sans attendre l'époque à laquelle l'ouvrage aurait pu être terminé.

fait, à stipuler aussi une clause pénale dont nous trouvons ici plusieurs formules (v. 1004).

§ I.

959. Justinien rapporte ici différentes locutions usitées à Rome pour faire la question et la réponse dont se compose la stipulation. Il se hâte d'ajouter que les expressions correspondantes, non-seulement en grec, mais même en toute autre langue (*qualibet alia lingua*), peuvent être employées par les contractants, pourvu que chacun d'eux entende (*intellectum habeat*), par soi-même ou par un interprète fidèle (*Ulp. fr.* 1, § 6, *de verb. obl.*), la langue ou les langues dont ils se servent; car on n'exige pas qu'ils parlent le même idiome. Il suffit que l'un, interrogé par l'autre, réponde directement (*congruenter*) à la question, comme nous l'expliquerons plus tard (1000).

La faculté laissée aux stipulants de traduire dans un autre idiome les locutions latines de notre texte n'était pas aussi générale que Justinien semble l'annoncer : la langue grecque a eu, sous ce rapport, un privilége dont l'extension aux autres langues paraissait douteuse à Ulpien (*d. fr.* 1 § 6, *eod.*), et cette langue elle-même aurait inutilement fourni une locution correspondante à la formule SPONDES SPONDEO, dont les citoyens romains avaient l'usage exclusif. Cette formule appartenait donc au droit civil; tandis que les autres étaient du droit des gens, et c'est par ce motif même que les citoyens et les *peregrini* les employaient indistinctement et les traduisaient dans une autre langue (*Gaius*, 3 *inst.* 93; v. § 7, *de fidej.*).

960. Justinien ne reproduit pas cette distinction,

parce que la solennité des paroles avait été supprimée dans le Bas-Empire, par l'empereur Léon (C. 10, *de contrah. et committ. stip.*), qui a déclaré les stipulations valables, quelles que soient les paroles prononcées (*quibuscumque* VERBIS *expressum est*). Il faut toujours une interrogation et une réponse; mais il importe peu qu'elles soient renfermées dans telle ou telle locution.

La stipulation, même d'après la constitution de Léon, ne cesse donc pas d'être un contrat verbal, toujours distinct des pactes et même de plusieurs contrats qui se forment par le seul consentement (v. *pr.*, *de obl. ex cons.*).

§ II.

961. La stipulation est pure et simple, lorsqu'elle n'est modifiée par aucun terme ou par aucune condition : dans ce cas, le débiteur jouit du délai nécessaire pour livrer la chose promise (v. § 27, *de inutil. stip.*); car lors même qu'on est tenu de payer sur le champ, l'obligation et le paiement ne se suivent pas si rapidement qu'il ne reste entre eux quelque intervalle (v. *Paul. fr.* 105, *de solut.*). Si notre texte déclare que la chose promise peut être immédiatement exigée (*confestim*), c'est en ce sens seulement que l'action du créancier, régulièrement intentée, ne tombera pas dans le cas de la plus-pétition (*Pap. fr.* 118, § 1, *de verb. obl.*; v. § 33, *de action.*).

962. Il en est autrement lorsque le débiteur promet de donner à jour fixe (*in diem*), par exemple *primis calendis martiis*, c'est-à-dire au premier mars prochain. Dans ce cas, le stipulant perdrait son action, s'il l'intentait avant le jour fixé (*d.* § 33, *de action.*), et même

dans le jour fixé. En effet, le débiteur qui paie le premier mars, à la dernière minute du jour, est encore dans le premier mars, et par conséquent dans un délai qui lui appartient tout entier (*text. hic; Pap. d. fr.* 118, § 1, *de verb. obl.*). Par la même raison, la chose qu'on promet de donner dans le mois ou dans l'année ne sera pas exigible tant que le dernier jour du mois ou de l'année ne sera pas expiré (§ 26, *de inutil. stip.*; *Pomp. fr.* 42, *de verb. obl.*).

La chose promise à terme ne doit donc être demandée qu'après le temps fixé; cependant elle est due à l'instant même de la stipulation, *statim quidem debetur* : ainsi, le terme diffère et retarde l'exercice des droits du créancier, sans empêcher l'existence actuelle de la créance. Sous ce rapport, le terme, ainsi que nous le verrons plus loin (966), diffère essentiellement de la condition.

§ III.

963. Le jour fixé comme on vient de le voir, détermine l'époque à laquelle doit être exécutée l'obligation, et la stipulation est *in diem* (§ 2, *h. t.*), ou *ex die* suivant Paul (*fr.* 44, § 1, *de obl. et act.*) qui appelle stipulations *ad diem* celles dont l'exécution doit commencer immédiatement et continuer jusqu'au jour indiqué (*Julian. fr.* 56, § 4, *de verb. obl.*).

Telle est notamment la stipulation d'une somme, dont le paiement doit se renouveler chaque année (*decem annuos*) jusqu'au décès du stipulant, *quoad vivam*.

Dans ce cas, le créancier conserve le droit d'agir tant que le terme n'est pas arrivé; mais après l'échéance, que devient l'obligation? Si l'on ne consultait que l'intention des parties, on n'hésiterait pas à déclarer la dette éteinte; mais il existe, pour les obligations, plusieurs modes d'extinction déterminés par le droit civil (v. *tit.* 29), et l'expiration d'un laps de temps n'y est pas comprise : *ad tempus deberi non potest* (*text. hic*). Ainsi malgré la fixation d'un terme ajouté à l'obligation pour limiter sa durée, elle subsiste à perpétuité (*text. hic*), comme si l'on avait stipulé *decem annuos*, sans ajouter *quoad vivam* (v. *Pomp. fr.* 16, § 1, *de verb. obl.*).

964. Toutefois, le terme fixé ne demeure pas inutile; s'il n'éteint pas l'obligation, du moins il fournit au débiteur le moyen d'éviter la condamnation. Ce moyen, sur lequel nous reviendrons plus tard (v. § 3, *de except.*), consiste dans une exception que le défendeur oppose à l'action intentée par le stipulant ou par ses héritiers après le terme convenu (*Paul. fr.* 44, § 1, *de obl. et act.*).

Dans le cas prévu par notre texte, l'exception ne serait pas opposée au stipulant lui-même; car le terme fixé *quoad vivam* ne peut arriver pendant sa vie : c'est donc uniquement après sa mort, et conséquemment contre ses héritiers, que le débiteur invoquera le bénéfice d'un semblable terme.

§ V.

965. Nous avons eu ci-dessus l'exemple d'une stipulation faite avec mention du jour où la somme promise doit être payée, *adjecto die quo pecunia solvatur* (§ 1, *h. t.*). On peut aussi indiquer, pour le paiement, un lieu autre que celui où les parties contractent, et par exemple convenir à Rome que le paiement sera fait à Carthage. Au premier aperçu, cette obligation semble

pure et simple, car aucun délai n'en diffère l'exécution. Cependant qu'arriverait-il si, promettant à Rome une somme payable à Carthage, je m'engageais à payer le jour même? Je promettrais l'impossible, et la stipulation resterait inutile (*text. hic*). L'obligation de payer dans un autre lieu n'est donc pas toujours pure et simple; et, pour ne pas la laisser sans effet, lorsque les parties n'ont fixé aucun terme, on suppose qu'en reportant l'exécution du contrat dans un autre lieu, elles l'ont aussi reporté à un autre temps, c'est-à-dire au temps nécessaire pour franchir la distance. Ainsi l'indication du lieu peut emporter tacitement (*re ipsa*) l'existence d'un terme (*text. hic; Paul. fr.* 73, *de verb. obl.; Ulp. fr.* 2, § 6, *de eo quod cert. loc.*).

§ IV.

966. La stipulation conditionnelle dépend d'un événement incertain (*aliquem casum*), en sorte qu'elle n'a d'effet qu'autant que le cas prévu se réalise, et seulement lorsqu'il se réalise : alors, suivant l'expression des textes, COMMITTITUR STIPULATIO (*text. hic;* v. *Pap. fr.* 115, § 1, *de verb. obl.*).

Nous trouvons ici deux stipulations conditionnelles. Dans la première on envisage le cas où tel événement arrivera (*si aliquid factum... fuerit*), par exemple, si Titius parvient au consulat; ici la condition est positive. La condition négative, au contraire, se réfère au cas où tel événement n'arrivera point (*si aliquid factum... non fuerit*), par exemple, si le stipulant ne monte pas au Capitole. Cette dernière condition reste en suspens tant que le fait est possible; mais elle s'accomplit et l'obligation se réalise, lorsqu'il devient certain que le fait n'arrivera pas, c'est-à-dire dans l'espèce, lorsqu'il devient impossible que le stipulant monte au Capitole. Stipuler sous une semblable condition, c'est donc stipuler pour le temps de sa mort (*perinde est ac si*, etc.). Aussi cette stipulation ne produit-elle d'action que pour l'héritier du stipulant (1). Il en est de même lorsque je stipule *cum moriar* (v. § 15, *de inutil stip.*), sauf cette différence que la stipulation *cum moriar* se réfère à un événement certain, et la stipulation *si in capitolium non ascendero* à un événement douteux. Il en résulte que la première est à terme, et la seconde conditionnelle.

Le terme et la condition, quelle qu'elle soit, ont cela de commun que, dans l'intervalle, le créancier ne peut rien exiger ; mais le débiteur est libre de devancer l'échéance du terme : ce qu'il paie avant le temps est valablement payé, et le créancier n'est point soumis à la restitution qu'on exige de ceux qui reçoivent le paiement d'une chose indue, notamment de la chose promise sous une condition qui n'est pas encore accomplie (*Pomp. fr.* 16, *pr. et* § 1 ; *Ulp. fr.* 17 *et* 18, *de condict. indeb.*). En effet, la stipulation conditionnelle ne constitue point la dette, mais seulement l'espérance et la possibilité d'une dette (*spes est debitum iri ; text. hic ; v. Marcian. fr.* 13, § 5, *de pign. et hyp.*) qui n'existera qu'à l'événement de la condition ; tandis au contraire que la chose promise à terme est due, quoiqu'elle

(1) Pareille condition insérée dans un testament n'empêche pas l'action du légataire ; celui-ci peut demander l'exécution du legs, sauf à fournir la caution mutienne (733). Dans les obligations conditionnelles au contraire, l'action ne peut jamais être intentée tant que la condition est en suspens, le créancier n'étant pas admis à fournir la caution mutienne.

ne soit pas encore exigible (v. *Ulp. fr.* 213, *de verb. signif.*).

967. Le legs conditionnel donne pareillement une espérance qui se réalise avec la condition, et nous avons vu que l'époque où l'événement s'accomplit n'importe pas moins que l'événement même. En effet, dans les dispositions testamentaires qui sont toujours faites en considération de la personne, la condition s'accomplirait inutilement après le décès du légataire; et, lors même qu'elle s'accomplit du vivant de ce dernier, le droit qui s'ouvre alors profite, soit au légataire lui-même, soit à l'ascendant ou au maître dont le légataire dépend à cette même époque, sans examiner ce qu'il était, dans quelle famille et sous quelle puissance il a pu se trouver antérieurement (726, 743). Dans les obligations, au contraire, chacun contracte pour soi et pour ses héritiers futurs (*Cels. fr.* 9, *de prob.*), et le temps où la condition s'accomplit n'a pas la même importance : le décès du stipulant ne détruit pas un espoir qui passe à ses héritiers (*text. hic*) ; pareillement, la condition accomplie après le décès du promettant oblige ses héritiers, comme elle l'aurait obligé lui-même (§ 25, *de inutil. stip.*). D'un autre côté, lorsqu'un fils de famille ou un esclave stipulent conditionnellement, l'obligation profite toujours au père ou au maître dont ils dépendent, et peu importe qu'ensuite ils décèdent, deviennent *sui juris*, ou passent sous une autre puissance (*Pomp. fr.* 18, *de reg. jur.*); car c'est le moment du contrat que l'on examine (*Paul. fr.* 78, *de verb. obl.*). C'est à ce moment qu'on se reporte rétroactivement pour apprécier l'effet de la stipulation; tandis que l'effet et la transmission du legs dépendent entièrement, et sans aucune rétroacti-

vité, de l'époque ou par l'événement de la condition *dies legati cedit* (v. 743).

Supposons donc un legs et une stipulation subordonnés au même événement : s'il s'agit d'une chose douteuse en elle-même, par exemple, du succès d'un voyage, le legs et la stipulation seront conditionnels. Si l'événement, quoique certain en lui-même, était susceptible de tarder plus ou moins, comme le décès de telle personne, le retard pourrait changer l'effet du legs; celui de la stipulation ne varierait pas. Ainsi, dans le même cas, le legs et en général les dispositions testamentaires seraient conditionnels, tandis que la stipulation serait *in diem*. Aussi le *dies incertus* qui dans les obligations n'est qu'un terme, équivaut-il dans les testaments à une condition (597; *Pap. fr.* 75; *fr.* 79, § 1, *de cond. et dem.*).

968. Bien que la stipulation conditionnelle réduise le stipulant à une simple espérance, elle ne laisse rien à la discrétion du promettant (1). Ce dernier ne doit rien faire qui empêche la condition de s'accomplir; autrement il perdrait le bénéfice de cette condition (599), et l'obligation aurait son effet comme si le cas prévu s'était réalisé (*Paul. fr.* 85, § 7, *de verb. obl.*). Ainsi les parties n'ont plus la liberté de se dégager ; leur volonté est enchaînée ; un nouveau consentement ne sera plus nécessaire pour donner au contrat l'effet dont il est susceptible; en un mot, il existe un lien, et cependant il n'y a pas dette. La chose promise ne commence à être due

(1) La promesse n'est pas conditionnelle, mais entièrement nulle, lorsque le promettant contracte sous une condition qui le laisse absolument libre d'exécuter ou de ne pas exécuter la convention (*Ulp. fr.* 17 ; *Paul. fr.* 46, § 2 *et* 3 ; *Jav l. fr.* 108, § 1, *de verb. obl.*; *Pomp. fr.* 8, *de obl. et act.*).

qu'au moment où cesse l'incertitude (*Ulp. fr.* 213, *de verb. sign.*) : alors il y a CREDITUM, RES CREDITA OU PECUNIA CREDITA, quelle que soit d'ailleurs la cause d'où proviendrait la dette, et malgré le terme qui, sans la rendre douteuse, retarderait seulement l'action du créancier (1).

§ VI.

969. Les conditions dont nous avons parlé jusqu'ici se réfèrent toutes à un événement futur, dont l'incertitude tient en suspens l'effet du contrat. Il est possible que l'obligation se réalise, il est possible qu'elle demeure sans aucune force; jusqu'à l'événement rien n'est décidé, rien ne peut l'être.

Il n'en serait pas de même si l'on faisait dépendre la stipulation d'un fait déjà passé (*si Titius consul fuit*) ou d'un fait présent (*si Mœvius vivit*); car de deux choses l'une : ou le fait n'existe pas, et alors (*si ea ita non sunt*) l'obligation ne vaudra jamais (*nihil valet*); ou le fait existe, et alors (*sin autem ita se habent*) il assure dès à présent l'effet du contrat (*statim valet*). Ainsi, de toute manière, la stipulation a toujours été ce qu'elle devait être; rien n'a été tenu en suspens. L'avenir seul est in-

(1) V. *Gaius*, 3 *inst.* 124; *Ulp. fr.* 7, *de verb. obl.*; *fr.* 1 *et* 10, *de reb. cred.*; *Paul. fr.* 2, § 3 *et* 5, *eod.*). Dans le *mutuum* il y a CREDITUM ou RES CREDITA (*Paul. d. fr.* 2, § 3). En effet, l'emprunteur est nécessairement tenu de rendre l'équivalent de ce qu'il reçoit; mais en recevant une chose, on ne s'oblige pas toujours d'une manière aussi certaine, et alors il n'y a pas CREDITUM, *quoniam debitum iri non est certum* (*Ulp. fr.* 10, *de reb. cred.*). C'est ce qui arrive aussi dans la donation à cause de mort, parce que le donataire ne devra restituer la chose que dans une hypothèse incertaine (v. *Julian. fr.* 19, *eod.*).

certain, lui seul peut donc être conditionnel (*Pap. fr.* 39, *de reb. cred.*) : le passé et le présent sont essentiellement invariables. On ignore souvent l'un et l'autre; mais si le fait que nous ne connaissons pas encore est incertain pour nous (*apud nos incerta*), il n'en demeure pas moins certain dans l'ordre réel des choses (*per rerum naturam; text. hic; v. Pap. fr.* 37, *eod.*), et l'on considère ici, non pas ce que telle personne sait ou ignore, mais ce qu'il est possible ou impossible de savoir (*Scæv. fr.* 38, *eod.*).

TITRE XVI.

Des Costipulants et Copromettants.

PR.

970. La stipulation, ainsi que nous l'avons déjà vu (956), se compose d'une interrogation et d'une réponse; mais dans un sens plus étroit, et par opposition à la promesse ou réponse de la personne qui s'oblige, la stipulation proprement dite désigne l'interrogation faite par la personne au profit de laquelle se contracte l'obligation. Ainsi le stipulant se nomme *reus stipulandi*, le promettant *reus promittendi* (*Modest. fr.* 1, *de duob. reis*).

971. L'interrogation, comme la réponse, est faite quelquefois par plusieurs personnes; et alors, suivant l'expression de notre texte, il existe au moins deux stipulants (*stipulandi duo pluresve rei*).

Pour apprécier le véritable sens de cette locution, examinons dans quel cas on l'applique. Notre texte suppose d'abord deux stipulants qui, l'un après l'autre (*separatim*), interrogent la même personne. Celle-ci, avant de parler, attend toutes les interrogations et ensuite (*post omnium interrogationem*) elle répond à tous en même temps. Autrement, en effet, si à une première interrogation elle faisait une première réponse, puis à une autre interrogation une autre réponse, etc., chaque réponse compléterait envers chacun des stipulants une obligation distincte de celle qui précède ou qui suit (*alia atque alia obligatio*). Le promettant aurait alors plusieurs dettes, et pour chaque dette un créancier, un stipulant particulier ; on ne trouverait donc pas *duo rei stipulandi* (*text. hic*), c'est-à-dire plusieurs costipulants dans une seule obligation, *cum una sit obligatio* (*Ulp. fr.* 3, § 1, *de duob. reis*). Or, pour ne contracter qu'une obligation envers plusieurs stipulants, il importe de ne faire qu'une promesse (*semel responsum esse; Gaius, fr.* 28, § 2, *de stip. serv.*). Aussi, dans l'exemple de notre texte, le promettant ne répond-il qu'après avoir été interrogé par tous les stipulants, *post omnium interrogationem*.

Pareil concours s'établit aussi, et de la même manière, entre plusieurs copromettants (*duo pluresve rei promittendi*), lorsqu'avant de répondre ils ont tous été interrogés par le stipulant. Du reste, il importe peu qu'on les interroge et qu'ils promettent tous ensemble, en parlant au pluriel, *spondetis*, *spondemus* (*Pomp. fr.* 4 ; v. *Ulp. fr.* 3, *de duob. reis*), ou séparément en parlant au singulier, *spondes*, *spondeo* (*text. hic*). L'important est de ne pas intercaler les questions et les réponses (1).

(1) Un texte de Papinien (*fr.* 11, § 1 *et* 2, *de duob. reis*) semble jeter

§ I.

972. L'objet stipulé doit être le même (*eosdem decem; pr., h. t.*), parce qu'en effet plusieurs stipulants ou plusieurs promettants n'établiraient pas entre eux le concours et l'unité d'obligations dont nous avons parlé, si la dette avait pour chaque personne un objet différent (v. *Javol., Pap. et Gaius, fr.* 2; *fr.* 9, § 1; *fr.* 15, *eod.*). Ainsi, malgré la concurrence de plusieurs copromettants ou de plusieurs costipulants, dans l'un comme dans l'autre cas (*in utraque obligatione*), il y a unité d'objet, UNA RES VERTITUR. La chose est due en totalité (*solidum*) à chacun de ceux qui l'ont stipulée, et par chacun de ceux qui l'ont promise; mais elle n'est due qu'une seule fois. Aussi le paiement fait à l'un des costipulants ou par l'un des copromettants, suffira-t-il pour éteindre entièrement l'obligation, qui est une. Il libère en même temps et le débiteur qui paie, et tous ses codébiteurs; il les libère non-seulement envers le créancier qui reçoit la

---

ici quelques doutes. On en a conclu que la chose est due en totalité à chacun des stipulants ou par chacun des promettants, lorsqu'on l'a expressément stipulée ou promise pour la totalité; que dans tout autre cas chacun ne sera créancier ou débiteur que pour sa part. Papinien ne dit rien de semblable. On lui présente un écrit (*tabulas*) rédigé pour constater l'existence d'une obligation. Cet écrit porte qu'une somme a été stipulée par tel et tel, mais comment et dans quel ordre ? Les stipulants ont-ils interrogé comme on doit le faire pour se trouver costipulants, *ita ut duo rei stipulandi fierent*? L'écrit ne le dit pas, et dans le doute, Papinien décide que chacun d'eux sera créancier pour sa part. Réciproquement, il déclare insuffisante l'énonciation d'un écrit portant que l'objet stipulé a été promis par tel et tel, sans dire comment il l'a été, en sorte qu'on ignore si chacun a répondu comme il faut répondre pour devenir copromettants, *ita ut duo rei promittendi fierent*. Ainsi, d'après Papinien, l'écrit prouve ce qu'il énonce, et rien de plus.

chose, mais envers tous ses cocréanciers (*text. hic; Javol. fr.* 2; *Ulp. fr.* 3, § 1, *de duob. reis*).

En effet la créance appartient pour ainsi dire au premier occupant parmi les stipulants. Celui qui devance les autres, en exerçant le premier les droits que la stipulation confère à tous, est considéré comme ayant toujours été seul, *ac si solus stipulatus fuisset* (*Venul. fr.* 31, § 1, *de novat.*). Aussi ne rend-il aucun compte de ce qu'on lui paie, à moins qu'il n'y soit tenu par un contrat particulier entre ses costipulants et lui (v. *Ulp. fr.* 62, *ad leg. falcid.*). Réciproquement celui des codébiteurs qui paie est considéré comme ayant toujours été seul débiteur (*Ulp. d. fr.* 62).

973. Le débiteur qui veut se libérer est libre de payer à celui des costipulants qu'il veut choisir, mais si l'un a déjà intenté l'action, c'est à lui qu'il faut payer (*Gaius fr.* 16, *de duob. reis*); car l'action intentée par un des créanciers ne peut plus être intentée par aucun autre (*Javol. fr.* 2, *eod.*), réciproquement le créancier qui agit contre un des codébiteurs libère tous les autres (1).

Justinien (C. 28, *de fidej.*) a voulu que le créancier put agir successivement contre tous les codébiteurs, jusqu'à l'entier acquittement de la dette.

§ II.

974. Ceux que nous appelons *duo rei promittendi* s'o-

(1) V. *Ulp. fr.* 51, § 4, *de evict.*; *Paul. fr.* 116, *de verb. obl.* On oppose un texte (*Pomp. fr.* 8, § 1, *de legat.* 1°), que Tribonien peut avoir accommodé à la constitution de Justinien (C. 28, *de fidej.*). Ulpien *fr.* 1, § 43, *depos.*) paraîtrait plus formel, s'il était bien certain qu'il ait voulu assimiler le dépôt et la stipulation au lieu d'opposer l'un à l'autre: cependant voyez Pothier (45 *pand.* 2, *n°* 7) et Vinnius (*hic n°* 3; v. § 2, *de mandat.*).

bligent tous à la même dette; leur obligation est une (*Ulp. fr.* 3, § 1, *h. t.*) et a pour tous le même objet (972), la même étendue (*parem causam; Pap. fr.* 9, § 2, *h. t.*). Si l'un promettait de donner ou de faire ce que l'autre ne promet pas, il serait impossible d'agir indistinctement contre l'un ou l'autre; ils ne seraient donc pas *duo rei promittendi* (*Pap. d. fr.* 9, § 1). Ceux, au contraire, qui promettent autant l'un que l'autre, *parem causam suscipiunt*, lors même qu'ils promettent pour différentes époques (v. *Pap. d. fr.* 9, § 2), ou lorsque l'un promet purement et l'autre à terme ou sous condition (*text. hic; Florent. fr.* 7, *h. t.*). Dans l'intervalle, le créancier n'a qu'un débiteur à poursuivre; mais à l'événement du terme ou de la condition, il en aura deux. Ainsi donc il n'est pas nécessaire que la créance naisse et devienne exigible au même moment contre tous les débiteurs, mais il faut au moins qu'elle puisse naître contre chacun, et qu'il ne soit pas impossible de jamais demander à l'un tout ce qui serait dû par l'autre (v. *Gaius, d. fr.* 15, *h. t.*).

975. Il est question dans ce titre des personnes qui s'obligent ou envers qui l'on s'oblige par stipulation, car nous traitons toujours des obligations dites *verborum;* et néanmoins dans un dépôt, dans un commodat, dans une vente et dans tous autres contrats qui se forment sans stipulation, l'intention des contractants peut aussi imposer à plusieurs une obligation commune, et lier chacun pour la totalité, comme la stipulation lie les *rei promittendi* dont s'occupe notre titre (*Pap. fr.* 9, *h. t.*).

TITRE XVII.

De la stipulation des esclaves.

PR.

976. Les esclaves n'ont aucune capacité civile (v. *Ulp. fr.* 32, *de reg. jur.*), et s'ils contractaient de leur chef, soit en interrogeant (v. 979), soit en répondant, la stipulation serait absolument nulle comme s'il n'avait existé aucun interrogateur (§ 3, *quib. mod. obl. toll.*). Cependant on leur permet de concourir à l'obligation verbale, non pour promettre, mais pour stipuler *ex persona domini*; car la capacité du maître pour stipuler se communique à ses esclaves, comme la faction de testament (718), et sous ce rapport l'esclave diffère essentiellement du fils de famille. A la vérité ce dernier acquiert et stipule pour son père, comme l'esclave pour son maître; mais il stipule et s'oblige de son chef, en vertu de la capacité qui lui est propre, tandis que le droit de stipuler n'est chez les esclaves que le droit du maître étendu jusqu'à eux, par l'effet de la puissance dominicale et dans l'intérêt du maître même. Aussi l'esclave est-il incapable de s'obliger civilement (1).

---

(1) § 6, *de inutil. stip.* Voyez surtout la différence qui existe, même lorsqu'il s'agit de stipuler, entre le fils de famille et l'esclave adstipulateur (979; § 2, *h. t.*).

Les esclaves s'obligent par stipulation, notamment lorsqu'ils se portent fidéjusseurs pour les affaires de leur pécule, ou dans l'intérêt de leur maître, et alors le stipulant agit contre ce dernier par une action prétorienne *de peculio* (*Paul. fr.* 47, § 1, *de pecul.*; *Gaius*, *fr.* 30, § 1, *de pact.*), parce qu'on applique alors les principes du droit honoraire qui

977. Lorsque le maître est décédé, les esclaves stipulent pour l'hérédité vacante, et par suite pour l'héritier futur, qui profitera de la stipulation, mais indirectement; car les esclaves héréditaires stipulent du chef de leur maître défunt, comme si ce dernier n'avait pas cessé de vivre, conformément au principe que l'hérédité représente la personne du défunt (1), du moins en règle générale (*in plerisque*). En effet, les esclaves héréditaires, quoique valablement institués par un étranger, ne feront point adition tant que leur maître défunt n'aura pas lui-même un héritier, par ordre duquel ils pourront accepter (*Hermog. fr.* 61, *de adq. rer. dom.*). A cet égard, la personne fictive que représente l'hérédité vacante ne suffit pas plus que pour l'usufruit, qui ne se constitue qu'au profit d'une personne réellement existante : aussi ne peut-il être ni stipulé ni acquis par l'esclave héréditaire (*Paul. fr.* 26, *h. t.*; *Hermog. fr.* 61, *pr. et* § 1, *de adq. rer. dom.*).

§ I.

978. Il importe peu que l'esclave stipule expressément pour son maître, pour soi-même, pour un

---

souvent attribue aux esclaves une personnalité que leur dénie le droit civil (1156; § 3 *et* 4, *de injur.*).

(1) *Sustinet personam, non heredis futuri, sed defuncti* (§ 2, *de hered. inst.*). Ainsi l'esclave héréditaire stipule inutilement pour l'héritier futur (*Paul. fr.* 16, *de stip. serv.*; v. *fr.* 27, § 10, *de pact.*), du moins d'après les Proculéiens dont l'opinion semble avoir prévalu. Les Sabiniens, au contraire, admettaient que l'héritier, quelle que soit l'époque de son adition, est réputé avoir succédé à l'instant même de la mort, et ils en concluaient que l'esclave héréditaire stipule utilement pour l'héritier futur (*Gaius, fr.* 28, § 4, *de stip. serv.*; v. *Modest. fr.* 35, *eod.*).

autre esclave soumis à la même puissance (*conservo suo*), ou sans désigner personne (*impersonaliter*). Dans tous les cas, l'obligation est toujours acquise au maître (*text. hic;* v. § 4, *de inutil. stipul.*).

§ II ET III.

979. Cependant la distinction n'est pas inutile, lorsqu'il s'agit d'un fait, *cum factum in stipulatione continebitur* (§ 2, *h. t.*), par exemple si l'esclave stipule non pas le droit, mais la faculté de passer (*ut sibi ire, agere liceat* (1). Cette faculté que le promettant s'oblige de laisser à une personne déterminée, se trouve limitée ici au stipulant (*ut* SIBI *liceat*); le promettant reste donc libre d'interdire le passage à tout autre, et au maître même du stipulant (*text. hic;* v. *Paul. fr.* 44, *de cond. et dem.*). Ce dernier ne profite donc pas de la stipulation, si ce n'est en ce sens qu'il pourra faire passer son esclave, et agir *ex stipulatu* pour contraindre le promettant à tenir sa promesse.

Dans l'exemple de notre texte, le fait est personnel au stipulant, parce qu'il a stipulé (*sibi*) pour soi-même; il pourrait stipuler la même faculté pour son maître, et alors elle serait attachée à la personne de ce dernier (*Paul. fr.* 130, *de verb. obl.*). Du reste, si l'action que doit produire la stipulation se trouvait tellement inhérente à la personne du stipulant qu'un homme libre ne put pas la transmettre à ses héritiers, l'esclave ne l'acquerrait pas à son maître,

(1) La permission de passer dont il s'agit ici est un fait qu'il ne faut pas confondre avec le droit de passage ou toute autre servitude prediale, stipulée par l'esclave pour les fonds de son maître (v. *Pomp. fr.* 17, *de stip. serv.*).

et stipulerait inutilement. Un fils de famille ne l'acquerrait pas non plus à son père; mais la stipulation vaudrait, parce qu'il n'est pas comme l'esclave qui stipule seulement *ex persona domini* (v. *Gaius*, 3 *inst.* 114; v. § 6, *de inutil. stip.*).

Voyez pour l'explication du § 3 *h. t.*, celle du § 3, *per quas person. nob. obl.*

TITRE XVIII.

De la Division des stipulations.

PR. ET § III.

980. Ordinairement chacun stipule ou promet spontanément, et alors c'est la volonté des contractants qui détermine l'objet du contrat et l'étendue des obligations qui en résultent. La stipulation et sa formule expriment ce dont on est convenu, rien de plus, rien de moins *ex conventione utriusque partis concipiuntur... ex conventione contrahentium*, § 3), sans l'ordre d'aucun juge ou d'aucun magistrat (*neque jussu judicis, neque jussu prætoris*, § 3). Quelquefois, au contraire, le juge ou le magistrat interposent leur autorité pour déterminer l'une des parties à contracter un engagement dont l'objet, l'étendue et la formule sont fixées à l'avance.

Sous ce rapport, on oppose ici les stipulations spontanées, dites conventionnelles (*pr.*) aux stipulations provoquées par l'autorité du juge ou magistrat. Les premières varient à l'infini, et se multiplient au gré des parties suivant le besoin des affaires (§ 3); les autres ne se contractent que pour des causes et dans des circonstances spéciales. On les divise en trois classes (*pr.*, *h. t.*).

§ I.

981. Dans la première sont rangées, sous le titre de stipulations judiciaires, celles que le juge ordonne et peut seul ordonner (*a mero judicis officio proficiscuntur*), ce qui suppose un litige préexistant, et par conséquent une action intentée par une partie contre l'autre. Notre texte indique deux stipulations de ce genre ; j'en expliquerai l'utilité par des exemples.

Je revendique ce qui m'appartient, ou je redemande par l'action *quod metus causa* un objet que la violence m'a forcé d'aliéner. Le juge ordonne que la chose me soit rendue, et l'on suppose que le défendeur exécutera cet ordre ; mais il n'est pas impossible qu'auparavant il prenne quelque précaution frauduleuse pour me priver de la chose : s'il s'agit d'un esclave, il l'empoisonnera peut-être. Pour ma sûreté, le juge ordonne qu'en me livrant la chose, le défendeur garantira n'avoir commis aucun dol (*Gaius*, *fr.* 20, *de rei vind.*; *Ulp. fr.* 45, *eod.*; *fr.* 9, § 5 *et* 7, *quod. met. caus.*). A cette occasion interviendra *de dolo*, une stipulation que notre texte appelle *cautio* parce qu'elle se forme pour la garantie du stipulant (v. *Ulp. fr.* 1, § 4, *de stip. prætor.*).

982. La revendication n'interrompt pas l'usucapion. Le possesseur pourra donc devenir propriétaire dans le cours de l'instance, sauf à rétablir ensuite l'ancien maître dans les droits qu'il a perdus (v. § 3, *de offic. jud.*). Dans ce cas, le possesseur qui restitue donne, comme on vient de le voir, la garantie *de dolo* (*Gaius*, *fr.* 18, *de rei vind.*) ; mais s'il s'agit d'un esclave et que celui-ci s'échappe avant d'être restitué, le défendeur qui malgré sa négligence n'est pas complice de la fuite, ne sera pas

condamné (v. *Ulp. fr.* 22, *eod.*). Cependant comme il est devenu propriétaire, lui seul pourra, en cette qualité, revendiquer l'esclave : aussi promet-il, par ordre du juge, de chercher le fugitif pour le revendiquer (*de persequendo servo qui in fuga est*), et de restituer ensuite ou l'esclave ou sa valeur (*restituendove pretio*). Le défendeur à qui l'on n'impute aucune négligence, ne s'engage même pas à rechercher le fugitif; il promet seulement de le restituer si celui-ci revient en son pouvoir : c'est le demandeur alors qui exerce à ses risques et périls les actions que lui cède le défendeur devenu propriétaire. Si la fuite de l'esclave précède l'accomplissement de l'usucapion, le défendeur n'a aucune action à céder, ni aucune garantie à fournir ; le demandeur est toujours propriétaire, et en cette qualité, il peut et doit revendiquer en son nom contre le nouveau possesseur (v. *Paul. fr.* 21, *eod.*; *Theoph.*, *hic*).

§ II.

983. Le juge dont nous venons de parler n'est point un magistrat : c'est un particulier que le préteur charge de prononcer sur un litige dont il lui attribue la connaissance. Cette attribution se fait par une action que le demandeur obtient contre le défendeur, et qui l'autorise à traduire ce dernier *in judicio*, c'est-à-dire devant un juge; car devant le préteur les parties ne sont pas *in judicio*, mais *in jure*. Or il arrive souvent que le préteur, en donnant une action et pour mieux en assurer l'exercice (v. *Ulp. fr.* 1, § 1, *de stipul. prætor.*), ou même sans accorder aucune action, ordonne à l'une des parties de fournir à l'autre certaines garanties. La stipulation qui intervient alors se nomme prétorienne : cependant

cette dénomination ne s'applique pas ici à toutes les stipulations ordonnées par le préteur, mais spécialement à celles qui ne peuvent l'être que par lui (1), comme la stipulation *damni infecti*.

984. Le tort causé à autrui par les choses qui nous appartiennent, ne nous oblige à rien lorsque nous abandonnons l'objet qui a occasionné le dommage (v. § 2, *de noxal. act.*; *pr., si quadrup.*). Ainsi, lorsque mon bâtiment tombe sur l'héritage du voisin, il me suffit d'abandonner les décombres, et alors le voisin n'a pas d'action contre moi (*Gaius, fr.* 6, *de damn. inf.*; *Ulp. fr.* 7, § 1, *eod.*). Pour en tenir lieu, le préteur me contraindra, si l'on invoque son autorité avant la chûte du bâtiment, à promettre une indemnité pour la réparation du dommage à venir (*damnum infectum..... damnum nondum factum; Gaius, fr.* 2, *eod.*). De là vient la stipulation qu'on appelle *damni infecti*; car après l'événement le préteur n'intervient plus en faveur de ceux qui ont éprouvé le dommage (*Afric. fr.* 44, *eod.*), si ce n'est dans quelques cas particuliers où ils n'ont aucune négligence à se reprocher (v. *Gaius, fr.* 8; *Ulp. fr.* 9, *eod.*).

Si malgré l'ordre du préteur, le propriétaire du bâtiment ne consent pas la stipulation *damni infecti*, on obtient contre lui d'abord un envoi en possession (*mittatur in possessione; Ulp. fr.* 23; *fr.* 4, § 1, *de damn. inf.*), et plus tard un ordre de posséder (*possidere jubet; Ulp. fr.*

---

(1) *A mero prætoris officio*, par opposition aux stipulations communes dont s'occupe notre § 4, mais sans exclure les stipulations édilitiennes (v. 985). Justinien suit ici la division de Pomponius (*fr.* 5, *de verb. obl.*). Ulpien (*fr.* 1, *pr.* § 1, 2 *et* 3, *de stip. prætor.*) emploie les mêmes expressions dans un autre sens.

15, § 21, *eod.*). L'envoi en possession autorise ceux qui l'obtiennent à s'établir dans le bâtiment sans expulser le propriétaire (*Ulp. d. fr.* 15, § 20 *et* 30); l'ordre de posséder, au contraire, permet non-seulement d'expulser, mais aussi de posséder comme propriétaire (*Ulp. d. fr.* 15, § 33) pour acquérir effectivement la propriété par usucapion (v. *Paul. fr.* 5; *fr.* 18, § 15, *eod.*; v. 473).

D'après les principes du droit honoraire, l'héritier qui dispose librement des biens héréditaires, doit garantir aux légataires et fidéicommissaires que les dispositions faites en leur faveur seront exécutées de bonne foi aux époques fixées par le défunt (*Ulp. fr.* 1, *ut legat.*); si l'héritier ne donne pas cette garantie que notre texte appelle *cautio legatorum*, le préteur accorde aux légataires et fidéicommissaires un envoi en possession, qui sans expulser l'héritier, les constitue gardiens plutôt que possesseurs des choses héréditaires (*Ulp. fr.* 5, *ut in poss.*).

985. Les édiles sont des magistrats qui, comme le préteur, concourent par leurs édits à l'établissement du droit honoraire (§ 7, *de jur. nat.*); et, comme le préteur, ils interposent leur autorité pour faire contracter certaines stipulations, par exemple, pour garantir en cas de vente que l'esclave ou l'animal vendu n'a point tel ou tel vice, telle ou telle maladie (v. *Ulp. fr.* 1, § 1, *de ædilit. edict.*). La stipulation édilitienne forme entre le vendeur et l'acheteur un second contrat qui augmente la sécurité de l'acheteur, en lui attribuant une action particulière pour le cas où la chose vendue ne serait pas exempte des vices dont le vendeur a garanti l'absence (*Ulp. fr.* 31, *de evict.*; v. *fr.* 1, § 2, *de stip. præt.*; *Cujac. ad fr.* 5, *de verb. obl.*). Les stipulations prétoriennes, considérées comme elles le sont ici par opposition aux stipulations judiciaires, éma-

nent A JURISDICTIONE (*text. hic*), c'est-à-dire du magistrat *jus dicentis* (v. *Ulp. fr.* 1, *de jurisd.*), comme les stipulations prétoriennes proprement dites. Aussi cette dernière dénomination comprend-elle ici les stipulations même édilitiennes.

§ IV.

986. Le tuteur ou curateur, et les fidéjusseurs qui s'obligent pour eux, garantissent par stipulation *rem pupilli vel adolescentis salvam fore* (v. § 20, *de inutil. stip.*; *Paul. et Pomp. fr.* 1 *et* 9, *rem pupil. salv.*). Cette garantie, ainsi que nous l'avons dit, doit précéder tout acte d'administration, et c'est au préteur qu'il appartient d'y pourvoir (*pr., de satisd. tut.*); cependant il arrive quelquefois que le tuteur, agissant au nom du pupille, avant d'avoir donné cette garantie, obtient une action contre un débiteur et le traduit *in judicio*. Si ce dernier allègue le défaut de caution, il devient impossible de suivre l'instance; dans ce cas, pour sortir d'affaire (*si aliter hæc res expediri non potest*), l'ordre du juge remplace celui du préteur. Alors la stipulation *rem pupilli salvam fore*, prétotorienne de sa nature, devient accidentellement judiciaire; c'est dans ce sens qu'on l'appelle ici commune, ainsi que la stipulation *de rato*, que nous retrouverons dans un autre titre (*liv.* 4, *tit.* 11, *de satisd.*).

TITRE XIX.

Des Stipulations inutiles.

987. Dans ce titre qui n'est, à proprement parler, que le développement du titre XV *de verborum obligatione*,

Justinien examine quelles choses peuvent être stipulées ou promises (*pr.*, § 1, 2, 22, 24), quelles personnes peuvent stipuler ou promettre (§ 8, 9, 10, 7, 12 *et* 6), de quelle manière (§ 5, 18, 23), pour qui (§ 3, 21, 19, 20 *et* 4), à quels termes et sous quelles conditions (§ 11, 25, 14, 13, 16, 15, 26 *et* 27), enfin comment se constate la stipulation (§ 12 *et* 17).

PREMIÈRE SECTION.

Quelles choses peuvent être stipulées ou promises.

PR. ET § I.

988. Il n'existe point d'obligation sans objet; avant tout il faut donc que la chose stipulée ait une existence réelle. On peut, il est vrai, promettre, comme on peut léguer (697) ce qui n'existe pas encore, par exemple, des fruits à naître (*Paul. fr.* 73, *de verb. obl.*; *Ulp. fr.* 75, § 4, *eod.*); mais celui qui s'engagerait à donner un esclave antérieurement décédé, ou un objet purement chimérique, comme un centaure, ferait une promesse sans objet et conséquemment inutile (§ 1, *h. t.*; *Gaius*, 3 *inst.* 97, *fr.* 1, § 9, *de obl. et act.*).

Stipuler une chose c'est, dans le sens ordinaire, s'en faire promettre la propriété. Pour la validité d'une semblable stipulation, il ne suffit pas que la chose existe, il faut encore que l'acquisition n'en soit pas impossible : car il y a des choses qui, par leur nature, repoussent toute idée de propriété, *quæ natura sui dominio nostro exempta sunt*; § 2 *in fin.*, *h. t.*); mais par opposition à ces dernières, on peut valablement promettre et stipuler les objets qui se trouvent soumis au droit de propriété, en ce sens qu'ils sont susceptibles d'être acquis aux particuliers (*omnis res quæ dominio nostro subjicitur*; *pr.*, *h. t.*).

§ II ET XXII.

989. Une chose sacrée ou religieuse, une place ou un édifice que sa destination perpétuelle affecte à un usage public, un homme libre qui n'est pas même une chose, seraient inutilement stipulés et promis par toutes personnes, parce que nul ne peut en devenir propriétaire : ce sont choses hors du commerce (698). Quant aux objets dont l'acquisition n'est pas absolument impossible, il existe quelquefois des empêchements relatifs qui rendent une personne incapable d'acquérir ce qu'une autre acquerrait légalement; et un pareil obstacle lorsqu'il existe à l'égard du stipulant, suffit encore pour anéantir la promesse. C'est donc inutilement que Titius stipulerait une chose *cujus commercium non habuerit* (1), ou la chose qui, étant déjà sienne (*rem suam*), ne saurait devenir pour lui l'objet d'une nouvelle acquisition (706).

Dans ces différents cas, la nullité de l'obligation vient d'une cause unique, de l'impossibilité de donner, c'est-à-dire de transférer la propriété de l'objet promis. Il faut donc ne promettre à chacun que ce qu'il peut acquérir (*Gaius*, 3 *inst.* 97; *Paul. fr.* 83, § 5, *de verb. obl.*) : autrement la promesse est inutile et reste toujours telle

(1) § 2, *h. t.*; *Paul. fr.* 49, § 2 *et* 3, *de leg.* 2°. En sens inverse, le promettant s'oblige valablement pour une chose *cujus non commercium habet* : il suffit que l'objet promis puisse appertenir au stipulant (*Ulp. fr.* 34, *de verb. obl.*). Nous n'avons, dans le droit romain proprement dit, aucun exemple de choses dont l'acquisition soit impossible pour certaines personnes. Dans le Bas-Empire, un esclave chrétien ne peut appartenir à un maître juif (*Honor. et Theod.* C. 1, *ne christ. mancip.*).

malgré la cessation de l'obstacle primitif, par exemple, si le stipulant devenait capable d'acquérir la chose promise, si cette chose cessait de lui appartenir, ou enfin si elle changeait de nature et tombait dans le commerce, comme une personne libre qui devient esclave. En effet, il ne s'agit pas ici des choses futures (988), dont l'existence conditionnelle tient l'obligation en suspens. Les objets dont s'occupe notre texte ont une existence, et à leur égard la stipulation pure et simple qui n'est pas obligatoire à l'instant même, ne le sera jamais (*nec in pendenti*, etc.; § 2, *h. t.*; v. *Paul. d. fr.* 83, § 5, *de verb. obl.*).

990. Que décider lorsqu'une condition expresse subordonne l'obligation à un événement futur? Faut-il apprécier la stipulation d'après les circonstances existantes au temps du contrat, ou d'après celles qui existeront à l'événement de la condition? Relativement aux choses que leur nature même place hors du commerce (*quæ natura sui*, etc.; § 2, *h. t.*), comme un homme libre, un objet sacré ou religieux, etc., on ne doit ni supposer que le premier tombera en servitude ou que le second changera jamais de nature, ni contracter dans la prévoyance d'un événement semblable (§ 2 *in fin.*, *h. t.*; *Paul. d. fr.* 83, § 5); ainsi ces sortes de choses, ne peuvent jamais (*nullo modo*) faire l'objet d'aucune obligation même conditionnelle (§ 2 *in fin.*).

Il en est autrement lorsque l'empêchement ne tient pas à la nature de la chose, mais à un obstacle temporaire, par exemple, lorsqu'on me promet sous condition la chose qui m'appartient. Pour apprécier cette stipulation on se reporte à l'époque où doit commencer la dette, c'est-à-dire à l'événement de la condition ; c'est alors, en effet, qu'il importe de savoir si la chose promise appartient ou n'appartient pas au stipulant (*Pomp. fr.* 31, *de verb. obl.*), et s'il était certain au moment du contrat que le stipulant sera propriétaire à l'événement de la condition, il serait par cela même certain que la stipulation n'aura jamais aucun effet (§ 22, *h. t.*; v. *Paul. fr.* 87, *de verb. obl.*).

991. Si, comme on vient de le voir, la promesse de donner est nulle quand elle a pour objet une chose que le stipulant ne peut acquérir, réciproquement la stipulation valablement contractée (*licet initio utiliter in stipulatum deducta sit*) cessera de valoir si la possibilité de rendre le stipulant propriétaire vient à cesser, soit par l'anéantissement complet de la chose (739; *Pomp. fr.* 23 *et* 33, *de verb. obl.*), soit par l'événement qui la placerait dans un des cas dont nous avons parlé ci-dessus (*in earum quam causam de quibus supra dictum est*), c'est-à-dire si l'esclave est affranchi, si le terrain devient sacré, religieux, etc. (1). Toutefois, dans ces différents cas, le débiteur ne sera pas libéré s'il est en retard d'exécuter sa promesse (*Ulp. fr.* 82, § 1; *Paul. fr.* 91, § 1, *eod.*), s'il a contribué à l'événement par une faute ou même par un simple fait (*sine facto ejus*; § 2, *h. t.*); car son fait, loin d'éteindre l'obligation, suffirait pour la perpétuer (v. *Paul. fr.* 58, § 1, *de fidej.*).

Lorsque le stipulant acquiert la propriété de la chose promise, il devient pareillement impossible de la lui transférer, et cependant le débiteur ne sera libéré que

(1) Paul (*fr.* 83, § 5, *de verb. obl.*) déclare que l'obligation ainsi éteinte ne renaît jamais, soit que l'affranchi retombe en servitude, soit que la chose devenue sacrée, religieuse, etc., rentre dans son état primitif. Celsus (*fr.* 79, § 3, *de leg.* 3°) décide le contraire; mais son opinion n'a point été admise (v. *Paul. fr.* 98, § 8, *de solut.*; 40).

dans le cas particulier où deux causes lucratives concourraient pour faire avoir le même objet à la même personne (702), c'est-à-dire lorsque le débiteur s'est obligé par pure libéralité, et que de son côté le stipulant a fait une acquisition gratuite (*Julian. fr.* 17 *et* 19, *de obl. et act.*), par exemple, en devenant héritier du propriétaire (*Paul. fr.* 83, § 6, *de verb. obl.*).

§ XXIV.

992. Une promesse impossible à exécuter (*impossibilis repromissio;* § 5, *de verb. obl.*) n'est jamais obligatoire, soit qu'il s'agisse de donner, soit qu'il s'agisse de faire (§ 5, *de verb. obl.*; *Cels. fr.* 185, *de reg. jur.*).

On exécute, et même avec trop de facilité, un homicide, un sacrilége et une multitude d'autres actes contraires aux lois ou aux mœurs. En promettant de commettre un semblable fait, s'obligerait-on? ou, en d'autres termes, les magistrats emploieront-ils leur autorité pour exiger l'accomplissement d'un fait qu'ils doivent empêcher ou punir, d'un fait que la loi voudrait rendre impossible? Non certainement, aussi n'obtient-on jamais aucune action en vertu des conventions faites *ex turpi causa* (*text. hic*; *Ulp. et Pomp. fr.* 26 *et* 27, *de verb. obl.*), c'est-à-dire pour obliger une personne à contrevenir aux lois, aux mœurs ou au bon ordre (§ 7, *de mandat.; Diocl. et Max.* C. 4, *de inutil. stip.;* v. 1010).

DEUXIÈME SECTION.

Quelles personnes peuvent stipuler ou promettre.

§ VIII.

993. L'interrogation et la réponse dont se compose la

stipulation ne sont qu'une manière spéciale d'exprimer le consentement des parties, consentement sans lequel aucune stipulation, aucun autre contrat ne peut exister (v. *Ulp. fr.* 1, § 3, *de pact.*). Pour stipuler ou pour promettre utilement, il faut donc avoir l'intelligence dont les fous sont totalement privés (*text. hic; Gaius,* 3 *inst.* 106). Aussi, et sauf les intervalles lucides, sont-ils incapables de contracter par stipulation ou de toute autre manière (*Gaius, fr.* 1, § 12, *de obl. et act.*; *Diocl. et Max.* C. 2, *de contrah. empt.*); ils n'acquièrent, ils ne s'obligent envers personne et personne ne s'oblige envers eux, si ce n'est dans les cas où l'acquisition et l'obligation sont indépendantes de leur volonté (*Paul. fr.* 46, *de obl. et act.;* v. 668, 1099, 1100).

§ IX.

994. Les impubères n'ont point encore la maturité, le jugement (*animi judicium*; § 1, *quib. non est permiss.*) nécessaire pour tester (558); mais ils peuvent avoir une intelligence (*aliquem intellectum*, § 10, *h. t.*) qui suffit déjà pour contracter. On ne doit donc pas confondre l'impubère avec le fou qui *non intelligit*, et qui en conséquence n'est capable d'aucun contrat (§ 8, *h. t.*); le pupille, au contraire, est capable de tout, *omne negotium recte gerit*, sauf l'autorisation du tuteur, dans le cas où elle est requise et sous les distinctions suivantes.

§ X.

995. Ce qu'on vient de dire s'applique non pas à tous les pupilles, mais à ceux qui ne sont pas trop jeunes pour avoir *aliquem intellectum*. A cet égard, on distingue, 1° le pupille *infans*, 2° celui qui n'étant plus *infans* est

encore *infantiæ proximus*, et enfin 3° l'impubère *pubertati proximus* (*text. hic*). On appelle *infans* l'impubère qui ne parle pas encore (1), et *infantiæ proximus* celui qui parle en ce sens qu'il prononce et articule des paroles sans les comprendre, parce qu'il n'a pas encore l'intelligence (*nullum habent intellectum*) qui n'existe qu'à l'âge de sept ans (*Pomp. fr.* 14, *de sponsal.*).

C'est donc à sept ans et au-dessus que les impubères sont *pubertati proximi;* plus jeunes, ils sont *infantes* ou *infantiæ proximi*, suivant qu'ils ont ou n'ont pas l'usage de la parole. C'est en ce sens que Théophile appelle *infantes* les enfants à la mamelle ou un peu plus âgés, et *infantiæ proximi*, jusque dans leur septième ou huitième année, ceux qui ne sont plus *infantes*.

996. Le pupille n'a l'intelligence nécessaire pour contracter que lorsqu'il est *pubertati proximus;* car dans les deux premiers âges, *infans* ou *infanti proximus*, il ne diffère pas sensiblement d'un fou : aussi une pouvait-il primitivement ni stipuler ni promettre. Cependant l'intérêt des pupilles a fait décider qu'ils stipuleront et promettront valablement dès qu'ils auront la possibilité de parler (*text. hic*). Alors, en effet, le

---

(1) Qui fari non poterat (*Ulp. fr.* 70, *de verb. obl.*; v. *fr.* 30, § 1, 2, 3, 4, 5 *et* 6 *de fideic. libert.*). Quod fari non potest (*Mæcian. fr.* 65, § 3, *ad sc. trebell.*). Loqui potest..... ex quo fari cœperit (*Gaius*, *fr.* 1, § 13, *de obl. et act.*; *fr.* 141, § 2, *de verb. obl.*); nous expliquerons ailleurs (1303) un texte d'Ulpien (*fr.* 1, § 2, *de admin. et peric.*). Dans le Bas-Empire, on ne distingue plus si l'impubère parle ou ne parle pas. *Sive tardius, sive maturius fandi sumat auspicia*, l'enfance légale se prolonge jusqu'à sept ans; cette décision de Théodose (C. 8, C. Th. *de matern. bon.*; C. 18, *de jur. delib.*) réunit en une seule classe les INFANTES et les INFANTIÆ PROXIMI, et par là rétablit le système primitif qui les déclarait tous également incapables de contracter.

pupille *infantiæ proximus* s'oblige en promettant avec l'autorisation de son tuteur, et oblige les autres en stipulant sans autorisation, comme s'il était *pubertati proximus* (*text. hic.; Gaius, fr.* 1, § 13, *de oblig. et act.*).

Le pupille *infans* reste incapable de stipuler et de promettre, moins parce qu'il manque de raison que parce qu'il n'a pas l'usage de la parole (v. *Ulp. fr.* 1 *et* 70, *de verb. oblig.*); et en effet, partout où les paroles ne sont pas indispensables, il agit valablement, sauf l'autorisation du tuteur, qui alors supplée à l'intelligence des impubères. C'est ainsi que l'*infans* acquiert la possession (*Paul. fr.* 32, § 3, *de adq. vel omitt. poss.*) et fait acte d'héritier (*Mæcian. fr.* 65, § 2, *ad sc. Trebell.*), tandis que, pour la crétion, on attendait qu'il fût d'âge à en prononcer la formule (*Paul. fr.* 9, *de adq. vel omitt. her.*; v. 679).

997. Les pupilles sont toujours *sui juris*, et à ce titre ils ont des intérêts nombreux à raison desquels un père de famille a besoin de contracter fréquemment, soit pour obliger les autres, soit pour s'obliger lui-même; il a donc fallu permettre que le père de famille impubère s'obligeât, du moins pour son propre avantage et avec l'autorisation de son tuteur. Les mêmes raisons n'existent pas pour le fils de famille dont les intérêts sont confondus avec ceux de l'ascendant dont il dépend. Cependant il peut stipuler dès qu'il est capable de parler (*Gaius, fr.* 141, § 2, *de verb. obl.*) : il peut aussi s'obliger comme toute autre personne libre (1), mais seulement après l'âge de puberté; car les impubères, fils de famille, ne

(1) § 6, *h. t.; Gaius, fr.* 39, *de obl. et act.; Pomp. fr.* 6, § 7, *de act. empt.* Voyez cependant le § 7, *quod cum eo contract.*

s'obligent jamais, même avec autorisation de l'ascendant dont ils dépendent (*text. hic in fin.; Gaius, d. fr.* 141, § 2, *de verb. oblig.*).

§ VII ET XII.

998. L'obligation dite *verborum* exige que chacun des contractants prononce, soit pour interroger, soit pour répondre, des paroles dont l'autre perçoit le son. La stipulation est donc impossible entre personnes dont l'une serait sourde ou muette, c'est-à-dire totalement privée de la faculté d'entendre ou de parler (§ 7, *h. t.;* § 3, *quib. non est permiss.; Gaius, fr.* 1, § 14 *et* 15, *de obl. et act.*; *Ulp. fr.* 1, *de verb. obl.*).

Deux absents, ce qui veut dire ici deux personnes trop éloignées l'une de l'autre pour s'entendre, prononceraient en vain la question et la réponse dont se compose toute stipulation (§ 12, *h. t.; Ulp. d. fr.* 1, *pr. et* § 1, *de verb. obl.*).

§ VI.

999. La stipulation, comme tout autre contrat, tend à établir entre les parties une obligation et par suite une action qui suppose deux intérêts distincts : or, il est certaines personnes qu'un intérêt toujours unique confond pour ainsi dire en une seule, et entre lesquelles par conséquent aucune obligation ne peut se former. Tels sont le père de famille et les enfants soumis à sa puissance, du moins lorsque ces derniers ne contractent pas relativement aux pécules dont ils sont propriétaires (*Pap. fr.* 15, § 1 *et* 2, *de castr. pecul.; Ulp. fr.* 2, *de contrah. empt.*). La même raison empêche toute obligation du maître envers son esclave (*Diocl. et Max.* C. 13, *de*

transact.). Elle empêcherait aussi toute obligation de l'esclave envers son maître, s'il n'existait pas pour ce dernier cas une raison plus générale : en effet les esclaves, bien qu'ils stipulent utilement du chef de leur maître (976), ne s'obligent envers qui que ce soit (*text. hic; Paul. fr.* 43, *de obl. et act.*).

Nous parlons ici des obligations civiles ou obligations proprement dites (938); car l'esclave peut être obligé naturellement, même envers son maître (§ 1, *de fidej.*; § 4 *in fin.*, *quod cum eo; Paul. fr.* 13, *de condict. indeb.*; *Ulp. fr.* 14, *de oblig. et act.*).

TROISIÈME SECTION.

De quelle manière on doit stipuler ou promettre.

§ V ET XVIII.

1000. La question et la réponse qui forment la stipulation ont entre elles une liaison intime, et l'on conçoit qu'une personne ne répond véritablement pas lorsque sa réponse ne cadre pas avec l'interrogation (*ad ea quæ interrogatus fuerat*), par exemple, si cette réponse exprime une condition ou un terme que ne contient pas la question, et réciproquement (§ 5, *h. t.; Ulp. fr.* 1, § 3, *de verb. obl.*), ou à plus forte raison si l'on promet une chose autre que la chose stipulée (v. § 18 *et* 23, *h. t.; Paul. fr.* 83, § 1, *de verb. obl.*).

Ce principe est certain, mais son application offre quelques doutes relativement aux sommes que notre texte prend pour exemple. Suivant Gaius (3 *inst.* 102), deux sommes inégales sont deux objets différents; et lorsqu'une personne promet cinq, tandis que l'autre stipule dix ou réciproquement, Justinien, adoptant ici la décision de Gaius, annule la stipulation (§ 5, *h. t.*). Les Pandectes reproduisent, au contraire, l'opinion de Paul et d'Ulpien (*fr.* 83, § 3, *de verb. oblig.*; *fr.* 1, § 4, *eod.*) qui, dans l'inégalité des sommes, n'aperçoivent qu'une différence de nombre et de quantité; et comme, à cet égard, le plus contient toujours le moins, Paul et Ulpien décident que, malgré l'inégalité des sommes, la réponse peut cadrer avec l'interrogation, mais seulement pour la moindre des deux valeurs.

1001. Pareillement, si l'interrogation comprend plusieurs objets, le répondant qui restreint sa promesse à l'un ou à quelques-uns des objets stipulés devient débiteur, mais seulement de la chose ou des choses *pro quibus responderit* (§ 18, *h. t.*; *Paul. fr.* 83, § 4, *de verb. obl.*). En effet, dans cette hypothèse, chaque chose peut être considérée comme formant l'objet d'une stipulation particulière. Il existe donc plusieurs stipulations réunies, mais distinctes et indépendantes entre elles, à ce point que l'une peut se compléter et former une obligation valable, tandis qu'une autre reste imparfaite (*ex pluribus enim*, etc.; § 18 *h. t.*; *Ulp. fr.* 29, *eod.*). C'est ce qui arrive pour chaque chose en particulier (*singulas res*; § 18, *h. t.*) lorsqu'elle n'est pas comprise comme elle doit l'être, et dans l'interrogation et dans la réponse (§ 18, *in fin.*; v. *Ulp. fr.* 1, § 5, *eod.*).

Celui qui veut répondre à tout ce que contient l'interrogation peut le faire d'un seul mot, en répondant par le verbe même qui a servi au stipulant, SPONDEO, PROMITTO, DABO, FACIAM, etc.; ce seul mot promet tacitement tout ce qui a été stipulé, aux termes et sous les conditions énoncées dans l'interrogation. Cette réponse abrégée cadre toujours parfaitement avec l'interrogation : aussi, lorsqu'on veut faire une réponse qui ne concorde pas exactement avec la stipulation, faut-il exprimer ce qu'on veut promettre de plus, de moins ou de différent (*text. hic*).

§ XXIII.

1002. Pour répondre conformément à l'interrogation, il faut promettre la chose demandée, mais on n'exige pas que les contractants la désignent par le même nom : il suffit que l'objet soit le même (*Paul. fr.* 136, *de verb. obl.; Florent. fr.* 65, § 1, *eod.*). Réciproquement, le même nom, employé dans l'interrogation comme dans la réponse, n'établirait entre elles qu'une apparente et insuffisante conformité, si les contractants l'appliquaient à deux objets différents, par exemple, si en promettant l'esclave Stichus qu'on a stipulé de moi, je songe, par erreur sur le nom, à l'esclave Pamphile. Dès-lors c'est ce dernier que j'ai promis, et non pas Stichus ; la réponse et l'interrogation n'ont pas le même objet : l'obligation sera donc nulle, comme si l'on n'avait fait aucune réponse, *ac si ad interrogatum responsum non esset.*

La nécessité d'une réponse conforme à l'interrogation n'existe que dans les obligations verbales. Ce principe et les conséquences qui en dérivent (§ 5, 7, 12 *et* 18, *h. t.*) sont étrangers aux contrats consensuels (*Paul. fr.* 35, *de verb. obl.*). Quant à la nullité que prononce notre texte, elle aurait lieu dans tous les contrats, parce qu'elle ne tient pas uniquement à un défaut de conformité entre l'interrogation et la réponse, mais aussi à un défaut de consentement (v. *Paul. fr.* 83, § 1; *Venul. fr.* 137, § 1, *eod.*).

QUATRIÈME SECTION.

Pour qui on peut stipuler ou promettre.

§ III ET XXI.

1003. Les conventions en général, et par conséquent les stipulations, produisent leur effet entre les contractants sans jamais préjudicier à autrui (*Pap. fr.* 74, *de reg. jur.*); il faut donc que chacun prenne pour soi-même les engagements qu'il lui convient de prendre. Si je promets qu'une chose sera donnée ou qu'un fait sera exécuté par Titius, évidemment je ne lie pas ce dernier; et comme il n'a pas été question de me lier moi-même, le stipulant n'a aucune action contre moi (§ 3, *h. t.*; *Paul. fr.* 83; *Ulp. fr.* 38, § 1, *de verb. obl.*; *Hermog. fr.* 65, *de fidej.*).

Il en est autrement lorsque je promets de faire donner ou de faire exécuter quelque chose par Titius (*effecturum se ut Titius daret*, § 3), car alors je prends un engagement pour moi-même, celui de déterminer Titius à exécuter la convention, et jusque-là je serai tenu envers le stipulant (v. *Paul. d. fr.* 83, *de verb. obl.*). Pareillement, rien ne m'empêche, en répondant pour Titius, de répondre aussi pour moi-même, lorsque prévoyant le cas où Titius n'exécuterait pas ma promesse, je m'oblige conditionnellement par une seconde stipulation à donner une indemnité (*quanti ea res sit*; *Ulp. fr.* 38, § 2, *de verb. obl.*) ou une peine (§ 21, *h. t.*), c'est-à-dire une valeur déterminée par la convention même (958).

XIX.

1004. Réciproquement, si je stipule au profit de Titius,

la stipulation ne produit aucune action ni pour Titius, parce qu'il est étranger à la convention, ni pour moi, parce que je suis sans intérêt (*nihil interest stipulatoris*). On ne peut donc pas plus stipuler que promettre pour autrui; mais dans ce cas, comme dans le précédent, on peut ajouter à la stipulation inutile une clause pénale : le stipulant aurait alors un intérêt évident, et par suite une action pour demander, non la chose qu'il a stipulée pour Titius, mais la peine qu'il a stipulée pour soi-même.

Cette peine dont il importe de préciser le caractère, sanctionne ici la convention qui, par elle-même, n'a rien d'obligatoire; elle est encourue pour inexécution d'une stipulation inutile, indépendamment de l'intérêt qu'elle peut offrir au stipulant, et lors même qu'il n'en aurait aucun (*etiam ei cujus nihil interest* (*text. hic*; *Ulp. fr.* 38, § 17, *de verb. obl.*). Ces différents effets de la clause pénale prouvent qu'on ne doit la considérer ni comme l'évaluation ou la représentation d'un intérêt qui peut ne pas exister, ni comme l'accessoire de la convention qu'elle sanctionne, et qui peut être nulle; mais, nous l'avons déjà dit, la peine devient l'objet d'une stipulation particulière qui se forme conditionnellement pour le cas où une promesse antérieure resterait sans exécution, et peu importe alors la validité ou la nullité de cette promesse. Il s'agit d'un contrat subséquent et de la condition dont il dépend; or cette condition est accomplie par cela seul que la promesse antérieure n'est pas exécutée comme elle aurait pu l'être (1).

(1) Ceux qui veulent considérer la clause pénale comme l'accessoire de la promesse qu'elle sanctionne, disent que la nullité de celle-ci an-

Quant à la manière dont peut être conçue la stipulation pénale, voyez les derniers mots de notre texte, et ceux du § 7, *de verb. obl.*

§ XX.

1005. La stipulation que je fais pour une autre personne est nulle, même envers moi, parce que régulièrement je suis sans intérêt dans les affaires d'autrui; mais cet intérêt existe quelquefois, et alors il valide l'obligation (*text. hic*). Ainsi, par exemple, j'ai un procureur chargé de mes affaires; j'ai un créancier qui, faute de paiement à jour fixe, pourra se prévaloir d'une clause pénale ou vendre les choses qu'il a reçues en gage (507). Il importe beaucoup au succès de mes affaires que mon procureur ne manque pas d'argent; il n'est pas moins important pour moi que mon créancier reçoive ce qui lui

---

nulle la peine. Cette proposition, dont la généralité est démentie par les textes que nous expliquons (§ 19 *et* 21, *h. t.*) s'appuie sur une décision d'Ulpien (*fr.* 69, *de verb. obl.*). Dans l'espèce, on a stipulé un esclave qui était mort au moment de la convention : le promettant ne doit ni l'esclave ni la peine. Pourquoi n'encourt-il pas la peine? est-ce parce qu'il ne doit pas l'esclave? C'est, selon moi, parce que la condition de la clause pénale n'est pas accomplie ; en effet, l'inexécution que les parties ont prévue et dont elles ont fait dépendre la peine, est l'inexécution volontaire qui arriverait par la faute ou par le fait du débiteur. Conséquemment l'inexécution d'une promesse impossible ne tombe pas dans le cas de la clause pénale.

Je suppose ici que les contractants, ignorant la mort de l'esclave, croyaient stipuler et promettre une chose possible. Dans le cas contraire, la promesse de donner l'esclave ne serait pas moins nulle; mais le promettant devrait la peine, c'est-à-dire la somme promise pour le cas où il ne donnerait pas l'esclave dont la mort était connue; car cette dernière promesse ne diffère en rien de celle qu'on ferait sous la condition de ne pas atteindre les astres, ou de ne pas exécuter tout autre fait impossible; elle doit donc valoir (1010).

est dû : je puis donc valablement stipuler une chose que le promettant sera tenu de donner soit à l'un soit à l'autre (*text. hic; Ulp. fr.* 38, § 21, 22 *et* 23, *de verb. obl.*).

Il en est de même lorsqu'un pupille a plusieurs tuteurs dont l'un, après avoir entrepris la gestion, la cède à un autre tuteur qui offre caution (§ 1, *de satisd. tut.*). A cet effet, intervient une stipulation dans laquelle le tuteur qui prend l'administration promet, *rem pupilli salvam fore*. Cette promesse concerne directement le pupille : c'est donc lui qui doit stipuler; mais comme le tuteur qui cède la gestion, n'en reste pas moins responsable (*text. hic;* 291), il se trouve intéressé dans toutes les garanties qu'obtiendra le pupille, et en raison de cet intérêt il peut stipuler pour ce dernier, *rem pupilli salvam fore* (1).

(1) *Text. hic; Ulp. fr.* 38, § 20, *de verb. obl.* Cet exemple prouve qu'en général le tuteur ne peut ni stipuler pour le pupille, ni lui acquérir aucune action en contractant pour lui (*Diocl. et Max.* C. 5, *quando ex fact. tut.*); mais on est souvent forcé de déroger au droit strict en donnant au pupille une action utile en vertu des conventions faites par le tuteur (*Ulp. fr.* 2; *Alex.* C. 2; *Diocl. et Max.* C. 4, *eod.*). Régulièrement le pupille stipule lui-même, et lorsqu'il est *infans* ou absent, c'est un de ses esclaves qui stipule pour lui, parce que le maître profite toujours des obligations contractées envers ses esclaves (1108). Si le pupille n'a point d'esclave, on doit lui en acheter un (*Ulp. fr.* 2, *rem. pup. salv.*); subsidiairement enfin, le tuteur stipulera (*Ulp. fr.* 9, *de administ. et peric.*), ou lorsque les parties seront devant un magistrat, celui-ci pourra stipuler lui-même ou faire stipuler soit par un esclave public, soit par toute autre personne qu'il désignera. C'est ainsi que se fait souvent la stipulation *rem pupilli salvam fore;* mais dans tous les cas, la stipulation du tuteur, du magistrat ou de la personne par lui désignée, n'acquiert au pupille qu'une action utile (*Ulp. fr.* 1, § 15 *et* 16, *de magist. conv.; fr.* 2, 3 *et* 4, *rem pup. salv.*).

Le père de famille qui adroge un pupille, doit prendre pour le cas où l'adrogé décéderait impubère, l'engagement de rendre les biens de ce

§ IV.

1006. La créance résultant d'une stipulation faite par une personne *alieni juris* appartient au père de famille sous la puissance de qui se trouve le stipulant (*pr.*, *per quas pers. nob. obl.*). Ce qu'on devrait à l'esclave est toujours dû au maître : aussi l'esclave stipule-t-il valablement pour son maître ou pour un autre esclave appartenant au même maître (*conservo suo;* § 1, *de stip. serv.*), et réciproquement le maître peut stipuler pour son esclave (*ei qui juri tuo subjectus est; text. hic in fin.*). La même règle s'applique au père de famille et aux enfants soumis à sa puissance, du moins pour tout ce qu'il acquiert par eux (*text. hic in fin.;* § 1, *de stip. serv.*). L'impossibilité de stipuler pour autrui s'entend donc exclusivement des personnes à qui ou par qui le stipulant ne peut point acquérir (v. *pr.*, § 1 *et* 2, *per quas pers. nob. obl.*).

1007. Si l'on stipule inutilement pour elles en ce sens qu'on ne leur acquiert aucune action, rien n'empêche qu'on ne désigne, pour recevoir le paiement, une personne quelconque, un pupille même ou un esclave. Dans ce cas le débiteur se libère en payant soit au créancier soit à la personne désignée, c'est-à-dire, à elle-même, et non pas à ses héritiers lorsqu'elle est décédée, ou à son maître lorsqu'elle est esclave (*Ulp. fr.* 9, *de so-*

---

dernier aux personnes qui les auraient recueillis à défaut d'adrogation; or il est impossible de contracter cette obligation envers ceux qui doivent en profiter, car les héritiers testamentaires ou légitimes qu'aurait eus l'adrogé ne seront pas connus de son vivant. Aussi la stipulation n'est-elle pas faite par eux, mais par un esclave public; et dans ce cas comme dans le précédent, ils n'ont qu'une action utile (v. *Ulp. d. fr.* 2, 3 *et* 4).

lut.; *Julian. fr.* 55, *de verb. obl.*), à elle-même et sans autorisation de tuteur, lorsqu'elle est impubère (*Pomp. fr.* 11, *de solut.*), soit que le débiteur en payant ainsi, agisse avec le consentement du stipulant ou même malgré lui (*etiam invito eo*); car le débiteur use d'une faculté que lui donne le contrat, et que le créancier ne doit pas lui enlever en changeant d'intention (*Gaius*, *fr.* 106, *de solut.*; *Ulp. fr.* 12, § 3, *eod.*). Néanmoins ce dernier n'en reste pas moins seul créancier; l'obligation n'appartient qu'à lui, et il aura l'action de mandat pour se faire rendre compte du paiement par la personne désignée pour le recevoir (*text. hic*). Cette personne n'est donc qu'un mandataire du stipulant; c'est un adjoint que la convention lui donne, non pour profiter de la stipulation, mais pour en faciliter l'exécution ou le paiement. Les interprètes l'appellent *adjectus solutionis gratia*, à cause des expressions de Papinien (*fr.* 95, § 5, *de solut.*; v. 1013).

Pour avoir un pareil adjoint, je stipule que l'on donnera à moi ou à Seius, MIHI AUT SEIO DARE SPONDES (*text. hic*; v. *Ulp. fr.* 12, § 1, *de solut.*; *Julian. fr.* 56, § 2, *de verb. obl.*).

1008. En serait-il de même si je stipulais pour moi et pour Seius? Dans ce dernier cas, Seius m'est adjoint, non pour le paiement, mais pour l'obligation (v. *Julian. d. fr.* 56, *eod.*); c'est un concurrent que je me donne : aussi la stipulation n'a-t-elle d'effet qu'à mon égard. J'en profiterai donc seul; mais pour combien? pour moitié seulement d'après l'opinion des Proculéiens (*text. hic*; *Pomp. fr.* 110, *de verb. obl.*). Les Sabiniens, au contraire, considéraient l'adjonction de Seius comme non avenue (*Gaius* , 3 *inst.* 103), et attribuaient au stipulant la totalité de la chose promise (1).

§ XI ET XXV.

1009. Lorsqu'on subordonne l'obligation à un événement auquel s'oppose l'ordre de la nature, on contracte sous une condition impossible, ou plutôt on ne contracte pas; car le consentement donné pour une hypothèse qui ne doit jamais se réaliser, n'est pas un consentement réel. La condition impossible viciera donc la stipulation (§ 11, *h. t.; Gaius, fr.* 1, § 2, *de obl. et act.*) comme tout autre contrat (*Mæcian. fr.* 31, *eod.*), tandis qu'en matière de testaments l'opinion des Sabiniens qui a prévalu (600) considère la condition impossible comme non écrite (*Gaius*, 3 *inst.* 98). J'ai déjà dit que cette distinction ne me paraît pas suffisamment justifiée. Mæcianus (*fr.* 31, *de obl. et act.*), jurisconsulte sabinien, semble la rattacher à cette circonstance que la formation d'un contrat suppose le concours de deux volontés au moins : il n'y en a qu'une dans le testament; mais cette volonté unique peut-elle donc être moins sérieuse que le consentement des contractants ? Si la condition impossible est considérée

(1) *Gaius*, 3 *inst.* 103; *Javol. fr.* 5, *commun. præd.; fr.* 64, *de contrah. empt.*). En comparant notre texte et celui de Pomponius avec la décision de Javolenus, les interprètes ont tenté différents moyens de conciliation; ils se sont attachés à la différence qui existe, par la nature même de l'obligation, entre la vente ou tout autre contrat de bonne foi et la stipulation qui est de droit strict (*Pothier*, 2 *pand.* 14, *n°* 23); mais le principe qui défend de traiter pour autrui s'applique indistinctement à tous les contrats (*Paul. fr.* 11, *de obl. et act.*). Les conséquences doivent donc être les mêmes pour tous, et si elles paraissent varier, c'est parce que Justinien reproduit tantôt le système des Proculéiens, tantôt celui des Sabiniens.

comme non écrite dans les testaments, c'est vraisemblablement pour valider l'institution, afin que le père de famille ne décéde point intestat. Le même motif n'existe pas pour les obligations : aussi ne trouvons-nous dans cette matière aucune trace du système des Sabiniens ; mais leur décision sur la condition impossible ne s'applique pas seulement à l'institution d'héritier ; elle a prévalu, par extension sans doute, dans toutes les dispositions testamentaires.

1010. Contracter pour le cas où je toucherais les astres (*si digito cœlum attigero*) et sous toute autre condition semblable, c'est, comme nous l'avons dit, ne point contracter ; mais, au contraire, la condition de ne pas toucher les astres (*si.... non attigero*) et en général de ne pas faire une chose impossible, n'infirme pas l'obligation et ne la suspend même pas. La promesse reste pure et simple, et le stipulant peut agir de suite (*statim* § 11 *in fin.*, *h. t.*; v. *Ulp. fr.* 7, *de verb. obl.*; *Paul. fr.* 8 *in fin.*, *eod.*). Il est certain, en effet, que la condition de ne pas faire l'impossible ne peut manquer de s'accomplir, comme il est certain, en sens inverse, que la condition de faire l'impossible ne s'accomplira point : ainsi les événements impossibles, dans quelque sens que l'on s'y réfère, positivement ou négativement, n'ont jamais rien de conditionnel.

Il existe une impossibilité légale ou morale qui ne doit pas être confondue avec l'impossibilité physique dont nous venons de parler. A la vérité, la condition de faire une chose contraire aux lois ou aux bonnes mœurs, et la condition de toucher les astres, infirment également l'obligation (*Venul. fr.* 137, § 6, *de verb. obl.*); mais je stipule valablement sous la condition de ne pas toucher les astres, tandis que le fait illicite, soit que la condition consiste à le commettre ou à ne le pas commettre, vicie toujours l'obligation (1). En effet, promettre une chose quelconque à Titius s'il n'assassine pas, c'est la lui promettre pour qu'il n'assassine point ; évidemment Titius stipulerait alors *ex turpi causa* (§ 24, *h. t.*).

Le § 25 a été expliqué (966) avec le § 4, *de verb. obl.*

§ XIV.

1011. Dans une stipulation pure et simple, la dette existe immédiatement ; le terme qu'on y ajoute diffère seulement l'exécution (962). Dans une stipulation conditionnelle, la dette ne commence qu'à l'événement de la condition (966), et alors encore on peut reporter l'exécution à une autre époque, pourvu que l'échéance du terme ne précède pas l'événement de la condition ; car autrement l'effet précéderait la cause et la stipulation, dite prépostère (*præpostere concepta*), impliquerait évidemment contradiction. Notre texte en fournit un exemple.

(1) *Ulp. fr.* 7, § 3, *de pact.* La convention serait-elle également nulle si la condition portait, non sur le fait du stipulant, mais sur celui du promettant ; par exemple, lorsque ce dernier s'engage à ne pas commettre un fait illicite, et se soumet, pour le cas où il le commettrait, à une peine convenue? Papinien (*fr.* 121, § 1, *de verb. obl.*) ne voit aucune raison pour infirmer une semblable convention. En effet, loin de contrevenir au bon ordre, elle le favorise. Il existe des décisions en sens opposé (*Pomp. fr.* 19, *eod.* ; *Alex.* C. 2, *de inutil. stip.*) ; mais elles s'expliquent par la faveur qu'on accordait à la liberté des mariages, même dans le cas des secondes noces qui, dans le Bas-Empire, sont devenues l'objet de dispositions restrictives (v. *Cod.*, *lib.* 5, *tit.* 9).

Une convention aussi bizarre devait se présenter rarement; cependant le droit a subi, sous ce rapport, plusieurs variations. Jusqu'au règne de Léon, la stipulation prépostère fut totalement inutile : ce prince la rendit obligatoire dans les conventions relatives à la dot; Justinien transforme cette exception en règle générale (*text. hic*). Ainsi, malgré la fixation d'un terme antérieur à l'événement de la condition, les dispositions testamentaires et les contrats vaudront comme dispositions et comme contrats conditionnels, qui ne doivent jamais s'exécuter avant l'accomplissement de la condition (*Just.* C. 25, *de testam. et quemadm.*).

§ XIII ET XVI.

1012. On a toujours pu différer l'exécution d'une obligation jusqu'après la mort d'un tiers (§ 16, *h. t.*); mais on ne pouvait pas la différer jusqu'après la mort des parties intéressées, c'est-à-dire après la mort du promettant ou du stipulant, ou même de la personne *sui juris* qui, ayant ce dernier sous sa puissance, acquiert par lui le bénéfice de l'obligation (§ 13, *h. t.*). En effet, stipuler ou promettre pour une époque où nous ne serons plus, c'est en quelque sorte stipuler ou promettre pour nos héritiers; et quoique ceux-ci succèdent aux créances et aux obligations que le défunt transmet avec son hérédité (§ 1, *de perpet. et temp.*), cette transmission n'avait lieu qu'à l'égard des actions qui auraient pu être intentées par le défunt ou contre lui de son vivant. On pensait que l'exercice d'une action, lorsqu'il aurait été impossible pour une personne ou contre elle, ne devait pas commencer de son chef pour ou contre ses héritiers (*Gaius*, 3 *inst.* 100). Justinien (*text. hic*; C. 11, *de contrah. stip.*; C. *ut act. et ab hered.*) ne s'arrête pas à cette considération, qui s'appliquait aussi à l'action du légataire contre l'héritier, quoique d'autres raisons, tirées de la nature des legs, militassent déjà contre ceux qui étaient laissés *post mortem heredis aut legatarii* (735,736; § 35, *de legat.*).

1013. Néanmoins on stipulait souvent *post mortem suam*; et pour ne pas le faire inutilement, on s'adjoignait une personne qui, au terme convenu, c'est-à-dire après la mort du stipulant, devait recevoir la chose promise, pour en rendre compte comme l'*adjectus solutionis gratia* (1007), sauf cette différence qu'il ne s'agit pas seulement ici de toucher un paiement volontaire; il importe que mon adjoint puisse l'exiger, et qu'il ait après ma mort une action qui n'existera ni pour moi-même, ni pour mes héritiers. Cette action, je ne l'acquerrais pas à une tierce personne en stipulant pour elle; il faut donc que mon adjoint stipule aussi, et parce qu'il stipule avec moi, on l'appelle *adstipulator* (*Gaius*, 3 *inst.* 110, 111 *et* 117). Relativement au créancier, l'adstipulateur est un mandataire comptable de tout ce qu'il reçoit (1); mais à l'égard du promettant, c'est un véritable créancier : il en a et en exerce tous les droits personnellement, en

(1) Dans le cas dont il s'agit ici, l'adstipulateur ne recevra rien qu'après la mort du stipulant, et c'est aux héritiers de ce dernier qu'il rendra compte (*Gaius*, 3 *inst.* 111 *et* 117). Ceux-ci auront donc contre l'adstipulateur une action que le défunt n'aurait pas pu exercer lui-même (v. 1080).

Observez, au surplus, qu'il n'était pas nécessaire de stipuler *post mortem suam* pour se donner un adstipulateur. Cette adjonction n'avait pas la même utilité dans les stipulations ordinaires, mais elle n'était pas sans exemple (*Gaius*, 3 *inst.* 114 *et* 117).

ce sens qu'il ne les transmet ni à ses héritiers, ni au père de famille sous la puissance duquel il se trouve (*Gaius*, 3 *inst.* 114).

Justinien, en permettant de stipuler *post mortem suam*, a rendu inutile le secours et l'usage des adstipulateurs (v. 1144; § 12, *de leg. aquil.*).

§ XV, XXVI ET XXVII.

1014. Ce qu'on a dit pour le jour qui suit la mort (*post mortem*) s'applique également au jour qui la précède (*pridie quam moriar.... quam morieris*), car la veille du décès ne sera connue qu'après le décès (*text. hic; Gaius*, 3 *inst.* 100); mais en sens inverse, un mourant, un homme qui se meurt, n'est pas mort : aussi tous les témoignages s'accordent-ils pour constater la validité des legs et des obligations dont l'exécution serait reportée, non pas après la mort, mais à l'époque où l'une des partie sera mourante (1).

Les § 26 et 27 ont été expliqués (962) avec le § 2, *de verb. obl.*

CINQUIÈME SECTION.

Comment se constatent les stipulations.

§ XII.

1015. Dans les différents contrats dont nous avons parlé jusqu'ici, le consentement, pour devenir obliga-

(1) *Cum moriar, cum morieris* (*text. hic*; v. *Ulp.* 24 *reg.* 16; *fr.* 45, § 1 *et* 3, *de verb. obl.*; *fr.* 17, *de condict. ind.*; *Pomp. fr.* 1, § 2; *Pap. fr.* 79, *pr. et* § 1, *de cond. et dem.*; *Paul.* 3 *sent.* 6, § 6). La contradiction que présente sur ce point les Institutes de Gaius (2 *inst.* 232; 3 *inst.* 100) fait supposer un renversement complet dans le sens du dernier paragraphe.

toire, doit être accompagné soit d'une dation ou d'une simple tradition de la chose (v. *tit.* 14), soit d'une solennité verbale d'où résulte la stipulation. Nous n'avons parlé ni d'écriture, ni d'aucune autre solennité : en effet, le contrat vaut, indépendamment de toute écriture, par la réunion des circonstances qui, dans la plupart des obligations, doivent se joindre au consentement (v. *tit.* 14 *et* 15), et quelquefois même par le consentement seul (v. *tit.* 22 *et suiv.*). En cas de dénégation, le fait obligatoire doit être prouvé par celui qui en affirme l'existence, et la preuve se fait par plusieurs moyens, notamment par le rapport des témoins (v. *Callistr. fr.* 5, *de fid. instrum.; Constant.* C. 15, *eod.; Alex.* C. 4, *de probat.; Diocl. et Max.* C. 12, *eod.*) ou par l'écriture qui, sans être nécessaire à la validité du contrat, fournit toujours un moyen sûr et facile de constater ce qui s'est passé entre plusieurs personnes, et d'obtenir à cet égard un témoignage invariable (v. *Gaius, fr.* 4, *de fid. instr.; Diocl. et Max. d.* C. 12, *de prob.*).

A cet effet on écrit ordinairement, lors du contrat, un acte, un document que l'on appelle *instrumentum,* parce qu'il sert, en cas de contestation, à instruire ou éclairer la cause, c'est-à-dire le procès (*Paul. fr.* 1, *de fid. instrum.;* v. § 17, *h. t.*). Les faits ainsi relatés sont réputés vrais; celui qui les allègue n'a pas besoin d'autre preuve; mais comme l'écriture relate quelquefois des faits inexacts ou faux, celui qui les contredit peut détruire, par une preuve contraire, la confiance dont jouit l'*instrumentum* (v. *Diocl. et Max.* C. 18, *de prob.*).

1016. Ainsi, par exemple, aucune stipulation ne se forme entre absens (998, *text. hic*); mais lorsqu'un écrit constatera l'existence d'une stipulation intervenue tel jour, en tel lieu, l'acte suffira jusqu'à preuve contraire; le défendeur devra donc prouver que l'un des contractants a passé ailleurs la totalité du jour indiqué (*toto eo die quo*, etc.). Jusque-là l'écriture fera pleine foi (*omnino credendas; text. hic.; Justin.* C. 14, *de contrah. et committ. stip.*; v. 1328, 1329).

Observez que cette preuve doit être faite par d'autres écritures ou par des témoins dignes de toute confiance, *testes idoneos* (*text. hic*), *et omni exceptione majores* (*d.* C. 14, *de contrah. et committ. stip.*). Devons-nous en conclure que régulièrement la preuve testimoniale ne serait pas admise contre la preuve écrite? (v. *Paul.* 5 *sent.* 15, § 4; *Cujac.* 13 *observ.* 38).

§ XVII.

1017. L'*instrumentum* ou l'écrit rédigé pour prouver l'existence d'une obligation verbale doit régulièrement constater deux faits distincts, l'interrogation du stipulant et la réponse du promettant. Nous avons en effet plusieurs exemples d'actes semblables énonçant qu'un tel a stipulé, que tel autre a promis, etc (v. § 2, *quib. mod. toll. obl.*; *Paul. fr.* 126, § 2, *de verb. obl.*; *Pap. fr.* 11, § 2, *de duob. reis*). Ici au contraire l'écrit mentionne seulement la promesse du répondant (*promisisse aliquem*), et cette énonciation incomplète est déclarée suffisante : en effet, dire que Titius a promis, c'est indiquer tacitement qu'il a promis pour répondre, et de la manière dont on doit répondre à une interrogation précédente; c'est renfermer dans un seul mot l'abrégé de toutes les solennités nécessaires pour valider une promesse et la rendre obligatoire (v. *text. hic*; § 8, *de fidej.*; *Paul.* 5 *sent.* 7, § 2; *fr.* 134, § 2, *de verb. obl.*; *Ulp. fr.*

30, *de verb. obl.*; *Anton.* C. 1, *de contrah. et committ. stip.*), sauf la preuve contraire, réservée à celui qui nierait l'accomplissement des solennités (*Ulp. fr.* 7, § 12, *de pact.*).

TITRE XX.

Des Fidéjusseurs.

PR.

1018. L'action donnée pour assurer l'exécution d'une obligation amènerait inutilement la condamnation d'un débiteur insolvable; mais ce danger diminue pour le créancier lorsqu'il peut agir à raison de la même dette contre plusieurs personnes. Aussi, pour mieux garantir sa promesse (*ut diligentius cautum sit*), le répondant s'adjoint-il souvent une ou plusieurs personnes qui s'obligent avec lui et pour lui, *pro eo qui promittit* (*text. hic*).

Tels sont les fidéjusseurs. Tels étaient aussi les *sponsores* et les *fidepromissores* que Justinien passe sous silence, quoqu'il emprunte ici une des branches de la comparaison que Gaius (3 *inst.* 115 *et seqq.*) avait établie entre les fidéjusseurs et les autres personnes qui, comme eux, s'obligent pour autrui.

Les *sponsores* et les *fidepromissores*, sauf une différence que nous indiquerons plus loin (1025), ne se distinguent que par le nom. Pour éviter d'inutiles répétitions, nous ne parlerons donc ici que des *fidepromissores*.

§ I ET II.

1019. Les *fidepromissores* accédaient exclusivement à

une seule espèce d'obligation, à celle qui se contracte VERBIS (*Gaius*, 3 *inst.* 119) ; mais toute obligation civile ou naturelle, comme l'obligation d'un esclave envers son maître ou envers un étranger, pouvait être garantie par fidéjusseurs, de quelque manière qu'elle eût été formée (1), et avant même d'être formée (v. § 3, *h. t.*). Réciproquement, le fidéjusseur intervenait inutilement pour quiconque n'était tenu d'aucune obligation civile ou naturelle (*Venul. fr.* 18, *de sc. maced.*; *Ulp. fr.* 6, § 2, *h. t.*); mais les *fidepromissores* s'obligeaient quelquefois pour un promettant qui n'était pas lui-même valablement obligé. C'est ainsi qu'ils accédaient à la promesse d'un pupille non autorisé, ou à celle que le répondant avait faite *post mortem suam* (*Gaius*, 3 *inst.* 119). On voit par ce dernier exemple que les *fidepromissores* intervenaient pour le promettant, comme l'adstipulateur pour le stipulant (1013), et afin de se soumettre personnellement à une action qui, dans certains cas, n'aurait point été donnée contre le promettant.

Ils s'y soumettaient personnellement, en ce sens que leur obligation, exclusivement attachée à la personne, ne se transmettait pas plus que la créance de l'adstipulateur. Ainsi les héritiers du *fidepromissor* ne succédaient pas à son obligation (*Gaius*, 3 *inst.* 114, 120); mais la règle générale qui soumet l'héritier à toutes les obligations du défunt restait applicable à la fidéjussion (§ 2, *h. t.*; *Gaius*, 3 *inst.* 120; *Ulp. fr.* 4, § 1, *h. t.*).

(1) § 1, *h. t.*; v. *Gaius*, 3 *inst.* 119; *Ulp. fr.* 8, § 2, 3, 4, 5 *et* 6; *Julian. fr.* 16, § 3, *h. t.* Théodose et Justinien ont voulu que la femme ne pût recevoir aucune caution de son mari pour la restitution de sa dot (C. 1 *et* 2, *ne fidej. vel mand. dot.*). Nous reviendrons plus loin (1116; § 3, *quib. mod. toll. obl.*) sur la dette de l'esclave et sur la distinction entre les obligations civiles et naturelles.

§ IV.

1020. Dans l'origine, les *fidepromissores*, comme les fidéjusseurs, restaient exposés toute leur vie à l'action du créancier; et lorsque plusieurs avaient concurremment accédé à la même obligation, chacun était tenu pour la totalité, comme s'il avait été seul, sans aucun recours contre les autres. Une première loi, dite *Apuleia*, vint établir entre les *fidepromissores* une sorte de société; en conséquence, celui qui payait ou la totalité ou une plus forte part que les autres, avait recours contre eux (*Gaius, 3 inst.* 122). Cette loi ne changea rien aux droits du créancier; mais la loi Furia (1) qui vint ensuite, y apporta, pour l'Italie seulement, des restrictions considérables. L'action du créancier fut limitée par un délai qui, selon toute vraisemblance, était de deux ans; et dans ce délai même l'obligation, divisée de droit entre tous les *fidepromissores* vivants à l'époque où la dette devenait exigible, ne permettait d'agir contre chacun d'eux que pour sa part (*Gaius, 3 inst.* 121).

Les lois Apuleia et Furia n'avaient fait aucune mention des fidéjusseurs : conséquemment le créancier resta libre de choisir parmi eux celui qu'il voulait poursuivre, et de l'attaquer pour la totalité sans aucune limitation de temps. La position des fidéjusseurs ne changea que sous Adrien.

1021. D'après un rescrit de ce prince, celui des fidéjusseurs contre qui le créancier veut agir pour la totalité, peut demander que l'action soit donnée seulement

(1) La loi Apuleia *de sponsu* a été portée l'an de Rome 652; on place la loi Furia sept ans plus tard, en 659.

pour partie, *ut pro parte in se detur actio.* A ce moyen, le créancier, n'obtenant qu'une action partielle, est forcé de poursuivre chacun des fidéjusseurs pour sa part (*text. hic; Gaius*, 3 *inst.* 121 *et* 122).

La division accordée par Adrien ne s'opère qu'entre les fidéjusseurs solvables; la portion des insolvables, lorsqu'il s'en trouve, retombe sur les autres, *ceteros onerat* (1). Il faut donc fixer ici quelle époque on devra considérer pour savoir si tel fidéjusseur solvable ou insolvable compte ou ne compte pas relativement au bénéfice de division; car si l'insolvabilité antérieure pèse sur les autres fidéjusseurs, l'insolvabilité postérieure retombe sur le créancier. Cette époque est celle d'un événement très-important dans l'exercice des actions, et qu'on appelle LIS CONTESTATA OU LITIS CONTESTATIO (v. 1175).

1022. Si la dette est payée en totalité par l'un des fidéjusseurs, celui-ci n'a, en cette qualité, aucun recours contre les autres (*text. hic; Gaius*, 3 *inst.* 122; *Modest. fr.* 39, *h. t.*; *Alex.* C. 11, *eod.*). A proprement parler, il ne pourrait même pas agir comme cessionnaire des droits du créancier, puisqu'en payant il éteint la dette et libère tous les débiteurs (1114), en sorte que le créancier

(1) *Text. hic*; *Gaius, fr.* 26, *h. t.* D'après la loi Furia, au contraire, la division s'opérait de droit entre tous les *fidepromissores* existants, soit qu'ils fussent ou ne fussent pas solvables (v. *Gaius,* 3 *inst.* 121). La garantie des fidéjusseurs était donc plus avantageuse au créancier; et, lorsqu'on pouvait l'obtenir, il est probable que l'on ne recourait pas à celle des *fidepromissores*. Cependant l'accession de ces derniers était encore indispensable quand le débiteur promettait *post mortem suam;* mais sous Justinien, semblable promesse est valable (1013), et rien ne s'oppose à ce qu'elle soit garantie par fidéjusseur. Il n'est donc pas surprenant que la compilation justinienne soit restée muette sur les *sponsores* et les *fidepromissores*.

n'a plus ni droits ni actions à céder; mais il n'en est pas de même lorsqu'au lieu d'acquitter et d'éteindre la dette primitive, le fidéjusseur achete les droits du créancier. La somme que celui-ci reçoit alors comme prix de cette vente n'est pas un paiement de la dette primitive; sa créance subsiste et est valablement cédée à l'acheteur (*Paul. fr.* 36, *de fidej.*). C'est ainsi que quiconque satisfait le créancier peut, dans le moment même, obtenir une cession d'actions qui deviendrait impossible après un paiement pur et simple (*Modest. fr.* 76, *de solut.*).

La cession dont nous parlons est un avantage qu'on ne peut pas refuser au fidéjusseur qui acquitte intégralement la dette (*Julian. fr.* 17, *de fidej.*), et ce n'est qu'à la charge de consentir cette cession, que le créancier peut agir pour la totalité contre un des fidéjusseurs (*Sever. et Anton.* C. 2; *Diocl. et Max.* C. 21, *h. t.*). Ce bénéfice de cession qui existait avant le règne d'Adrien, a conservé depuis une utilité indépendante du bénéfice de division. Ce dernier est plus avantageux, en ce qu'il évite au fidéjusseur poursuivi pour la totalité la nécessité d'avancer un capital, peut-être considérable, pour acheter l'espoir d'un recouvrement tardif et difficile (v. *Ulp. fr.* 10, *de fidej.*); mais le bénéfice de cession a d'autres avantages dont nous parlerons plus loin (1024).

1023. Les fidéjusseurs ont encore le bénéfice d'ordre ou de discussion, c'est-à-dire qu'ils peuvent renvoyer le créancier à poursuivre d'abord le débiteur principal lorsqu'il est présent; à ce moyen les fidéjusseurs ne paient que ce dont le débiteur ne peut se libérer lui-même. Ce bénéfice est accordé ou plutôt rendu aux fidéjusseurs par une novelle de Justinien (*nov.* 4, *præf. et cap.* 1) qui prétend rétablir ainsi une ancienne règle, maintenue en usage pour les créances du fisc (v. *Diocl. et Max.* C. 4, *quando fisc. vel priv.*), mais tombée en désuétude pour celles des particuliers qui agissaient à leur choix contre le débiteur principal ou contre le fidéjusseur (*Callistr. fr.* 3, § 8, *de jur. fisc.*; *Ant.* C. 5; *Diocl. et Max.* C. 19, *h. t.*). Il importe même d'observer que l'action intentée contre l'un ne permettait plus de revenir contre l'autre (*Paul.* 2 *sent.* 17, § 16; v. *Julian. fr.* 13, *h. t.*). Ce dernier point était déjà changé par Justinien (C. 28, *h. t.*), lorsqu'il a établi ou rétabli le bénéfice de discussion (v. 1083; § 2, *de mandat.*).

§ VI.

1024. L'adstipulateur et la personne que le créancier s'adjoint pour recevoir le paiement, sont relativement à ce dernier, des mandataires comptables de tout ce qu'ils auraient touché pour lui (1007, 1013). Pareillement le fidéjusseur qui s'oblige pour autrui, s'engage ordinairement par suite d'une mission expresse ou tacite : de cette mission résulte, entre celui qui la donne et celui qui la reçoit, un mandat et conséquemment l'action *mandati* que notre texte accorde ici contre le débiteur, parce que c'est de lui qu'émane le plus souvent la mission du fidéjusseur (v. *Ulp. fr.* 60, *de reg. jur.*); mais elle pourrait émaner d'un autre mandant, et alors l'action *mandati* aurait lieu contre ce dernier (v. § 3, *de mand.*; *Ulp. fr.* 21; *Pap. fr.* 53, *mandat.*). Le fidéjusseur qui s'oblige en l'absence et à l'insu du débiteur principal n'est pas un mandataire, mais un *negotiorum gestor*, et en cette qualité il peut recourir contre ceux dont il a payé la dette par l'action *negotiorum gestorum* (*Paul. fr.* 20, § 1, *mand.*; v. 1095); mais le fidéjusseur qui agit par pure libéralité (*animo donandi; Ulp. fr.* 6, § 2, *mandat.*) ou malgré le débiteur (*Paul. fr.* 40, *eod.*), n'a aucune action.

L'action *mandati* et l'action *negotiorum gestorum* seraient insuffisantes contre un mandant et un débiteur insolvables, et c'est alors surtout qu'il importe au fidéjusseur d'invoquer le bénéfice de division pour ne payer qu'une partie de la dette garantie par plusieurs, ou du moins d'obtenir, lorsqu'il paie en totalité, la cession des actions du créancier. En effet, outre le recours que la cession lui donne contre ses cofidéjusseurs, elle lui confère toutes les garanties, gages, hypothèques et priviléges attachés à la créance principale : ainsi, fût-on seul fidéjusseur, on pourrait, avec les actions cédées par le créancier, arriver à une indemnité que l'on n'obtiendrait pas toujours en agissant comme fidéjusseur par l'action de mandat (v. *Gordian.* C. 14, *de fidej.*; *Valer. et Gall.* C. 7, *de privil. fisc.*).

1025. Cette action *mandati* appartenait également aux *fidepromissores* et aux *sponsores*. Toutefois ces derniers avaient contre le débiteur principal une action particulière dite *depensi*. Cette action qui résulte de la loi Publilia (1), produisait contre le défendeur, en cas de dénégation de sa part, une condamnation au double (*Gaius*, 4 *inst.* 9 *et* 171; *Paul.* 1 *sent.* 19, § 1; v. 1242; § 26, *de action.*).

§ VII.

1026. Quelle que soit l'obligation principale et la ma-

(1) *Gaius*, 3 *inst.* 127. La loi Publilia remonte à l'année 659 de la fondation de Rome, comme la loi Furia.

nière dont elle serait formée, le fidéjusseur s'engage toujours par une stipulation. L'interrogation et la réponse dont elle se compose peuvent être prononcées en grec dans les termes indiqués par notre texte (v. *Ulp. fr.* 8; *Alex.* C. 12, *h. t.*), mais ordinairement on interroge en disant *fidejubes, fide tua esse jubes;* et c'est en disant *fidejubeo, fide mea esse jubeo*, que le répondant se porte fidéjusseur. Les noms de *sponsor* et de *fidepromissor* correspondent également aux expressions, *spondes, fide promittis,* employées pour stipuler de l'un ou de l'autre (v. § 1, *de verb. obll.; Gaius,* 3 *inst.* 116).

§ III.

1027. La fidéjussion peut se contracter après l'obligation principale (*obligationem sequi; text. hic;* v. *Ulp. fr.* 6, *h. t.*); sous ce rapport le fidéjusseur diffère du mandant ou *mandator*, qui charge Seius de traiter avec Titius, et par exemple de lui prêter une somme d'argent. Il existe alors deux contrats, savoir : entre Seius et moi, un mandat par lequel je le charge de prêter à Titius; entre Seius et Titius, un *mutuum*. Dans cette position je suis garant du prêt que Seius n'a fait qu'à ma considération; je suis donc tenu pour Titius (v. § 5 *et* 6, *de mandat.*), en vertu du mandat qui a précédé l'emprunt et conséquemment l'obligation de Titius. C'est ainsi que le mandat garantit souvent une dette future.

La fidéjussion peut aussi précéder l'obligation principale (*et præcedere et sequi; text. hic*), lorsque tel est le but spécial des parties (*Pap. fr.* 50, *de pecul.*); le fidéjusseur accède alors à l'obligation future de telle personne envers telle autre (*Ulp. fr.* 6, § 2, *de fidej.*). Il en est autrement dans le cas du constitut qui suppose toujours une dette préexistante (*Ulp. fr.* 18, § 1, *de pec. constit.*; v. 1207).

§ V ET VIII.

1028. Le fidéjusseur, comme le *fidepromissor* et tous ceux qui s'obligent pour autrui, contracte une obligation accessoire qui né doit pas excéder l'obligation principale. Garant de Titius, je puis devoir pour lui tout ou partie de ce qu'il doit; si je devais plus, je devrais ce qu'il ne doit pas lui-même, et je ne serais plus son fidéjusseur (§ 5, *h. t.*; *Gaius*, 3 *inst.* 126). Or, pour savoir si je dois plus ou moins, il faut comparer non-seulement les quantités dues par le débiteur et le fidéjusseur, mais aussi le temps où chacun sera tenu de payer; car mille francs payables dans un an ou dans tout autre délai, ne valent pas mille francs payables de suite (§ 5, *h. t.*; § 33, *de action.*; *Ulp. fr.* 12, § 1, *de verb. sign.*; v. 1211).

Ainsi le fidéjusseur ne s'oblige pas *in duriorem causam* (1) et ne doit jamais être inquiété avant l'époque où le débiteur principal sera lui-même tenu d'exécuter son obligation (*Pap. fr.* 49, § 2; *Scæv. fr.* 37, *h. t.*); aussi lorsque la fidéjussion précède l'obligation principale, l'existence possible et incertaine de celle-ci forme-t-elle une condition tacite qui suspend l'obligation du fidéjusseur (*Pap. d. fr.* 49, § 2; *Javol. fr.* 35, *de judic.*).

1029. Le fidéjusseur qui ne s'engage pas *in duriorem*

---

(1) *Ulp. fr.* 8, § 7, 8 *et* 9, *h. t.* La fidéjussion qui excède l'obligation principale, sera-t-elle nulle pour le tout ou seulement pour l'excédant. Gaius (*fr.* 70, *eod.*) se prononce pour ce dernier parti, et Ulpien (*d. fr.* 8, § 7, 8 *et* 9) pour la nullité absolue. Voyez cependant le même Ulpien (*fr.* 11, § 1, *de pec. const.*).

causam, ne s'engage pas non plus *in aliam obligationem*, en ce sens que son obligation et celle du débiteur principal ne peuvent pas avoir chacune un but ou un objet différent (*Ulp. d. fr.* 8, § 8, *de fidej.*). Du reste, rien n'empêche le fidéjusseur de s'obliger par des liens plus forts et plus étroits que ceux du débiteur principal; c'est ainsi en effet que l'obligation civile résultant de la fidéjussion accède à une obligation purement naturelle. (1019.)

Appliquez au § 8 ce qu'on a dit précédemment (1017) sur le § 17 *de inutil. stip.*

TITRE XXI.

Des Obligations littérales.

1030. Justinien passe à une troisième classe de contrats où l'écriture intervient, non plus uniquement pour constater l'existence de l'obligation, mais pour former le contrat même. Nous devons donc éviter de confondre l'écriture, considérée comme élément essentiel de l'obligation qu'elle complète, avec l'écriture qui ne forme pas l'obligation, mais dont le témoignage constate une obligation déjà formée.

Nous avons appelé *verborum obligatio* l'obligation qui se contracte *verbis* (*pr., de verb. obl.*), par des paroles dont la prononciation solennise le consentement des parties; pareillement, lorsqu'à leurs volontés respectives se joint une écriture qui rend le consentement obligatoire, le contrat se forme *litteris* (*Gaius*, 3 *inst.* 128) ou *scriptura* (*text. hic*), et l'obligation qui en résulte se nomme *litterarum obligatio*.

Elle se contractait à Rome *nominibus*, c'est-à-dire par certaines écritures inusitées à Constantinople au temps de Justinien, et dont nous parlerons plus loin (v. 1119; § 3, *quib. mod. obl. toll.*). L'empereur donne ici un autre exemple d'obligation littérale qui subsiste encore sous son règne (*hodie*).

1031. On suppose un écrit dont le souscripteur, sans expliquer l'origine de la dette, reconnaît devoir (*debere se scripserit*) une valeur qui ne lui a pas été fournie (*quod sibi numeratum non est*), et qui n'a pas été non plus stipulée (*cessante scillicet verborum obligatione*). Dans ce cas, l'obligation et la condition naîtront de l'écriture, comme elles naissent de la stipulation, en sorte que la première semble ici tenir lieu de la seconde; et tel est probablement le sens de notre texte, puisqu'en accordant l'exception *non numeratæ pecuniæ*, il met le débiteur dans la même position où le placerait, en cas de stipulation, la promesse de payer ce qu'il n'a pas reçu (v. § 2, *de except.*).

En effet, les PEREGRINI s'obligeaient autrefois sans stipulation par des *chyrographa* et des *syngrapha*, en écrivant « je dois » (*debere se*) ou « je donnerai » (*daturum se; Gaius*, 3 *inst.* 134). Notre texte, comparé à celui de Gaius, offre une ressemblance partielle, mais assez exacte pour faire croire que ce contrat, grec d'origine, s'est maintenu dans les provinces d'Orient jusqu'au temps de Justinien.

L'écrit dont il s'agit ici n'a donc rien de commun avec avec les billets où se trouve souvent consignée la reconnaissance d'un *mutuum* reçu. Un semblable billet, comme les *arcaria nomina* dont parle Gaius (3 *inst.* 131), ne sert qu'à prouver l'existence d'une obligation, sans jamais la créer : *nullam facere obligationem sed obligationis factæ testimonium præbere.*

Nous reviendrons plus tard (§ 2, *de except.*) sur l'exception *non numeratæ pecuniæ* et sur le *multum tempus* que Justinien réduit de cinq années à deux (*text. hic*).

TITRE XXII.

Des Obligations consensuelles.

1032. Ici se présente une quatrième classe de contrats qu'on nomme consensuels, parce que le consentement qui constitue la convention suffit pour la rendre obligatoire (*sufficit eos qui negotia gerunt, consentire*) : alors cette convention produit une action et forme par elle-même un contrat (*Ulp. fr.* 7, *pr. et* § 1, *de pact.*), sans qu'il intervienne aucune écriture (*neque scriptura*), aucune dation (*nec dari quidquam*), ni même aucune stipulation. Aussi les contractants ne sont-ils pas, comme pour l'obligation verbale, dans la nécessité de se trouver en présence (*neque præsentia*) : l'éloignement ne les empêche pas de correspondre par lettres missives ou par tout autre moyen *veluti per nuntium*, et de former en s'accordant une convention qui devient obligatoire en cas de vente (*emptio venditio*), de louage (*locatio conductio*), de société et de mandat (*text. hic*; *Gaius*, 3 *inst.* 135 *et* 136; *fr.* 2, *pr.* § 1 *et* 2, *de obl. et act.*). De là quatre contrats consensuels, à chacun desquels Justinien consacre un titre spécial.

1033. Dans les autres cas, la convention seule ne forme point un contrat, mais un pacte; et le simple pacte (*nuda pactio*; *Ulp. fr.* 7, § 4, *de pact.*), sans être dépourvu de tout effet (v. § 3, *de except.*), reste incapable de produire aucune action ni par conséquent aucune obligation proprement dite (*Ulp. d. fr.* 7, § 4, *de pact.*).

Cependant cette règle admet plusieurs exceptions successivement introduites par le droit honoraire, et même par le droit civil. C'est ainsi qu'en vertu des constitutions d'Antonin et de Constantin (v. C. 4 *et* 5, C. Th. *de donat.*), généralisées par Justinien (C. 35, § 5, *de donat.*), nous avons vu (485) le donateur assimilé au vendeur, soumis comme lui à une action, et placé par le simple consentement dans la nécessité d'exécuter une libéralité convenue (v. § 2, *de donat.*). Sous Théodose (C. 6, *de dot. prom.*), la constitution de dot est pareillement affranchie des solennités de la stipulation; longtemps auparavant on avait même distingué certains emprunts où les intérêts se fixent par le simple consentement (1). Dans ces différents cas, la convention a toute la force d'un contrat sans en prendre le titre, et conserve la dénomination de pacte : on appelle pactes légitimes les conventions qui ont obtenu du droit civil la force obligatoire qu'elles n'avaient pas originairement,

(1) Le *mutuum* qui se forme par une dation, oblige à rendre tout ou seulement partie de ce qu'on a reçu, mais rien de plus (v. *Paul. fr.* 17, *de pact.*; *Ulp. fr.* 11, § 1, *de reb. cred.*). Si je m'astreints à payer ce que je n'ai pas reçu ou plus que je n'ai reçu, par exemple un intérêt quelconque, la convention passe les bornes d'un contrat réel, et pour la rendre obligatoire il faut la solenniser par une stipulation (*Ant.* C. 2, *de non numer.*; C. 1, *de usur.*; *Sever. et Anton.* C. 3, *eod.*); mais la simple convention suffit dans plusieurs cas exceptionnels (v. *Paul. fr.* 7, *de nautic. fœn.*; *Scæv. fr.* 5, § 1, *eod.*; *Justin. Nov.* 134, *cap.* 4), notamment lorsqu'on emprunte des grains, tels que le froment et l'orge (*Alex.* C. 12, *de usur.*), ou les deniers appartenant à une cité (*Paul. fr.* 30, *eod.*).

et pactes prétoriens celles à qui la même force a été donnée par le droit honoraire (v. § 3, 8, 9 *et* 11, *de action.*); mais revenons aux contrats proprement dits, et spécialement aux contrats consensuels.

1034. Notre texte signale une nouvelle différence qui les distingue des contrats verbaux. Dans ces derniers il y a stipulation ou interrogation d'une part (*alius stipuletur*), et promesse ou réponse de l'autre (*alius promittat*). Les deux volontés concourent pour obliger le répondant envers le stipulant, mais sans réciprocité : en un mot, le contrat est simple ou unilatéral; l'obligation existe tout entière d'un seul côté, comme dans le *mutuum*. Ici, au contraire, le contrat produit deux obligations réciproques (*alter alteri obligatur*, *text. hic*). Ainsi nos quatre contrats consensuels sont synallagmatiques ou bilatéraux, et par suite l'obligation de chaque partie envers l'autre s'apprécie *ex bono et æquo* (*text. hic*; *Gaius*, 3 *inst.* 137); ce qui revient à dire que les actions résultant des quatre contrats consensuels sont de bonne foi, comme les actions résultant des autres contrats bilatéraux, tels que le commodat, le dépôt et le gage (§ 28, *de action.*), tandis que la condiction, soit qu'elle résulte d'un *mutuum*, d'une stipulation ou de toute autre cause, est toujours de droit strict (v. § 28 *et* 29, *eod.*).

TITRE XXIII.

De la Vente.

1035. Le commerce a commencé par des échanges dont bientôt on a compris l'insuffisance. En effet, la chose que j'offre d'échanger contre la vôtre peut ne pas vous convenir ; elle conviendrait peut-être à Titius, mais celui-ci n'a pas ce que je désire : de là des difficultés sans nombre, qui naissent surtout à raison de l'importance relative que chacun attribue à certaines choses qui sont pour lui plus ou moins précieuses que pour tel ou tel autre. On s'accorde rarement sur la valeur d'un seul objet, plus rarement encore sur la valeur comparative de deux choses différentes. Pour éviter cette comparaison et les difficultés qui en résultent, on a besoin d'une matière qui, représentant pour tous une valeur absolue, puisse toujours convenir à chacun. Cette matière existe dans la monnaie frappée au coin de l'autorité publique. Rien de plus fréquent que son usage : il n'est personne qui chaque jour ne donne ou ne s'engage à donner une somme quelconque pour obtenir des denrées, un fonds de terre, une maison; et alors ce n'est plus, à proprement parler, un échange qui se forme de part et d'autre. Il existe achat d'une part et vente de l'autre (*emptio venditio*) : on distingue la marchandise et le prix, le vendeur et l'acheteur. Le premier s'engage à fournir la marchandise ou la chose qu'il vend et que le second achète; celui-ci s'engage à en payer le prix (*Paul. fr.* 1, *de contrah. empt.*).

PR.

1036. Ces engagements respectifs résultent d'un contrat que les Romains nomment *emptio venditio* (*text. hic*), et que nous désignons en français par le seul mot de vente.

Une chose est vendue dès que le prix est convenu entre les parties. C'est leur consentement exprès ou tacite (*Scævol. fr.* 12, *de evict.*) qui fait la vente (*text. hic ;*

§ 3, *h. t.*), quoique le prix ne soit pas encore payé (*text. hic; Ulp. fr.* 2, § 1, *de contrah. empt.*) ni la chose livrée; car le contrat sert précisément à lier les parties de telle façon que l'une ne puisse plus s'en départir malgré l'autre, ni se soustraire à la nécessité soit de livrer la chose, soit de payer le prix. En effet, le vendeur aura une action dite *venditi* ou *ex vendito* contre l'acheteur, et celui-ci aura contre le vendeur une autre action dite *empti* ou *ex empto* (v. § 1, *h. t.; Ulp. fr.* 11, *de action. empt.; fr.* 13, § 19, *eod.*).

Justinien ajoute, d'après Gaius (3 *inst.* 139; *fr.* 35, *de contrah. empt.*), qu'à défaut d'arrhes il en sera encore de même, parce que les arrhes (1), n'étant pas nécessaires à la formation de la vente, ne sont qu'un signe ou une preuve de son existence, *argumentum emptionis venditionis contractæ* (*text. hic*); et comme le contrat, dès qu'il est formé, ne se dissout pas sans un mutuel dissentiment (§ 4, *quib. mod. toll. obl.*), il en résulte que l'une des parties ne peut pas, même en sacrifiant les arrhes ou leur valeur, revenir sur le contrat qu'elle avait consenti.

Tel était le droit romain. Voyons ce qu'annonce Justinien.

1037. Il distingue deux manières de contracter la vente; en effet, l'on achète souvent, sans rédiger aucun écrit, une foule d'objets qui sont exposés dans les marchés, dans les boutiques, etc. Souvent aussi le contrat se forme pour des choses plus importantes, et alors pour

---

(1) Par exemple, un anneau que l'acheteur remet au vendeur pour le reprendre après avoir payé la totalité du prix (v. *Ulp. fr.* 11, § 6, *de act. empt.*).

qu'il ne reste ou ne s'élève dans la suite aucun doute, soit sur l'existence du contrat, soit sur l'étendue des obligations qui en résultent, on constate la convention par écrit. Justinien conserve l'ancien droit pour toute vente où les parties n'ont point voulu recourir à l'écriture; dans ce cas, point d'innovation (*nihil a nobis innovatum*) : ainsi le contrat reste purement consensuel. Au contraire, lorsque les contractants, tout en convenant du prix, ont eu l'intention de rédiger plus tard un écrit, la simple convention ne suffira plus : la vente n'existera pas tant que l'acte n'aura pas été dressé avec toutes les formalités requises. Jusque-là point de contrat; chaque partie peut se dédire impunément (*sine pœna, text. hic;* v. C. 17, *de fid. instrum.*).

Toutefois, modifiant aussitôt ce dernier point, l'empereur ajoute que, s'il a été donné des arrhes, l'acheteur qui les a remises ou le vendeur qui les a reçues, ne se dédiront pas impunément : le premier perdra ce qu'il a donné, le second rendra le double de ce qu'il a reçu. Cette décision ne souffre aucune difficulté lorsqu'on l'applique aux ventes qui doivent être écrites, et ce sont en effet les seules dont Justinien paraît d'abord s'occuper, puisqu'il a déclaré ne vouloir rien innover pour les ventes non écrites; mais en réalité ce que Justinien décide relativement aux arrhes, s'applique à toutes les ventes indistinctement: à cet égard, son texte est si formel qu'on a cru ne pouvoir pas l'expliquer tel qu'il est (1).

(1) Le texte porte : *Sive in scriptis, sive sine scriptis venditio* CELEBRATA *est*. Vinnius et Pothier (*Vente*, *n°* 508) l'interprètent comme s'il y avait *celebrari cœpta est;* et ils expliquent ADIMPLERE *contractum*, dans le sens de *perficere*.

En effet il contient, relativement aux arrhes, deux passages différents : le premier pose une règle qui d'abord paraît générale (*nam quod arrhæ*, etc.); bientôt on distingue (*sed hæc quidem*, etc.); enfin vient une règle nouvelle (*ita tamen, etc.*) qui embrasse tous les cas (*sive in scriptis, sive,* etc.). Sans chercher à concilier ces deux règles, je tâcherai d'expliquer la première d'après le droit romain, la seconde d'après la constitution de Justinien.

Les premières lignes de notre texte sont copiées dans Gaius (3 *inst.* 139). Nous y trouvons une proposition principale, savoir, que la vente est parfaite par le seul consentement; puis, relativement aux arrhes, une proposition incidente qui précise leur caractère : les arrhes sont *argumentum emptionis et venditionis contractæ.* Immédiatement après, Justinien expose sa propre législation sur la formation du contrat et sur les arrhes. Quant au premier point, il établit entre les ventes écrites ou non écrites une distinction qui modifie évidemment la proposition principale de Gaius; modifie-t-elle également la proposition incidente? L'empereur qui déclare ne rien innover pour la vente non écrite, s'occupe-t-il alors des arrhes, leur conserve-t-il pour un cas quelconque le caractère que Gaius leur assigne? Non. Justinien paraît ne s'occuper des arrhes que dans les dernières lignes, soit de notre texte, soit de sa constitution, et alors il ne distingue plus. Les arrhes, qui primitivement indiquaient toujours un contrat formé, prennent dans la nouvelle législation le caractère d'un dédit.

Ainsi, lorsque la vente devra être rédigée par écrit, les arrhes fortifieront la convention en imposant une peine à celle des deux parties qui refusera de parfaire le contrat; tandis que, dans les ventes non écrites, les arrhes permettront de revenir sur un contrat qui, sans elles, serait irrévocable comme il l'était auparavant. En effet, la proposition principale de Gaius, conservée dans les premières lignes de notre texte, suppose une convention pure et simple, un vendeur qui ne reçoit ni argent ni arrhes, et telle est l'hypothèse sur laquelle Justinien établit sa distinction, sans s'arrêter à la proposition incidente (*nam quod arrhæ*, etc.) qui bientôt après se trouve totalement contredite par sa constitution.

§ I.

1038. Il n'y a point de vente sans prix, et le prix doit être certain (*certum esse debet; text. hic*), en ce sens que la convention ne serait pas obligatoire si l'une des parties restait libre de déterminer arbitrairement ce qu'elle devra payer ou recevoir; par exemple, si le vendeur s'en remettait à la discrétion de l'acheteur et à l'évaluation qu'il fera lui-même de la chose (*Gaius, fr.* 35, § 1, *de contrah. empt.*). De là, question de savoir si cette évaluation peut être confiée à l'arbitrage d'une tierce personne : Justinien, préférant l'opinion des proculéiens (v. *Gaius*, 3 *inst.* 140), reconnaît dans cette convention une vente conditionnelle subordonnée à la fixation du prix par la personne désignée.

§ II.

1039. Le prix doit consister en argent monnayé; autrement, si l'on donnait une chose pour une autre, il n'y aurait pas vente, mais échange. Ce point avait été décidé long-temps avant Justinien (*Diocl. et Max.* C. 7, *de rer. permut.*), d'après l'avis de Proculus et contre l'opinion des Sabiniens (*text. hic*).

Dans les longues discussions qui se sont élevées sur ce point (*text. hic; Paul. fr.* 1, § 1, *de contrah. empt.*), on s'accordait sur la nécessité d'un prix, sans lequel aucune vente ne peut exister; mais suivant les Sabiniens, le prix d'une chose peut se trouver dans une autre chose quelconque. Ce système confond le prix de la vente avec la chose vendue, et ne permet pas de savoir quel est l'acheteur ou quel est le vendeur : il importe cependant de distinguer l'un de l'autre, parce que leurs obligations respectives ne sont pas de même nature. L'acheteur ne se libère du prix que par une dation qui rend le vendeur propriétaire de ce qu'on lui paie; mais ce dernier n'est pas précisément obligé de transférer la propriété de la chose vendue. Il doit la livrer à l'acheteur, lorsque celui-ci paie le prix (*Ulp. fr.* 13, § 8, *de act. empt.*), et alors, si le vendeur est propriétaire, la tradition transfère la propriété; dans le cas contraire, il est simplement tenu de garantir l'acheteur contre toute éviction (*Ulp. fr.* 11, § 2, *eod.; fr.* 25, § 1, *de contrah. empt.*), car il faut que celui-ci puisse avoir la chose vendue (*ut* HABERE *liceat; Afric. fr.* 30, § 1, *de act. empt.*), c'est-à-dire la posséder sans trouble (*sine interpellatione; Pomp. fr.* 188, *de verb. sign.*). Autrement la possession serait considérée comme n'ayant pas été livrée (*Pomp. fr.* 3, *de action. empt.*), et alors l'acheteur agirait *ex empto* pour obtenir *id quod interest* (*Paul. fr.* 70, *de evict.*).

1040. La distinction que nous venons de faire entre les obligations de l'acheteur et celles du vendeur, n'existe pas entre deux copermutants. Celui qui transporte une propriété veut acquérir en échange une propriété nouvelle (DO *ut* DES; *Paul. fr.* 5, *de præscript. verb.*) : la dation qui s'opère d'un côté attend de l'autre une dation réciproque. D'ailleurs l'échange ne se contracte pas comme la vente par le seul consentement : lorsque deux personnes conviennent d'échanger réciproquement divers objets, leur convention n'est qu'un pacte non obligatoire. Je forme le contrat d'échange en transférant la propriété de ma chose (*Paul. fr.* 1, *pr.* § 2 *et* 3, *de rer. permut.*), comme dans le MUTUUM (944), et alors si le contrat n'est pas exécuté envers moi, je puis agir contre celui à qui j'ai cédé ma chose et intenter à mon choix, ou l'action *præscriptis verbis* pour obtenir *quanti mea interest*, c'est-à-dire l'équivalent des avantages que m'aurait procuré l'exécution du contrat (*Paul. fr.* 5, § 1, *de præscr. verb.*), ou la condiction pour répéter la propriété que j'ai transférée dans un but (*ob rem; Paul. fr.* 5, *de præscript. verb.; Ulp. fr.* 1, *de condict. caus. dat.*) qui ne se trouve pas rempli (1059, 1103). Le contrat de vente au contraire n'autorise point cette répétition (*Diocl. et Max.* C. 8, *de contrah. empt.;* v. C. 1, *de rer. permut.*).

Il existe donc entre l'échange et la vente d'importantes différences, et pour caractériser la vente il importe de distinguer la chose que le vendeur s'oblige à livrer, et le prix que l'acheteur devra payer. C'est pour mieux reconnaître ce prix qu'on le fait consister en une valeur numérique; et cependant si je donne une somme d'argent, non pas simplement pour qu'on me fasse avoir un objet convenu, mais pour qu'on m'en rende propriétaire, dans ce cas le contrat n'est pas une vente (1). Réciproque-

(1) *Cels. fr.* 16, *de condict. caus.* Voyez cependant Paul (*fr.* 5, § 1, *de præscript. verb.*).

ment, si j'avais mis en vente un fonds de terre, l'intention de vendre n'étant pas douteuse, je ne cesserais pas, en acceptant pour prix un autre objet, par exemple un esclave, d'être considéré comme vendeur; le contrat aurait dans ce cas tous les effets d'une vente et non d'un échange (v. *Gaius*, 3 *inst.* 141; *Gordian.* C. 1, *de rer. permut.*).

§ III.

1041. Notre texte, en rappelant ici la distinction des ventes écrites ou non écrites, consacre sur les effets dont le contrat est susceptible, deux principes importants.

Le vendeur, tant qu'il n'a pas livré la chose vendue, en demeure propriétaire, *adhuc ipse dominus est* (*text. hic, in fin.*); car, indépendamment des satisfactions que l'acheteur doit donner relativement au prix (391), c'est par la possession qu'il doit arriver à la propriété (388).

Toutefois le contrat existe et, dans l'intervalle de la vente à la tradition, l'objet qui n'appartient pas encore à l'acheteur est néanmoins à ses risques, *periculum statim ad emptorem pertinet* (*text. hic*). Tout ce qui arrive sans qu'il y ait dol ou faute du vendeur retombe sur l'acheteur, *emptoris damnum est*. C'est lui qui souffre des détériorations que la chose éprouve : réciproquement, c'est à lui que profitent les alluvions et autres accroissements semblables. Enfin la chose qui vient à périr, périt pour lui; il en supporte la perte, et quoiqu'il n'ait rien reçu (*licet rem non fuerit nactus*), il n'en reste pas moins débiteur du prix, *necesse est pretium solvere* (*text. hic*).

1042. Cette décision, quoique formelle, a été combattue par différents arguments. Cujas n'a jamais nié que la chose ne fût aux risques de l'acheteur et ne dût périr pour lui, en ce sens qu'il perd alors tous les avantages résultant du contrat, sans pouvoir ni se plaindre du défaut de tradition, ni demander aucuns dommages-intérêts; mais, quant au prix, Cujas ne pensait pas que l'acheteur privé de la chose fût obligé de le payer. Il reconnaissait dans la décision de notre texte (*not. ad inst.*) une conséquence exacte, quoique rigoureuse, d'un principe qui, dans l'application, doit céder à l'équité. Il était conduit à ce résultat par un texte d'Africain (*fr.* 33, *locat. cond.*) qui paraît effectivement contredire le nôtre, mais incidemment et par induction. Ici au contraire nous trouvons une décision précise confirmée par beaucoup d'autres (1) et facile à justifier. En effet, l'acheteur profite, à partir du contrat, de tous les avantages que la chose pourra produire, de tous les accroissements dont elle est susceptible, en un mot de toutes les chances favorables. Pourquoi donc le déchargerait-on des chances contraires?

D'un autre côté les obligations respectives que contractent le vendeur et l'acheteur ne portent pas sur un seul et même objet; il n'est donc pas étonnant que l'une d'elles s'éteigne ou se perpétue indépendamment de l'autre. Le vendeur doit livrer la chose vendue; cette chose périssant, la tradition devient impossible : l'obligation du vendeur s'éteint, comme celle qui résulterait d'un legs (739) ou d'une stipulation (991), lorsque l'objet

(1) *Julian. fr.* 5, § 2, *de rescind. vend.; Paul. fr.* 11, *de evict.; fr.* 34, § 6, *de contrah. empt.; Diocl. et Max. C.* 6, *de peric. et commod.*).

de l'un ou de l'autre périt sans aucun fait du débiteur (§ 16, *de legat.*; § 2, *de inutil. stip.*). Mais, en sens inverse, la perte de l'objet vendu, en détruisant l'obligation de livrer cet objet, n'influe en rien sur l'obligation de payer le prix, parce que le prix qui consiste dans une quantité, ne périt jamais. Il faut donc appliquer à l'acheteur, relativement au prix, ce qu'on a décidé précédemment pour l'emprunteur dans le cas du *mutuum* (945).

Pareillement celui qui achète une quantité ou un genre (949), par exemple cent boisseaux de blé, ne supporte aucun risque jusqu'au moment où cette quantité sera mesurée, et par là même réduite à un corps certain; au contraire celui qui achète en masse les cent boisseaux de blé qui se trouvent dans tel magasin, supporte les risques (v. *Gaius, fr.* 35, § 5; *Modest. fr.* 62, § 2, *de contrah. empt.*), parce que l'objet vendu se trouve spécifié. (*Paul. fr.* 8, *de pericul. et comm.*).

1043. On a opposé à la décision de notre texte un argument tiré de cet adage *res perit domino*: on a prétendu que la chose vendue, continuant d'appartenir au vendeur jusqu'à la tradition au moins, doit jusque-là rester à ses risques. Il faut remarquer à cet égard que la chose stipulée est pareillement aux risques du stipulant (991), qui n'est pas non plus propriétaire, mais seulement créancier, et par suite soumis aux pertes qui libèrent le débiteur. Quant à la règle *res perit domino*, si elle paraît contredire les principes que nous exposons, c'est lorsqu'on l'interprète mal à propos dans un sens absolu. « Cette maxime reçoit application lorsqu'on oppose le « propriétaire à ceux qui ont la garde ou l'usage de la « chose », par exemple au dépositaire, au commoda-

taire ou au créancier gagiste (1); « mais, lorsqu'on op-
« pose le propriétaire débiteur d'une chose au créancier « qui a une action pour se la faire livrer, en ce cas la « chose périt pour le créancier plutôt que pour le pro- « priétaire qui en est libéré. En effet, chacun perd le « droit qu'il a dans une chose ou par rapport à une « chose lorsqu'elle périt par cas fortuit : le vendeur, pro- « priétaire, perd son droit de propriété tel qu'il « l'avait.....; l'acheteur, de son côté, perd le droit « qu'il avait par rapport à cette chose, c'est-à-dire « le droit de se la faire livrer » (*Pothier, vente*, *n°* 308).

1044. Depuis la vente jusqu'à la tradition, le vendeur doit garder la chose et veiller à sa conservation; le soin dont il est tenu à cet égard ne se mesure pas sur celui qu'il donne habituellement à ses propres affaires, mais sur l'exactitude et la diligence ordinaire d'un bon père de famille. Conséquemment si la chose est volée, si l'esclave ou l'animal vendu prend la fuite, le vendeur, à qui l'on ne reproche ni dol ni faute, ne répond de l'événement qu'autant qu'il s'en serait chargé par une convention spéciale (*custodiam... si susceperit; text. hic; Gaius*, *fr.* 35, § 4, *de contrah. empt.*); et néanmoins, dans le cas même où il n'encourt aucune responsabilité, le vendeur, s'il lui reste un droit ou une

---

(1) La règle *res perit domino* est tirée d'une constitution (*Diocl. et Max.* C. 9, *de pigner. act.*) où il s'agit effectivement de savoir si l'objet donné en gage est aux risques du créancier gagiste, ou plutôt aux risques du débiteur qui en a conservé la propriété ; mais il faut remarquer que dans ce cas le propriétaire est en même temps créancier, en so te que la maxime *res perit domino* n'empêche pas l'application du principe posé ci-dessus.

action quelconque, ne doit pas en profiter au préjudice de l'acheteur qui paie le prix sans obtenir la chose. Celui-ci peut donc se faire céder la revendication et la condiction (*text. hic*; *Gaius*, *d. fr.* 35, § 4, *de contrah. empt.*) que le vendeur aurait encore comme propriétaire (§ 19, *de obl. quæ ex delict.*), ainsi que les actions *furti* ou *damni injuriæ* (*text. hic*) qui compéteraient au vendeur, la première contre le voleur (v. 1137), la seconde contre les auteurs de certains dommages prévus par la loi Aquilia (v. *liv.* 4, *tit.* 3).

§ IV.

1045. On vend et on achète, ou purement ou sous condition (*text. hic*; *Gaius*, 3 *inst.* 146; *Paul. fr.* 20, *locat.*). Dans ce dernier cas, conformément au principe exposé ci-dessus (966), le contrat ne commence à produire son effet qu'après l'événement de la condition (*Ulp. fr.* 7, *de contrah. empt.*); tant que celle-ci n'est point accomplie, la chose n'est pas aux risques de l'acheteur (*Diocl. et Max.* C. 5, *de pericul.*; *Paul. fr.* 8, *eod.*).

Nous trouvons ici l'exemple d'une chose vendue à l'essai, c'est-à-dire sous la condition qu'elle conviendra à l'acheteur dans un délai déterminé (*intra certum diem*). De cette manière, et jusqu'à l'expiration du délai, le vendeur est lié conditionnellement, tandis que l'acheteur reste libre de prendre ou de ne pas prendre la chose pour le prix convenu. Il en serait autrement si la même faculté lui était indéfiniment réservée sans fixation de terme; car il n'y a point d'obligation là où aucune nécessité ne nous astreint, et par conséquent point de vente, lorsque l'exécution de la convention dépend absolument soit de l'acheteur, soit du vendeur (*Ulp. d.*

fr. 7, *de contrah. empt.*; *Diocl. et Max.* C. 13, *eod.*; v. *Vinnius hic*).

1046. On convient quelquefois que la vente sera considérée comme non avenue, si dans un délai déterminé le vendeur trouve une offre plus avantageuse. Cette clause que l'on nomme ADDICTIO IN DIEM, renferme une condition qui s'applique ordinairement, non au contrat, mais à sa résolution. La vente est pure et simple; il n'y a de conditionnel et d'incertain que sa résolution : *pura emptio est quæ sub conditione resolvitur* (*Ulp. fr.* 2, *de in diem addict.*).

Lorsque l'acheteur ne paie pas au terme convenu, le vendeur n'en reste pas moins tenu des obligations que lui impose le contrat. A la vérité, il peut ne pas livrer la chose (*Ulp. fr.* 13, § 8, *de act. empt.*), et même après la tradition il conserve encore la propriété (591; § 41, *de div. rer.*); mais la vente subsiste et le vendeur reste obligé de livrer, dès que l'acheteur, dans un temps quelconque, offre son prix. Pour autoriser le vendeur à rompre le marché, pour lui donner le droit de garder la chose ou de la reprendre en se dégageant de ses obligations envers l'acheteur qui n'exécute pas la sienne, il faut convenir que la vente sera considérée comme non avenue si le prix n'est pas acquitté dans tel délai (1). Dans ce cas, comme dans le précédent, la vente est pure et simple, mais susceptible d'une résolution conditionnelle (*Ulp. fr.* 1, *de leg. commiss.*).

---

(1) *Ant.* C. 1, *de pact. inter vend. et empt.*; *Diocl. et Max.* C. 6, *de action. empt.* Cette convention se nomme LEX COMMISSORIA (v. au Digeste, *liv.* 18, *tit.* 3). Le mot *lex* désigne souvent les clauses d'un contrat (v. § 5, *de locat. cond.*).

§ V.

1047. La chose qui périt après la vente, périt pour l'acheteur (1041). Il en est autrement pour les choses qui n'existaient déjà plus au moment du contrat, et pour celles qui périssent avant l'accomplissement de la condition. Dans ces deux cas il n'y a point d'obligation (*Paul. fr.* 15, *de contrah. empt.*; *fr.* 8, *de pericul.*); car la vente, comme la stipulation, n'a pu se former sans objet, *sine re quæ veneat* (*Pomp. fr.* 8, *de contrah. empt.*).

1048. Ce qui est hors du commerce, comme un homme libre, les choses sacrées ou religieuses, ne peut être stipulé (§ 2, *de inutil. stip.*) ni vendu (*Paul. fr.* 34, § 2, *de contrah. empt.*) : et néanmoins la vente admet une distinction que n'admettent pas les obligations verbales. Dans ces dernières, il importe peu que l'objet stipulé n'existe pas ou existe hors du commerce (v. *Modest. fr.* 103, *de verb. obl.*), que le stipulant connaisse ou ignore le caractère de l'objet. La stipulation est toujours inutile (*Gaius, fr.* 1, § 9, *de obl. et act.*); la vente, au contraire, ne reste pas toujours sans effet. A la vérité, celui qui achète sciemment achète en vain (*frustra sciens emit; text. hic; Pomp. fr.* 6, *de contrah. empt.*); mais, dans le cas opposé, l'acheteur, quoiqu'il ne puisse pas se faire livrer la chose, puisque sous ce rapport le contrat ne produit pas son effet ordinaire (*Modest. fr.* 62, § 1, *eod.*), agira *ex empto,* parce qu'on ne lui fait pas avoir ce qu'on lui a vendu (*quod ei habere non liceat*), et obtiendra une condamnation équivalente à l'intérêt qu'il avait de n'être pas trompé (*text. hic, in fin.*). Ici le contrat produit une action; on peut donc dire qu'il y a vente (*Pomp. fr.* 4, *de contrah. empt.*; v. *Licin. Ruf. fr.* 70, *eod.*).

En statuant ainsi, notre texte suppose que l'acheteur (*deceptus a venditore*) a été trompé par le vendeur; et cependant si l'erreur était commune aux deux parties, la décision serait encore la même (*Licin. Ruf. d. fr.* 70; *Julian. fr.* 39, § 3, *de evict.*).

Remarquons au surplus qu'une erreur trop grossière ne profite point à l'acheteur (*Paul. fr.* 15, § 1, *de contrah. empt.*). On se trompe aisément sur la qualité des personnes ou des choses; on distingue difficilement un homme libre d'un esclave (*Paul. fr.* 5, *eod.*), un terrain pur ou profane d'un terrain religieux ou sacré, etc.; mais l'existence de la chose vendue est un fait matériel dont chacun s'assure aisément. Aussi la vente d'un objet qui n'a jamais existé ou qui n'existe plus serait-elle absolument nulle, quelle que fut l'opinion de parties ou de l'une d'elles (1).

Nul n'achète sa propre chose, si ce n'est sous condition, pour le cas où elle cesserait de lui appartenir (*Marcel. fr.* 61, *de contrah. empt.*; v. 706, 990).

1049. Sauf quelques exceptions (507, etc; 480), nul n'aliène le bien d'autrui; mais vendre et aliéner sont deux faits essentiellement distincts. On peut donc vendre

(1) Paul (*fr.* 57, § 2, *de contrah. empt.*) décide à l'égard d'une maison incendiée, que l'acheteur doit le prix s'il a connu l'incendie. Papinien (*fr.* 58, *eod.*) applique la même distinction à une plantation d'arbres. Noodt regarde ces décisions comme apocryphes (v. *Pothier*, 18 *pand.* 1, nº 4, *not.* i *et* k), ce qui paraît assez vraisemblable. Cujas fait remarquer que, malgré la destruction des bâtiments ou des arbres, le terrain subsiste : il en serait autrement, suivant lui, si l'on vendait une chose dont il ne reste absolument rien.

la chose d'autrui ; et comme la chose livrée par celui qui n'en est pas propriétaire ne change pas de maître, l'acheteur se trouve exposé à une éviction (*Ulp. fr.* 28, *de contrah. empt.*), dont le vendeur reste garant (1039).

TITRE XXIV.

Du Louage.

1050. On appelle commodat le contrat par lequel on reçoit une chose pour s'en servir gratuitement; si l'usage n'est pas gratuit, il se forme un autre contrat (v. § 2, *h. t.*) qui se nomme louage, du moins lorsque les parties fixent une rétribution pécuniaire. Dans ce cas, on loue l'usage de la chose, *locatus tibi usus rei videtur* (§ 2 *in fin.*, *quib. mod. re contrah.*); on pourrait aussi en louer la jouissance, en fixant une somme à payer pour la perception des fruits. C'est ainsi que le colon ou fermier paie pour exploiter un terrain.

Le dépôt doit être gratuit comme le commodat. Il en est de même du mandat, par lequel on se charge pour autrui d'une commission, d'une opération quelconque; mais, si les parties fixent une rétribution, elles changent par cela même la nature du contrat. Au lieu d'un dépôt ou d'un mandat, il existe un louage (§ 13, *de mandat.*) qui a pour objet les soins, le travail et l'industrie salariée d'une personne, *operæ locationem* (§ 4, *h. t.* v. 1081).

PR.

1051. Le commodat, le dépôt et le mandat ont, comme contrats gratuits, un caractère commun qui les distingue tous du louage; mais les deux premiers s'en distinguent en outre par la manière dont ils se forment; car le commodat et le dépôt sont des contrats réels qui n'existent que par la tradition de la chose, tandis que le louage est purement consensuel (*Paul. fr.* 1, *locat. conduct.*).

Sous ce rapport, le louage se rapproche du mandat et principalement de la vente : il se forme comme elle par le seul consentement, dès que les parties ont fixé la somme que l'une d'elles devra payer à l'autre (*text. hic; Gaius, fr.* 2, *locat. cond.*). Cette somme s'appelle dans la vente *pretium* (prix), dans le louage *merces* (1). Du reste, tout ce qu'on a décidé précédemment sur le prix de la vente, sur sa fixation en argent monnayé par les contractants eux-mêmes ou par un arbitre qu'ils choisissent (1038, 1039), s'applique exactement au *merces* du louage (§ 1 *et* 2, *h. t.; Gaius*, 3 *inst.* 143, 144; *fr.* 25, *locat. cond.*).

On applique également au louage, comme à la donation et à l'échange, les distinctions introduites par Justinien sur les ventes écrites ou non écrites (1036; *Justin.* C. 17, *de fid. instrum.*).

1052. Le louage produit comme la vente deux actions, savoir : l'action *locati* ou *ex locato* qui appartient au LOCATOR, et l'action *conducti* ou *ex conducto* qui se donne au CONDUCTOR (*text. hic*). Ces dénominations et les différences qui en résultent ne donnent lieu à aucune difficulté dans le louage des choses (2) : on appelle *conductor*

(1) En français, rétribution, salaire, loyer, fermage. Dans le louage des immeubles, le *merces* annuel se nomme *pensio* ou *reditus* (§ 3, *h. t.*; v. *Ulp. fr.* 5, *locat. cond.*; *Paul. fr.* 55, § 2, *eod.*).

(2) Dans le louage d'ouvrage, celui qui fournit son industrie se nomme *locator* et, dans ce cas encore, celui qui paie se nomme *conductor*

(locataire, preneur), celui des contractants qui s'engage à payer (1), et *locator* (locateur, bailleur), celui qui s'oblige à faire user ou à faire jouir. L'action *conducti*, intentée contre ce dernier, tend à obtenir de lui tout ce qu'il est obligé de faire, soit par les clauses expresses de la convention, soit par la nature même du contrat, et spécialement une prestation, c'est-à-dire une tradition telle que le *conductor* puisse jouir de la chose louée, *ut ei prestetur frui licere* (*Ulp. fr.* 9; *fr.* 15, *pr. et* § 1, *locat. cond.*).

§ V.

1053. L'action *locati* s'intente contre le *conductor*, lorsqu'il ne remplit pas les obligations dont il est tenu, et qui consistent d'abord à exécuter toutes les clauses du contrat, *omnia secundum legem conductionis facere.* Ainsi nulle difficulté sur les points réglés par une convention expresse; mais notre texte prévoit en outre le cas où les clauses du contrat n'auraient pas tout prévu

---

(*Ulp. fr.* 19, § 2, *locat. cond.*). Souvent aussi les entrepreneurs se nomment *conductores*, et alors c'est le *locator* qui paie (*Ulp. fr.* 11, §3, *fr.* 13, § 2 *et* 3, *eod.*) Dans ce cas, selon Vinnius, il est *locator* de l'opération, *opus*, qu'il confie à l'entrepreneur, et *conductor* du travail ou de l'industrie, *operæ*, de ce dernier. Réciproquement, l'entrepreneur est *conductor* ou *redemptor* de l'opération (v. *Ulp. fr.* 39, *de rei vind.*) et *locator* de son industrie (v. *Ulp. fr.* 1, *de æstim.*; *Paul. fr.* 22, § 2, *locat. cond.*; *Javol. fr.* 59, *eod.*; *Pap. fr.* 1, § 1, *de præscr. verb.*).

(1) Lorsqu'il s'agit d'un fonds de terre, le *conductor* se nomme *colonus* (v. *Pomp. fr.* 3, *locat. cond.*; *Scæv. fr.* 6, *eod.*), parce qu'il cultive. On appelle *inquilinus* le locataire d'un appartement, ou même la personne qui habite gratuitement dans la maison d'autrui; mais, dans ce dernier cas, l'*inquilinus* n'est plus locataire ni par conséquent *conductor* (1050).

(*si quid in lege prætermissum fuerit*), et alors il décide que l'équité doit suppléer à l'omission. Ainsi le preneur sera tenu de certaines obligations dont l'étendue se détermine *ex bono et æquo* (*text. hic*), conformément au principe général qui, dans les contrats consensuels, détermine d'après la même base (*pr., de cons. obl.*) ce dont chaque partie est tenue envers l'autre (v. 1272; § 39, *de action.*). Ainsi le preneur devra se conformer aux usages locaux (*Alex.* C. 8; *Diocl. et Max.* C. 19, *de locat. cond.*); il prendra soin de ne pas dégrader les bâtiments, et, pour ne pas détériorer les terres, il exécutera en temps opportun les travaux propres à chaque saison (*Gaius, fr.* 25, § 3, *locat. cond.*).

Nous expliquerons plus loin quelle est, en général, la responsabilité du locataire relativement aux choses qu'on lui remet (1074; § 9, *de societ.*).

§ VI.

1054. Le louage se contracte ordinairement pour un temps déterminé, et la mort du preneur, lorsqu'elle précède la fin du bail, ne change rien au contrat qui continue pour les héritiers du *conductor* pendant tout le temps qui reste à courir. Ces derniers succèdent à leur auteur et le représentent dans toutes les conséquences du louage (*eodem jure in conductione succedit*), parce qu'en général les contrats ou plutôt les obligations et les actions qui en résultent, survivent aux contractants et se perpétuent par l'hérédité (967).

Il importe donc de ne pas confondre le *conductor* avec l'usufruitier. L'un et l'autre acquièrent les fruits qu'ils perçoivent ou font percevoir (385), mais l'usufruitier jouit parce que tel est son droit, parce que c'est à lui qu'appartient la jouissance. Le fermier, au contraire, jouit sans avoir *jus fruendi*, parce qu'on le fait jouir, ou parce qu'on est tenu de le faire (*voluntate domini*; *Scævol. fr.* 61; § 8, *de furt.*).

L'usufruit constitué à terme finit comme le louage, à l'expiration du temps fixé; mais, en sens inverse du louage, l'usufruit s'éteint même avant le terme, par le décès de l'usufruitier. En constituant ce droit à terme, on ne lui donne pas une extension contraire à sa nature, mais plutôt une limite. Au lieu de le prolonger, on restreint la durée dont il est susceptible, et alors l'usufruit s'éteint par l'expiration du temps si l'usufruitier vit encore, ou par le décès de ce dernier si le terme n'est pas expiré (v. *Paul.* 3 *sent.* 6, § 33).

§ III ET IV.

1055. La vente et le louage ont tant d'analogie que souvent on a peine à distinguer le véritable caractère de certaines conventions, dont Justinien rapporte ici deux exemples. Celui du § 4 n'exige aucune explication; je ne m'arrêterai donc qu'au § 3.

Souvent on reçoit un terrain pour en jouir à perpétuité (1), moyennant une redevance annuelle qu'on s'engage à payer au propriétaire. Dans ce cas le preneur ou ses héritiers, ainsi que toutes autres personnes succédant à ses droits, continuent à jouir du terrain sans que le bailleur puisse le leur retirer, du moins tant que

---

(1) PERPETUO FRUENDA (*text. hic*) IN PERPETUUM LOCATA (*Gaius*, 3 *inst.* 145; v. *Paul. fr.* 1, *si ager vectigal.*; *Arcad. et Honor.* C. 1, *de offic. com. sacr.*). L'emphytéose qui de sa nature est perpétuel, peut cependant être limité pourvu que le terme soit assez long, *non modicum* (*Ulp. fr.* 1, § 3, *de superf.*; *Paul. fr.* 3, *si ager vectig.*).

le paiement de la redevance n'est pas interrompu, *quandiu pensio sive reditus præstetur* (*text. hic*). Celui qui ne reçoit un fonds que pour en jouir (*fruenda traduntur*) ressemble beaucoup plus à un fermier qu'à un acheteur; d'un autre côté, concéder une jouissance perpétuelle, c'est pour ainsi dire aliéner; aussi le propriétaire semble-t-il vendre son terrain plutôt que le louer : on pouvait donc hésiter sur la nature du contrat. L'opinion la plus générale le considérait comme un louage (*Gaius*, 3 *inst.* 145); ce qui nous explique pourquoi notre texte appelle *dominus* la personne qui livre le terrain, et *conductor* celle qui le reçoit.

1056. Plus tard, dans le Bas-Empire, Zenon (*text. hic*; C. 1, *de jur. emphyt.*) décide que la convention dont il s'agit formera, sous le nom d'emphytéose, un contrat distinct de la vente comme du louage; que l'étendue et les effets de ce contrat, soit relativement aux cas fortuits, soit sur tout autre point, se règleront par la convention des parties, et enfin, qu'à défaut de convention sur les cas fortuits, la destruction totale de la chose sera aux risques du bailleur, tandis que le preneur supportera les pertes partielles et tous les événements qui détériorent la chose sans la dénaturer entièrement (*text. hic; Zen. d.* C. 1, *eod.*). Ainsi, dans le premier cas, le preneur déchargé de ses obligations cesse de payer la redevance, et en cela il diffère de l'acheteur qui doit toujours le prix lorsque la chose périt même avant la tradition (1041); dans le second cas, les pertes que le preneur éprouve ne le libèrent point. Dans le louage, au contraire, le fermier paie en raison des produits de la terre : si la jouissance est rendue impossible; si une stérilité, une sécheresse extraordinaire, une incursion d'ennemis ou autres événements semblables anéantissent la récolte, le colon est déchargé de son fermage, et ne perd alors que ses semences (*Ulp. fr.* 15, § 2 *et seqq.*, *locat. cond.*).

C'est du verbe grec εμφυτευω qui signifie planter, ensemencer, qu'est venu le mot emphytéose, parce qu'originairement ce contrat avait pour objet des terres incultes que le preneur devait mettre en valeur. Aussi lors même que sa jouissance est limitée, l'emphytéote diffère-t-il essentiellement du colon qui, d'après les règles ordinaires du louage, jouit de la chose dans son état actuel et conformément à une destination qui reste la même; tandis que l'emphytéote prend la chose pour l'améliorer en changeant son état et sa destination, par exemple, en défrichant une lande, en desséchant un marais, etc.

1057. Indépendamment des actions personnelles que l'emphytéose produit entre les parties pour l'exécution réciproque de leurs conventions, la tradition du fonds confère au preneur un droit qui, sans le rendre propriétaire, lui assure en quelque sorte et sauf le paiement de la redevance, les avantages de la propriété. Il peut aliéner la chose (*text. hic*); et réciproquement lorsqu'elle est indûment possédée par un autre, l'emphytéote peut agir par une revendication utile que lui accorde le droit prétorien (v. *Paul. et Ulp. fr.* 1, § 1; *fr.* 2, *si ager vectigal.*; *fr.* 3, § 1; *fr.* 74 *et* 75, *de rei vind.*; *fr.* 1, § 6, *de superfic.*). A cette occasion, les interprètes ont considéré le bailleur et l'emphytéote comme ayant chacun une propriété distincte; ils ont appelé domaine direct la propriété que conserve le premier, et domaine utile le droit que l'emphytéose confère au second. La vérité est qu'il n'existe pas de domaine utile (*Cujac.*, *ad*

Paul. fr. 74, *de rei vind.*), bien que l'on obtienne souvent une revendication utile sans être propriétaire, comme l'emphytéote qui n'a pas la propriété, mais plutôt une sorte de servitude (v. *Julian. fr.* 86, § 4, *de legat.* 1°), un JUS PRÆDII nommé *jus emphyteuticum* (1).

§ I ET II.

1058. L'analogie de plusieurs autres conventions, soit avec le louage soit avec la vente, a été l'occasion de controverses (v. *Gaius*, 3 *inst.* 143, 144) qui paraissent n'avoir été complètement résolues que dans le troisième siècle, au temps de Paul, Ulpien et Papinien.

Il arrive fréquemment, par exemple, qu'on emploie un ouvrier sans déterminer à l'avance le salaire qu'on lui destine. C'est ainsi qu'un tailleur fait ou répare un habit pour obtenir un salaire qui sera fixé plus tard (*postea tantum daturus quantum inter eos convenerit*; § 1, *h. t.*). Puisque cet ouvrier ne travaille pas gratuitement, ce n'est pas un mandat qu'il reçoit, et puisque son salaire n'est pas déterminé, il n'y a pas précisément louage (*non proprie locatio et conductio*; § 1, *h. t.*). On a décidé qu'on agirait dans ce cas par une action particulière dite PRÆSCRIPTIS VERBIS (*text. hic*; *Gaius, fr.* 22, *de præscr. verb.*).

Pareillement deux voisins ayant chacun un bœuf unique, accouplent les deux animaux, afin que la paire serve successivement à chacun des contractants, pour

---

(1) *Jus* εμφυτευτικον (*Ulp. fr.* 3, § 4, *de reb. eor.*). C'est ainsi que l'on concédait principalement les terres appartenant à des cités (v. *Gaius*, 3 *inst.* 145; *Paul. fr.* 1, § 1, *si ager vectig.*).

labourer son champ (1). Si mon bœuf vient à périr chez mon voisin, je n'aurai ni l'action de commodat parce que mon voisin n'usait pas gratuitement, ni l'action *locati*, parce qu'il n'existe point de rétribution pécuniaire. Ici, comme dans le cas précédent, on a reconnu l'existence d'un contrat particulier (*proprium genus contractus*; § 2, *h. t.*), qui diffère du louage comme l'échange de la vente, et qui produit aussi l'action *præscriptis verbis*.

Une personne désirant avoir un certain prix d'une chose, par exemple, d'une pendule, la remet à un horloger qui la prend à ses risques et périls pour une valeur fixée entre les parties, mais à condition qu'il rendra l'objet même ou la valeur convenue. On a douté si ce contrat qu'on appelle *estimatoire*, constitue une vente, un louage de services, une société ou un mandat; et dans le doute on a donné une action *præscriptis verbis* (*Ulp. fr.* 13, *de præscr. verb.*; *fr.* 1, *de æstim.*), comme dans les cas précédents (*Paul. fr.* 5, § 1, *præscr. verb.*).

1059. On recourt à cette action toutes les fois que le nom d'un contrat, et par suite le nom de l'action qui en résulte, sont l'objet d'un doute qui n'existe pas sur le contrat même (*Ulp. d. fr.* 1, *de æstim.*). En effet, si dans un cas douteux, comme ceux que nous avons cités, on exerce l'action spéciale qui résulte de tel contrat, le juge décidera peut-être que la convention n'a point le caractère du contrat indiqué, et alors le demandeur perdra son procès. Il évite ce danger en exerçant une

(1) § 2, *h. t.*; v. *Ulp. fr.* 17, § 3, *de præscr. verb.* : dans cet exemple, je me sers de la chose de mon voisin et réciproquement il se sert de la mienne. Il y aurait jouissance respective si deux copropriétaires du même fonds s'accordaient pour que chacun d'eux alternativement perçut les fruits de deux en deux ans (*Ulp. fr.* 23, *commun. div.*).

action innommée et par cela même générale, dite *præscriptis verbis* (1217), qui s'adapte à un nombre infini de contrats innommés; car, indépendamment des contrats spéciaux ou contrats nommés qui ont chacun leur action, il y a contrat et obligation par suite de toutes conventions qui renferment une cause licite (*Ulp. fr.* 7, § 2, *de pact.*; *fr.* 15, *de præscr. verb.*); c'est-à-dire toutes les fois que, dans la convention même, l'une des parties réalise au profit de l'autre un avantage en considération duquel celle-ci consent à s'obliger (1326).

La translation de propriété est toujours une cause suffisante, lorsque je transfère, non par pure libéralité comme dans la donation, mais *certa lege* (*Pap. fr.* 8 *in fin.*, *de præscr. verb.*), pour que vous me transfériez un autre objet (*Marcian. fr.* 10, *eod.*), ou pour que vous exécutiez un fait qui m'intéresse. Dans le premier cas qui est celui de l'échange, j'aliène pour acquérir, DEDI UT DARES (*Ulp. fr.* 7, § 2, *de pact.*), DO UT DES (*Paul. fr.* 5, *de præscr. verb.*); dans le second, j'aliène pour vous astreindre à l'exécution d'un fait, par exemple à libérer un esclave, à peindre un tableau, à réparer mon bâtiment, DEDI UT FACIAS (*Ulp. d. fr.* 7, § 2), DO UT FACIAS (*Paul. d. fr.* 5). Dans l'un et l'autre cas, si vous n'exécutez pas la convention, j'agirai contre vous, soit par condiction, pour répéter la chose que j'ai aliénée, soit par l'action *præscriptis verbis*, pour être indemnisé du tort que j'éprouve (*Paul. d. fr.* 5, § 2, *de præscr. verb.*; *Pap. fr.* 7, 8 *et* 9, *eod.*); et réciproquement, si, après avoir exécuté le fait convenu, vous êtes évincé de la chose que je vous avais remise en contractant, vous agirez contre moi par cette même action *præscriptis verbis* (*Ulp. d. fr.* 7, § 2, *de pact.*).

1060. L'exécution d'un fait devient aussi une cause d'obligation entre deux personnes qui veulent se procurer réciproquement la faculté d'user ou de jouir de certains objets (1058), ou lorsque je bâtis une maison à condition que vous m'en bâtirez une autre (*Paul. fr.* 5, § 4, *de præscr. verb.*). Dans ces différents cas, je n'aliène rien; ce n'est point une dation, c'est un fait que j'exécute pour que l'on exécute envers moi un autre fait; il y a échange, non de propriété, mais de services et d'industrie, FACIO UT FACIAS (*Paul. d. fr.* 5, § 4); et comme le fait que j'ai exécuté aurait pu former l'objet d'un louage, l'action *præscriptis verbis* produira un résultat semblable à celui que produiraient les actions *locati* ou *conducti*. Elle se rapprocherait, au contraire, de l'action *mandati* entre deux personnes qui, se donnant et acceptant un mandat réciproque, auraient pour ainsi dire géré les affaires l'un de l'autre (*Paul. d. fr.* 5, § 4, *eod.*).

Le tailleur dont nous avons parlé précédemment (1058) répare un habit sans attendre en retour l'exécution d'un fait semblable; il travaille pour obtenir un paiement qui doit le rendre propriétaire de la somme payée. Il agit à cet effet par l'action *præscriptis verbis* (§ 1, *h. t.*); et cependant lorsque j'exécute un fait pour obtenir une dation (FACIO UT DES, *d. fr.* 5, § 3), Paul me refuse toute action civile (1), par conséquent l'action *præscriptis verbis,* qu'il accorde dans le cas inverse, DO UT FACIAS, c'est-à-dire lorsque j'ai transféré une propriété pour obtenir l'exécution d'un fait (1059).

(1) Il faut alors recourir à une action prétorienne, et notamment à l'action de dol. Voyez aussi Dioclétien et Maximien (C. 4, *de dol. mal.*).

Pourquoi donc autoriser le tailleur à exercer l'action *præscriptis verbis?*

1061. Au milieu des conjectures auxquelles cette matière semble abandonnée, un seul point paraît indubitable, c'est que quiconque transfère sa propriété a toujours une action contre celui qui, en recevant la chose et pour l'obtenir, a pris des engagements qu'il ne remplit pas (1059). Dans les autres cas, la question de savoir si la convention et le fait qui l'accompagne produiront une action civile, semble dépendre de l'analogie qui rapproche cette convention des contrats de dépôt, de commodat, de vente, de louage, de mandat et de société (1). Ainsi le tailleur dont nous parlons aura l'action *præscriptis verbis*, parce que le contrat qui se forme entre lui et moi ne diffère du louage que par une nuance assez délicate pour qu'on ait pu le considérer comme un louage proprement dit. Dans le doute, on n'osait pas intenter les actions nominativement et spécialement attachées aux contrats nommés; mais, pour suppléer à leur insuffisance (v. *Pap.*, *Cels.*, *Jul. et Ulp. fr.* 1, 2, 3 et 4; *Pompon. fr.* 11, *eod.*), ou même pour trancher toute difficulté sur le choix à faire entre elles et sur les dangers du choix (2), on recourait à l'action dite PRÆSCRIPTIS VERBIS.

---

(1) Voyez Papinien (*fr.* 1, § 2, *de præscript. verb.*), Ulpien (*fr.* 17, *pr. et* § 2; *fr.* 18; *fr.* 20, *pr.*, § 1 *et* 2; *fr.* 19, § 1; *fr.* 13, *pr. et* § 1, *eod.*; *fr.* 44, *pro soc.*), Neratius (*fr.* 6, *de præsc. verb.*), Proculus (*fr.* 12, *eod.*), Pomponius, (*fr.* 26, *cod.*), Gaius (*fr.* 22, *eod.*) et Paul (*fr.* 5, § 4, *eod.*).

(2) V. *Gaius*, 3 *inst.* 143. Dans le cas même où le contrat est certain, par exemple dans un louage proprement dit, il peut encore rester du doute sur la question de savoir si l'un des contractants est *locator*, plu-

TITRE XXV.

De la Société.

1062. Il n'est pas rare qu'une chose appartienne en commun à plusieurs personnes, comme une hérédité à plusieurs héritiers, l'objet d'un legs à plusieurs colégataires, qui ont chacun leur part indivise dans la chose commune, un droit proportionnel aux fruits et aux avantages qu'elle produit, sauf à contribuer aux charges et aux dépenses dans la même proportion. Ils partagent les bénéfices et les pertes : il y a entre eux communauté, mais non société (§ 3 *et* 4, *de obl. quasi ex contr.*); car la société est un contrat, c'est-à-dire qu'elle ne se forme jamais sans le consentement mutuel de toutes les parties. Les personnes entre lesquelles une communauté quelconque s'établit sans convention, ne sont donc pas associées (*Ulp. fr.* 31, *pro soc.*), et ceux même qui s'accordent pour acquérir le même objet, s'accordent souvent sans devenir sociétaires, par exemple, dans les enchères où deux compétiteurs, afin de ne pas se nuire réciproquement, conviennent d'acheter en commun. Ils ne sont point associés (*Ulp. fr.* 32 *et* 33, *eod.*), parce que la

---

tôt que *conductor*, et conséquemment s'il doit agir par l'action *locati* ou par l'action *conducti*. Dans ce doute, il faut intenter une action civile IN FACTUM, autrement dite INCERTI OU PRÆSCRIPTIS VERBIS (v. *Pap. fr.* 1, § 1 ; *fr.* 8, *de præscr. verb.*). Dans un autre cas où il s'agit de savoir si l'on agira EX CONDUCTO OU COMMUNI DIVIDUNDO, Ulpien (*fr.* 23, *commun. divid.*) décide que du moins on pourra toujours employer l'action *in factum incerti civilem*. Ailleurs il reconnaît que l'on pourrait avoir l'action de commodat (*fr.* 17, *de præscr. verb.*), mais qu'il est plus sûr (*tutius*) de recourir à l'action PRÆSCRIPTIS VERBIS. *Tutius erit*, *melius est*, disent pareillement Paul et Africain (*fr.* 5, § 4 ; *fr.* 21, *eod*; v. *Ulp. fr.* 18 *et* 19 *eod.* v. 1017).

communauté qu'ils établissent est pour eux un moyen plutôt qu'un but ; ils ne veulent point avoir la chose en commun ; ils ne consentent à l'acquérir ensemble que pour la diviser, et séparer immédiatement leurs intérêts. Les associés, au contraire, s'accordent pour être et pour rester unis, du moins pendant un certain temps ; leur but n'est pas de diviser une chose commune, mais d'établir une communauté à laquelle chacun d'eux contribue par un apport spécial.

Cet apport consiste quelquefois, pour un ou plusieurs associés, dans leur industrie sans aucune autre mise (*Gaius*, 3 *inst.* 149 ; § 2, *h. t.* ; *Ulp. fr.* 52, § 7, *pro soc.*), parce que souvent l'habileté, l'expérience d'une personne sont aussi profitables à la société qu'un apport pécuniaire : *sæpe opera alicujus pro pecunia valet* (§ 2, *h. t.*).

PR.

1063. Notre texte reconnaît avec Gaius (3 *inst.* 148) deux espèces de société dont l'une, dite *alicujus negociationis*, a pour objet l'achat et la vente d'un certain genre de marchandises, et par suite comprend les bénéfices et les pertes qui résultent exclusivement de ce commerce (v. *Ulp. fr.* 52, § 5, *pro soc.*). La société de tous biens (*totorum bonorum*) comprend, au contraire, tous les biens présents et à venir des contractants ; elle profite de tout ce qu'ils ont (*Paul. fr.* 1, § 1, *eod.*) et de tous ce qu'ils acquerront postérieurement, même par donation, par legs ou par succession (v. § 4, *h. t.* ; *Paul. fr.* 3, § 1 ; *fr.* 74 ; *Ulp. fr.* 52, § 16, *pro soc.*). Réciproquement elle supporte les obligations ou charges dont chaque associé est tenu (v. *Ulp. fr.* 73, *eod.*) et les condamnations qu'il encourt, excepté lorsque ces obligations ou condamnations résultent d'une cause illicite, par exemple du jeu ou d'un délit (*Ulp. fr.* 52, § 17 *et* 18; *fr.* 53; *Pompon. fr.* 54; *fr.* 59, § 1, *pro soc.*). On distingue encore la société UNIUS REI (*Ulp. fr.* 5, *eod.*) ou ALICUJUS REI (§ 6, *h. t.*) qui se restreint à un ou plusieurs objets spécialement déterminés (*Diocl. et Max.* C. 2, *pro soc.*), et la société VECTIGALIS que l'on contracte pour affermer les revenus publics (*Ulp. d. fr.* 5; 1067).

Lorsqu'on veut former une des quatre sociétés que nous venons d'énumérer, il faut désigner expressément celle que l'on préfère; autrement on serait présumé avoir contracté une société d'acquets (*Ulp. fr.* 7; *Paul. fr.* 71, § 1, *eod.*). Cette cinquième espèce de société comprend, comme son nom l'indique, toutes les acquisitions que chaque partie fait par son industrie, son économie, son travail (*Paul. fr.* 8 *et* 13; *Ulp. fr.* 52, § 8, *pro soc.*), à l'exclusion des hérédités, legs et donations (*Ulp. fr.* 9 *et* 11, *eod.*; *Julian. fr.* 45, § 2, *de adq. vel. omitt. her.*): conséquemment aussi la société ne supporte d'autres dettes que celles dérivant *ex quœstu*, par exemple des ventes, locations et autres opérations semblables, dont elle recueillerait le bénéfice (*Ulp. d. fr.* 7; *Paul. fr.* 12, *eod.*).

§ I ET III.

1064. Les contractants peuvent fixer les parts respectives qu'ils prendront dans la société, en attribuant à l'un d'eux, par exemple, les trois quarts, tant dans le bénéfice que dans la perte (§ 1, *h. t.*), ou, ce qui reviendrait au même, les trois quarts de la perte sans parler du bénéfice, et réciproquement (§ 3, *h. t.*). La validité de cette convention n'a jamais été douteuse (*text. hic*); cependant Ulpien (*fr.* 29, *pro soc.*) la restreint au cas où l'un des associés ferait, par son industrie ou de toute autre manière, un apport supérieur aux autres. Dans ce sens, la convention ne servirait qu'à proportionner le droit des associés à leur apport.

A défaut de convention particulière, les parts sont égales, et suivant les anciens jurisconsultes (*Gaius*, 3 *inst.* 150; *Ulp. d. fr.* 29, *pro soc.*) il n'existait à cet égard aucune difficulté. Il n'en est pas de même entre les interprètes modernes : les uns pensent qu'il s'agit ici d'une égalité absolue, les autres d'une égalité relative qui donne à chaque associé un intérêt proportionné à sa mise. Cette égalité relative semble paralyser entièrement la faculté laissée aux associés, soit de fixer en contractant leurs portions respectives, soit d'en confier la fixation ultérieure à l'un d'eux ou à un tiers : en effet, dans le premier cas, la convention ne vaudra que pour l'hypothèse d'apports inégaux (*Ulp. d. fr.* 29); dans le second cas, la personne chargée de fixer les parts doit les fixer équitablement, *boni viri arbitrio* (*Procul. et Paul. fr.* 76, 77, 78 *et* 79, *pro soc.*). Or ce BONI VIRI ARBITRIUM ne permet l'inégalité de parts que dans le cas où l'un des associés apporte plus de valeurs, plus d'industrie ou de crédit que les autres (*Pomp. fr.* 6; *Procul. fr.* 80, *eod.*) : ainsi l'égalité de parts est une conséquence inévitable de l'égalité d'apports, et les associés ne peuvent y déroger ni par eux-mêmes, ni par leurs arbitres. Par la même raison, en cas d'apports inégaux, l'équité ne permettra qu'une égalité proportionnelle ou relative; mais alors à quoi sert de faire une convention expresse, de choisir un arbitre, d'établir une proportion, si cette proportion existe indépendamment de toute convention, en un mot, si l'égalité tacite dont parle notre texte n'est pas une égalité absolue ?

Une autre décision semble trancher la question, du moins pour la société *totorum bonorum*, qui peut exister, dit Ulpien (*fr.* 5, § 1, *pro soc.*), entre toutes personnes, malgré l'inégalité de leur fortune, parce que l'industrie du plus pauvre supplée ordinairement à l'insuffisance de son patrimoine. Certes l'inégalité des fortunes ne serait pas une objection, si l'égalité du partage n'était pas absolue. L'égalité proportionnelle est une véritable inégalité qui compense celle des apports, et ne la laisse plus apercevoir.

§ II.

1065. La convention qui établit des parts inégales, a été admise sans difficulté pour le cas où la part de chaque associé reste la même dans le gain et dans la perte (§ 1, *h. t.*); mais la convention de partager les pertes et les bénéfices dans deux proportions différentes, a soulevé quelques doutes. Cependant on a reconnu sa validité, et conséquemment l'un des associés peut prendre part aux bénéfices sans être tenu d'aucune perte, et cela en considération des avantages que l'industrie d'une personne procure souvent à ses associés, avantages qui peuvent même dispenser cette personne de tout autre apport (v. *text. hic*; *Gaius*, 3 *inst.* 149; *Ulp. fr.* 29, § 1, *pro soc.*).

Observez toutefois que les clauses précédentes donneraient au contrat le caractère d'une société léonine, société sans effet, si les profits d'une opération devaient se calculer indépendamment des pertes essuyées sur une opération différente; aussi compense-t-on tous les gains avec toutes les pertes, la différence donne ou un bénéfice sans perte ou une perte sans bénéfice, et c'est au résultat de cette opération que s'appliquent les conventions précédentes (*text. hic, in fin.; Ulp. fr.* 29, § 2; *Paul. fr.* 30, *pro soc.*).

§ IV.

1066. La société qui unit les intérêts des contractants, unit aussi leurs personnes par les rapports nécessaires qu'elle établit entre eux. A cet égard ce contrat se rapproche des noces et du concubinat, associations toutes personnelles qui se forment par le consentement, durent par lui et avec lui jusqu'au moment où finit le concours des volontés : alors le lien qui unissait les parties se dissout; il y a divorce ou séparation des conjoints (1). Pareillement les associés continuent de l'être tant qu'ils persévèrent *in eodem consensu* (*text. hic; Gaius*, 3 *inst.* 151; *Diocl. et Max.* C. 5, *pro soc.*), et leur union se dissout lorsque telle est la nouvelle volonté de tous (*Paul. fr.* 65, § 3, *pro soc.*) ou même la volonté d'un seul, puisque le dissentiment suffit pour qu'il n'y ait plus consentement; mais alors cette volonté doit être expressément notifiée aux autres contractants par une déclaration que les textes appellent *renuntiatio* (*Ulp. fr.* 63, § 10; *Pomp. fr.* 18, *pro soc.*).

---

(1) *Gaius, fr.* 2, *de divort. et repud.* La folie des deux conjoints ou de l'un d'eux ne fait cesser ni les noces ni le concubinat (*Ulp. fr.* 8, *de his qui sui; Paul. fr.* 2, *de concub.*). Leur dissolution exige une volonté nouvelle, la volonté de se séparer; et cette volonté, à l'égard des noces, doit être exprimée en termes solennels (v. *Ulp. fr.* 1, § 1, *unde vir. et ux.; Paul. fr.* 9, *de divort. et repud.*).

A compter de ce moment les anciens associés n'ont plus ni pertes ni bénéfices communs, à moins que le renonçant n'ait agi de mauvaise foi, dans la prévoyance d'un profit dont il veut s'attribuer la totalité. Tel est celui qui, s'étant associé pour acheter un objet déterminé, se retire pour l'acheter seul (*Paul. fr.* 65, § 4, *pro soc.*); tel est, dans la société *totorum bonorum*, celui qui, pour profiter seul d'une hérédité à lui déférée, retarde son adition et se hâte de dissoudre le contrat (*text. hic*). Si les bénéfices qu'il a captés se réalisent, il sera tenu de les partager avec ses associés; dans le cas contraire, ceux-ci ne contribueront point aux pertes, par exemple, aux dettes d'une hérédité onéreuse (*Paul. fr.* 65, § 5, *pro soc.*), et quant aux profits que la société aurait faits depuis la renonciation, le renonçant n'y prendra aucune part (*text. hic*, *in fin.*; *Gaius*, 3 *inst.* 151). En un mot, la renonciation frauduleuse dégage les associés du renonçant envers lui, sans le dégager envers eux (1).

Il en est de même pour la renonciation intempestive, lorsqu'un des associés se retire, soit avant le temps convenu (2), soit dans une circonstance où l'intérêt commun

(1) Ces conséquences semblent rigoureuses. Ne serait-il pas plus équitables que les associés à qui l'on notifie une renonciation frauduleuse, eussent le choix de dissoudre la société ou de la continuer malgré le renonçant, pour participer dans ce cas aux bénéfices de ce dernier, mais en partageant avec lui ses pertes et leurs propres bénéfices?

(2) Dans une société contractée pour un temps limité (v. *Paul. fr.* 1, *pro soc.*), l'expiration du terme, au lieu de dissoudre la société, permet seulement à chaque associé de se retirer, sans que sa renonciation puisse être considérée comme intempestive (v. *Paul. d. fr.* 65, § 6, *eod.*).

Peut-on s'associer conditionnellement? Justinien (C. 6, *pro soc.*), en des associés serait de ne pas dissoudre la société (*Paul. d. fr.* 65, § 5, *pro soc.*).

§ V.

1067. Celui qui prend plusieurs associés forme avec tous un contrat que peut-être il ne formerait pas avec chacun d'eux séparément, ni même avec quelques-uns d'eux : aussi la société qui perd un de ses membres finit-elle, même entre les survivants, s'il n'a pas été fait d'avance une convention contraire (§ 5. *h. t.; Paul. fr.* 65, § 9, *pro soc.*); mais on ne peut pas convenir que la société continuera entre les survivants et l'héritier du prémourant (*Pomp. fr.* 59; *Ulp. fr.* 35, *pro soc.*), sans doute parce que cet héritier futur n'est qu'une personne incertaine (1).

L'héritier d'un associé n'est donc pas associé lui-même; néanmoins il succède aux bénéfices et aux pertes résultant des opérations antérieures à la dissolution. A cet égard chaque associé transmet ses droits ou ses obligations, et l'action *pro socio* se donne à ses héritiers ou contre eux, comme on la donnerait au défunt ou contre lui, s'il avait survécu (*Ulp. et Paul. fr.* 35 *et* 36; *fr.* 63, § 8, *pro. soc.*).

§ VII ET VIII.

1068. Ce qu'on vient de dire pour les héritiers d'un

---

décidant l'affirmative, nous prévient que cette question a fait naître, parmi les anciens jurisconsultes, des doutes qui ne paraissent pas suffisamment expliqués, même par Cujas (*ad Paul. fr.* 1, *h. t.*).

(1) La société dite *vectigalis* continue malgré la mort de l'un des associés, du moins en ce sens que l'héritier, sans être nécessairement associé des survivants, participe aux bénéfices et aux pertes même postérieurs (v. *Pomp. fr.* 59; *Ulp. fr.* 63, § 8, *pro soc.*).

associé décédé s'applique à tous les successeurs d'un associé vivant (*cum alius ei succedit;* § 7, *h. t.*), notamment au fisc qui, en cas de *capitis deminutio* grande ou moyenne, acquiert tous les biens du condamné (935; § 7, *h. t.*). La société se dissout également lorsque les biens d'un associé sont vendus par ses créanciers, soit après qu'il a fait cession de biens (§ 8, *h. t.*), soit dans les autres cas précédemment indiqués (933); mais rien n'empêche les mêmes personnes de former une société nouvelle, si elles consentent à conserver pour associé un homme qui, dépouillé de ses biens, peut encore apporter son industrie (§ 8, *h. t.*; *Gaius*, 3 *inst.* 153).

§ VI.

1069. Les sociétés limitées soit à une opération, soit à une chose déterminée, finissent nécessairement lorsque l'opération est accomplie (*text. hic*), ou lorsqu'elles restent sans objet par la perte de la chose (*Paul. fr.* 65, § 10, *pro soc.*).

§ IX.

1070. Les obligations réciproques des associés donnent lieu à une action dite PRO SOCIO (*text. hic; Ulp. fr.* 31 *et* 32, *pro soc.*) qui s'intente quelquefois durant la société, mais plus communément lorsqu'elle est dissoute, ou même pour la dissoudre (v. *Paul. fr.* 65, *pr. et* § 15, *eod.*) en exigeant la liquidation des comptes respectifs, le paiement de ce qui reste dû et la réparation du dommage causé à l'associé demandeur par le dol ou par la faute du défendeur (*text. hic; Gaius, fr.* 72; *Pomp. fr.* 59, § 1, *pro soc.*).

A cette occasion, j'essaierai d'expliquer ici quelle est,

d'après la nature des différentes obligations *bonæ fidei*, la responsabilité que chacune d'elles impose.

1071. Le tort que l'une des parties a causé par son dol, c'est-à-dire sciemment et à dessein, doit toujours être réparé : réciproquement personne ne répond des événements qui arrivent par cas fortuit ou force majeure, indépendamment de sa faute (*Ulp. fr.* 25, *de reg. jur.*), c'est-à-dire de sa négligence (*text. hic; v.* § 3, *quib. mod. re contr.*). On est donc toujours responsable de son dol et quelquefois de sa faute; mais la faute elle-même ne s'apprécie pas dans tous les cas de la même manière. En effet, les textes distinguent très-nettement 1° une faute voisine du dol, *proxima dolo* (*Ulp. fr.* 47, § 5, *de legat.* 1°; *Marcian. fr.* 11, *de incend.*), faute grave ou *culpa lata*. Elle résulte de cette négligence extrême (*dissoluta negligentia; Ulp. fr.* 29, *mand.*) propre aux hommes dont l'intelligence obtuse ne comprend pas ce que les autres comprennent (*Ulp. et Paul. fr.* 213, § 2 ; *fr.* 223, *de verb. sign.*) ou en d'autres termes ne s'élève pas jusqu'au sens commun; 2° une faute légère (*culpa levis; Ulp. d. fr.* 47, § 5, *de legat.* 1°) dans laquelle rentrent jusques au cas fortuit exclusivement toutes les négligences qui ne constituent pas une faute grave.

Jusqu'ici le dol et la faute grave, quoique voisins, restent séparés; mais les jurisconsultes du second et surtout du troisième siècle, les ont assimilés en ce sens que toute personne, responsable du dol, répond aussi de la faute grave (1), et dans ce sens on a dit *magna culpa*

(1) *Gaius, fr.* 1, § 5, *de obl. et act.*; *Ulp. fr.* 1, § 1, *si mens. fals.*; *mod.*; *fr.* 8, § 3, *de precar.*; *fr.* 1, § 2, *si is qui testam.* Remarquons ici qu'en matière criminelle, dans le cas d'homicide, par exemple, le dol et la faute grave ne sont plus assimilés (*Paul. fr.* 7, *ad. l. c. de sicar.*).

dolus (*Paul. fr.* 226, *de verb. signif.*) : de là vient que les mêmes jurisconsultes, notamment Ulpien (*fr.* 23, *de reg. jur.*; *fr.* 5, § 2, *commod.*; v. *Afric. fr.* 108, § 12, *de legat.* 1°), parlent souvent du dol, d'une faute qu'ils nomment simplement *culpa*, et d'un soin appelé *diligentia*. Dans cette énumération le dol comprend implicitement la faute grave dont il est devenu inséparable; *culpa* s'entend de la faute qui n'a plus rien de commun avec le dol, de la faute proprement dite ou faute légère; et si les textes parlent en outre de *diligentia*, d'*exacta* ou *exactissima diligentia* (1), c'est pour indiquer que la faute légère doit s'apprécier d'une manière spéciale.

1072. Ainsi, par exemple, Gaius (*fr.* 72, *pro soc.*) et Justinien (*text. hic*) demandent d'abord si les associés répondront seulement de leur dol comme le dépositaire, c'est-à-dire du dol et de la faute grave, s'ils répondront en outre d'une faute que l'on n'impute pas au dépositaire (§ 3, *quib. mod. re contr.*) ou faute proprement dite. En adoptant ce dernier parti, Gaius et Justinien ajoutent que cette faute ne s'appréciera pas *ad exactissimam diligentiam*, que chaque associé devra seulement aux affaires communes le même soin qu'il apporte habituellement à ses propres affaires; tandis que la faute du commodataire et du *negotiorum gestor* s'apprécie d'une autre manière. L'un et l'autre doivent DILIGENTIAM (*Ulp. fr.* 23, *de reg. jur.*), EXACTAM DILIGENTIAM (§ 2, *quib. mod. re contr.*) ou EXACTISSIMAM DILIGENTIAM (§ 1, *de obl. quasi ex contr.*; *Gaius, fr.* 1, § 4, *de obl. et act.*);

---

(1) § 2 *et* 4, *quib. mod. re contr.*; § 1, *de obl. quasi ex contr.*; *Gaius, fr.* 1, § 4, *de obl. et act.*; *Ulp. fr.* 23, *de reg. jur.*; *fr.* 5, § 2, *commod.*

le soin habituel qu'ils ont pour eux-mêmes ne suffit donc plus, du moins lorsqu'il existe des hommes plus diligents qui auraient conservé ce que le commodataire a laissé périr (§ 2, *quib. mod. re contr.*) ou administré plus utilement que le gérant (§ 1, *de obl. quasi ex contr.*). En effet lorsqu'un homme est habituellement aussi soigneux que tout autre, on ne peut rien exiger de plus; dans le cas contraire, le commodataire, le *negotiorum gestor*, négligents pour eux-mêmes, ne le seraient pas impunément pour autrui.

La faute proprement dite s'apprécie donc tantôt dans un sens relatif, d'après les habitudes personnelles de ceux à qui on l'impute, tantôt dans un sens absolu, indépendamment de ces mêmes habitudes. De là vient la distinction de plusieurs interprètes sur la faute appréciée soit *in concreto*, soit *in abstracto* (1); ces expressions ne se rencontrent pas dans les textes, mais elles résument exactement la distinction précédente.

1073. Voyons maintenant d'après quel principe se distinguent les obligations qui nous astreignent à répondre, les unes du dol seulement, ce qui comprend toujours le dol et la faute grave, les autres du dol et de la faute légère ou faute proprement dite avec ou sans diligence.

---

(1) Voyez Heineccius (*Element. jur.* § 787). Il faut prendre garde de confondre la faute légère *in concreto* avec la faute grave que l'on assimile au dol. Celsus (*fr.* 32, *depos.*) décide, il est vrai, que pour commettre une faute grave et même un dol, il suffit de ne pas mettre aux affaires ou à la chose d'autrui le même soin qu'aux siennes; mais Celsus parle d'une personne que sa négligence habituelle ravale pour ainsi dire au-dessous de l'espèce humaine (*non ad eum modum quem hominum natura desiderat, diligens*) et qui cependant serait encore plus négligente pour autrui que pour soi-même. Evidemment ce n'est

Le dépositaire n'est tenu que de son dol (§ 3, *quib. mod. re contrah.*), parce qu'il rend un service gratuit (*Ulp. fr.* 5, § 2, *commod.*), et sous ce rapport le dépositaire diffère essentiellement des personnes qui, en s'imposant d'autres obligations, y trouvent un avantage, une utilité quelconque, comme dans la vente, le louage, la société, le gage, etc : dans ces différents cas, on est tenu de la faute proprement dite. Il en est de même dans la société, parce qu'elle se contracte toujours dans l'intérêt commun des associés; mais à leur égard la faute s'apprécie toujours *in concreto*. La raison en serait, d'après notre texte, que le choix d'un associé négligent est une imprudence que chacun ne doit imputer qu'à soi-même; cependant les cohéritiers et les colégataires qui ne se choisissent pas, sont soumis à la même responsabilité; le soin que chacun d'eux apporte habituellement dans ses propres affaires, suffit pour les affaires communes, précisément parce que ces affaires étant les siennes, au moins pour partie, il se trouve naturellement appelé à leur gestion, *propter suam partem causam habuit gerendi* (*Paul. fr.* 25, § 16, *famil. ercisc.*). La même raison s'applique aux associés, et surtout au propriétaire qui doit remettre sa chose à autrui après un certain temps ou sous certaines conditions, comme le mari à l'égard des biens dotaux, comme l'héritier ou le légataire à l'égard des choses qu'un fidéicommis l'oblige de restituer : le soin qu'ils doivent est celui qu'ils don-

---

là qu'une hypothèse particulière ; mais la décision de Celsus et l'ancien dissentiment qu'il constate, nous montrent comment plus tard, c'est-à-dire, au second et au troisième siècles, la faute grave a été comprise dans le dol.

nent habituellement à leurs propres affaires, mais rien de plus (1).

1074. En sens inverse et par un motif directement opposé, la faute du *negotiorum gestor* s'apprécie *ad exactissimam diligentiam* (§ 1, *de obl. quasi ex contr.*). En effet, il n'a pas, comme les précédents, *causam genrendi*; Il administre gratuitement, sans doute, mais spontanément : au lieu d'attendre qu'on lui offre la gestion, il s'en empare. Or il est certain qu'en s'offrant à l'obligation on prend par cela même une responsabilité plus étendue; nous en avons pour exemple le dépositaire qui *se obtulit deposito* (*Ulp. fr.* 1, § 35, *depos.*). Le mandataire n'est pas dans le même cas; cependant on lui impose la même responsabilité qu'au *negotiorum gestor* (1), par cette raison sans doute que le mandat suppose entre les contractants, une amitié, une affection que blesserait la moindre négligence. Aussi l'exécution du mandat est-elle une affaire d'honneur autant que d'intérêt (*Constant.* C. 21, *mand.*; v. *Cicer. pro Rosc. Amer.* 38).

Le vendeur jusqu'à la tradition (*Paul. fr.* 3, *de peric. et commod.*), le créancier nanti d'un gage (§ 4, *quib. mod. re contr.*; *Ulp. fr.* 13, § 1, *de pigner. act.*), le locataire qui détient la chose louée (§ 5, *de loc. et cond.*; *Gaius, fr.* 25, § 7, *loc. cond.*), sont tenus du dol et de la faute proprement dite, parce que leur obligation n'est

---

(1) *Ulp. fr.* 24, § 5, *solut. matrim.*; *fr.* 22, § 3, *ad sc. trebell.* Il faut supposer, relativement au légataire, que le fideicommis dont il est grevé ne le laisse pas sans avantage; car autrement il ne répondrait que de son dol (*Afric. fr.* 108, § 12, *de legat.* 1°).

(1) *Diocl. et Max.* C. 11 *et* 13; *Constant.* C. 21, *mandat.*; *Ulp. fr.* 23, *de reg. jur.* Voyez cependant le même Ulpien (*fr.* 8, § 10; *fr.* 10, *mandat.*).

pas entièrement désintéressée comme celle du dépositaire (*Ulp. fr.* 5, § 2, *commod.*); et comme ils n'ont pas *causam gerendi*, comme ils n'ont rien à craindre des cas fortuits que les associés, les cohéritiers et autres copropriétaires supportent en commun, la faute des vendeur, locataire et créancier gagiste s'apprécie *in abstracto*; en d'autres termes ils répondent du défaut de diligence (*Ulp. fr.* 23, *de reg. jur.*). Il en est de même, à plus forte raison, du commodataire à qui le contrat procure un avantage exclusif (*Ulp. fr.* 5, § 2, *commod.*; *d. fr.* 23, *de reg. jur.*). Cette dernière circonstance n'est donc qu'une considération secondaire qui explique péremptoirement pourquoi la responsabilité du commodataire égale la responsabilité du vendeur et du créancier gagiste, mais qui ne suffit pas pour élever la première au-dessus de la seconde (v. *Ulp. et Pap. fr.* 14, § 2, *de præscr. verb.*); car, ainsi qu'on l'a déjà dit, entre le cas fortuit et la faute légère *in abstracto*, il n'existe point de faute, point de responsabilité intermédiaire.

1075. Cependant une doctrine qui a long-temps prévalu reconnaît, entre le cas fortuit et la faute appréciée *in abstracto*, une autre faute que l'on nomme très-légère (1); et par une distribution trop symétrique peut-être pour être parfaitement vraie, les partisans de ce système opposent les personnes qui s'obligent gratuitement, comme le dépositaire, aux personnes qui tirent du contrat un avantage exclusif, et spécialement au commodataire. Ils limitent la responsabilité des premières au dol et à la faute grave, comme ci-dessus; mais ils étendent la responsabilité des secondes jusqu'à

(1) Voyez l'explication du §, 3 *de lege aquilia* (1143).

la faute très-légère, tandis qu'entre ces deux extrêmes la faute légère forme un terme moyen pour les contrats qui offrent aux parties des avantages réciproques, comme la vente, le gage, la société, etc.

Pour accorder ce système avec les textes, on invoque les superlatifs de Gaius, *diligentissimus paterfamilias* ou *exactissima diligentia*, et lorsqu'on les trouve appliquées au commodataire (v. *Gaius*, *fr.* 18, *commod.*; *fr.* 1, § 4, *de obl. et act.*), on en tire une conclusion victorieuse ; mais bientôt les mêmes superlatifs se rencontrent en matière de louage (§ 5, *de locat. et cond.*), et le positif *exacta diligentia* replace sur la même ligne le commodat et le gage (v. § 2 *et* 4, *quib. mod. re contrah.*) : alors, pour l'honneur du système, on déclare que le superlatif est employé abusivement pour le positif, et réciproquement. Cette ressource, quoique très-commode, n'explique pas les décisions formelles qui, d'une part, assimilent le commodat au gage (*Ulp. fr.* 13, § 1, *de pigner. act.*; *fr.* 23, *de reg. jur.*; *Paul. fr.* 3, *de peric. et commod.*), et d'autre part établissent une si grande différence entre la responsabilité du dépositaire et la responsabilité non moins gratuite du *negotiorum gestor.* Il faut nécessairement admettre des exceptions, et alors elles deviennent trop nombreuses pour ne pas anéantir la règle.

D'un autre côté, ce système confond la société avec la vente, le louage et autres contrats qui se forment dans l'intérêt commun des parties ; il établit à leur égard une responsabilité moyenne, qui devient la même pour tous et aboutit à deux conséquences contradictoires, mais également fausses, savoir, que les soins habituels du vendeur pour sa propre chose suffisent pour la chose vendue, comme ceux de l'associé suffisent aux affaires sociales (*text. hic; Gaius, fr.* 72, *pro soc.*), ou en sens inverse que ces mêmes soins ne suffisent pas à l'associé, puisqu'ils ne suffisent pas au vendeur (*Paul. d. fr.* 3, *de pericul. et commod.*).

1076. C'est sur le commodat que porte toute la difficulté de cette doctrine; car, pour la soutenir, il faut séparer le commodat de tous les contrats qui procurent des avantages réciproques. On cite dans ce sens quelques textes : voyons quel en est le véritable sens.

Justinien (§ 4, *quib. mod. re contr.*) examine quels soins le créancier doit à la conservation du gage, et décide qu'il suffira (*placuit sufficere*) d'y apporter *exactam diligentiam*, et cela parce que le contrat se forme dans l'intérêt commun du débiteur et du créancier. De ce raisonnement on conclut *a contrario* que l'*exacta diligentia* ne suffirait plus au créancier, s'il recueillait seul tous les avantages du contrat, et conséquemment qu'elle ne suffit pas au commodataire; mais telle n'est pas la conclusion du texte. La responsabilité dont il décharge le créancier n'est pas celle d'une négligence ou d'une faute quelconque : c'est la responsabilité des cas fortuits (*d.* § 4, *in fin.*; v. *Paul. fr.* 30, *de pign. act.*; *Sever. et Ant.* C. 6, *eod.*). Dans ce sens, le créancier gagiste ne diffère plus du commodataire; l'un et l'autre sont exempts de toute responsabilité pour les cas fortuits; l'un et l'autre doivent *exactam diligentiam* (§ 2 *et* 4, *quib. mod. re contr.*; v. *Ulp. fr.* 13, § 1, *de pigner. act.*).

Gaius (*fr.* 18, *commod.*) suppose un commodat exceptionnel qui profite aux deux parties : l'une d'elles reçoit l'argenterie de l'autre pour un repas qu'il s'agit d'offrir à un ami commun, et Gaius exige pour cette argenterie le même soin qu'on exige du mari pour les biens dotaux ou du créancier pour le gage, *in rebus pignori datis et dotalibus*. On aperçoit facilement toute la différence que cette similitude exceptionnelle établirait entre le gage et le commodat ordinaire ; mais ce n'est pas seulement aux choses données en gage que l'on compare ici l'argenterie prêtée : on la compare également aux choses dotales. Or, relativement à ces dernières, la responsabilité du mari diffère essentiellement de la responsabilité du créancier gagiste, et se confond au contraire avec celle des associés. C'est une sorte de société, en effet, qui se forme entre le prêteur et l'emprunteur : aussi Gaius (*d. fr.* 18, *commod.*) raisonne-t-il sur ce contrat comme il a raisonné sur la société (*text. hic*; *fr.* 72, *pro soc.*). Plusieurs jurisconsultes voulaient que, dans ce cas, le commodataire répondît uniquement du dol ; Gaius décide qu'il répondra aussi de la faute, en expliquant aussitôt que la faute dont il entend parler est celle dont le mari est tenu relativement aux biens dotaux. Ainsi, dans ce cas, la faute du commodataire s'appréciera comme celle du mari et des associés, d'après les soins qu'il donne habituellement à ses propres affaires (*text. hic; Ulp. fr.* 24, § 5, *solut. matr.*), c'est-à-dire qu'il est tenu de la faute légère *in concreto*. Mais pourquoi, dans ce sens, assimiler les choses dotales aux choses données en gage? A cet égard, je ferai observer qu'il existait du temps de Gaius une sorte de gage qui rendait le créancier propriétaire, et lui imposait, selon toute vraisemblance, la responsabilité qu'on impose au mari et aux associés. Cette espèce de gage se nommait *fiducia* (955) : Gaius (*d. fr.* 18, *commod.*) a pu écrire *rebus* FIDUCIÆ *datis*, et plus tard on a dû supprimer dans les Pandectes le nom d'un contrat tombé en désuétude; une correction qui se présente d'elle-même aura dicté *rebus* PIGNORI *datis*.

1077. Ulpien (*fr.* 5, § 2, *commod.*) examine quelle doit être la responsabilité du commodataire, et à cette occasion il oppose le dépôt à d'autres contrats, tels que la vente, le louage, la constitution dotale, le gage et la société. Le dépositaire s'oblige gratuitement, et ne répond que de son dol; les autres contrats se forment pour l'avantage respectif de toutes les parties, et obligent à répondre du dol et de la faute. Quant au commodat, les avantages en sont tous pour le commodataire, et conséquemment on exige qu'il se montre diligent, *et culpam præstandam et diligentiam.*

Le commodataire est-il donc le seul dont on exige *diligentiam?* L'affirmative serait démentie par les décisions qui tantôt soumettent le vendeur à cette même diligence (*Paul. fr.* 36, *de action. empt.; Procul. fr.* 68, *de contrah. empt.*), et même à toute la diligence possible (*omnem diligentiam; Paul. fr.* 10, § 9, *de damn. infect.*), tantôt assimilent le commodataire au vendeur (*Paul. fr.* 3, *de pericul.*) et au créancier gagiste (*Ulp. fr.* 13, § 1, *de pigner. act.*). Ulpien, dans le passage dont il s'agit (*d. fr.* 5, § 2), s'est donc expliqué d'une manière incomplète, ou pour mieux dire, il ne s'est expliqué que sur deux contrats, le dépôt et le commodat. Quant aux autres contrats, Ulpien qui ne s'en occupe que par occasion, décide que le vendeur, le locataire, le mari, le créancier gagiste et les associés répondront tous de la faute, sans dire comment cette faute doit être appréciée, parce que sur ce point il n'existe plus de règle générale. Le mari et l'associé sont tenus de la faute *in concreto*, tandis que le vendeur, le locataire et le créancier gagiste en sont tenus *in abstracto* (1073, 1074). Quant au commodataire dont il s'agit spécialement, et à l'occasion duquel s'est élevée la question de responsabilité, il trouve dans l'obligation qu'il contracte un avantage, et même un avantage exclusif; c'est une raison décisive pour qu'il soit tenu de la faute *in abstracto*. Ulpien ne dit pas autre chose, lorsqu'il exige *culpam et diligentiam*; la responsabilité que cette dernière expression impose au commodataire n'excède pas la responsabilité des vendeur, locataire, créancier gagiste, etc.

Pour s'en convaincre, il suffit d'examiner un autre texte (*fr. 23, de reg. jur.*) où le même jurisconsulte distingue les obligations qui n'imposent d'autre responsabilité que celle du dol, et les obligations où l'on répond en outre de la faute. Ces dernières se subdivisent en deux classes dont la première comprend le mandat, le commodat, le louage, la vente, le gage, etc.; et pour expliquer comment la faute s'apprécie dans ces différents cas, Ulpien ajoute *in his et diligentiam*. La société et la communauté qui viennent dans la seconde classe, obligent à répondre du dol et de la faute; mais alors Ulpien ne parle plus de la diligence.

1078. En résumé, nous devons reconnaître non pas précisément trois fautes, mais trois degrés de responsabilité, savoir : 1° le dol et la faute grave, 2° la faute légère *in concreto*, 3° la faute légère *in abstracto*; et pour leur application il faut distinguer, 1° si la personne qui reçoit et garde une chose pour la rendre, s'oblige gratuitement ou obtient un avantage quelconque : dans le premier cas, elle est tenue seulement du dol et de la faute grave; dans le second elle est toujours tenue de la faute proprement dite ou faute légère. Lorsqu'on veut savoir comment cette faute s'apprécie, il faut distinguer, 2° si le contrat se forme dans un intérêt mutuel, comme le gage et la société, ou dans l'intérêt exclusif du débiteur, et par exemple du commodataire. Lorsque les avantages sont réciproques, la faute s'apprécie quelquefois *in concreto* comme dans la société, le plus souvent *in abstracto*. L'avantage exclusif du commodataire l'oblige toujours dans ce dernier sens; et de là résulte une différence réelle entre le commodat et la société, mais cette différence disparaît dès que l'on compare le commodataire au vendeur, au locataire, au créancier gagiste, etc. On abuse des distinctions précédentes, lorsqu'on en conclut que les obligations formées dans un intérêt réciproque imposent toutes la même responsabilité, et toutes une responsabilité moins étendue que les obligations formées dans l'intérêt exclusif de l'obligé.

Un point constant dans une matière si controversée, c'est que les contractants peuvent étendre ou restreindre à leur gré la responsabilité qui résultera du contrat. Les règles précédentes s'appliquent seulement à défaut de conventions, du moins quant aux fautes (v. § 2, *de bon. vi rapt.*; § 3, *de empt. vend.*); car, pour le dol, nul ne peut convenir qu'il n'en sera pas tenu (*Ulp. fr.* 23, *de reg. jur.*).

TITRE XXVI.

Du Mandat.

1079. Le mandat n'est, à proprement parler, qu'une mission ou commission gratuite (v. § 13, *h. t.*) dont l'acceptation expresse ou tacite forme un contrat, et par suite produit des obligations respectives d'où résultent les actions *mandati* (*pr.*, § 6, 8, 10 *et* 11, *h. t.*), directe ou *contraria*, selon qu'elles sont exercées par le mandant contre le mandataire, ou par le mandataire contre le mandant (v. § 2, *de pœn. tem. lit.*; *Ulp. fr.* 12, § 7 *et* 9, *mandat.*).

L'action directe s'exerce contre le mandataire pour la réparation du tort que fait éprouver au mandant l'inexécution du mandat (v. § 11, *h. t.*; *Gaius*, *fr.* 27, § 2, *mandat.*) ou sa mauvaise exécution (v. *Ulp. fr.*, 42, *eod.*). Lors, au contraire, que le mandat est fidèlement rempli, le mandataire qui ne doit rien retenir en cette qualité (*Paul. fr.* 20, *eod.*), est encore contraint de remettre tout ce qu'il a reçu ou acquis par suite du mandat (*Ulp. fr.* 8, § 10, *mandat.*; v. *Paul. fr.* 13, § 2, *de usurp.*), et conséquemment de céder les actions que l'exécution du mandat lui aurait acquises contre des tiers (*Ulp. fr.* 43; *fr.* 10, § 6; *Paul. fr.* 59, *mandat.*), par exemple contre ceux auxquels il aurait été chargé de prêter (v. 1137).

Réciproquement, l'action *contraria* s'exerce contre le mandant pour le contraindre à recevoir les choses acquises par le mandataire, à en rembourser le prix et en général à rendre tout ce que le mandataire a payé ou dépensé (§ 6, *de fidej.*; *Ulp. fr.* 12, § 9, *mand.*), en un mot, tout ce que lui a coûté l'exécution du mandat (*Paul. fr.* 45, § 6; *fr.* 26, § 7, *eod.*); enfin le mandataire qui a contracté des obligations, peut agir contre le mandant, si ce dernier ne satisfait pas les créanciers ou ne garantit pas le mandataire contre leurs actions (1).

(1) *Paul. fr.* 45, *pr. et* § 2, *mandat.* Le fidéjusseur qui s'oblige en

§ VII ET XII.

1080. Le mandat peut être pur et simple, conditionnel ou à terme (1), pouvu qu'il ne soit jamais contraire aux mœurs (§ 7, *h. t.*). A cet égard, il en est du mandat comme de la société, et de tout autre contrat formé dans un but illicite (992; § 24, *de inutil. stipul.*), par exemple, pour commettre ou engager à commettre un délit quelconque. Dans ce cas, il ne produit aucune obligation entre les contractants (*Gaius*, *fr.* 35, § 2, *de contrah. empt.*), et si le délit commis par le mandataire en exécution du mandat l'expose à des condamnations pénales, il n'a aucune indemnité à réclamer du mandant (§ 7 *in fin.*, *h. t. Paul. fr.* 22, § 6, *mandat.*; *Ulp. fr.* 1, § 14, *de tut. et rat. distr.*).

§ XIII.

1081. Le mandat, gratuit comme le dépôt et le com-

---

exécution du mandat donné par le débiteur principal ne peut exercer l'action *mandati* qu'après avoir payé ou après avoir été condamné à payer le créancier (*Gordian. fr.* 6, *mand.*; v. *Scævol. fr.* 45, *de fidej.*). Telle est du moins la règle générale (v. *Marcel. fr.* 38, § 1, *mand.*).

(1) Le mandat qui ne doit s'exécuter qu'après la mort du mandataire n'est pas valable, parce qu'en général les héritiers ne peuvent ni poursuivre ni être poursuivis par une action qui n'a pu être exercée ni par le défunt ni contre lui (1012, *Gaius*, 3 *inst.* 158). La même raison s'appliquait sans doute aux héritiers du mandant; et cependant je puis charger une personne d'affranchir après ma mort un esclave dont je lui transfère actuellement la propriété, de me construire un tombeau ou de faire une acquisition pour mes héritiers, le tout *post mortem meam*; sans doute parce que dans ces différents cas je puis, de mon vivant, ou agir contre mon mandataire pour reprendre l'esclave, ou être poursuivi par mon mandataire, par exemple, s'il a fait quelque dépense pour se préparer à l'exécution du mandat. (*Ulp. fr.* 12, § 17; *Gaius fr.* 13 *et* 27 *mandat.*). De semblables exemples ne forment donc pas exception à la règle. (v. 1013).

modat, se change comme eux en un louage, quand les services d'une partie sont ou doivent être retribués par un salaire (*text. hic*; § 2, *quib. mod. re contr.*), pourvu toutefois que les services dont il s'agit soient susceptibles d'être appréciés et payés, comme le travail des ouvriers que notre texte prend pour exemple. Il existe en effet beaucoup d'autres cas où l'on prête son ministère à une personne, en faisant pour elle des choses pécuniairement inappréciables par leur nature, des choses qui ne peuvent devenir l'objet d'un louage et dont l'exécution, lors même qu'elle n'est pas entièrement gratuite, conserve toujours le caractère d'un bon office qui ne se paie pas, quoiqu'il devienne quelquefois l'objet d'une reconnaissance rémunératoire (*Ulp. fr.* 1, *si mens. fals. mod.*; v. *Paul. fr.* 5, § 2 *et* 4, *de præscr. verb.*). C'est à ce titre que les avocats, les médecins, etc., reçoivent des honoraires (*Ulp. fr.* 1, *pr.*, § 1 *et* 10, *de extraord. cognit.*), qui peuvent aussi appartenir au mandataire, lorsqu'ils ont été déterminés par une convention expresse (v. *Ulp. fr.* 6; *Paul fr.* 56, § 3, *mandat.*; *Diocl. et Max.* C. 17, *eod.*).

Les honoraires dont nous parlons ne se demandent ni par l'action *mandati*, ni par aucune autre action. C'est un des cas sur lesquels le magistrat statue lui-même *extra ordinem* (v. *Pap. fr.* 7, *eod.*; *Sever. et Ant.* C. 1, *eod.*; *Ulp. fr.* 1, *pr.*, § 1, *et seqq.*, *de extraord. cogn.*; v. 1172).

PR. § I et IV.

1082. En distinguant les personnes pour l'avantage de qui le mandat serait donné, Justinien (*pr.*, *h. t.*) établit d'après Gaius (*fr.* 2, *h. t.*) une division sextuple qui n'offre aucune difficulté. Les exemples du texte font suffisamment connaître les mandats contractés pour l'avantage, soit du mandant seul (§ 1, *h. t.*) soit du mandant et d'une tierce personne (§ 4, *h. t.*). Quatre autres cas restent à expliquer.

§ II.

1083. Nous avons ici trois exemples du mandat contracté pour l'avantage réciproque du mandant et du mandataire. Le premier ne souffre aucune difficulté. Le second suppose un créancier sur le point d'agir contre un fidéjussseur (*ex fidejussoria causa*), en vertu du droit qui lui appartient de poursuivre à son choix le débiteur principal ou le fidéjusseur (1023). Ce créancier n'a pas encore agi ; il est seulement dans l'intention d'agir (*volente te agere*) ; ayant encore le choix, il peut changer d'intention et s'adresser au débiteur principal. C'est en effet ce dernier que le créancier va poursuivre, mais aux risques et périls du fidéjusseur (*periculo mandantis*) qui le lui a mandé. Dans ce cas, la fidéjussion est éteinte (1023) ; mais le mandat subsiste, et si le débiteur ne remplit pas entièrement son obligation, le créancier aura l'action *mandati* contre le mandant qui n'est plus fidéjusseur (v. *Paul. fr.* 45, § 8, *mand.* ; *fr.* 22, § 2, *eod.*). Ainsi le mandant se soustrait, du moins pour un temps, à la nécessité de payer la dette d'autrui ; et le créancier mandataire acquiert, par un nouveau contrat, la faculté de poursuivre successivement deux personnes au lieu d'une.

Les mêmes avantages se présentent avec la même réciprocité dans le troisième exemple. Votre débiteur vous délègue jusqu'à concurrence de ce qu'il vous doit (*in id quod tibi debuerat*) son propre débiteur, pour qu'il s'oblige envers vous par une stipulation (*stipuleris ab eo*) qui opère novation et libère le déléguant de sa dette envers vous (1117). Toutefois vous ne stipulez pas spontanément : ici, comme dans l'exemple précédent, votre débiteur vous donne un mandat, que vous exécutez aux risques et périls du mandant (*ipsius periculo*), en acceptant un nouveau débiteur à sa place. Conséquemment, si ce dernier ne paie pas, vous aurez l'action de mandat contre le débiteur primitif (*Paul. fr.* 22, § 2; *fr.* 45, § 7, *mandat.*).

§ III ET V.

1084. Les contrats dont l'exécution est indifférente aux contractants ne produisent aucune action, parce que nul ne peut agir sans intérêt (1004; v. *Julian. fr.* 32, *locat. cond.*). Cette règle générale ne souffre point d'exception dans le mandat, car l'action *mandati* directe ne commence qu'avec l'intérêt des mandants, sans jamais le précéder ni le dépasser : aussi n'avons-nous point d'action pour nous plaindre de l'inexécution du mandat, lorsqu'elle ne nous cause aucun préjudice (*Ulp. fr.* 8, § 6, *mandat.*).

S'il en est ainsi pour nos propres affaires, il en sera de même, à plus forte raison, pour celles d'autrui; le mandat donné pour l'avantage exclusif d'une tierce personne (*aliena tantum causa*) laissera toujours le mandant sans intérêt, et par conséquent sans action contre le mandataire qui ne remplit pas sa mission. Ce mandat n'est donc pas obligatoire; mais si le mandataire l'exécute, il pourra se faire indemniser par le mandant, quoique l'opération n'intéresse en aucune façon ce dernier (*Ulp. fr.* 6, § 5, *eod.*). De là naît contre le mandant l'action *mandati contraria*, et par suite un intérêt qu'il n'avait pas d'abord : aussi a-t-il l'action directe, CUM COEPIT INTERESSE EJUS (*Ulp. fr.* 8, § 6, *eod.*), par exemple s'il arrive que pour avoir chargé une personne des affaires d'une autre, je sois responsable envers cette dernière de la gestion entreprise par mes ordres (*Javol. fr.* 28, *de negot. gest.*).

La même explication s'applique dans le cas où l'avantage des tiers se combine avec l'avantage du mandataire (v. § 5, *h. t.*); celui-ci n'en est alors que plus disposé à exécuter le mandat, mais du reste l'intérêt qu'il y trouve n'ajoute rien à l'obligation et ne lui donne aucune force.

§ VI.

1085. En effet, le mandat reste complétement inutile, lorsqu'il n'intéresse que le mandataire (*tua tantum gratia*; *pr.*, *h. t.*). Celui-ci n'est pas tenu de l'exécuter, et en cas d'exécution, s'il éprouve un préjudice, on ne lui doit aucune indemnité (*text. hic*; *pr.*, *h. t.*), parce que ce n'est pas véritablement un mandat qu'il remplit; c'est plutôt un avis, un conseil qu'il suit (*text. hic*; *Gaius*, *fr.* 2, § 6, *mandat.*) : or, le conseil donné de bonne foi n'oblige pas son auteur (*Ulp. fr.* 47, *de reg. jur.*). Un avis, bon ou mauvais, n'est pas une volonté, mais seulement une opinion que chacun doit apprécier par soi-même (*text. hic.*), que l'on adopte et que l'on s'approprie, sans y obéir. Le mandat, au contraire, suppose une volonté personnelle du mandant; ce serait un commandement, un *jussus*, s'il ne s'adressait pas à une personne qui est libre de le refuser (v. § 11, *h. t.*; § 1 *et* 8, *quod cum eo*) et qui, en l'acceptant, se soumet par complaisance à faire ce qu'elle n'aurait pas fait spontanément.

Ainsi, par exemple, des personnes qui n'accepteraient pas sans garantie l'hérédité qui leur est déférée, se portent quelquefois héritiers quand les créanciers le leur mandent. Dans ce cas et autres semblables (*Julian. fr.* 32; *Ulp. fr.* 6, § 5, *mandat.*), le mandat, quoique reçu par le mandataire dans une affaire qui lui est propre, dépasse les bornes d'un conseil et oblige celui qui l'a donné. Pareillement, dans le dernier exemple de notre texte, je n'aurais rien prêté à Titius, si je n'avais pas eu, de votre part, un mandat qui devient ma garantie.

1086. D'après ce que nous avons vu jusqu'ici, l'exécution du mandat devient souvent l'occasion de nouveaux engagements que le mandataire prend envers d'autres personnes, par exemple, en gérant leurs affaires (v. § 3, *h. t.*), en se portant fidéjusseur pour ce qui leur est dû (v. § 1, 3 *et* 4, *h. t.*). Réciproquement aussi le mandataire oblige d'autres personnes envers soi, notamment lorsqu'il prête (v. *text. hic, in fin.*; § 5, *h. t.*) : alors le mandataire a, contre ces personnes, l'action résultant de leur propre contrat, et contre le mandant l'action *mandati contraria* (*Gordian.* C. 7, *mandat.*), en sorte que les créances du mandataire contre les tiers qui ont contracté avec lui se trouvent garanties par l'obligation du mandant, comme elle pourraient l'être par l'obligation d'un fidéjusseur (v. *Julian. fr.* 32, *mandat.*). Cependant on n'appliquait pas au MANDATOR la règle qui déclare le fidéjusseur libéré par les poursuites dirigées contre le débiteur, et réciproquement (1023; v. *Gaius*, *fr.* 27, § 5, *mandat.*; *Ulp. et Paul. fr.* 13 *et* 71, *de fidejuss.*).

§ IX.

1087. Les contrats consensuels se résolvent par un consentement contraire au consentement qui les a formés (§ 4, *quib. mod. solv. obl.*); mais le dissentiment d'une partie ne suffit point seul pour dissoudre l'obligation. Si l'on est toujours libre de ne se pas engager, on ne reste pas également libre de se dégager (*Diocl. et Max.* C. 5, *de obl. et act.*); néanmoins le mandant peut changer de volonté et révoquer à son gré (1) le contrat formé par le consentement ou l'acceptation du mandataire (*Ulp. fr.* 12, § 16, *mandat.*). Il en est de ce dernier comme du dépositaire : conserver le dépôt, exécuter le mandat, n'est pas pour eux un droit, mais un devoir dont on peut toujours les décharger. Les bons offices du dépositaire ne doivent pas continuer malgré le déposant (951), et ceux du mandataire ne doivent même pas commencer malgré le mandant.

Je dis qu'ils ne doivent pas commencer, parce qu'ici le mandat est révoqué avant toute exécution, *dum adhuc integra res sit*; il est alors comme non avenu, et ne produit aucune obligation. Aussi dit-on qu'il est anéanti (*evanescit; text. hic*; v. *Gaius*, 3 *inst.* 159) ou dissous (*solvitur*; § 10, *h. t.*). Le mandat dont l'exécution est commencée peut aussi être révoqué, mais seulement pour l'avenir : l'obligation et par conséquent l'action *mandati*

(1) Lorsque je stipule pour moi ou pour Seius, le promettant se libère en payant à Seius, quand même j'aurais changé de volonté (1007). Dans ce cas le mandat donné à Seius n'est que la conséquence d'un autre contrat, auquel le débiteur n'aurait peut-être pas consenti s'il n'avait pas eu la faculté de payer à Seius; aussi ne puis-je pas, sans le consentement du débiteur, révoquer le mandat donné à Seius (v. § 4, *de inutil. stip.*; *Ulp. fr.* 12, § 3, *de solut.*).

subsistent de part et d'autre pour tout ce que le mandataire a fait avant ou même après la révocation dont il n'avait pas encore connaissance (*Paul. fr.* 15, *mandat.*).

§ X.

1088. En effet, la mort du mandant qui équivaut à une révocation, dissout le mandat (1) sans préjudicier au mandataire qui agit dans l'ignorance du fait (*text. hic; Gaius,* 3 *inst.* 160; v. *Paul. fr.* 26, *mand.*). Ainsi, par exemple, si le créancier mande au débiteur de payer entre les mains de telle personne, le paiement reçu par cette personne est valable et libère le débiteur, lorqu'il a ignoré la mort du mandant (*Paul. d. fr.* 26, § 1) ou la révocation du mandat. Il en est de même, lorsque le débiteur a ignoré la manumission de l'esclave préposé aux recettes de son maître (*text. hic*, *in fin.*); effectivement, le créancier en chargeant son esclave de recevoir pour lui, autorise ses débiteurs à payer entre les mains de ce dernier, et cette autorisation est pour eux un véritable mandat (*Julian. fr.* 34, § 3, *de solut.*) que le créancier révoque tacitement, lorsqu'il affranchit l'esclave.

Ainsi la dissolution du mandat n'éteint pas toujours l'action *mandati*, puisque, même après la mort du mandant, cette action peut résulter contre ses héritiers de l'exécution donnée au mandat (*Paul. fr.* 58, *mandat.; Ulp. fr.* 19, § 3, *de donat.*); mais après la mort du mandataire, le mandat exécuté par ses héritiers ne produit aucune action (*Gaius, fr.* 27, § 3, *mandat.*), parce qu'ils ne peuvent ignorer le décès de leur auteur et conséquem-

(1) *Paul. fr.* 26, *mandat.*; *Diocl. et Max.* C. 15, *eod.*, excepté lorsqu'il s'agit d'une chose qui ne doit avoir lieu qu'à la mort du mandant (v. 1013; 1080.).

ment la dissolution du contrat. Il se dissout en effet par la mort du mandataire comme par la mort du mandant (*text. hic*).

§ XI.

1089. Si la volonté du mandant suffit pour dissoudre le contrat, celle du mandataire ne produit pas toujours le même effet, parce que le défaut d'exécution expose le premier à un préjudice que la révocation ne porte point au second. Il ne suffit donc pas que celui-ci change de volonté; il doit en avertir le mandant (*renuntiandum*) en temps utile, c'est-à-dire assez tôt pour qu'il puisse exécuter lui-même ou par autrui l'opération dont le mandataire ne veut plus se charger : autrement, celui qui n'avertit pas ou qui avertit trop tard (*intempestive*), reste lié par son acceptation. Il doit exécuter le mandat ou réparer le tort que le défaut d'exécution causerait au mandant (*text. hic; Paul. fr.* 22, § 11; *Gaius, fr.* 27, § 2, *mand.*), sauf les justes excuses que le mandataire peut faire valoir, comme une maladie, une inimitié capitale survenue entre lui et le mandant (*Hermog. fr.* 23 *et* 25, *mandat.*) ou l'insolvabilité de ce dernier (*Paul.* 2 *sent.* 15, § 1; *fr.* 24, *eod.*; *Ulp. et Gaius, fr.* 8, § 3; *fr.* 9 *et* 10, *de procur.*); car le mandataire qui rend un service gratuit, n'est pas tenu de sacrifier ses propres intérêts aux intérêts d'autrui (v. *African. fr.* 61, § 5, *de furt.*; *Gaius, fr.* 7, *testam. quemadm. ap.*).

§ VIII.

1090. Exécuter un mandat, c'est faire ce que le mandant a voulu, soit qu'on agisse de manière à lui imposer toutes les obligations et toute la responsabilité qu'il entendait prendre, par exemple en achetant au prix par lui indiqué; soit qu'on agisse de manière à ne lui imposer qu'une partie de ces obligations ou de cette responsabilité, par exemple en achetant pour un prix inférieur. Dans l'un et l'autre cas, le mandataire qui améliore ou qui n'empire pas la condition du mandant, a contre lui l'action *mandati* (*text. hic in fin.; Paul. fr.* 3; *fr.* 5, § 5, *mandat.*). Il en est autrement lorsque le mandataire achète au-dessus ou vend au-dessous du prix fixé; le mandat ainsi exécuté n'oblige point le mandant, parce que sa position ne peut jamais empirer par les actes du mandataire (*Paul. fr.* 3, *pr. et* § 2; *fr.* 5, § 3 *et* 4, *eod.*). Celui-ci, lorsqu'il sort des termes du mandat, fait une chose dont on ne l'a point chargé (*Paul. d. fr.* 5, *pr.*), et conséquemment ne fait pas celle qu'on lui demande; en un mot, il n'exécute point le mandat : en conséquence il reste exposé à l'action du mandant, sans avoir contre ce dernier l'action *contraria* (*text. hic; Gaius,* 3 *inst.* 161; *fr.* 41, *mand.*). Ainsi, pour exécuter un mandat, il faut n'en pas excéder les limites (*text. hic; Paul. d. fr.* 5).

Celui qui, chargé d'acheter jusqu'à concurrence de cent ou de cautionner un débiteur pour semblable somme, achète ou cautionne pour cent vingt, ne peut donc pas agir contre le mandant pour cette dernière valeur; mais peut-il agir pour cent en restreignant sa demande à la somme fixée par le mandat? Les Proculéiens décidaient affirmativement, et les Sabiniens négativement (*text. hic; Gaius,* 3 *inst.* 161). La rigueur de ces derniers se conçoit difficilement contre le mandataire fidéjusseur; les cent vingt qu'il a garantis contiennent certainement les cent mille qu'il a dû garantir (*Ulp. fr.* 1, § 4, *de verb. obl.*); le mandant ne peut donc se plaindre de l'inexécution du mandat, ni refuser à l'occasion d'un excédant qu'on ne lui demande point, la somme déterminée par ce mandat (v. *Julian. fr.* 33, *mandat.*). Quant au mandataire acheteur, on ne peut le contraindre à remettre la chose ni pour cent, ni même pour cent vingt, puisque l'acquisition faite hors des termes du mandat est étrangère à ce mandat et à son exécution; aussi a-t-on pensé que le mandataire ne doit pas avoir la liberté de garder ou de remettre à son choix une chose qu'on ne pouvait pas exiger de lui (*Paul. fr.* 3, § 2, *mandat.*) : l'opinion des Sabiniens semble donc mieux fondée dans ce cas que dans le précédent; mais le sentiment des Proculéiens a prévalu comme moins rigoureux (*text. hic; Gaius, fr.* 4, *mandat.*), en ce qu'il permet d'éviter par un sacrifice pécuniaire une condamnation que la nature de l'action rend quelquefois infamante (1).

1091. Conformément au système des Proculéiens, le mandataire qui s'oblige purement et simplement, lorsqu'il devait ne s'obliger qu'à terme, agit contre le mandant, mais seulement à l'expiration du terme (*Paul. fr.* 22, *pr.* et § 1, *mand.*). Pareillement, la vente consentie par le mandataire, pour un prix inférieur au prix fixé par le mandat, produit son effet, lorsqu'on indemnise le mandant en lui payant la totalité du prix qu'il voulait obtenir (*Paul. fr.* 5, § 3 *et* 4, *eod.*).

(1) § 2, *de pœn. tem. lit.* Abstraction faite de cette dernière considération, l'opinion des Proculéiens paraît à peine soutenable. En effet, si la valeur de la chose est inférieure au prix fixé par le mandant, ce dernier pourra être forcé de prendre la chose pour ce même prix, et alors il supportera une partie de la perte ; si au contraire l'acquisition est bonne, le mandataire la gardera pour son compte, et ne sera pas contraint de la céder pour le prix fixé dans le mandat, ni même pour un prix supérieur.

TITRE XXVII.

Des Obligations qui se forment comme par un contrat.

PR.

1092. Les obligations, d'après le système de Gaius (940), naissent principalement d'un contrat ou d'un délit, et de là plusieurs différences dans les effets que l'obligation produit contre la personne obligée (§ 2, *de pœn. tem. lit.*), contre ses héritiers (§ 1, *de perp. et temp.*) et contre le maître ou l'ascendant à la puissance de qui cette personne est soumise (§ 1 *et seqq.*, *quod cum eo ; pr. et* § 7, *de noxal. act.*).

Les mêmes différences existent entre plusieurs autres obligations qui ne se forment ni par un contrat, ni par un délit, mais qui cependant imitent, dans leurs effets, les obligations dérivées soit de l'une, soit de l'autre source; et l'on dit communément qu'elles naissent, non d'un contrat, mais d'un quasi-contrat, non d'un délit, mais d'un quasi-délit. Ces expressions quasi-contrat, quasi-délit, n'appartiennent pas aux jurisconsultes romains : ils ne parlent point d'obligations nées *ex quasi contractu* ou *ex quasi delicto :* ils disent que telle personne doit ou qu'elle est obligée QUASI EX MALEFICIO (*pr.*, § 1 *et* 3, *de obl. quæ quasi ex del.*) ou QUASI EX CONTRACTU (*pr.*, § 2, 3 *et* 5, *h. t.*), et spécialement QUASI EX MUTUI DATIONE (*Gaius, fr.* 5, § 3, *de obl. et act.*), PERINDE AC SI MUTUUM EI DARETUR (§ 6, *h. t.*; V. § 1, *quib. mod. re contr.*), enfin que telle ou telle obligation naît

QUASI EX DELICTO, QUASI EX CONTRACTU (1). Cela signifie pour moi que cette personne est obligée comme elle le serait par un délit ou par un contrat, et spécialement par un *mutuum*, enfin que son obligation se forme telle que la formerait un contrat ou un délit. Vinnius a fait la même observation sans y attacher la même importance; mais je crois devoir insister, moins pour l'exactitude des mots que pour celle des idées.

1093. En effet, lorsqu'on adopte les expressions quasi-contrat et quasi-délit, comme équivalant aux locutions textuelles *quasi ex contractu*, *quasi ex delicto*, on arrive à dire que certaines personnes sont obligées par un quasi-contrat ou par un quasi-délit, ce qui suppose un

(1) *Quasi ex contractu nascuntur*, se dit par contraction. La phrase grammaticalement construite serait : NASCUNTUR QUASI *nascerentur* EX CONTRACTU; ainsi par exemple celui à qui, par erreur, je paie ce qui n'est pas dû, devient mon débiteur, *quasi ex contractu debere videtur;* et le texte expliquant ces paroles, ajoute : *perinde.... obligatur ac si mutuum ei daretur* (§ 6, *h. t.*), *perinde ac si mutuum accepisset* (§ 1, *quib. mod. re contr.*). Il n'est pas inutile de prévenir que, parmi les jurisconsultes romains, Gaius seul emploie cette locution. Ulpien et plusieurs autres, en parlant des mêmes obligations, se servent souvent du mot contrat (v. *Ulp. fr.* 23, *de reg. jur.*; *fr.* 3, *quib. ex caus. in poss.*; *Paul. fr.* 49, *de obl. et act.*; *fr.* 16, *de negot. gest.*) : ainsi, par exemple, ils disent que l'héritier contracte avec les légataires (*contrahere videtur*, *Ulp. fr.* 3, § 3; *Paul. fr.* 4, *quib. ex caus. in poss.*); mais alors ils parlent de l'héritier volontaire qui fait adition ou de l'héritier sien qui s'immisce. Dans les différents cas où l'obligation contractée par une personne permet d'agir contre d'autres (v. *liv.* 4, *tit.* 7), Ulpien dit encore, que l'on a contracté avec ces dernières (*d. fr.* 3, § 1 *et* 2, *eod.*) du moins en quelque sorte (*quodammodo; fr.* 1, *quod. juss.*), et qu'on les poursuit *quasi cum ipsis contractum videatur* (*fr.* 1, *de in rem vers.*). Entend-on par là que l'action *de peculio* et autres actions semblables naissent d'un quasi-contrat? non sans doute : cela signifie que le défendeur est tenu et poursuivi comme s'il avait contracté.

fait antérieur à l'obligation dont il devient la cause et l'origine, fait licite ou illicite, et assimilé d'après cette distinction tantôt aux contrats, tantôt aux délits. Ainsi, par exemple, on a défini le quasi-contrat tout fait non répréhensible qui, sans aucune convention, oblige son auteur envers d'autres et quelquefois aussi les autres envers lui, par suite d'un consentement que font présumer des motifs d'utilité ou d'équité (v. *Vinnius hic*, *n*° 4 *et* 5; *Heineccius, elem. jur.* 966). Cette définition semble faite pour l'obligation *negotiorum gestorum :* la gestion est un fait volontaire et non répréhensible, qui produit des obligations réciproques entre le gérant et ceux dont on a géré l'affaire. On pourrait donc admettre que l'obligation *negotiorum gestorum* naît d'un quasi-contrat, en ce sens que les circonstances où elle se forme permettent de présumer un consentement qui n'existe pas; mais cette présomption est-elle toujours admissible? Les obligations dont un héritier est tenu, soit envers ses cohéritiers, soit envers les légataires (§ 4 *et* 5, *h. t.*), dérivent-elles constamment d'un fait volontaire et d'un consentement présumé? non, sans doute, puisqu'elles ne sont pas imposées à une seule classe d'héritiers. Si les externes s'y soumettent volontairement par leur adition, les héritiers nécessaires en sont tenus *ipso jure,* bon gré mal gré. Les obligations du tuteur sont pareillement indépendantes de son fait et de sa volonté; car on est tuteur malgré soi, et celui qui n'a point administré ou qui n'a pas même été chargé de l'administration, n'en est pas moins soumis à l'action de tutelle (*Alex.* C. 1, *si tut. vel cur. non gess.*). Il serait donc très-difficile de définir quel est ici le quasi-contrat ou le fait volontaire qui donne naissance à l'obligation, et plus difficile encore d'expliquer pourquoi le fait du curateur qui a géré ne constitue pas un quasi-contrat spécial (1098).

La vérité est qu'en assimilant certaines obligations à celles qui naissent d'un contrat ou d'un délit, Gaius n'entend pas constater l'existence de ces faits ou actes indéfinissables et purement rationnels, pour ne pas dire purement imaginaires, qui depuis ont été appelés quasi-contrat ou quasi-délit; le jurisconsulte est surtout bien éloigné de les considérer comme la cause et l'origine des obligations. Ainsi, en parlant des tuteurs et des héritiers (§ 2 *et* 5, *h. t.; Gaius, fr.* 5, § 1 *et* 2, *de obl. et act.*), il commence par déclarer qu'ils sont tenus; puis il observe que ce n'est pas un contrat qui les oblige, mais que ce n'est pas non plus un délit, et cette circonstance lui suffit pour dire qu'ils sont tenus *quasi ex contractu*. Il n'établit pas l'origine de l'obligation, ou plutôt il l'établit négativement, pour décider que cette obligation aura l'effet qu'elle aurait si elle naissait d'un contrat. Il y a donc similitude; et pourquoi ne pas dire alors qu'il y a *quasi-contrat?* Si l'on veut exprimer ainsi la similitude des résultats, j'y consens; mais remarquons alors que le quasi-contrat devient un effet, et non pas une cause; remarquons que le quasi-contrat résulte de l'obligation, et non pas l'obligation du quasi-contrat.

1094. Pour caractériser les obligations dont il est question dans ce titre, je ne dirai donc point qu'elles dérivent d'un quasi-contrat, mais je dis avec le texte qu'elles se forment comme elles se formeraient par un contrat, et j'exprime alors une idée juste, parce que l'expression indique la nature de l'obligation et ses résultats, indépendamment de son origine et des causes diverses qui l'ont formée. En effet, les obligations qui ne naissent ni d'un contrat ni d'un délit, dérivent, suivant Gaius (*fr.* 1, *de obl. et act.*), PROPRIO QUODAM JURE, EX VARIIS CAUSARUM FIGURIS : *proprio quodam jure,* c'est-à-dire de certaines dispositions spécialement établies par le droit civil ou par le droit honoraire (939), et c'est indépendamment de leur origine, qu'on distingue parmi ces obligations celles qu'on doit assimiler aux contrats, celles qu'on doit assimiler aux délits. Pour cela on examine d'abord s'il existe une faute imputable à la personne obligée (*peccasse aliquid; pr., de obl. quasi ex del.*; *aliquatenus culpæ reus est;* § 3, *eod.*), et dans ce cas on la déclare tenue QUASI EX MALEFICIO (*pr.*, § 1 *et* 3, *eod.*); dans le cas contraire, l'obligation est assimilée aux obligations formées par un contrat, et il suffit pour cela qu'elle ne naisse pas d'un délit, *quia non ex maleficio substantiam capiunt* (*pr., h. t.*), *quia non ex maleficio tenentur* (§ 2, 3 *et* 5, *h. t.*; v. *Gaius, fr.* 5, § 1 *et* 2, *de obl. et act.*).

Telles sont les obligations que produisent la gestion d'affaires (§ 1), la tutelle (§ 2), l'indivision d'une chose (§ 3) ou d'une hérédité (§ 4), l'existence des legs (§ 5), et l'acquisition d'un objet indûment payé (§ 6 *et* 7).

§ I.

1095. Gérer les affaires d'une personne, c'est faire ce qu'il y a nécessité ou du moins utilité de faire pour elle, comme payer ses dettes, se porter fidéjusseur envers ses créanciers, etc. Souvent nous gérons les affaires dont on nous a chargés, et alors nous remplissons un mandat. Quelquefois, au contraire, nous gérons les affaires d'une personne à son insu et en son absence, par conséquent sans mandat : dans ce cas, il y a gestion d'affaires, *negotia gesta;* et cette gestion, dans l'intérêt même de ceux pour qui elle est entreprise, produit deux actions *negotiorum gestorum*, l'une directe et l'autre *contraria*, qui sanctionnent deux obligations respectives (*text. hic*), comme dans le mandat, mais plus rigoureuses pour le gérant que pour le mandataire. En effet, on ne doit pas au premier comme au second toutes les dépenses qu'il a faites; on lui rembourse uniquement celles qui présentaient une utilité réelle (*utiliter gesserit*; *text. hic*; v. *Ulp. fr.* 45; *Paul. fr.* 25, *de negot. gest.*) au moment où il les a faites, sans avoir égard soit à l'opinion du gérant sur l'utilité de ces mêmes dépenses, soit aux événements postérieurs qui les ont rendues infructueuses (*Ulp. fr.* 10, § 1, *eod.*).

1096. Ceux dont l'affaire est ainsi gérée se trouvent donc obligés à leur insu (*etiam ignorantes*, *text. hic*), sans consentement, et lors même qu'ils seraient incapables de consentir, comme les fous (1); mais la gestion entreprise malgré les personnes qui ont une volonté, ne les soumet à aucune action (*Paul. fr.* 40, *mand.*; *Ulp. fr.* 8, § 3, *de neg. gest.*; *Justin.* C. 24, *eod.*).

Leur intention n'est donc pas absolument indifférente. Celle du gérant l'est encore moins : en effet celui qui gère pour exercer sa libéralité ou pour remplir un devoir, ne répète point ce qu'il a dépensé, soit pour faire une donation (*animo donandi*; *Ulp. fr.* 4, *de neg. gest.*), soit pour satisfaire à ce qu'exigent l'amitié, la reconnaissance ou une juste affection (2). Le gérant n'obtient une

---

(1) *Ulp. fr.* 3, § 5, *de negot. gest.*; *Pomp. fr.* 24, *de obl. et act.* Quand au pupille v. 1099.

(2) V. *Ulp. fr* 44, *de neg. gest.*; *Sev. et Anton.* C. 1, *eod.* Le mari qui soigne son épouse malade, l'affranchi qui nourrit son patron, et en général celui qui fournit des aliments à ses parents, n'a point l'action

action que contre les personnes auxquelles il a voulu rendre service (1), et par lesquelles il a entendu se faire indemniser.

Ainsi, lorsqu'en agissant pour Titius ou pour moi-même, je fais une chose utile à d'autres personnes que je n'ai pas en vue, je n'oblige pas ces dernières, du moins dans la rigueur du principe (v. *Julian. fr.* 6, § 4, *de neg. gest.*); mais par équité on m'accorde l'action *negotiorum gestorum* utile *in factum* (*Paul. fr.* 22, § 10, *mand.*; v. *Ulp. fr.* 5, § 2; *fr.* 45, § 2; *Julian. fr.* 6, § 3, 6, 7 *et* 8, *eod.*; *Afric. fr.* 46, *de neg. gest.*).

1097. Si le gérant oblige ceux dont il a géré l'affaire, il s'oblige aussi à rendre compte de son administration, comme le mandataire et peut-être plus sévèrement encore, puisque le gérant est sans aucun doute soumis à toute la prévoyance d'un bon père de famille (*omnem diligentiam; Philip.* C. 24, *de usur.*; v. 1074); car les soins qu'il donne habituellement à ses propres affaires ne suffisent pas lorsqu'il n'est pas aussi diligent que tout autre (2). Cette responsabilité diminue lorsque des cir-

---

negotiorum gestorum contre les personnes spécialement obligées de subvenir aux frais de nourriture et de maladie (*Modest. fr.* 27, § 1; *Server. et Anton., Alex., Gordian.* C. 5, 11 *et* 15, *de neg. gest.*).

(1) Celui qui s'immisce dans mes affaires *deprædandi causa*, s'oblige envers moi sans m'obliger envers lui. Je lui demanderai compte par l'action *negotiorum gestorum* directe, et il n'aura l'action contraire que pour ce dont je me trouverais enrichi (*Julian. fr.* 6, § 3, *de neg. gest.*).

(2) *Si modo alius diligentior commodius administraturus esset negotia.* On a cru voir dans ces derniers mots l'hypothèse extraordinaire d'un gérant qui s'immisce au moment où une personne plus diligente allait prendre l'administration. Pothier (3 *pand.* 5, *n*° 51), dans l'intérêt du sytème qu'il avait adopté, restreint à ce cas particulier

constances urgentes ont pour ainsi dire nécessité l'intervention du gérant dans les affaires d'un parent ou d'un ami, dont les biens allaient être vendus (*Ulp. fr.* 3, § 9, *de neg. gest.*); dans ce cas, on est tenu seulement du dol. Réciproquement, les cas fortuits, dont le gérant n'est pas ordinairement responsable (*Diocl. et Max.* C. 22, *eod.*; v. *Paul. fr.* 37, § 1, *eod.*), sont imputés à celui qui hasarde, pour l'absent, des opérations étrangères aux habitudes de ce dernier (*Pomp. fr.* 11, *eod.*). C'est que le gérant commet par cela seul une faute, et cette faute, conformément au principe antérieurement expliqué (946), expose celui qui la commet à tous les risques qu'il aurait évités en ne la commettant pas.

§ II.

1098. Le tuteur ne représente pas les pupilles, quoiqu'il gère et administre leurs affaires. S'il fait une opération quelconque, il la fait comme le mandataire ou le *negotiorum gestor*, en son propre nom; s'il prend des engagements, c'est lui-même qu'il oblige, sauf l'indemnité que lui devront les pupilles, par exemple, s'il a fait des avances pour eux, s'il a engagé ses biens (*text. hic*). Le gérant, volontairement immiscé dans une ou plusieurs affaires, peut négliger les autres sans encourir aucune

---

la décision de notre texte; mais il est aisé de voir que Justinien raisonne ici, à l'égard du gérant, comme il a raisonné précédemment à l'égard du commodataire (§ 2, *quib. mod. re*). L'un et l'autre, à la différence des associés (§ 9, *de soc.*), doivent à la chose ou aux affaires d'autrui plus de soin qu'ils n'en ont habituellement pour eux-mêmes; mais évidemment cette distinction s'applique aux personnes qui n'ont pas pour leurs propres affaires tout le soin possible, car autrement on ne pourrait rien exiger de plus.

responsabilité (1); mais les tuteurs pour qui l'administration est un devoir, doivent compte de ce qu'ils ont fait et même de ce qu'ils ont omis (*Ulp. fr.* 1, *de tutel. et rat.*; *fr.* 10, *de adm. et peric.*). Ils répondent de tous les soins d'un bon père de famille (2), excepté lorsqu'en cherchant à placer les deniers du pupille, ils font avec bonne foi une acquisition désavantageuse. Ils ne sont tenus à cet égard que de la faute grave (*Ulp. fr.* 7, § 2, *de adm. et peric.*).

L'action *tutelæ* ne s'intente pas tant que la tutelle n'est pas finie, soit par la puberté du pupille, soit de toute autre manière (§ 7, *de atil. tut.*; *Paul. fr.* 4, *de tut. et ration.*; *Ulp. fr.* 7, § 1; *fr.* 9, *pr.*, § 1 *et seq.*, *eod.*). Il en est de même relativement au curateur des mineurs de vingt-cinq ans (*Sever. et Ant.*; C. 2, *de adm. tut.*; *Philip.* C. 14, *eod.*), tandis que le curateur des fous peut être tenu de rendre compte pendant la durée même de sa gestion (v. *Paul. fr.* 4, § 3, *de tut. et ration.*), sans doute parce qu'elle ne finit pas à un âge déterminé. Remarquez du reste que la gestion des curateurs ne produit aucune action spéciale : on agit contre eux par l'action *negotiorum gestorum* utile (*Paul. d. fr.* 4, § 3, *de tutel. et rat.*; *Ulp. fr.* 3, § 5, *de neg. gest.*).

1099. Les tuteurs, soumis à une action directe, ont respectivement l'action *tutelæ contraria* (*Ulp. fr.* 1, *pr.* et § 2, *de contrar. tut.*). Dans ce cas, chose remarquable, le

(1) *Diocl. et Max.* C. 20, *de neg. gest.* Cette règle générale souffre quelques exceptions (v. *Julian. fr.* 6, § 12; *Ulp. fr.* 8; *Paul. fr.* 13; *Pap. fr.* 31, § 2, *de neg. gest.*).

(2) *Callistr. fr.* 33, *de adm. et peric.*; *Diocl. et Max.* C. 7, *arbitr. tut.* Ulpien semble se contredire (v. *fr.* 10, *de adm. et peric.*; *fr.* 1, *de tut. et ration.*).

pupille se trouve obligé sans autorisation (*Ulp. fr.* 1, *de contrar. tut.*). Il n'en est pas ainsi dans les contrats, ni même dans toutes les obligations formées *quasi ex contractu* (v. 1100) : le paiement d'une chose indue, le prêt reçu et la promesse faite par un pupille non autorisé ne l'obligent pas civilement (§ 1, *quib. mod. re contr.*; § 9, *de inutil. stip.*); seulement, lorsqu'il est devenu plus riche, cette circonstance suffit, depuis Antonin-le-Pieux, pour que l'obligation naturelle du pupille produise action jusqu'à concurrence de tout ce dont il se trouve enrichi au moment de la *litis contestatio* (*Ulp. fr.* 1 *et* 5, *de auct. tut.*; *Paul. fr.* 37, *de negot. gest.*). Telle est aussi l'obligation qu'impose au pupille la gestion de ses affaires (*Paul. d. fr.* 37; *Sev. et Anton.* C. 2, *eod.*); mais ici, envers son tuteur, le pupille se trouve obligé par l'administration même, et civilement obligé (*Ulp. fr.* 1, *de contrar. tut.*) pour la totalité des dépenses utilement et raisonnablement faites (*Ulp. fr.* 2, *ubi pupil. ed.*; *Anton.* C. 3, *de admin. tut.*), quel que soit d'ailleurs l'événement (*Ulp. fr.* 3, § 7, *de contrar. tutel.*).

§ III ET IV.

1100. Lorsqu'une chose appartient en commun à plusieurs personnes, les fruits et en général les profits que chacun des intéressés devrait recueillir pour sa part, comme les dépenses que chacun devrait faire aussi pour sa part, sont quelquefois recueillis ou quelquefois faites pour la totalité par un seul. Ce dernier se trouve alors obligé à tenir compte aux autres de tous les bénéfices qu'il a tirés de leur part (§ 3, *h. t.*; *Paul. fr.* 56; *Ulp. fr.* 22, *famil. ercisc.*) comme de toutes détériorations ou pertes arrivées par sa faute (§ 4, *de off. jud.*;

Diocl. et Max. C. 19, *famil. ercisc.*). Réciproquement ils sont tenus envers lui à raison des dépenses qu'il a faites pour l'entretien et la conservation des choses communes (§ 3, *h. t.*; *Ulp. fr.* 4, § 3, *commun. divid.*). Il existe dans ces différents cas, une sorte de gestion qui produit des engagements réciproques, comme la gestion d'affaires proprement dite (v. *Diocl. et Max.* C. 18, § 1, *famil. ercisc.*), sans imposer la même responsabilité; car ceux à qui appartient la chose commune, ont pour administrer cette chose un intérêt, et conséquemment un motif que l'affaire d'autrui n'offre pas au *negotiorum gestor* : aussi leur demande-t-on seulement le soin qu'ils ont ordinairement pour eux-mêmes (*Paul. fr.* 25, § 16, *famil. ercisc.*), et chacun d'eux, lorsqu'il administre la chose commune, oblige ses copropriétaires sans leur consentement, sans le consentement de leur curateur ou sans l'autorisation de leur tuteur (v. *Paul. fr.* 46, *de obl. et act*; *fr.* 29, *commun. div.*; *Ulp. fr.* 33, *pro soc.*).

Les obligations dont nous venons de parler donnent lieu, entre les copropriétaires d'un objet particulier, à l'action *communi dividundo*; entre cohéritiers, à l'action *familiæ erciscundæ*. Ces deux actions ont encore un autre but; nous aurons donc occasion de les considérer plus loin sous un autre rapport (§ 20, *de action.*; § 4 et 5, *de offic. jud.*).

§ V.

1101. Les héritiers, de quelque manière que l'hérédité leur soit acquise, nécessairement ou par leur adition, sont tenus des obligations du défunt et des legs faits par ce dernier.

Les obligations passent à l'héritier telles qu'elles existaient sur la personne du défunt; elles conservent la même cause et les mêmes effets : aussi les créanciers ont-ils contre l'héritier l'action qu'ils avaient précédemment contre son auteur, et dans ce sens leurs actions sont dites héréditaires (*Dec.* C. 2, *de hered. act.*) par opposition à l'action des légataires qui n'ont jamais eu aucun droit contre le défunt. L'obligation dont l'héritier est tenu envers eux ne lui est point transmise; elle commence en sa personne (v. *Paul. fr.* 40, *de obl. et act.*), et comme elle ne résulte ni d'un délit ni d'un contrat, on déclare ici que l'héritier en est tenu *quasi ex contractu* (*text. hic*).

De cette obligation naît, pour le légataire comme pour le stipulant, une action qui sera soit la *condictio certi* ou condiction proprement dite, par laquelle le légataire soutient que l'héritier doit lui transférer la propriété des objets légués (*Gaius*, 2 *inst.* 204), soit la condiction *incerti* qui prend ici le nom d'action *ex testamento* (v. *Gaius*, 2 *inst.* 213), comme précédemment elle a pris celui d'action *ex stipulatu* (957).

1102. Nous avons vu que chaque légataire agit ou par action personnelle, ou lorsque la propriété lui a été directement transférée, par la revendication (690); dans ce dernier cas même, on lui donne le choix (*Julian. fr.* 84, § 13; *Paul. fr.* 85; *Afric. fr.* 108, § 2, *de legat.* 1°; *Pap. fr.* 76, § 8, *de legat.* 2°). Cette option peut être considérée comme une conséquence éloignée du sénatus-consulte Néronien, qui valide, en les considérant comme faits *per damnationem*, tous les legs que l'emploi d'une autre forme aurait rendu inutiles (694; *Gaius*, 2 *inst.* 197; *Ulp.* 24, *reg.* 11). Ces legs produisaient, en vertu du sénatus-consulte, une action personnelle; et plus tard cette action qui dérivait d'un legs irrégulier, dut à plus forte raison dériver aussi d'un legs valablement fait *per vindicationem*. Alors le légataire avait ou l'action réelle d'après la nature même du legs, ou s'il préférait considérer ce legs comme ayant été fait *per damnationem*, l'une des deux condictions que nous avons distinguées (v. *Pap. fragm. vatic.* § 85).

§ VI.

1103. La translation de propriété a toujours un but; et quand ce but n'est pas rempli, l'équité nous autorise à répéter ce que nous avons aliéné UT ALIQUID OBTINGAT (*Paul. fr.* 35, § 3, *de mort. caus. don.*). De là une obligation qui n'existe pas entre le donataire et le donateur, parce que celui-ci, en transférant sa propriété, remplit par cela seul le but qu'il s'est proposé (v. *Ulp. fr.* 18, *de donat.*); mais, hors le cas de donation entre vifs et même dans la donation à cause de mort, celui qui a reçu la propriété se trouve obligé de la remettre, lorsque les évènements prévus ne se réalisent pas (489; *Paul. d. fr.* 35, § 3, *de mort. caus. donat.*). C'est ainsi que dans l'échange, et dans plusieurs autres contrats innommés (v. *Ulp. fr.* 3, *de condict. caus. dat.*), on agit par condiction pour reprendre ce qu'on a transféré dans une intention qui n'est pas remplie (1).

---

(1) V. 1059. Il s'agit ici des choses tranférées dans un but licite et honnête, *ob rem non inhonestam* (*Ulp. fr.* 1, *eod.*; *Paul fr.* 1, § 1, *de cond. ob turp. caus.*). Dans le cas contraire, s'il y a turpitude à recevoir, on ne peut, même après avoir rempli le but de la dation, se dispenser de rendre ce qu'on a reçu *ob turpem causam* (*Paul. d. fr.* 1, § 2; *fr.* 9; *Ulp. fr.* 2; *fr.* 4, § 2, *eod.*); mais quand la turpitude est réciproque, les

Dans le *mutuum*, la même action se donne en vertu de la convention qui accompagne la dation. Il en sera de même si, en recevant un paiement, on convient de restituer ce qui, d'après une vérification ultérieure, se trouverait n'avoir pas été dû. Dans ces deux cas, l'obligation et l'action résultent d'un véritable contrat (*Ulp. fr.* 2, *de cond. indeb.*); mais, indépendamment de toute convention, la même obligation se forme par le paiement même, entre les parties qui, loin de contracter, veulent et croyent dissoudre une obligation qui n'existe pas (*text. hic*; § 1, *quib. mod. re contr.*). En effet celui qui se croit débiteur paie pour se libérer, et n'atteint pas son but; on lui permettra donc de répéter, et la condiction qui dans ce cas se nomme *indebiti*, est encore a même action, fondée sur cette règle d'équité qui défend de retenir ce qu'on a obtenu sans cause (*sine causa*; *Pap. fr.* 66, *de cond. indeb.*; *Ulp. fr.* 1 *et* 2, *de cond. sine caus.*), ou pour une cause et dans un but qui ne s'est pas réalisé (*causa data*, *causa non secuta*; *Ulp. d. fr.* 1, § 1 *et* 2; *Afric. fr.* 4, *eod.*; *Paul. fr.* 9, *de cond. caus. dat.*; *Pomp. fr.* 52, *de cond. ind.*).

Nous supposons ici que celui qui a payé voulait se libérer, et conséquemment croyait devoir : aussi la répétition qu'autorise son erreur (1) se refuse-t-elle à qui-

---

parties se trouvant dans la même position, ne peuvent agir l'une contre l'autre, et la répétition cesse (*Paul. fr.* 3, *eod.*; *Anton.* C. 2, *eod.*). Elle cesse à plus forte raison lorsque la turpitude réside exclusivement dans la personne qui aliène (*Ulp. fr.* 4, § 3, *eod.*).

(1) *Per errorem* (*text. hic*; § 1, *quib. mod. re contr.*), c'est-à-dire par erreur de fait, selon plusieurs interprètes qui refusent la répétition pour erreur de droit. Cette distinction indubitablement établie pour les fidéicommis, notamment lorsqu'on a omis de déduire la quarte falcidie (*Paul. fr.* 9, § 5, *de jur. et fact.*; *Gord.* C. 9, *ad leg. falcid.*; v. *Diocl.*

conque paie ce dont il sait n'être pas débiteur (*Ulp. fr.* 1, § 1, *de condict. indeb.*). Ce dernier ne veut pas se libérer; il fait une donation plutôt qu'un paiement (*Paul. fr.* 53, *de reg. jur.*).

1104. En général, le créancier a une action pour exiger la chose due; quelquefois aussi on lui refuse l'action, mais on l'autorise à retenir lorsqu'elle est entre ses mains, la chose qu'il ne pourrait pas demander. Ce droit de rétention suffit pour nous dispenser de rendre ce qu'on nous a payé (*Pomp. fr.* 51, *de condict. indeb.*), parce qu'il caractérise une obligation naturelle dont le paiement n'admet aucune répétition (*Julian. fr.* 16, § 4, *de fidej.*; *Ulp. fr.* 26, § 12, *de condict. ind.*). En effet, c'est pour accorder ou refuser une condiction fondée sur l'équité (*Pap. fr.* 66, *eod.*), qu'on examine si la chose est due ou indue : cette question se décide alors d'après les règles du droit naturel (*Tryph. fr.* 64, *eod.*), et l'on

---

et Max. C. 7, *de condict. indeb.*), paraît s'appliquer en règle générale, à tous autres paiements, d'après les constitutions de Constantin et Maximien (C. 6 *et* 10, *de jur. et fact. ign.*; v. *Diocl. et Max.* C. 6, *de condict. ind.*); mais le Digeste et les Institutes parlent toujours de l'erreur sans distinction (*text. hic*; § 1, *quib. mod. re contr.*; *Ulp. Pomp., Cels., Pap. fr.* 1; *fr.* 7, 47, 54 *et* 59, *de condict. ind.*). Ils semblent donc autoriser la répétition pour erreur de droit (*Tryph. fr.* 64, *de cond. ind.*; *Pap. fr.* 5, *pr. et* § 1, *de cond. sine caus.*). Ulpien (*fr.* 1, *ut in poss. legat.*) l'accorde même expressément, mais *benigne* et après avoir douté. Sa décision semble établir une exception plutôt qu'un principe.

Au surplus, et indépendamment des autorités, je ne comprends pas que la nature de l'erreur rende la répétition plus ou moins équitable. L'ignorance du droit ne profite à personne, en ce sens qu'on ne peut s'en prévaloir pour acquérir, et par exemple pour l'usucapion (469; *Pomp. fr.* 4, *de jur. et fact.*); mais réciproquement, elle ne nuit pas lorsqu'on cherche à éviter des pertes, et n'empêche personne de réclamer ce qui lui appartient (*Papin. fr.* 7 *et* 8, *de jur. et fact.*).

considère comme dû l'objet de plusieurs obligations méconnues par le droit civil (v. *Afric. fr.* 38, § 1 *et* 2, *eod.*), notamment celles dont il sera question plus loin (*liv.* 4, *tit.* 7).

Réciproquement, certaines obligations obtiennent ou conservent, d'après le droit civil, une existence ou des effets contraires à l'équité; dans ce cas, le droit honoraire paralyse l'action du demandeur par une exception péremptoire ou perpétuelle (v. § 1, 2, 3 *et* 9, *de except.*), et si le débiteur que l'équité ne considère pas comme tel, paie par erreur, on lui accorde la répétition (*Ulp. fr.* 26, § 3 *et* 7; *Julian. fr.* 32, § 1, *de condict. indeb.*).

1105. En répétant par condiction ce qu'il a indûment payé, le demandeur agit comme s'il avait fait un *mutuum*, par la même action (*Gaius*, *fr.* 5, § 3, *de obl. et act.*) et en soutenant DARE OPORTERE (§ 1, *quib. mod. re contr.*). Or, si l'on se rappelle d'une part que le *mutuum* suppose une translation de propriété (943), et si l'on observe d'autre part que le propriétaire, lorsqu'il agit pour obtenir sa propre chose, ne peut pas soutenir DARE OPORTERE (§ 14, *de action.*), on reconnaîtra que ce paiement, quoique fait par erreur, n'en a pas moins transféré la propriété. En effet le paiement, comme le *mutuum*, suppose une aliénation : celui qui veut payer veut donc transférer la propriété, et cette volonté produit son effet, parce qu'on examine ce que le propriétaire a voulu, sans chercher pourquoi il a voulu (389, 1243; v. § 1, *de except.*). L'erreur qui a déterminé sa volonté autorise la répétition, mais n'empêche pas que cette chose, donnée en paiement par son propre maître, ne soit acquise à celui qui la reçoit (*Procul. fr.* 53, *de cond. ind.*). Cela est si vrai que le paiement fait par erreur avec la chose d'autrui donne lieu à l'usucapion (*Pomp. fr.* 3, *pro suo*).

Les fous, les prodigues interdits et les pupilles non autorisés, conservent la propriété des choses par eux dûment ou indûment payées : aussi peuvent-ils les revendiquer tant qu'elles existent (*Ulp. fr.* 14, § 8, *de solut.*; *fr.* 29, *de condict. indeb.*). Lorsqu'elles ont été consommées de bonne foi, la revendication cesse; ceux qui étaient débiteurs sont libérés (506; *Ulp. d. fr.* 14, § 8); ceux qui ne devaient rien, deviennent créanciers, et la condiction leur appartient pour répéter ce qu'ils ont indûment payé par erreur, où même sciemment.

En effet, la répétition ne dépend plus alors de cette distinction, mais de la condition des personnes (*Ulp. d. fr.* 29).

1106. Réciproquement, la répétition n'a pas lieu lorsque la personne qui reçoit le paiement est incapable de s'obliger. Tel est, par exemple, le pupille qui emprunte ou qui reçoit, sans l'autorisation de son tuteur, une chose indûment payée (*Gaius*, 3 *inst.* 91; *Licin. Ruf. fr.* 59, *de obl. et act.*); il n'est donc pas soumis à la condiction (§ 1, *quib. mod. re contr.*) si ce n'est en vertu de la constitution d'Antonin-le-Pieux, c'est-à-dire, jusqu'à concurrence de ce dont il se trouve plus riche (1099; v. *Paul. fr.* 13, § 1; *Pomp. fr.* 14, *de cond. ind.*).

§ VII.

1107. Il est certaines obligations que le débiteur ne peut nier sans s'exposer à une condamnation au double, et dans ce sens on dit : *lis inficiando crescit* (*text. hic.*; v. § 26, *de action.*; § 1, *de pœn. tem. lit.*).

En pareil cas, le paiement volontaire procure un double avantage; il libère le débiteur, et lui évite la nécessité d'un second paiement. L'incertitude des jugements humains et la crainte de payer deux fois, nous déterminent souvent à payer volontairement, lors même que nous croyons ne pas devoir. En pareil cas nous payons, sinon pour nous libérer, du moins pour acheter notre sécurité; ce n'est donc pas sans cause que nous payons, et comme on ne répète pas ce qu'on a payé par transaction, pour éviter un procès, quelque peu fondé qu'il fût (*Paul. fr.* 65, § 1, *de condict. ind.*), on ne répète pas davantage ce qu'on a payé, même indûment, dans les cas où *lis inficiando crescit*, cas dont notre texte présente une énumération incomplète (v. *Paul.* 1 *sent.* 19, § 1, *Gaius*, 4 *inst.* 171), sur laquelle nous reviendrons plus loin (§ 26, *de action.*). Remarquez toutefois comment Justinien applique aux legs faits *locis venerabilibus* ce que l'ancien droit appliquait au legs *per damnationem* (1242).

TITRE XXVIII.

Par quelles personnes on acquiert une obligation.

PR. ET § III.

1108. Nous avons vu précédemment (*liv.* 2, *tit.* 9) la propriété acquise par certaines personnes à une autre. La même règle s'applique aux créances des mêmes personnes, et par conséquent aux obligations dont on serait tenu envers elle. Aussi Justinien applique-t-il aux créances des fils de famille, la distinction précédemment établie (512) pour l'acquisition des choses corporelles,

Remarquons cependant qu'il n'admet ici ni usufruit ni propriété de la créance même : ces droits ne s'établissent pas sur l'obligation, mais sur son objet, sur la chose dont elle doit procurer l'acquisition ultérieure (*quod ex obligatione fuerit adquisitum ; pr. h. t.*) au moyen d'une action, dont l'exercice est réservé au père (*patre actionem movente ; pr. h. t. ; Justin.* C. 8, § 3, *de bon. quæ lib.*).

1109. Quant aux esclaves, le maître devient par eux créancier de tout ce qui leur est dû par suite d'une stipulation (§ 1, *de stip. serv.*) ou de tout autre obligation (*pr., h. t.*). Lorsqu'il existe plusieurs maîtres, la créance se divise entre eux en proportion de la part qui appartient à chacun dans l'esclave même (§ 3, *h. t.*), excepté lorsque celui-ci contracte nommément pour un de ses maîtres ou par ordre de l'un d'eux ; car alors c'est à ce maître seul qu'il acquiert (§ 3, *de stipul. serv.*). Cette opinion, généralement admise dans le premier cas, et combattue dans le second par les Proculéiens (*Gaius*, 3 *inst.* 167), est adoptée par Justinien (§ 3, *h. t.* ; C. 3, *per quas pers.*). Enfin, si l'un des maîtres se trouve dans l'impossibilité d'acquérir, par exemple, s'il est déjà propriétaire de la chose (989) ou s'il n'a point d'héritage auquel puisse s'attacher la servitude stipulée (*Pomp. fr.* 17, *de stip.*), la créance profite exclusivement aux autres maîtres (§ 3, *de stip. serv.*).

§ I ET II.

1110. Ce qu'on a dit précédemment pour l'acquisition de la propriété, soit par l'esclave d'autrui dont nous avons l'usufruit, soit par toute autre personne, libre ou esclave que nous possédons de bonne foi (519; § 4, *per quas pers.*), Justinien le répète ici pour l'acquisition d'une créance (1).

Ainsi nous acquérons certaines obligations par une personne libre que nous possédons de bonne foi, en la considérant comme notre esclave (§ 1, *h. t.*), ce qui exclut tacitement toute autre personne libre, parce que, comme nous l'avons vu, on ne peut rien acquérir *per liberam et extraneam personam*, si ce n'est la possession (§ 5, *per quas pers. nob. adq.*).

1111. Cette exception ne s'étend point aux obligations, ou du moins à toutes les obligations ; car dans le *mutuum* et dans plusieurs autres cas où l'obligation se forme par une dation, la nécessité a fait admettre un tempéramment remarquable. En effet, pour acquérir la condiction qui résulte du *mutuum*, il n'est pas absolument nécessaire que je transfère moi-même la propriété des écus que je veux prêter; il suffit que je les fasse transférer par une autre personne, notamment par un mien débiteur, que je charge de payer entre les mains de l'emprunteur. Dans ce cas, les écus que ce dernier reçoit ne m'ont jamais appartenu, et néanmoins il sera tenu envers moi, comme si la somme dont il s'agit avait été comptée d'abord à moi par mon débiteur, et ensuite par moi-même à l'emprunteur (*Ulp. fr.* 15, *de reb. cred.*;

(1) Les mots *vel usum,* intercalés dans le § 2, *h. t.*, semblent assimiler l'usager à l'usufruitier, en accordant au premier tout ce que l'esclave acquiert *ex duabus causis.* Il est certain, au contraire, que l'usager acquiert par l'esclave, non ce qui provient *ex operis ejus,* mais seulement ce qui provient *ex re sua* (518; *Ulp. fr.* 14, *de us. et habit.*) : aussi les mots *per usum* ne se trouvent-ils point dans Gaius (3 *inst.* 164, 165). Voyez cependant Théophile.

v. *Afric. fr.* 34, *mandat.*). Au lieu de faire passer la chose de main en main, on la transfère une fois pour toutes à la personne qui doit avoir cette chose en dernier lieu; on fait deux aliénations, deux traditions en une seule, *celeritate conjungendarum inter se actionum unam occultari* (*Ulp. fr.* 3, § 12 *et* 13, *de donat. inter vir. et ux.*). Alors il y a tradition de brève main, fiction sans le secours de laquelle nul ne peut acquérir la condiction *per extraneam personam* (v. *Ulp. fr.* 43, § 1, *de jur. dot.*).

TITRE XXIX.

De quelles manières s'éteint une obligation.

1112. Il arrive souvent qu'une obligation conserve une existence et des effets conformes à la rigueur du droit civil et contraires à l'équité; alors il serait inique de condamner le débiteur, et cependant l'action donnée contre lui en cette qualité l'exposerait à une condamnation inévitable, si le préteur ne modifiait par une exception la rigueur de la formule (§ 1, 2, 3, 4 *et* 5, *de except.*). Dans ces différents cas l'action n'a aucun résultat, et l'obligation peut être considérée comme indirectement éteinte; néanmoins les textes déclarent que le débiteur reste obligé (*d.* § 1, 2, 3, 4 *et* 5, *eod.*).

Ici, au contraire, il s'agit des obligations éteintes *ipso jure* dans le sens le plus direct et le plus absolu, de celles à qui le droit civil ne reconnaît plus d'existence; en sorte que le juge, ne trouvant plus de débiteur, serait dans l'impossibilité de condamner celui qu'on actionne comme tel, et absoudrait le défendeur indépendamment de toute exception.

Parmi les modes d'extinction dont s'occupe notre titre, quelques-uns s'appliquent à toutes les obligations (*pr.*, *et* § 2); les autres dissolvent seulement les obligations verbales (§ 1), ou les obligations consensuelles (§ 4).

PR.

1113. Les mots *solvere* et *solutio*, dans leur acception la plus étendue, expriment la rupture du lien qui constituait l'obligation, et l'extinction de celle-ci par un moyen quelconque (938). Dans un sens moins général, les mêmes expressions indiquent la libération la plus naturelle de toutes, celle qu'on obtient par l'accomplissement même de l'obligation, lorsque le débiteur exécute ce dont il est tenu (*Ulp. fr.* 176, *de verb. sign.*); enfin *solvere* et *solutio* signifient, à proprement parler, l'accomplissement de l'obligation qui consiste spécialement *ad dandum*. C'est en ce sens qu'est pris le mot paiement, lorsqu'on dit que pour payer il faut transférer la propriété (506).

1114. Nous avons vu que le paiement peut être fait au créancier, et aux personnes désignées par la convention même (1007) ou par le mandat du créancier (1088), et enfin que le paiement fait soit aux personnes qui n'ont pas qualité pour recevoir (§ 10, *de mandat.*), soit au créancier lui-même lorsqu'il est incapable d'aliéner (504), n'éteint pas l'obligation. Les mêmes distinctions ne sont pas applicables à la personne qui paie : qu'il soit fait par le débiteur même ou par tout autre au nom du débiteur (1), de son aveu, à son insu ou

(1) Celui qui paie en son nom la dette d'autrui, *quasi ipse debeat* *Paul. fr.* 65, § 9, *de cond. ind.*), paie indûment; il en résulte que le

même malgré lui, le paiement éteint la dette (*text. hic*; *Gaius*, *fr.* 39, *de negot. gest.*; *fr.* 53, *de solut.*; *Pomp. fr.* 23, *eod.*) et libère, avec le débiteur même, ses fidéjusseurs et autres personnes *qui pro eo intervenerunt* (*text. hic*; *Ulp. fr.* 43, *de solut.*), sauf le recours que ces personnes pourront exercer, à raison de ce paiement même, par l'action de mandat ou par l'action *negotiorun gestorum* (1024).

Le paiement s'opère indépendamment de la volonté du créancier, et même malgré lui, lorsqu'on paie ce qui est dû (*solutione ejus quod debetur, text. hic*), c'est-à-dire tout ce qui est dû; car, en règle générale, le créancier n'est pas forcé de recevoir soit une chose pour une autre (1), soit une portion de la chose due (2). Ce

---

créancier, tenu à la restitution, conserve son action contre le débiteur (*Pomp. fr.* 19, § 1, *eod.*).

(1) *Paul. fr.* 99, *de solut.*; *Diocl. et Max. C.* 17, *eod.* Voyez cependant Justinien (*Nov.* 4, *cap.* 3), et observez que l'ouvrage d'un artisan diffère presque toujours du même ouvrage exécuté par tout autre. Aussi, dans ce cas, ne serait-on pas admis, malgré le créancier, à faire pour une autre personne ce qu'elle est tenue de faire par elle-même (*Ulp. fr.* 31, *eod.*).

(2) *Modest. fr.* 41, § 1, *de usur.*; sans doute, à cause des nombreux inconvénients qui résulteraient, pour le créancier, d'un paiement partiel (*Gaius, fr.* 3, *fam. erc.*). Alciat soutenait l'opinion contraire en s'appuyant sur un texte de Julien (*fr.* 21, *de reb. cred.*) dont l'explication se trouve dans Vinnius (*hic n°* 6) et dans Pothier (46 *pand.* 3, *n°* 61). Remarquons à cet égard, 1° que le débiteur de plusieurs dettes peut contraindre le créancier à recevoir séparément le montant de chaque obligation (*Scævol. fr.* 15, *quib. mod. pign. solv.*); 2° qu'une seule et même obligation se divise par le décès du créancier ou du débiteur entre les héritiers de l'un et de l'autre, en sorte que les premiers ne peuvent agir, et que les seconds ne sont tenus de payer qu'en proportion de leur part héréditaire (*Gordian.* C. 6, *famil. ercisc.*; C. 1, *de hered. act.*; *Dec.* C. 2, *eod.*; v. 1316).

n'est donc qu'avec son consentement que l'on scinde l'obligation par un paiement partiel (v. § 1 *in fin., h. t.*), ou qu'on l'éteint en donnant *aliud pro alio* (*text. hic*). Je dis qu'on l'éteint dans ce dernier cas, parce que le débiteur est libéré *ipso jure*, sans avoir besoin d'aucune exception (*text. hic; Diocl. et Max.* C. 17, *de solut.*), conformément à l'opinion des Sabiniens et contre le sentiment des Proculéiens (*Gaius, 3 inst.* 168) mal à propos reproduit par Pothier (46 *pand.* 3, *n°* 65).

§ III.

1115. Le paiement est un mode d'extinction général qui s'applique à toute espèce d'obligation (*omnis obligatio; pr., h. t.*). Il en est demême de la novation (§ 1 *et* 2, *h. t.*; *Ulp. fr.* 1, § 1, *de novat.*).

Notre texte suppose une stipulation par laquelle Titius promet au créancier de Seius la chose que doit ce dernier : ici, Titius s'oblige pour autrui comme dans la fidéjussion, mais pour un autre but. Son obligation, au lieu de se joindre à celle du débiteur primitif, la renouvelle, la remplace et l'éteint; ce renouvellement s'appelle novation (*Ulp. fr.* 1, *de novat.*). La stipulation qui l'opère se distinguait de toute autre, et notamment de la fidéjussion, par la seule intention des parties (*text. hic, in fin.*; *Ulp. fr.* 6; *fr.* 8, § 3 *et* 5; *Papin. fr.* 28, *eod.; Scævol. fr.* 20, § 1, *de in rem vers.*; *Paul. fr.* 44, § 6, *de obl. et act.*); mais Justinien exige que l'intention de nover soit formellement exprimée (*text. hic, in fin.*; C. 8, *de novat.*).

1116. Quelquefois cette stipulation, quoique nulle ou inutile, éteint l'obligation primitive sans la remplacer par une obligation valable, et laisse le stipulant sans action. Entre autres exemples cités par Gaius (3 *inst.* 176), Justinien (*text. hic*) conserve celui où le promettant serait un pupille non autorisé par son tuteur. Suivant Ulpien (*fr.* 1, *in fin.*, *de novat.*), cette décision dérive de ce principe, qu'une obligation naturelle suffit pour nover l'obligation primitive; et cependant l'intervention des esclaves, dont la promesse produit une obligation naturelle (§ 1, *de fidej.*; *Paul. fr.* 13, *de cond. ind.*; *Ulp. fr.* 14, *de obl. et act.*), reste sans effet pour la novation (*text. hic*; *Gaius*, 3 *inst.* 176). Cette différence entre le pupille et l'esclave tient, je crois, à la forme extérieure de la novation qui exige non-seulement une obligation nouvelle, mais un contrat verbal (v. *Diocl. et Max.* C. 6, *si cert. pet.*), contrat auquel les esclaves ne concourent que *ex persona domini*, et uniquement pour stipuler (976). Le pupille réunit au contraire les qualités requises pour figurer de son chef dans un contrat verbal; il peut stipuler, il peut répondre (§ 9, *de inutil. stip.*) et donner à la convention la forme extérieure d'une stipulation. Cette stipulation opère novation, même quand le pupille n'est point autorisé, parce qu'il en résulte une obligation naturelle qu'on n'oppose jamais au pupille lui-même, mais qui produit, envers tout autre, les mêmes effets qu'une obligation civile (1).

(1) Lorsqu'on interroge les textes pour y trouver une définition de l'obligation naturelle, ils opposent le *vinculum æquitatis* (*Pap. fr.* 95, § 4, *de solut.*) au *vinculum juris* qui constitue l'obligation civile (938). Paul (*fr.* 84, § 1, *de reg. jur.*) répond qu'une personne est obligée naturellement lorsqu'elle est astreinte par le droit des gens, lorsqu'on s'est fié à elle, *cujus fidem secuti sumus* (v. § 1 et 2, *quod cum eo*). Le pupille qui contracte sans autorisation, s'oblige naturellement lorsqu'il s'enrichit, et jusqu'à concurrence de ce dont il s'enrichit, en ce sens que le *mutuum* et la stipulation produisent un effet, même contre lui; car

1117. La stipulation qui donne au créancier un nouveau débiteur peut se former entre eux indépendamment de tout autre volonté, et alors la novation, comme le paiement fait par une tierce personne (1114), libère le débiteur primitif à son insu et malgré lui (*Paul. fr.* 91, *de solut.*; *Ulp. fr.* 8, § 5, *de novat.*). Souvent, au contraire, la stipulation est la conséquence d'une délégation, c'est-à-dire d'un mandat donné au promettant par le débiteur primitif (1). Celui-ci délègue ou un étranger qui s'oblige envers le créancier, sauf à recourir contre le déléguant par l'action *mandati* (v. *Paul. fr.* 12, *eod.*),

---

il est soumis à une action, et ne peut répéter ce qu'il aurait payé, le tout *quatenus locupletior factus est* (*Ulp. fr.* 1 *et* 5, *de auct. tut.*; *fr.* 1, § 15, *depos.*; *Paul. fr.* 13, § 1, *de cond. indeb.*). Dans le cas contraire, c'est-à-dire, lorsqu'il ne s'enrichit pas, le pupille non autorisé ne s'oblige pas naturellement (*Nerat. fr.* 41, *eod.*; *Licin. Ruf. fr.* 59, *de obl. et act.*) en ce sens que l'obligation reste sans effet contre lui, et par exemple ne l'empêche pas de répeter ce qu'il a payé (*Nerat. d. fr.* 41,); mais, dans un autre sens et relativement à toute autre personne que le pupille, il existe une obligation naturelle qui suffit pour valider l'engagement accessoire des fidéjusseurs (*Scæv. fr.* 127, *de verb. obl.*) et pour opérer, comme on le voit ici, une novation qui nuit au stipulant, et reste sans effet contre le pupille non autorisé. C'est donc mal à propos que Cujas (*ad Scævol. fr.* 127, *de verb. obl.*; *ad Pap. fr.* 95, § 2, *de sol.*) restreint l'obligation naturelle du pupille non autorisé au cas où ce dernier serait *locupletior factus*. Il faut distinguer entre les effets dont l'obligation est susceptible, soit contre le pupille même, soit contre toutes autres personnes : relativement à ces dernières, il est indifférent que le pupille soit ou ne soit pas *locupletior* (v. *Gaïus fr.* 35, *de recept.*; *Pap. fr.* 25, § 1, *quando dies.*; *Pomp. fr.* 42, *de jure jur.*). Il est bien entendu que nous parlons ici du pupille *pubertati proximus*, le seul qui ait *aliquem intellectum* (§ 10, *de inutil. stip.*; v. *Ulp. fr.* 1, § 15, *depos.*).

(1) Ce mandat résulte, comme tout autre, du simple consentement (*Ulp. fr.* 17, *de novat.*). Dans un autre sens, la délégation se prend pour la novation même qui s'opère par stipulation (*Ulp. fr.* 11, *pr. et* § 1, *eod.*).

ou son propre débiteur qui s'oblige, soit envers un étranger, soit envers le créancier du déléguant. De là trois combinaisons, dont l'une opère changement de débiteur, l'autre changement de créancier, tandis que la troisième éteint deux obligations, en libérant le délégué envers le déléguant et celui-ci envers le stipulant. Dans ce dernier cas la novation donne au délégué un nouveau créancier, au stipulant un nouveau débiteur, et devient un moyen dont on peut se servir pour transférer une créance (1).

1118. Quelquefois, et sans intervention d'aucune autre personne, le créancier stipule de son débiteur même, et celui-ci promet ce qu'il devait déjà en vertu d'une précédente obligation, d'un *mutuum*, par exemple. La stipulation, dans ce cas, ne peut que confirmer le premier contrat (*Ulp. fr.* § 4, 5, 6 *et* 7, *de reb. cred.*; *fr.* 6, § 1, *de novat.*; *Pomp. fr.* 7, *eod.*). Pour opérer novation, il faudrait stipuler *aliquid novi*, et modifier la première obligation, par exemple, en substituant un engagement pur et simple à un engagement conditionnel ou à terme et réciproquement (2). La stipulation à terme

(1) *Gaius*, 2 *inst.* 38 *et* 39. La vente d'une créance ne transférait pas l'action du vendeur (786); mais nous avons déjà vu qu'Antonin-le-Pieux (*Alex.* C. 5, *de her. vel act. vend.*) a permis à l'acheteur d'agir contre le débiteur par action utile.

(2) *Forte si conditio aut dies aut* FIDEJUSSOR *adjiciatur aut detrahatur* (*text. hic*). Comment l'accession d'un fidéjusseur peut-elle opérer novation? Ce n'est pas en stipulant du débiteur même que le créancier engage un fidéjusseur, mais en stipulant d'une tierce personne qui s'oblige avant ou après le débiteur, sans le libérer et par conséquent sans novation. Aussi n'est-ce pas un *fidejussor*, mais un *sponsor* dont parle Gaius (3 *inst.* 177, 178); ce qui semble indiquer que le *sponsor* s'engageait avec le promettant par un seul et même contrat, en interve-

produit une obligation qui naît et remplace immédiatement l'obligation primitive, en sorte que le créancier ne peut plus agir qu'à l'échéance du terme (*Ulp. fr.* 5, *de novat.*). La condition, au contraire, suspend l'obligation (966) et conséquemment la novation, jusqu'à l'événement prévu (*text. hic*; *Gaius*, 3 *inst.* 179; *Ulp. fr.* 8, § 1; *fr.* 14, *eod.*). Dans l'intervalle, l'obligation primitive qui n'est encore remplacée par aucune autre, subsiste et soumet le débiteur à l'action du créancier, tant que la condition n'est pas accomplie, et à plus forte raison lorsqu'elle a défailli. Ce résultat contrarie directement l'intention des parties, du moins lorsqu'elles ont voulu substituer à une obligation existante la chance et l'espoir d'une obligation éventuelle, en sorte que le créancier n'eût rien à exiger qu'après l'événement de la condition : en effet, l'intention des parties suffit rarement pour dissoudre une obligation (1123). Quant à la novation, elle suppose nécessairement une obligation nouvelle qui ne résulte pas encore de la stipulation conditionnelle; il faut donc reconnaître que l'obligation primitive subsiste malgré cette stipulation, et même contre la volonté des parties; mais alors, si le stipulant agit en vertu de la première obligation, il sera repoussé par l'exception de dol (1).

---

nant pour ce dernier dans la stipulation, comme l'*adstipulator* intervient pour le stipulant. Quoi qu'il en soit, les Proculéiens considéraient l'addition ou la suppression du *sponsor* comme indifférente relativement à la novation (*Gaius*, *ibid.*).

(1) *Gaius*, 3 *inst.* 179. Voyez cependant le même Gaius (*fr.* 30, § 2, *de pact.*). Lorsque la stipulation conditionnelle se fait avec une tierce personne, la novation ne s'opère et ne libère le débiteur qu'à l'événement de la condition; mais dans l'intervalle on ignore par qui sera due la chose, et dans cette incertitude le premier débiteur ne reste pas débiteur

1119. La stipulation que nous avons considérée jusqu'ici comme forme de la novation, n'en était cependant pas la forme exclusive. On novait aussi par les *nomina transcriptitia* et par la LITIS CONTESTATIO.

Anciennement on se servait à Rome de registres domestiques, sorte de comptes courants où le père de famille inscrivait sa recette, *acceptum*, et sa dépense ou ses paiements, *expensum*, en indiquant, sous le nom des personnes qui se trouvaient en relation d'affaire avec lui, les valeurs portées soit en recette, à leur avoir, crédit ou actif, *acceptum*, soit en dépense, à leur débet ou passif, *expensum*. En inscrivant au débet de Titius ce qu'il devait déjà par suite d'une vente, d'un louage, ou par tout autre cause, on le libérait de son obligation primitive que remplaçait une obligation nouvelle, résultant de l'écriture même. C'est ainsi que le *nomen transcriptitium* ou la *transcriptio* se faisait (1) *a re in personam*. Il se faisait aussi *a persona in personam*, lorsque le créancier portait, au passif d'un nouveau débiteur délégué par Titius, les valeurs que devait ce dernier (*Gaius*, 3 *inst.* 128, 129, 130). Ainsi les *nomina transcriptitia*, comme la stipulation, opéraient novation, soit entre les mêmes personnes, soit par intervention d'un nouveau débiteur. Voyez Théophile (*liv.* 3, *tit.* 21) et Cicéron (*pro Roscio comœdo* 1).

---

pur et simple; il ne doit que pour le cas où la condition de la nouvelle stipulation ne s'accomplirait point, comme s'il avait primitivement contracté sous la condition opposée (*Javol. fr.* 36, *de reb. cred.*; *Paul. fr.* 60, § 1, *de condict. indeb.*).

(1) Le verbe *facere* paraît consacré aux *nomina transcriptitia* : « Scriptura FIEBAT obligatio quæ nominibus FIERI dicebatur » (*pr.*, *de litter. obl.*). Nomina FECIT (Cicer. 3 *de offic.* 14).

1120. Nous reviendrons plus loin (1175; 1312), sur la LITIS CONTESTATIO et sur la novation qui en résulte (*Ulp. fr.* 11, § 1, *de nov.*; *Gordian.* C. 3, *eod.*), du moins en certains cas (*Gaius*, 3 *inst.* 180, 181; 4 *inst.* 107, 108); novation dont nous avons déjà vu quelques effets (973, 1023), et qui du reste ne peut qu'améliorer la position du demandeur relativement au défendeur contre qui se donne l'action (v. § 1 *in fin.*, *de perp. et temp.*; *Paul. fr.* 86 *et* 87, *de reg. jur.*). A cet égard, la *litis contestatio* diffère essentiellement de la novation conventionnelle, qui, en éteignant l'obligation primitive, anéantit les privilèges, les gages, les hypothèques et autres accessoires dépendant de cette même obligation (*Paul. fr.* 18 *et* 29; *Julian.* 15 *de novat.*).

§ I ET II.

1121. Lorsque le créancier reçoit ou une chose pour une autre, ou un engagement nouveau en place d'un engagement primitif, il y a, dans le premier cas, paiement (*pr, h. t.*), dans le second, novation (1115), et la dette s'éteint, de quelque manière qu'elle ait été formée. Arrive-t-on au même résultat par le simple consentement des parties qui s'accordent à dissoudre l'obligation, sans rien donner au créancier? Puisque les obligations ou du moins les contrats se forment par un concours de volontés, on doit les détruire par un concours de volontés contraires; mais comme le consentement ne suffit pas toujours pour lier les personnes, il ne suffit pas non plus pour les délier lorsqu'il n'est pas accompagné de formes semblables à celles qui ont fait naître l'obligation. Le droit civil admet en principe qu'un engagement se détruit de la même manière qu'il a été formé (*Pomp. et Pap. fr.* 80 *et* 95, § 12, *de solut.*; *Ulp. et Gaius, fr.* 35 *et* 100, *de reg. jur.*).

Ainsi l'obligation formée par stipulation (*verbis*) se dissout *aliis verbis* (§ 1), lorsque le créancier, voulant faire remise de la dette (*si velit remittere*; § 1, *h. t.*; *Gaius*, 3 *inst.* 169), répond à l'interrogation du débiteur qui lui demande, non pas s'il consent à éteindre la dette, mais s'il se considère comme payé, s'il tient la chose pour reçue : HABESNE ACCEPTUM? HABEO ACCEPTUMQUE TULI (§ 1 *et* 2, *h. t.*). De cette formule même est venu le mot *acceptilatio* qui rappelle toujours l'idée d'un paiement, lors même qu'il n'est que fictif. Aussi ce paiement imaginaire (*imaginaria solutio*) a-t-il tous les effets d'un paiement réel (*Ulp. fr.* 7, § 1, *de liber. leg.*; *fr.* 16, *pr. et* § 1; *fr.* 3, § 7, *de acceptil.*). En effet, l'acceptilation peut être totale ou partielle, mais elle n'admet ni terme ni condition (§ 1 *in fin.*, *h. t.*; *Ulp. fr.* 5; *Pomp. fr.* 4, *de accept.*).

1112. Ce genre de libération s'applique exclusivement aux obligations verbales (§ 1, *h. t.*; *Ulp. fr.* 8, § 3, *de acceptil.*); mais comme les autres obligations sont toutes susceptibles d'être novées, et conséquemment remplacées par une stipulation, l'acceptilation qui en pareil cas éteindrait l'obligation verbale, serait toujours une remise indirecte de la dette primitive, et par exemple d'un MUTUUM (§ 1, *h. t.*; *Gaius*, 3 *inst.* 170; *Venul. fr.* 21, *de acceptil.*; *Ulp. fr.* 17, *de donat.*). Remarquez à cette occasion la formule d'une acceptilation générale dite Aquilienne (§ 2, *h. t.*; v. *Ulp. fr.* 4, *de transact.*).

§ IV.

1123. Cette précaution de nover l'obligation qui n'a pas été contractée *verbis*, n'est pas nécessaire lorsqu'on veut dissoudre une vente ou tout autre contrat consensuel, sur lequel l'acceptilation opère indépendamment de sa forme, et seulement comme indice de la volonté des parties (*Julian. fr.* 5, *de rescind. vend.; Paul. fr.* 23, *de accept.*).

En effet le simple consentement, lorsqu'il a suffi pour former un contrat, suffit aussi pour le dissoudre (*text. hic*), et alors les parties sont respectivement affranchies des engagements qu'elles n'avaient pas encore remplis (*re nondum secuta*, *text. hic; Paul. fr.* 3, *de rescind. vend.*) : car autrement l'exécution même du contrat aurait déjà éteint les obligations qu'il avait produites; et si les parties, pour rétablir les choses dans leur état primitif, convenaient de reprendre respectivement ce qu'elles ont payé ou livré, elles feraient par cela même un nouveau contrat, une seconde vente par exemple, mais la propriété transférée à l'acheteur ne reviendrait au vendeur que par une nouvelle tradition (v. *Nerat. fr.* 58, *de pact.; Gordian.* C. 1, *quand. lic. ab empt.*).

FIN DU LIVRE TROISIÈME.

LIVRE QUATRIÈME.

TITRE PREMIER.

Des Obligations qui naissent d'un délit.

PR.

1124. On distingue quatre classes de contrats d'où naissent des obligations réelles, verbales, littérales, consensuelles (§ 2, *de oblig.*) : les obligations qui résultent des délits sont toujours réelles, en ce sens que pour se lier par un délit, il ne suffit jamais ni de le vouloir, ni de manifester cette volonté verbalement ou par écrit (v. *Ulp. fr.* 52, § 19, *de furt.*). Il faut avoir commis le fait constitutif du délit ; alors l'obligation naît *ex re* (*text. hic*), c'est-à-dire du fait (*ex facto; Ulp. fr.* 25, § 1, *de obl. et act.*) ou, pour parler plus exactement, du méfait (*ex ipso maleficio; text. hic; Gaius, fr.* 4, *de obl. et act.*) ; car les délits supposent un fait nuisible et répréhensible.

Le délinquant peut être poursuivi tantôt par tout citoyen indistinctement, tantôt par certaines personnes déterminées. Dans le premier cas, il y a PUBLICUM JUDICIUM (*pr. et* § 1, *de publ. jud.*) ; dans le second, délit privé. Justinien, d'après Gaius (3 *inst.* 182 ; *fr.* 4, *de obl. et act.*), s'occupe de quatre délits privés : le vol, le rapt, le dommage et l'injure. D'autres méfaits non moins répréhensibles, non moins préjudiciables, produisent aussi des actions du même genre; cependant l'action de dol, l'action *servi corrupti* (v. § 8, *h. t.;* § 23, *de action.*) et plusieurs actions pénales (v. § 24 *et* 25, *eod.*) ne se trouvent point énumérées parmi les actions *ex maleficiis proditæ* (§ 18 *et* 19, *eod.*). On se réfère constamment (1) aux délits précités, comme si le mot VELUTI indiquait une citation limitative plutôt qu'énonciative. Gaius et Justinien ont-ils énuméré les délits? se sont-ils contentés de choisir quelques exemples? Pour répondre à cette question, il faudrait préciser le sens que les Romains attachaient aux mots DELICTUM et MALEFICIUM : les textes ne le disent pas, et les interprètes sont loin de s'accorder (v. 1166).

Ce titre est spécialement consacré aux obligations qui résultent du vol.

§ I ET II.

1125. L'étymologie du mot *furtum* (§ 2,) n'exige aucune explication; quant à la définition du vol (§ 1), nous savons déjà (465) que les meubles seuls sont susceptibles d'être volés, parce qu'on ne vole point une chose sans la déplacer (v. *Pomp. fr.* 15, *ad exhib.*; *Paul. fr.* 3, § 18, *de adquir. vel amitt. poss.*); on ne vole pas davantage les meubles qu'on déplace sans intention ou dans une intention autre que celle de voler, *sine affectu furandi* (v. 464). Aussi notre texte fait-il consister le

(1) *Pr.* § 1 *et* 4, *de noxal. act.*; § 1, *de perp. et temp.*; *Gaius,* 4 *inst.* 76, 112, 182. Je citerais encore le § 2, *de pœn. tem. lit.*, si l'action *de dolo* ne s'y trouvait mentionnée par addition au texte de Gaius (4 *inst.* 182).

vol dans un déplacement frauduleux (*contractatio fraudulosa*), et pour mieux préciser le genre de fraude qui caractérise le vol, on ajoute dans la définition LUCRI FACIENDI GRATIA (*Paul. fr.* 1, § 3, *de furt.*; *fr.* 8, § 2, *arb. furt. cæs.*; v. § 16 *et* 48, *de div. rer.*). En effet, le voleur n'agit pas seulement pour nuire aux autres; en détournant la chose (*vel ipsius rei*) et même le simple usage ou la possession de cette chose (*vel etiam usus possessionis ve;* 1126, 1129), il cherche principalement à se procurer un profit ou un avantage (1).

§ VI.

1126. Ainsi le dépositaire ou le créancier gagiste qui se sert de la chose remise entre ses mains, commet un vol d'usage (v. *text. hic; Paul.* 2 *sent.* 31, § 29). Il en est de même du commodataire lorsqu'il use autrement qu'il ne doit user, notamment lorsqu'il prête à d'autres la chose qu'on lui a prêtée (*Gaius, fr.* 54, § 1, *de furt.*; 3 *inst.* 196), et dans plusieurs autres cas cités par notre texte.

§ VII ET VIII.

1127. Ce qu'on vient de dire du commodataire s'applique à celui qui agit sciemment contre la volonté du propriétaire. Autrement, lorsqu'on se croit certain du consentement de ce dernier, on ne commet aucun délit *extra crimen videri*, § 7). Point de vol en effet SINE AFFECTU FURANDI *text. hic;* 1125).

Réciproquement, ceux qui agissent contre les intentions qu'ils supposent au propriétaire, ne commettent pas

(1) Il y a *lucrum* sans profit dans l'avantage que l'on trouve à obliger et à rendre service. C'est ainsi qu'on vole pour donner à autrui (*Gaius, fr.* 54, § 1, *de furt.*).

le vol qu'ils veulent et croient commettre, lorsque, sans le savoir, ils font ce que le maître connaît et permet (*furtum non fieri*; § 8, *h. t.*; *Gaius*, 3 *inst* 198). Suivant Pomponius (*fr.* 46, § 8, *de furt.*), au contraire, le vol existe; mais il ne produit acune obligation, aucune action, sans doute parce qu'il ne cause aucun préjudice (v. *Ulp. fr.* 145, *de reg. jur.*).

Remarquez, à cet égard, la question qui s'est élevée parmi les anciens jurisconsultes, et la décision de Justinien, qui accorde l'action *furti* et l'action *servi corrupti* (§ 8, *h. t.*; C. 20, *de furt.*) dans un cas où les jurisconsultes refusaient l'une et l'autre, ou n'accordaient que l'une des deux (*Gaius*, 3 *inst.* 198; *Paul.* 2 *sent.* 31, § 33). Les jurisconsultes ne punissaient dans ce cas que le délit consommé; Justinien croit devoir punir la tentative, *tanquam re ipsa fuisset servus corruptus* (§ 8, *h. t.*; v. § 1, *de vi bon. rapt.* 1140, 1395).

§ IX.

1128. On vole les choses, les personnes qui sont considérées comme choses, c'est-à-dire les esclaves, et même les personnes libres, lorsqu'elles sont *alieni juris* (*Gaius*, 3 *inst.* 199; v. *Ulp. fr.* 14, § 13, *de furt.*). Nous savons en effet que le père de famille revendique en vertu du domaine quiritaire les enfants soumis à sa puissance (*Ulp. fr.* 1, § 2, *de rei vind.*).

§ X.

1129. En général, on ne vole pas sa propre chose (*Paul.* 2 *sent.* 31, § 21); cependant le débiteur qui soustrait les meubles par lui donnés en gage, commet un vol, sinon quant à la chose même, du moins quant à la possession dont il prive le créancier (*text. hic;* § 14, *h. t.;* v. *Ulp. fr.* 12, § 2; *fr.* 19, § 5 *et* 6, *de furt.*). Il en est de même du propriétaire qui soustrait sa propre chose des mains d'un usufruitier ou d'un possesseur de bonne foi (*Paul. fr.* 20, § 1, *eod.*; v. *Gaius*, 3 *inst.* 200).

§ XVIII.

1130. C'est par l'intention que la soustraction est frauduleuse, prend les caractères du vol et devient obligatoire; pour s'obliger de cette manière, il faut donc agir avec un discernement, dont l'impubère reste incapable tant qu'il n'est pas *pubertati proximus* (*text. hic; Gaius*, 2 *inst.* 208). La même règle s'applique aux autres délits (v. *Ulp. et Paul. fr.* 23 *et* 24, *de furt.*; *Gaius, fr.* 111, *de reg. jur.*).

Remarquons qu'il s'agit ici des impubères en général. Dans les contrats, on distingue l'impubère fils de famille et l'impubère *sui juris* ou pupille : le premier ne s'oblige jamais, même avec l'autorisation paternelle ; le pupille au contraire s'oblige avec l'autorisation de son tuteur, même avant d'être *pubertati proximus*; § 10, *de inutil. stip.*).

§ III ET IV.

1131. Justinien distingue plusieurs sortes de vols ou, pour mieux dire, plusieurs actions qui ont cessé de se donner à l'occasion du vol (*text. hic*). Je me contenterai, à cet égard, de renvoyer aux sources (v. *Gaius*, 3 *inst.* 186, 187, 188, 191 *et seqq.*; *Paul.* 2 *sent.* 31, § 2, 3 *et* 5), en m'arrêtant seulement à la distinction générale des vols manifeste et non manifeste (§ 3, *h. t.*; *Gaius*, 3 *inst.* 184).

La qualification de voleur manifeste, restreinte, suivant quelques jurisconsultes, au voleur pris sur le fait, s'étendait, suivant d'autres, au voleur pris dans le lieu où le délit a été commis, et même, suivant quelques-uns, au voleur pris partout ailleurs, pourvu que ce soit le jour même du vol et avant que le délinquant arrivât au lieu où il voulait s'arrêter avec la chose. Cette opinion a prévalu sur les deux précédentes et sur une quatrième opinion, qui déclarait voleur manifeste le voleur que l'on trouve nanti de l'objet volé quelque part et en quelque temps que ce soit (§ 3, *h. t.; Paul.* 2 *sent.* 31, § 2)

§ V.

1132. La peine du vol non manifeste a toujours été fixée pécuniairement au double (*Gaius*, 3 *inst.* 190). La loi des Douze-Tables infligeait au voleur manifeste une peine capitale qui n'est pas la peine de mort, du moins pour les hommes libres; battus de verges et judiciairement attribués (*addicebatur*) au plaignant, ils subissaient une sorte de *capitis deminutio* dont le caractère reste incertain. Devenaient-ils esclaves, étaient-ils simplement assimilés à l'ADJUDICATUS? C'était une question pour les jurisconsultes que Gaius appelle anciens, et c'est une autre question aujourd'hui de savoir quelle était la condition de l'*adjudicatus* (v. *Gaius*, 3 *inst.* 189, 199; *Theoph. liv.* 4, *tit.* 12).

Quoi qu'il en soit, les préteurs ont remplacé la peine capitale par une peine pécuniaire qui est du quadruple, sans distinguer si le voleur est libre ou esclave (*text. hic; v. pr., de perp. et temp.; Gaius*, 3 *inst.* 189); seulement, dans ce dernier cas, on agit contre le maître du voleur, et l'action devient noxale (v. *liv.* 4, *tit.* 8).

§ XI.

1133. La peine du vol est encourue non seulement par le voleur, mais aussi par les recéleurs (§ 4 *in fin.*, *h. t.*; *Ulp. fr.* 48, § 1, *de furt.*), et par tous ceux qui facilitent le vol *ope et consilio*, c'est-à-dire qui sciemment (*sciens cujus gratia*) et avec discernement (*Javol. fr.* 90, § 1, *eod.*), donnent au voleur aide et assistance (*opem*, *text. hic; Gaius*, 3 *inst.* 202); car de simples conseils ou même des instructions ne suffisent pas (*text. hic*, *in fin.*; v. *Ulp. fr.* 50, § 3, *de furt.*), du moins lorsqu'ils n'ont été suivis d'aucun effet (*Ulp. fr.* 36, *pr. et* § 2; *Paul.* 2 *sent.* 31, § 10; *fr.* 53, § 2, *de verb. signif.*).

Ils sont tenus comme voleurs non manifestes (§ 4 *in fin.*, *h. t.*) dans tous les cas et indépendamment des actions que le délit pourrait d'ailleurs produire (*Paul. fr.* 34, *de furt.*; v. *Pomp. fr.* 35, *pr. et* § 1, *eod.*) ou ne pas produire contre le voleur même.

§ XII.

1134. En effet, lorsqu'un esclave ou un fils de famille a volé son père ou son maître, l'unité d'intérêt qui existe entre eux empêche l'action de vol, comme toute autre action (§ 6, *de noxal. act.*; *Paul. fr.* 16, *de furt.*); mais le vol n'en subsiste pas moins avec toutes ses conséquences, soit pour la peine encourue par ceux qui ont aidé le voleur (*text. hic; Ulp. fr.* 36, § 1, *de furt.*), soit pour l'usucapion de la chose qui devient furtive (1).

(1) *Res in furtivam causam cadit, nec ob id ab ullo usucapi potest* (*text. hic.*; v. 462). Cette décision de notre texte n'est confirmée par aucun autre; elle semble même contredite par Dioclétien et Maximien (C. 10, *quod cum eo*).

§ XIII.

1135. La peine du double ou du quadruple est due par les personnes dont on vient de parler, à celles qui avaient intérêt de conserver l'objet volé, intérêt que l'on a souvent sans être propriétaire, que le propriétaire n'a pas toujours, et d'après lequel on distingue à qui appartient l'action FURTI (*text. hic; Gaius*, 3 *inst.* 203; *Paul.* 2 *sent.* 31, § 4; *Ulp. fr.* 10, *de furt.*), et comment se détermine le montant de la condamnation. En effet, le double ou le quadruple se calcule sur l'intérêt du demandeur (*Ulp. fr.* 27, *eod.*), et de là une différence importante entre l'action exercée par un étranger et l'action exercée par le propriétaire même. Dans le premier cas, l'intérêt du demandeur reste indépendant de la chose et de sa valeur; dans le second cas, au contraire, il s'élève toujours à cette valeur (*Javol. fr.* 74; *Pap. fr.* 80, § 1; v. *Ulp. fr.* 56, *eod.*) et souvent au-delà (1147).

§ XIV, XV, XVI ET XVIII.

1136. La possession du gage est une garantie qu'il importe au créancier de conserver, même lorsque le débiteur est solvable (§ 14, *h. t.*; *Pomp. fr.* 25, *de reg. jur.*). Aussi l'action de vol appartient-elle toujours (*omnimodo;* § 15, *h. t.*; *Ulp. fr.* 15, § 2, *de furt.*) au créancier gagiste, comme à l'usufruitier, à l'usager (§ 2, *de bon. vi rapt.*), et au possesseur de bonne foi (§ 15, *h. t.*). Les autres possesseurs n'ont pas moins d'intérêt, mais on ne veut pas qu'ils profitent de leur mauvaise foi (*Ulp. fr.* 12, § 1, *de furt.*); et par la même raison, un premier voleur, dépouillé par un second, n'aura pas l'action de vol (*Pomp. fr.* 76, § 1, *eod.*).

Dans plusieurs autres cas, l'intérêt que certaines personnes auraient à ce que la chose ne fut pas volée, dépend d'abord de la responsabilité qu'elles encourent à l'occasion du vol, et subsidiairement de leur solvabilité. Ainsi l'ouvrier à qui une chose est remise pour devenir chez lui l'objet d'un travail salarié, est responsable du vol, comme le commodataire qui use gratuitement (1). L'un et l'autre auront donc l'action *furti*, pourvu qu'ils soient solvables: autrement, en effet, leur responsabilité serait illusoire, et la perte retombant sur le propriétaire, c'est à lui qu'appartiendrait l'action (§ 15 *et* 16, *h. t.*; *Gaius*, 3 *inst.* 205, 206; v. *Ulp. fr.* 12; *fr.* 52, § 9; *Paul. fr.* 53, § 1, *de furt.*). Les mêmes distinctions ne s'appliquent au dépositaire que dans un cas exceptionnel, lorsqu'il s'est offert au dépôt (*Ulp. fr.* 1, § 35, *depos.*), ou lorsqu'il s'est chargé de la faute légère par une convention spéciale (§ 2, *de bon. vi rapt.*); mais en général il ne répond ni de cette faute ni du vol, *custodiam non prœstat* (§ 17, *h. t.*; v. § 3, *quib. mod. re contrah.*).

1137. Les personnes dont on vient de parler ont l'action *furti* à raison de la chose d'autrui qui était entre leurs mains; dans le cas contraire, les personnes étrangères à la détention comme à la propriété de l'objet volé n'ont pas l'action, quel que soit d'ailleurs leur intérêt (v. *Pap. fr.* 1, *de distr. pign.*; *Gaius*, *fr.* 49, *de furt.*). Ainsi, par exemple, lorsque l'objet stipulé ou acheté a été volé dans l'intervalle du contrat à la tradition, on refuse l'action *furti* au stipulant et à l'acheteur qui supportent

(1) Je ne parle pas ici des distinctions que Justinien croit devoir établir relativement au commodataire (*text. hic*; C. 22, *de furt.*); le texte les expose assez longuement (§ 16, *h. t.*).

les risques (*Paul. fr.* 66, § 5; *fr.* 85; [illegible] 80, § 7, *eod.*), pour l'accorder au promettant ou au vendeur qui, jusqu'à la tradition, conserve la propriété et la possession. Aussi l'acheteur ne peut-il obtenir cette action qu'en se la faisant céder par le vendeur (1), c'est-à-dire en se faisant autoriser par ce dernier à exercer au nom du vendeur l'action qui lui appartient. Cette autorisation se donne par un mandat, et alors le mandataire ou le cessionnaire agit comme *procurator in rem suam* (v. 1300).

§ XIX.

1138. L'action *furti* est purement pénale, *tantum ad pœnæ persecutionem pertinet*, c'est-à-dire que le double ou le quadruple se paie indépendamment de l'objet volé (§ 1) dont la restitution, quelle que soit d'ailleurs la personne à qui appartient l'action *furti*, doit toujours être faite au propriétaire (*text. hic; Ulp. fr.* 1, *de condict. furt.*; *fr.* 14, § 16, *de furt.*), soit qu'il agisse en cette qualité contre un détenteur quelconque par la revendication, soit qu'il poursuive le voleur par la condiction furtive (§ 14, *de action.*).

Cette condiction a lieu contre le voleur et même contre ses héritiers (*text. hic; Ulp. fr.* 7, § 2, *de cond. furt.*), tandis que l'action *furti*, comme toutes les actions pénales, se donne contre le délinquant, sans se donner, après sa mort, contre ses héritiers (§ 1, *de perp. et temp.*, v. 1317).

---

(1) § 3 *in fin., de empt. vend.*; *Ulp. fr.* 14, *pr. et* § 1, *de furt.* Paul (2 *sent.* 31, § 17) donne l'action de vol au vendeur et à l'acheteur.

TITRE II.

Des Biens enlevés par violence.

PR.

1139. L'action VI BONORUM RAPTORUM (1) est, comme l'action QUOD METUS CAUSA (v. § 25, 27 *et* 31, *de action.*), et l'interdit UNDE VI (v. § 6, *de interd.*), un moyen de répression établi par le droit honoraire contre la violence, spécialement contre celle qu'on emploie pour commettre un vol; cette action aggrave la peine que le ravisseur encourrait par l'action de vol (*ridiculum enim, etc.*; *text. hic, in fin.*). En effet, l'ACTION VI BONORUM RAPTORUM se donne pour le quadruple, même contre ceux qui n'ont pas été pris sur le fait (*sive comprehendatur in ipso delicto, sive non*). Or, dans ce dernier cas, l'action *furti* n'aurait lieu que pour le double (1132).

Lorsque le rapt est manifeste, l'action *vi bonorum raptorum* reste la même, et alors elle allégerait la peine du ravisseur, si on préférait cette action à l'action de vol manifeste. En effet, celle-ci est perpétuelle (*pr.*, *de perp. et temp.*) et purement pénale; la condamnation au quadruple ne dispense jamais de restituer l'objet volé (1138; § 18, *de action.*), tandis que l'action *vi bonorum raptorum* comprend dans le quadruple la restitution de la chose : ainsi la peine n'excède pas le triple (*text. hic*;

---

(1) *Vi bonorum raptorum* est une intervertion; la phrase régulière serait *actio bonorum vi raptorum*. Ainsi la rubrique qui se trouve aux Pandectes (*liv. 47, tit. 8, de vi bonorum raptorum*) et que les éditeurs transcrivent communément ici, en tête de notre titre, doit s'entendre comme s'il y avait *de actione bonorum vi raptorum*.

§ 19, *de action.*), et pour l'obtenir il faut agir dans l'année utile (*text. hic*; *Gaius*, 3 *inst.* 209; *Ulp. fr.* 2, § 13, *h. t.*)

§ I.

1140. L'enlèvement par violence autorise l'action *vi bonorum raptorum*, dans tous les cas où la soustraction clandestine donnerait lieu à l'action *furti* (§ 2 *in fin.*, *h. t.*; *Ulp. fr.* 2, § 23, *h. t.*). Conformément à cette règle générale, on applique ici les distinctions précédemment établies sur les choses (1125), sur l'intention du délinquant (1127) et sur les personnes qui peuvent agir contre lui (v. 1135, 1141).

Ainsi l'action n'a lieu que pour les choses mobilières (*Gordian.* C. 1, *h. t.*), et dans le cas seulement où le ravisseur, ayant le discernement nécessaire (*Ulp. fr.* 2, *h. t.*; v. § 19, *de obl. quæ ex delict.*), agit dans une intention criminelle, *dolo malo* (*text. hic*; *Ulp. d. fr.* 2, § 18). Remarquez, à cet égard, la décision de notre texte sur les personnes qui se mettent par force en possession des choses dont elles sont ou croient être propriétaires. Leur bonne foi suffit pour les soustraire à l'action *furti* et à l'action *vi bonorum raptorum* (*text. hic*; § 7, *de usuc.*); mais comme on ne doit jamais se faire justice par soi-même, Ulpien (*d. fr.* 2, § 18) nous avertit qu'elles encourent une autre punition qu'il n'indique pas.

Justinien se réfère ici aux peines pécuniaires établies par Théodose (C. 7, *unde vi*; v. § 6, *de interd.*), pour empêcher le propriétaire, ou celui qui se considère comme tel, d'enlever les choses mobilières *quæ rapi possunt*, et d'envahir les immeubles (*text. in fin.*).

§ II.

1141. L'action *vi bonorum raptorum* appartient aux personnes qui étaient intéressées à ce que la chose ne fût pas enlevée, soit parce qu'ils l'avaient *in bonis* (452), ou seulement *ex bonis*, en ce sens qu'ils étaient responsables de sa perte ; en un mot, l'action prétorienne *vi bonorum raptorum* appartient aux mêmes personnes que l'action civile *furti* (*text. hic* ; *Ulp. fr.* 2, § 23, *h. t.*). On accorde même la première plus facilement que la seconde (*Ulp. d. fr.* 2, § 24).

TITRE III.

De la loi Aquilia.

PR., § II, III, IV, V, VI, VII, VIII ET XIV.

1142. La loi Aquilia est un plébiscite porté l'an de Rome 528, sur la proposition du tribun Aquilius (§ 15, *h. t.; Ulp. fr.* 1, § 1, *ad leg. aquil.*). Cette loi, dérogeant aux dispositions que des lois antérieures, entr'autres celle des Douze-Tables, contenaient sur le même sujet (*Ulp. fr.* 1, *eod.*), a établi une action dite LEGIS AQUILIÆ (§ 16, *h. t.*; § 19, *de action.*) à cause de son origine, et DAMNI INJURIÆ (§ 25, *de action.;* § 1, *de pœn. tem. lit.*) ou DAMNI INJURIA (*pr. h. t.*), parce qu'elle punit le *damnum* INJURIA *factum* (v. *Ulp. fr.* 3, *eod.*).

En effet, pour être soumis à cette action, il ne suffit pas d'avoir causé un dommage, un tort, une diminution quelconque de la fortune d'autrui (v. *Paul. fr.* 3, *de damn. inf.*) ; il faut l'avoir causé INJURIA (*Ulp. fr.* 3, *ad leg. aquil.*), en faisant ce qu'on n'avait aucun droit de faire, *nullo jure* (§ 2, *h. t.*); car ici *injuria* désigne tout ce qui a lieu *non jure* ou *contra jus*, à tort, soit par dol soit par simple faute (*pr. h. t.*; *pr.*, *de injur.*; *Ulp. fr.* 5, § 1, *ad leg. aquil.*), et alors même qu'il n'y aurait pas intention de nuire (§ 3, *h. t.*; *Ulp. d. fr.* 5, § 1). C'est ainsi qu'en certaines localités et à défaut de certaines précautions, un exercice ou même un travail dangereux pour autrui peuvent constituer une faute (§ 4 *et* 5, *h. t.*; v. *Paul. fr.* 10, *ad leg. aquil.*), qui résulte également de l'impéritie et même de la faiblesse (§ 7 *et* 8, *h. t.*) lorsqu'une personne entreprend témérairement ce qui surpasse son talent ou ses forces. Dans ces différents cas, s'il arrive un dommage, il oblige ceux qui l'ont causé.

1143. En sens inverse, cette responsabilité cesse pour ceux qui n'ont aucune faute à s'imputer (*nulla culpa ejus;* § 3, *h. t.*), c'est-à-dire pour ceux qui ont prévu tout ce que peut prévoir un homme intelligent (*Paul. fr.* 31, *ad leg. aquil.*). Ainsi la faute s'apprécie toujours IN ABSTRACTO, et c'est en ce sens qu'Ulpien (*fr.* 44, *eod.*) l'appelle *levissima*. On est également sans faute relativement au dommage que l'on cause ou par cas fortuit (§ 3, *h. t.*), ou en faisant ce que les règles du droit permettent et autorisent (*Gaius*, 3 *inst.* 211; *Paul. fr.* 151, *de reg. jur.*). Ainsi, par exemple, on peut abattre la maison du voisin pour arrêter un incendie (*Ulp. fr.* 49, § 1, *ad leg. aquil.*); on peut repousser la force par la force (*Paul. fr.* 45, § 4, *eod.*), et même tuer ceux contre l'attaque desquels on n'a aucun autre moyen de défense (§ 2, *h. t.*; *Gaius et Ulp. fr.* 4 *et* 5, *ad leg. aquil.*). Dans ces différents cas, si l'on fait mourir un esclave, le maître n'a aucune action.

§ XII.

1144. On distingue dans la loi Aquilia trois chefs différents. Le second, dont je parlerai d'abord, établissait une action contre l'adstipulateur (1013) qui, pour frauder le stipulant, aurait fait remise de la dette au promettant en le libérant par acceptilation. Cette infidélité soumettait l'adstipulateur à l'action *mandati*, et par conséquent à une condamnation infamante (§ 2, *de pœn. tem. lit.*); mais l'action de la loi Aquilia est plus rigoureuse encore, du moins contre celui qui nie le fait, car alors la condamnation s'élève au double (*Gaius*, 4 *inst.* 215 *et* 216; v. § 26, *de action.*).

Ce second chef est tombé en désuétude (*text. hic*) lorsque les adstipulateurs eux-mêmes sont devenus inutiles, c'est-à-dire dès qu'on a pu stipuler *post mortem suam* (§ 13, *de inutil. stip.*).

PR. ET § I.

1145. Le premier chef statue sur le dommage résultant de la mort des esclaves ou de certains quadrupèdes appelés PECUDES (*pecudum numero; pr., h. t.*), parce qu'ils vivent de pâturage (*quæ proprie pasci dicuntur*; § 1, *h. t.*), comme les chevaux, les bœufs, les moutons, etc. On comprend sous la même dénomination les porcs (*quia pascuntur*; § 1), ainsi que les éléphants et les chameaux, à l'exclusion des chiens, des ours, des lions et autres animaux carnivores (*d.* § 1, *h. t.*; *Gaius*, *fr.* 2, § 2, *ad leg. aquil.*).

Ce premier chef de la loi produit contre le délinquant une condamnation égale à la plus haute valeur que l'esclave ou le quadrupède a eue dans l'année qui a précédé sa mort (*pr. h. t.*; *Gaius*, 3 *inst.* 210; *fr.* 2, *ad leg. aquil.*).

§ IX.

1146. Voyez, dans le texte même, l'application de cette règle, et observez comment la condamnation qu'elle entraîne surpasse souvent l'estimation du dommage; ainsi l'action, ne tendant pas seulement à indemniser le demandeur devient pénale, et conséquemment ne se donne point contre les héritiers du délinquant (*text. hic*), si ce n'est lorsqu'ils profitent du délit (*Ulp. fr.* 23, § 8, *ad leg. aquil.*; v. 1317; § 1, *de perp. et temp.*).

§ X ET XI.

1147. En perdant une chose on perd sa valeur absolue et souvent aussi une valeur relative résultant, par exemple pour un esclave, de l'hérédité qui lui aurait été déférée, et pour un animal, de sa similitude avec un ou plusieurs autres, similitude qui permettait de les apparier ou d'en former un attelage. La mort de cet animal déprécie les autres, et celle de l'esclave fait perdre l'hérédité qu'il ne peut plus acquérir à son maître (680).

La loi Aquilia ne s'était point exprimée sur cette valeur relative; mais on a jugé par interprétation, qu'il en faut tenir compte au propriétaire (§ 10, *h. t.*; *Gaius*, 3 *inst.* 212), en comparant l'avantage qu'aurait eu pour lui la conservation de la chose, et le désavantage qui résulte de sa perte. La différence (*quanti interfuit*, *quod interest*; *Ulp. fr.* 21, § 2, *ad leg. aquil.*) forme ce qu'on appelle son intérêt, et la base de la condamnation (v. *Paul. fr.* 22, *pr. et* § 1; *Ulp. fr.* 23, *pr.*, § 4 *et* 6 *eod.*).

C'est ce même intérêt que l'action *furti* multiplie au double ou au quadruple (v. *Ulp. fr.* 52, § 28; *Cels. fr.* 67, § 1; *Pap. fr.* 80, § 1, *de furt.*), tandis que l'action ***vi bonorum raptorum*** multiplie seulement la valeur matérielle de la chose (*Ulp. fr.* 2, § 13, *vi bon. rapt.*).

Voyez, pour l'explication du § 11, celle du § 10 au titre suivant (1163).

§ XIII, XIV ET XV.

1148. Le troisième et dernier chef de la loi Aquilia établit une action pour tous les dommages autres que ceux spécifiés dans les premiers chefs (§ 13, *h. t.*); la teneur même de cette loi, telle qu'elle est rapportée au Digeste (*Gaius, fr.* 2; *Ulp. fr.* 21; *fr.* 27, § 5, *ad leg. aquil.*), justifie la double observation de notre texte sur les différentes époques auxquelles le premier chef et le troisième permettent de remonter pour déterminer la valeur des choses (§ 14, *h. t.*), ainsi que sur le mot PLURIMI exprimé dans le premier chef, omis et sous-entendu dans le troisième par les Sabiniens (§ 15, *h. t.*).

Voyez d'ailleurs le texte, en le comparant avec Gaius (3 *inst.* 217 *et* 218) et Ulpien (*d. fr.* 29, § 5 *et seqq.*, *ad leg. aquil.*).

§ XVI.

1149. La loi Aquilia donne une action contre ceux qui ont tué (*occiderit*; *Gaius, fr.* 2, *ad leg. aquil.*), blessé, brisé, rompu, brûlé, et en général contre ceux qui ont fait le dommage (*damnum facit*; *Ulp. fr.* 27, § 3, *eod.*). Or, suivant les jurisconsultes, il existe une grande différence entre faire et occasionner, entre les faits qui produisent le dommage, qui donnent la mort, et les faits qui, sans avoir ce résultat immédiat, en seraient seulement devenus la cause (*causam præstitit*; *Ulp. fr.* 7, § 6; *fr.* 9; *fr.* 11, § 1, *eod.*). L'action directe de la loi Aquilia n'a lieu que pour les faits dommageables par eux-mêmes, indépendamment de toute autre circonstance (*Javol. fr.* 57, *locat.*), et seulement contre les personnes qui ont fait le dommage *corpore suo* (*text. hic*) en tenant la chose ou en la touchant (v. *Ulp. fr.* 11, § 5, *ad leg. aquil.*), soit avec les mains (*suis manibus*; *Ulp. fr.* 9, *eod.*), les pieds, la tête ou toute autre partie du corps, soit avec un instrument qu'elles ont personnellement dirigé (v. *Ulp. fr.* 7, § 1; *fr.* 9, § 1; *fr.* 29, § 2, *eod.*). Dans ce cas, l'action directe appartient au propriétaire de la chose détruite ou endommagée (*Ulp. fr.* 11, § 6 *et* 7, *h. t.*).

1150. Pour toute autre personne qui souffrirait du même fait, comme l'usufruitier, l'usager, le possesseur de bonne foi ou le créancier gagiste (*Ulp. fr.* 11, § 8 *et* 10; *Paul. fr.* 30, § 1, *h. t.*), et pour le propriétaire lui-même, lorsque l'auteur du dommage ne l'a point causé *corpore suo*, l'action n'existe plus directement et dans les termes de la loi; mais d'après son esprit (*ex sententia legis; Diocl. et Max.* C. 6, *h. t.*) et par extension de ses dispositions à un cas semblable (*ad exemplum legis; Nerat. fr.* 53, *ad leg. aquil.*; *exemplo legis aquiliæ; Ulp. fr.* 17, § 3, *de usufr.*), on accorde une action utile (*text. hic; Gaius,* 3 *inst.* 219) qui conduit au même résultat que l'action directe (v. *Paul. fr.* 47, § 1, *de negot. gest.*).

Jusqu'ici nous avons toujours supposé qu'un objet corporel a été lésé, c'est-à-dire détruit, blessé, dégradé ou détérioré (*corpus læsum*); cependant on peut nuire aux personnes sans faire le moindre tort aux choses qui leur appartiennent, ou dont la conservation lui importe. C'est ce que démontre l'exemple rapporté à la fin de notre texte; dans ce cas et autres semblables, il faudrait intenter une action *in factum* (*text. hic*, *in fin.*; *Paul. fr.* 53, § 1, *ad leg. aquil.*).

1151. Cette distinction entre l'action *in factum* et l'action utile de la loi Aquilia est d'autant plus remarquable ici que plusieurs textes semblent les confondre. En effet, l'action utile est elle-même *in factum*, et c'est ainsi que les jurisconsultes la qualifient souvent lorsqu'ils l'accordent soit au propriétaire contre ceux qui ont occasionné le dommage sans le faire *corpore suo* (*Nerat. d. fr.* 53; *Ulp. fr.* 7, § 3; *fr.* 11, § 1; *fr.* 29, § 5; *fr.* 49, *eod.*), soit à d'autres personnes intéressées à la conservation d'une chose qui ne leur appartient pas (v. *Ulp. d. fr.* 11, § 8; *fr.* 17, *h. t.*).

L'action *in factum* utile est une action prétorienne introduite pour étendre l'application de la loi Aquilia (*Pomp. fr.* 11, *de præscr. verb.*) et qu'il faut éviter de confondre avec une action fictive dont nous parlerons plus loin (1221). Quant à l'action *in factum* de notre texte, action *in factum* proprement dite, elle n'a plus rien de commun avec l'action directe ou utile de la loi Aquilia. Elle se présente ici pour suppléer à l'une et à l'autre, comme précédemment elle a suppléé à l'action *furti* (§ 11, *de obl. quæ ex del.*; v. *Ulp. fr.* 7, § 7, *de dol. mal.*) : en effet, l'esclave qui s'évade commet par cela même un vol de sa propre personne (462).

1152. L'action de la loi Aquilia concourt souvent avec d'autres actions résultant de différentes obligations, par exemple contre les dépositaires, locataires, commodataires, etc.; et alors on a le choix entre l'action qui résulte du contrat et celle qui résulte du délit (*Julian. fr.* 42; *Ulp. fr.* 7, § 8; *fr.* 27, § 11, *ad leg. aq.*; *fr.* 7, § 1, *commod.*; *Gaius, fr.* 25, § 5, *locat. cond.*).

TITRE IV.

Des Injures.

PR.

1153. Le mot *injuria*, dont l'acception générale embrasse tout ce qui est contre le droit (*text. hic*; v. 1042), prend, dans un sens spécial, trois significations différentes. Il exprime tantôt l'injustice, l'iniquité (*injustitia, iniquitas*) que souffrent les personnes illégalement condamnées par un magistrat ou par un juge (*text. hic in fin.*; v. *pr.*, *de obl. quæ quasi ex del.*); tantôt la faute (*culpa*) qui produit le *damnum injuriæ* ou *injuria datum*, dont il a été parlé au titre précédent; tantôt, et particulièrement dans ce titre, l'outrage ou l'affront (*contumelia*) qui affectent directement une personne, blessent soit sa dignité, soit sa réputation (v. *Ulp. fr.* 1, *pr. et* § 2, *h. t.*), violent sa propriété (1), ou entravent la liberté de ses actions et l'exercice de ses droits (v. *Paul. et Ulp. fr.* 23 *et* 24, *eod.*).

§ I.

1154. En effet, l'injure résulte non-seulement des

(1) Ainsi, par exemple, chacun peut interdire, quand bon lui semble, l'accès du terrain qui lui appartient (§ 12, *de div. rer.*), et dans ce cas ceux qui entrent malgré le propriétaire, sont soumis à l'action d'injures (*Ulp. fr.* 13, § 7, *h. t.*).

coups reçus par une personne, des propos offensants tenus sur son compte (*convicium*), des écrits diffamatoires publiés contre elle (*libellum aut carmen*), mais aussi d'une multitude d'autres faits (*aliis plurimis modis*), qui toutefois ne constituent le délit d'injures qu'à raison de l'intention de leur auteur ; car nul n'injurie sans le savoir et sans le vouloir (v. *Ulp. fr.* 3, § 1, 2, 3 *et* 4, *h. t.; Paul. fr.* 4, *eod.*; 5 *sent.* 4, § 2).

Parmi les exemples de notre texte, remarquez celui d'un prétendu créancier qui se fait envoyer en possession des biens (934) d'une personne qui ne lui doit rien, et qu'il sait ne lui rien devoir; remarquez aussi l'injure qui résulte de certaines assiduités et de l'attentat à la pudeur.

Adsectari se dit d'une personne qui suit une autre sans parler (v. *Ulp. fr.* 15, § 22, *h. t.*). On appelle ici *mater familias* toute femme de bonne mœurs, mariée ou veuve, ingénue ou affranchie (1293; v. *Ulp. fr.* 46, § 1, *de verb. sign.*), et *prætextatus*, *prætextata*, les personnes de l'un ou de l'autre sexe portant encore la robe prétexte que les adolescents quittaient en se mariant, ou au plus tard à l'âge de seize ans accomplis (v. *Ulp. fr.* 3, § 6, *de liber. exhib.*; *Theoph.*, *hic*).

Pudicitia attentata se dit de tous les moyens employés envers une personne pour lui faire oublier les lois de la pudeur (*Paul. fr.* 10, *h. t.*).

§ II.

1155. L'injure faite aux fils de famille rejaillit sur l'ascendant à la puissance duquel ils sont soumis (*text. hic*), du moins lorsque telle a pu être l'intention du délinquant (v. *Paul.* 5 *sent.* 4, § 3), c'est-à-dire lorsqu'il a su injurier une personne *alieni juris* (*Ulp. fr.* 1, § 3 *et* 8; *Paul. fr.* 18, § 4 *et* 5, *h. t.*). Dans ce cas il y a autant d'actions que de personnes offensées; mais l'action des fils de famille exercée par le père ne se confond pas avec l'action qu'il intente de son chef. Le montant des condamnations se règle toujours sur la considération personnelle à celui au nom de qui on agit (v. § 7, *h. t.*), c'est-à-dire sur la considération due au fils de famille, dans l'action qui serait exercée en son nom par le père, et sur la considération due au père lui-même, dans l'action qu'il intente de son chef à cause de l'injure qu'il reçoit par les enfants soumis à sa puissance (v. *Ulp. fr.* 30, § 1; *Paul. fr.* 31, *h. t.*).

En injuriant une femme, on injurie l'ascendant à la puissance de qui elle serait soumise; on injurie aussi son mari (*text. hic*; *Paul.* 5 *sent.* 4, § 3; *Alex.* C. 2, *h. t.*) ou son fiancé (*Ulp. fr.* 15, § 24, *h. t.*); en sorte que le même fait peut obliger l'injuriant envers trois personnes différentes, et l'exposer, dans le cas prévu par notre texte, à trois actions dont chacune reste indépendante des autres (*Ulp. fr.* 1, § 9, *h, t.*). Il serait même tenu d'une quatrième action, s'il injuriait l'épouse d'un fils de famille; car alors l'injure s'étend jusqu'au père du mari (*text. hic in fin.*; *Ulp. fr.* 1, § 3, *h. t.*), tandis que l'injure reçue par un homme *sui juris* se borne toujours à sa personne; son épouse même n'aurait aucune action. On en donne pour motif que le mari doit protéger sa femme, et non pas être protégé par elle (*text. hic*; *Paul. fr.* 2, *h. t.*): ainsi lorsque l'injure de certaines personnes rejaillit sur nous, ce n'est pas précisément parce que nous avons de l'affection pour elles, mais plutôt parce qu'elles sont sous notre puissance ou du moins sous notre protection (1).

§ III.

1156. On injurie un père de famille par ses esclaves, comme par son épouse ou ses enfants, mais seulement lorsque l'intention d'offenser le maître se démontre par la gravité du fait. Dans ce cas même, il n'y a qu'une injure, celle du maître ; car celle de l'esclave est comme sa personne, le droit civil la considère comme n'existant pas (*text. hic*; *Gaius*, 3 *inst.* 222 ; v. *Ulp. fr.* 32, *de reg. jur.*). Conséquemment, au lieu de la double action que le père de famille intente et en son nom et au nom de ses enfants injuriés (1155), le maître agirait seulement en son propre nom, si le droit honoraire n'avait pas établi une action particulière pour venger, en certains cas, l'injure de l'esclave (v. *Ulp. fr.* 15, § 34, 35, 43 *et* 44, *h. t.*).

On considère, à cet égard, la personne des esclaves; car il existe entre eux des rangs et des distinctions auxquels on a égard, soit pour accorder ou refuser l'action (*Ulp. d. fr.* 15, § 44), soit pour déterminer le montant

(1) *Vel. potestati nostræ vel affectui subjecti* (*Ulp. fr.* 1, § 3, *h. t.*). Remarquons cette locution *affectui subjecti* : on pourrait croire que le jurisconsulte avait écrit *vel manu.* En effet, Gaius (3 *inst.* 221) parle uniquement de la femme *in manu;* mais comment expliquer, dans cette supposition, ce qu'Ulpien dit de la fiancée (*fr.* 15, § 24, *h. t.*)? et comment concilier Gaius avec lui-même lorsqu'il parle des actions données au mari et au père de la femme injuriée? Si cette femme est *in manu mariti,* peut-elle être sous la puissance de son père ; et si elle est soumise à la puissance parternelle, peut-elle être *in manu?* Quoi qu'il en soit, l'action du mari pour les injures de sa femme ne lui était pas accordée par tous les jurisconsultes ; les doutes qui ont existé sur ce point (*text. hic*), concernent probablement les femmes qui n'étaient pas *in manu.*

des condamnations (§ 7 *in fin.*, *h. t.*). Le maître agit alors du chef de son esclave; et conséquemment, s'il y a plusieurs maîtres, chacun agit en raison de la part qui lui appartient dans l'esclave injurié (*Ulp. fr.* 15, § 49; *Paul. fr.* 16, *h. t.*).

§ IV.

1157. Il en est autrement lorsque les maîtres agissent en leur nom et par l'action qui leur est propre. Alors c'est leur injure qu'ils vengent (*quia ipsis fit injuria*), c'est leur personne que l'on considère (*ex dominorum persona*). Il ne s'agit plus ici de l'esclave, de sa personne et de son injure : on n'a donc plus à examiner si cet esclave appartient au demandeur pour la totalité ou pour partie, ni pour quelle partie (v. *text. hic*).

§ V ET VI.

1158. L'injure faite à un esclave rejaillit sur le propriétaire plutôt que sur l'usufruitier (*magis*, § 5), ou sur le possesseur de bonne foi (§ 6, *h. t.*; *Ulp. fr.* 15, § 47, *h. t.*) : plutôt, c'est-à-dire dans le doute et en règle générale; car l'injure retombe sur le possesseur ou sur l'usufruitier, lorsque tel a été le but de l'injuriant (*nisi in contumeliam tuam...*, *quoties in tuam contumeliam*; § 6, *h. t.*; *Ulp. fr.* 15, § 48, *eod.*).

Dans ce cas, l'usufruitier et le possesseur poursuivent en leur nom l'injure qu'ils ont reçue par une autre personne, mais non l'injure de cette personne. L'action qui serait exercée au nom de cette dernière appartient toujours à l'injurié même, lorsqu'il est libre (§ 6); et lorsqu'il est esclave, à son maître (*Ulp fr.* 15, § 48, *h. t.*).

§ VII ET VIII.

1159. La peine des injures a été déterminée par une disposition de la loi des Douze-Tables tombée en désuétude, par les préteurs, c'est-à-dire, par des usages que les préteurs ont introduits ou maintenus (§ 7, *h. t. Paul.* (5 *sent.* 4, § 6; v. *Cujac. ibid.*), et enfin par une loi dite Cornélia, du nom de Cornélius Sylla, son auteur (*Venul. fr.* 12, § 4 *in fin., de accus.*). La loi des Douze-Tables statuait, et la loi Cornélia statue sur certaines injures dont la distinction est suffisamment établie par notre texte (1). Ajoutons cependant que la première punissait les écrits diffamatoires (*Paul. loc. cit.*).

Dans les cas prévus par la loi Cornélia, lorsqu'on agit pour obtenir une condamnation pécuniaire, l'évaluation en est abandonnée au juge (*Marcian. fr.* 37, § 1, *h. t.*). Quant au droit prétorien, il autorise le demandeur à faire lui-même une évaluation que le juge ne dépasse point, quoiqu'il puisse restreindre la condamnation, en appréciant le mérite ou la réputation de la personne injuriée, et la considération qu'elle mérite (§ 7, *h. t.*; *Gaius*, 3 *inst.* 224).

§ XI.

1160. Nous commettons une injure par nous-mêmes ou par d'autres personnes qui agissent à notre instigation ou par nos ordres, soit gratuitement, soit pour un salaire (*Ulp. fr.* 11. § 3,4, 5 *et* 6, *h. t.*), et alors l'action

(1) Remarquez celle qui résulte de la violation du domicile, et le sens particulier que prend à cette occasion l'expression *domus sua* (§ 8, *h. t.*).

d'injures se donne tant contre l'auteur du fait que contre ses fauteurs (*text. hic; Ulp. d. fr.* 11, *pr.*).

§ XII.

1161. Cette action n'existe que contre ceux qui ont voulu offenser (1153); et réciproquement elle n'existe que pour ceux qui, en recevant l'injure, en ont conçu et gardé le ressentiment (*statim.... ad animum suum revocaverit*). Il suffit de l'avoir méprisée d'abord (*dereliquerit*) pour ne pouvoir pas ensuite revenir sur une offense abandonnée (*remissam*). C'est en ce sens qu'un pardon tacite (*dissimulatione*) empêche absolument l'obligation et l'action (*text. hic*; *Ulp. fr.* 11, § 1, *h. t.*).

Dans le cas contraire, l'action qu'un ressentiment primitif permettrait d'obtenir s'éteint aussi par un abandon postérieur que fait présumer le silence de l'injurié, lorsqu'il n'a point agi dans l'année (*Diocl. et Max.* C. 5; *Ulp. fr.* 17, § 6, *h. t.*), ou avant de mourir (§ 1, *de perp. et temp.*; *Ulp. fr.* 13, *h. t.*). L'action d'injures s'éteint à plus forte raison par la remise expresse qui résulte d'une transaction ou de toute autre convention entre les parties (*Ulp. fr.* 11, § 1, *h. t.*).

§ IX.

1162. Justinien distingue ici plusieurs circonstances dans lesquelles l'injure, prenant un caractère plus grave, se nomme *atrox* (*text. hic; Gaius*, 3 *inst.* 225; *Paul.* 5 *sent.* 4, § 10; *Ulp. et Paul. fr.* 7, § 7 *et* 8; *fr.* 8 *et* 9, *h. t.*); mais il n'explique pas les consséquences de cette distinction. Gaius (1) indique seulement une différence

(1) 3 *inst.* 224; v. Ulpien dans la *Collation des lois mosaïques, tit.* 2.

dans la procédure. L'affranchi ne peut agir contre son patron que pour injures graves, et la même règle s'applique aux enfants à l'égard du père qui ne les tient pas sous sa puissance (*Ulp. fr.* 7, § 2 *et* 3, *h. t.*). On a supposé, d'après un rescrit de Caracalla (v. *Ulp. d. fr.* 7, § 6), qu'antérieurement l'injure grave ne se poursuivait pas civilement et ne donnait lieu qu'à une poursuite criminelle; mais cette conjecture de Schulting est détruite par Gaius (3 *inst.* 224).

§ X.

1163. Cependant il ne serait pas impossible qu'il eût existé, sous ce rapport, quelque différence dont les traces se sont effacées dans la législation de Justinien. En effet, il permet de poursuivre toutes les injures ou criminellement pour faire prononcer une peine afflictive (*text. hic*; v. *Hermog. fr.* 45, *h. t.*), ou civilement pour obtenir une condamnation pécuniaire, comme on l'a dit ci-dessus (1159).

Le voleur peut aussi être poursuivi criminellement (*Ulp. fr.* 92, *de furt.*), et lorsqu'un esclave a été tué, son maître peut également diriger contre le meurtrier ou l'action de la loi Aquilia, ou une accusation capitale (§ 11, *de leg. aquil.*; *Gaius*, 3 *inst.* 213; *Ulp. fr.* 23, § 9, *ad leg. aquil.*).

La nature des affaires criminelles exige ordinairement que chacun accuse, et surtout que chacun défende par soi-même (*Paul.* 5 *sent.* 4, § 12; *Pap. fr.* 13, § 1, *de publ. jud.*; *Diocl. et Max.* C. 15, *de accus. et inscript.*). Remarquons cependant l'exception introduite par Zénon en faveur des personnes illustres : lorsqu'elles poursuivent ou lorsqu'elles sont poursuivies pour injures, on leur permet d'accuser ou de défendre par procureur (*text. hic*; *Zen.* C. 11, *h. t.*).

TITRE V.

Des Obligations qui naissent comme par un délit.

PR.

1164. La loi Aquilia statue sur le dommage résultant soit de la mort d'un esclave ou d'un animal, soit des blessures qu'il a reçues, et en général de la perte, destruction ou détérioration d'un objet corporel. Tout autre dommage donne lieu à une action *in factum* (1151), dont nous retrouvons ici plusieurs applications (v. *Cujac. et Janus a Costa*, *hic*).

La première concerne le juge qui, par une sentence mal rendue, ferait tort à l'une des parties. Alors on dit que le juge LITEM SUAM FACIT (*text. hic*; *Gaius*, *fr.* 6, *de extraord. cognit.*; *fr.*5, § 4, *de obl. et act.*).

1165. C'est ce qui arrive lorsqu'il a mal jugé, soit en ne se conformant pas exactement au mandat que contient la formule (v. *Gaius*, 4 *inst.* 52), soit en violant les règles du droit, ne fût-ce que par erreur ou par ignorance (*licet per imprudentiam* ; *text. hic*; *Gaius*, *d. fr.* 5, § 4; *d. fr.* 6), et à plus forte raison lorsque, par inimitié, par faveur ou par corruption, il a commis un dol en éludant à dessein la disposition des lois (*Ulp. fr.* 15, § 1, *de judic.*). Dans ce dernier cas, la sentence est nulle (*Diocl. et Max.* C. 7, *quando prov.*), sans qu'il soit nécessaire d'en appeler pour la faire réformer; et néanmoins le juge prévaricateur doit indemniser la partie lésée, c'est-à-dire sans doute le demandeur qui perd son action, et n'obtient pas, comme il devait l'obtenir, une sentence valable. Aussi lui accorde-t-on une indemnité complète, *veram litis æstimationem* (*Ulp. d. fr.* 15, § 1, *de judic.*).

Notre texte, au contraire, abandonne à l'équité du nouveau juge le montant des condamnations que le premier devra subir; et cela sans doute parce qu'ici on ne lui reproche aucun dol, mais une erreur dont il devient responsable envers la partie lésée, du moins lorsque celle-ci ne veut pas ou ne peut pas appeler (v. *Cujac., hic;* 13 *obs.* 18), par exemple lorsqu'elle n'en a pas le moyen (v. *Ulp. fr.* 8, § 8, *mand.*). Dans ce cas, la sentence est et reste valable : elle produit son effet entre les personnes pour qui et contre qui elle a été rendue; mais comme cette autorité de la chose jugée ne s'étend pas à d'autres personnes (*Macer, fr.* 63, *de re jud.*; *Ulp. fr.* 1, *de except. rei jud.*), elle n'empêche pas un nouveau procès sur la question de savoir si le premier a été bien ou mal jugé, lorsque ce procès s'élève, comme on le suppose ici, contre un juge qui n'était d'abord ni défendeur, ni demandeur.

Cette sévérité contre le juge ne doit pas étonner si l'on considère, d'une part, que son premier devoir est de prononcer conformément aux lois (*pr., de off. jud.*), et d'autre part qu'il peut consulter officiellement les jurisconsultes (25; § 8, *de jur. nat.*; *Pomp. fr.* 2, § 47, *de orig. jur.*) ou le magistrat qui a donné l'action (*Ulp. fr.* 79, § 1, *de judic.*), et par là sans doute éviter la responsabilité qui résulterait d'une erreur de droit.

1166. Le juge prévaricateur *litem suam facere intelligitur* (*Ulp. fr.* 15, § 1, *de judic.*); d'un autre côté, le juge qui *litem suam fecerit* ne commet pas précisément un délit (*text. hic*; *Gaius*, *d. fr.* 5, § 4, *de obl. et act.*, *d. fr.* 6, *de extr. cogn.*) : d'où il faut conclure que, même en cas de dol, l'obligation du juge qui *litem suam fecerit* ne résulte pas d'un délit. Justinien confirme cette conclusion lorsqu'il ajoute que, dans tous les cas, et même quand on ne l'accuserait que d'ignorance (*licet per imprudentiam*), le juge a commis une faute, et conséquemment qu'il est tenu, non par un délit, mais comme on le serait par un délit, *quasi ex delicto* (v. 1094). L'existence ou l'absence du dol ne suffisent donc pas pour caractériser les délits et pour distinguer les obligations qui en résultent, de celles qui se forment *quasi ex delicto*? Non, sans doute puisque ces dernières ne sont pas toujours exclusives du dol, tandis que dans plusieurs cas l'absence du dol n'empêche pas de reconnaître un véritable délit (v. § 3, 4, 5, 6 *et* 8, *de leg. aquil.*).

En effet, la loi Aquilia punit l'ignorance du médecin; le tort qu'elle a causé constitue un délit (§ 7, *eod.*), tandis que l'ignorance du juge l'oblige seulement *quasi ex delicto*. Cette différence tient à ce que l'injustice ou l'iniquité de la sentence ne blesse, ne détruit et ne détériore aucun objet corporel, et conséquemment que le dommage qui en résulte ne peut être poursuivi en vertu de la loi Aquilia (1150), ni par action directe, ni par action utile (1).

---

(1) On dit aussi que le juge remplit une fonction qu'il ne serait pas libre de refuser (*Ulp. fr.* 13, § 2, *de vacat. et excus.*), tandis que rien ne force le médecin à se charger d'un malade; mais les interprètes qui adoptent cette raison de différence, et qui en même temps considèrent l'existence ou l'absence du dol comme caractère distinctif du délit et de ce qu'ils appellent quasi-délit, se contredisent eux-mêmes; car dans

§ I.

1167. On ne peut pas en dire autant, lorsqu'il s'agit des choses jetées ou répandues par les fenêtres d'un appartement donnant sur la voie publique, et du tort que l'effusion ou la chute ont causé à autrui. Dans ce cas, on pourrait agir en vertu de la loi Aquilia, et celui qui a jeté ou répandu serait obligé par un véritable délit; mais, quel qu'en soit l'auteur, le droit honoraire donne une action *in factum* contre la personne qui habite l'appartement (*Ulp. fr.* 1, *pr. et* § 4, *de his qui effud.*). Elle est tenue, soit pour sa propre faute, soit même, ce qui arrive le plus souvent, pour la faute d'autrui (*text. hic*; *Paul. fr.* 6, § 2, *eod.*), et conséquemment hors des règles établies par la loi Aquilia. Ce n'est donc pas un délit qui l'oblige, et l'on décide qu'elle est tenue *quasi ex maleficio*.

Remarquez dans le texte comment la condamnation varie suivant qu'il y a dommage causé à la chose d'autrui, mort ou simplement blessure d'un homme libre; et sur quelles bases, dans ce dernier cas, se calcule l'indemnité dont la fixation est laissée à l'équité du juge.

1168. Le même édit qui a introduit l'action dont on vient de parler soumet à une peine pécuniaire (*decem aureorum*) quiconque a souffert que des objets dont la chute pourrait nuire, restassent posés ou suspendus sur un balcon ou sur tout autre saillie dominant la voie publique (*text. hic; Ulp. fr.* 5, § 6 *et* 7, *de his qui effud.*) : quiconque, c'est-à-dire comme dans le cas précédent,

---

ce sens l'ignorance du médecin constituerait simplement un quasi-délit, et alors son obligation ne différerait plus de celle du juge (V. Cujac. *hic in not.*).

celui qui habite la maison, et de plus le propriétaire ou le locataire, soit qu'il habite ou n'habite pas dans cette maison (*Ulp. d. fr.* 5, § 8). L'action a lieu sans que rien soit tombé, sans qu'il arrive aucun dommage (*Ulp. d. fr.* 5, § 11) et sans que personne se prétende lésé : aussi est-elle populaire (*Ulp. d. fr.* 5, § 13), ce qui signifie qu'elle peut être exercée par tous ceux qui ont qualité pour postuler (v. *Paul. fr.* 2 *et* 4, *de popul. act.*), parce qu'elle sanctionne une règle dont l'observation importe à tous les citoyens (*Paul. fr.* 1, *eod.*).

La peine encourue pour la mort d'un homme libre, dans le cas dont on a parlé ci-dessus (1167), se poursuit aussi par une action populaire (*Ulp. fr.* 5, § 5, *de his qui effud.*).

§ II.

1169. Lorsqu'un fils de famille *litem suam fecerit* (1165), ou lorsqu'il occupe un appartement qui n'est pas celui de son père (*seorsum a patre*), c'est sur le fils que pèsent les obligations imposées au juge ou à l'habitant; en effet, le père de famille ne doit pas être poursuivi en son nom pour une obligation qui n'est pas la sienne, et ce n'est pas ici le cas d'intenter les actions noxales qui se donnent quelquefois contre une personne *sui juris* au nom de ceux qu'elle a sous sa puissance (*Ulp. fr.* 1, § 8, *de his qui effud.*). Quant à l'action *de peculio*, elle n'a pas lieu en vertu des obligations pénales (*Ulp. d. fr.* 1, § 7; *fr.* 58, *de reg. jur.*). Ainsi le père, comme le dit ici Justinien, ne sera tenu d'aucune action (1).

(1) *Text. hic in fin.*; v. *Ulp. fr.* 15, § 1, *de judic.* Ce dernier texte contient une décision difficile à concilier avec la précédente, malgré l'explication de Cujas (13 *observ.* 18).

§ III.

1170. Il s'agit ici du dommage et du vol qui seraient commis dans un navire ou dans une auberge, au préjudice d'un passager ou d'un voyageur, par les personnes employées au service du navire ou de l'auberge (*text. hic; Ulp. fr.* 7, *pr. et* § 2, *naut. caup.; fr.* 1, § 1 *et* 6, *furt. advers. naut.*). Dans ce cas on peut exercer à son choix, soit les actions civiles du vol ou de la loi Aquilia contre l'auteur du délit, soit l'action prétorienne *in factum* contre le capitaine ou l'aubergiste (*Ulp. d. fr.* 1, § 3, *eod.; Paul. fr.* 6, § 4, *naut. caup.*) qui est puni pour le fait de ceux qu'il prend à son service (*Ulp. fr.* 7, *eod.*).

Cette action qui se donne *in duplum* (*Ulp. fr.* 7, § 1, *eod.*; *fr.* 1, § 2, *furt. adv. naut.*) ne doit pas être confondue avec une autre action *in factum* dont le capitaine ou l'aubergiste sont également tenus pour la restitution des choses apportées dans leur navire ou dans leur auberge (*Ulp. fr.* 1, *pr.*, § 1, 2, 5 *et* 6, *naut. caup.*). Cette dernière action qui n'a rien de pénal (*Ulp. fr.* 3, § 4, *eod.*), aggrave cependant la responsabilité que leur imposerait l'action *depositi* ou *locati;* car ils sont tenus non seulement de leur faute ou de leur fait, mais encore du fait des porteurs ou voyageurs, par cela seul qu'ils ont reçu les effets (*Ulp. et Gaius, fr.* 1, § 8; *fr.* 2 *et* 3, *eod.*), dont ils ne sont libérés que par la force majeure (*Ulp. fr.* 3, § 1, *eod.*).

TITRE VI.

Des Actions.

1171. Après avoir parlé des personnes et des choses, il faut tracer une marche certaine que chacun devra suivre tant pour exercer ses droits que pour contraindre les autres à remplir leurs obligations. C'est dans ce but qu'on s'occupe ici des actions (60); en effet, comme on l'a dit, *litigant homines de rebus per actiones.*

Trois systèmes de procédure se sont succédés à Rome et dans le Bas-Empire. Le plus ancien, celui des actions de la loi, *actiones legis,* a duré partiellement au moins jusqu'au temps de Cicéron. Le rigorisme et l'incroyable subtilité de cette procédure l'ayant rendu odieuse (*Gaius,* 4 *inst.* 11 *et* 30), les actions de la loi supprimées par la loï Æbutia et par deux lois Julia (1), ne subsisteront plus que dans la juridiction volontaire (85), notamment pour la *cessio in jure* (v. *Gaius,* 2 *inst.* 24), et pour deux cas exceptionnels de la juridiction contentieuse. On procéda, en règle générale, par formules (*Gaius,* 4 *inst.* 30 *et* 31).

1172. Le système formulaire divise la procédure en deux instances dont la première a lieu *in jure* devant le magistrat qui *jus dicit*, et la seconde *in judicio* devant le juge (2) qui statue définitivement. Dans plusieurs cas

---

(1) La loi Æbutia est antérieure à Cicéron (v. *A. Gell.*, 16 *noct. attic.* 10). L'une des deux lois Julia est la loi Julia *de judiciis privatis* d'Auguste; c'est une question de savoir si l'autre appartient également à Auguste ou à Jules César.

(2) Je me garderai bien de l'appeler *juré*; car il prononce une sentence, une condamnation que nos jurés ne prononcent jamais. Le *judex* est rigoureusement soumis au mandat résultant de la formule (v. *Gaius*, 4

exceptionnels, le magistrat statue lui-même sans donner ni juge ni action. De là une distinction entre les *judicia ordinaria* et les *judicia extraordinaria* ou *extraordinariæ cognitiones* (v. au Digeste, *liv.* 50, *tit.* 13).

Cette distinction s'est maintenue avec le système formulaire jusqu'à la fin de l'empire romain; mais sous le règne de Dioclétien (C. 2, *de pedan. jud.*), l'exception fut transformée en règle générale (*pr.*, *de success. subl.*); et Constantin (C. 1, *de form. et impetr.*) supprima totalement les formules (v. 1367, § 8; *de interd.*).

Nous aurons rarement besoin soit de remonter aux théories, si obscures encore, des actions de la loi, soit de descendre jusqu'à la procédure du Bas-Empire; mais le système formulaire que les institutes de Gaius ont transmis aux institutes de Justinien, y domine toujours; il nous fournira des documents plus nombreux et surtout plus positifs que les deux autres.

1173. Pour obtenir une décision judiciaire, il faut avant tout conduire notre adversaire *in jus* devant le magistrat *qui jus dicturus sit* (§ 3, *de pœn. tem. lit.*); là, *in jure,* s'établit un débat, une instance préalable dont le résultat le plus ordinaire est la concession d'une action qui renvoie les parties *in judicio*, devant un ou plusieurs juges à qui le magistrat pose une question et donne le pouvoir, ou plutôt impose le devoir de condamner le défendeur ou de l'absoudre suivant que la question aura été affirmativement ou négativement résolue.

Je présente ce résultat comme le plus ordinaire, parce

---

inst. 52), aux règles du droit (*pr.*, *de offic. jud.*) et responsable de leur observation (*pr.*, *de obl. quæ quasi ex del.*), tandis que nos jurés décident d'après leur conviction seule, sans responsabilité humaine.

que, sans parler ici des cas particuliers sur lesquels le magistrat statue *extra ordinem* (1172), il arrive quelquefois, même *in jure*, que l'une des parties reconnaît la prétention de son adversaire, et alors il devient inutile de la vérifier *in judicio;* il n'existe plus de question et par conséquent plus d'action à donner. Ainsi, par exemple, le débiteur qui reconnaît la dette, se condamne lui-même; son aveu équivaut à la sentence d'un juge, et le magistrat autorise directement les voies de contrainte qu'il autoriserait en vertu d'une condamnation judiciaire. Tel est le sens de cet adage : CONFESSUS IN JURE PRO JUDICATO HABERI PLACET (*Anton.* C. 1, *de confess.;* v. *Paul.* 5 *sent.* 5, § 2 *et* 4; *fr.* 1 *et* 3, *de confess.; Ulp. fr.* 6, § 2 *et* 6, *eod.*).

1174. En sens inverse, il peut arriver aussi que les allégations du défendeur soient reconnues par le demandeur, et alors le magistrat refuse l'action. Ulpien (*fr.* 7 *et* 9, *de jurejur.*) nous donne pour exemple un défendeur qui nie la dette et prétend avoir prêté, à cette occasion, le serment que lui avait déféré son adversaire. Un pareil serment doit en effet trancher la question (*Gaius, fr.* 1; *Paul. fr.* 2, *eod.*; v. § 5, *de except.*), et s'il demeure constant qu'il a été prêté, le magistrat refuse l'action. Dans le cas contraire, *si controversia erit, id est, si ambigitur an jus jurandum datum sit* (*Ulp. d. fr.* 9), le prêteur accorde l'action en ajoutant, pour le cas dont il s'agit, une exception dont nous expliquerons plus tard l'utilité.

Ce qu'Ulpien décide pour le serment s'applique à tout autre moyen de défense qui, en le supposant prouvé, détruirait la prétention du demandeur; et soit que le défendeur contredise directement cette prétention, soit qu'il invoque des moyens exceptionnels, comme le serment dont nous avons parlé, le prêteur accordera ou refusera l'action suivant que les allégations du défendeur seront contestées ou reconnues par son adversaire.

1175. Ainsi, le magistrat qui *jus dicit*, entend les parties, non pour statuer lui-même sur le point débattu, mais pour le préciser, et pour la question ou les questions qui restent à examiner (1) et qui seront portées *in judicio*. A cette occasion, les contendants prononçaient ensemble cette formule TESTES ESTOTE, comme pour obtenir acte du nouveau caractère qu'allaient prendre leurs débats. Jusque-là ce n'était qu'une discussion, dite *controversia* (*Ulp. fr.* 25, § 7, *de her. pet.*; v. *Cujac.* 9 *observ.* 21); désormais ce sera un litige dont la naissance, constatée comme on vient de le dire, se nomme LIS CONTESTATA ou LITIS CONTESTATIO (2); c'est le complément de cette instance préalable qui a lieu *in jure*, devant le magistrat *qui jus dicit*.

(1) Soit en fait, soit en droit; car aujourd'hui que la nature des actions *in jus* et des actions *in factum* est bien connue (1217), on ne doit plus imaginer que le préteur, en donnant l'action, sépare toujours le point de droit du point de fait, pour juger le premier et ne renvoyer au juge que l'examen du second.

(2) Le mot latin *contestatio* signifie, comme *testatio*, un témoignage, une attestation et, en général, la constatation d'un fait ou d'une intention (v. § 13, *de testam. ord.*; *Ulp.* 20 *reg.* 1). Nous admettons ici que la LITIS CONTESTATIO a lieu devant le magistrat ou *in jure*, lorsque l'action est accordée; mais avant qu'elle soit portée devant le juge (v. *Ulp. fr.* 1, *pr. et* § 2, *de fer. et dilat.*; *Paul. fr.* 28, § 2 *et* 4, *de judic.*; *fr.* 10, § 2, *si quis caut.*; *Gaius*, 3 *inst.* 180). En effet celui des fidéjusseurs contre qui le créancier veut agir pour la totalité, peut demander que l'action ne soit donnée contre lui que pour une part proportionnée au nombre des fidéjusseurs qui se trouvent solvables *litis contestatæ*

PR.

1176. La nomination du *judex*, et la mission qui détermine la nature et l'étendue de ses pouvoirs, ouvrent une seconde instance qu'on appelle *judicium*, et dont le cours régulier permet d'instruire le litige pour arriver à une solution définitive, instance que le demandeur a dès-lors le droit de suivre contre l'adversaire qu'il veut faire condamner. C'est ce droit de poursuivre *judicio* (ou *in judicio*, suivant quelques éditeurs) que notre texte appelle action (v. *Cels. fr.* 51, *de obl. et act.*); et parce que l'effet se prend souvent pour la cause ou réciproquement, JUDICIUM et ACTIO deviennent synonymes (v. § 7, *de attil. tut.*; § 2, 3 *et* 4, *de obl. quasi ex contr.*; § 2, *de pœn. tem. lit.*; § 4, 6 *et* 7, *de offic. jud.*). Pareillement, comme la mission du juge était donnée par une formule, cette formule et le droit qui en résulte ont été pris l'un pour l'autre. Aussi Justinien, en compilant ses Institutes à une époque où les formules n'étaient plus en usage, a-t-il substitué le mot *actio* dans tous les passages où Gaius avait écrit *formula* (v. § 33, *h. t.*; § 2 *et* 4, *quod cum eo*; *Gaius*, 4 *inst.* 53, 71 *et* 74).

Après avoir défini l'action *jus persequendi*, le texte ajoute *quod sibi debetur*. Ces mots supposent une dette, conséquemment une obligation, et alors la définition

---

tempore (§ 4, *de fidej.*). Evidemment cette décision serait inapplicable si la *litis contestatio* avait lieu *in judicio*, après que l'action a été donnée et même portée devant le juge, comme l'a fait croire une constitution (*Sever. et Anton.* C. 1, *de lit. contest.*) que Justinien a sans doute accommodée, comme beaucoup d'autres, au système judiciaire de son temps, système qui n'admet plus de formules, par conséquent plus d'actions, plus de *litis contestatio* proprement dites. Les mots restent, mais ils n'ont plus la même signification.

s'applique spécialement à une classe d'actions, aux actions personnelles que nous distinguerons plus bas (1177). En effet, le mot *actio* qui, dans une acception générale, comprend les actions réelles et personnelles (*Ulp. fr.* 37, *de obl. et act.*), se restreint, dans un sens plus strict, aux dernières (*Pap. fr.* 28, *eod.*; *Ulp. fr.* 178, § 2, *de verb. sign.*). Il est bizarre que Justinien, parlant des actions en général, emprunte, pour commencer, la définition des actions proprement dites.

Les différentes actions que nous avons à examiner se classent en divisions nombreuses dont plusieurs sont réunies dans ce titre. Nous les expliquerons séparément.

PREMIÈRE DIVISION.

§ I.

1177. Les juges dont nous avons parlé se nomment communément *judices*, et spécialement *arbitri* dans les actions arbitraires ou dans les actions de bonne foi (v. *Ulp. fr.* 14, § 4, *quod met. caus.*; *Paul. fr.* 38, *pro soc.*) qui prennent quelquefois le nom d'ARBITRIUM (v. *Diocl. et Max.* C. 17, *eod.*) et qu'on oppose aux actions de droit strict d'après une distinction qui se représentera plus tard (§ 28 *et seqq., h. t.*), distinction qui ne figure ici que pour s'effacer devant une division plus générale qui embrasse toutes les actions, quelles que soient leur nature et leur origine : *omnium actionum.... summa divisio* (*text. hic*).

Cette division distingue les actions réelles (*in rem*) et personnelles (*in personam*).

L'action est personnelle, lorsque le défendeur est obligé envers le demandeur, soit par un contrat, soit par un délit, soit par toute autre cause; car on s'attache ici à l'obligation indépendamment de son origine. L'action ne cesse d'être personnelle et ne prend le caractère d'action *in rem* que lorsque mon adversaire n'est tenu envers moi d'aucune obligation (*nullo jure ei obligatus*); par exemple, lorsqu'il y a contestation entre nous soit sur une chose corporelle qu'il possède et dont je prétends être propriétaire (*text. hic*; *Ulp. fr.* 25, *de obl. et act.*), soit sur un droit d'usufruit, de servitude ou autre droit semblable que je prétends avoir (v. § 2, *h. t.*; *Gaius*, 4 *inst.* 2 *et* 3).

1178. Ainsi, lorsque Titius affirme qu'une chose est sienne (*suam esse affirmet*), l'action qu'il exerce est réelle (*text. hic in fin.*), par cela seul qu'il se dit propriétaire, ou plutôt parce que la question du procès consiste à savoir si, comme il le dit, Titius est réellement propriétaire. En effet, ce que le demandeur affirme reste toujours à juger : c'est le point en litige, s'il était une fois constant que l'objet revendiqué appartient au demandeur, il n'y aurait point de procès, et conséquemment point d'action. Cette observation importe à l'intelligence des textes qui attribuent l'action réelle, c'est-à-dire la revendication, au propriétaire réclamant sa chose (*Paul. fr.* 23, *de rei vind.*; *Ulp. fr.* 25, *de obl. et act.*). C'est à lui seul en effet qu'il convient d'intenter cette action, parce qu'elle ne peut réussir qu'à lui. Tout autre l'intenterait mal à propos et succomberait nécessairement, puisqu'il ne pourrait justifier sa prétention; mais, à tort ou à raison, le demandeur se dirait propriétaire, et le juge aurait à examiner cette prétention.

Pareillement, l'action personnelle qui d'après notre texte s'exerce contre ceux qui sont tenus de quelque obligation, laisse toujours à juger s'ils sont véritablement tenus, comme le prétend le demandeur; mais par cela seul qu'il le prétend et qu'il en fait la question du procès, son action est personnelle, bien que le juge puisse rejeter sa prétention. Réciproquement, l'action intentée contre une personne véritablement obligée n'en serait pas moins réelle, si le débat, restant étranger à l'obligation, porte tout entier sur une question de propriété, comme cela peut arriver entre le déposant, par exemple, et le dépositaire. En effet, malgré les obligations qu'impose à ce dernier le contrat de dépôt, et d'où peut résulter contre lui une action personnelle *depositi*, on peut agir contre lui par action réelle pour revendiquer l'objet déposé (*Ulp. fr.* 9, *de rei vind.*; *Alex.* C. 1, *depos.*). L'action *depositi* est personnelle, parce qu'on s'y prévaut des obligations dont on soutient que le défendeur est tenu; la revendication, au contraire, est une action réelle, parce qu'en l'exerçant le demandeur se prétend propriétaire de la chose, indépendamment des obligations dont serait tenu le défendeur, sans les invoquer et sans les mettre en question.

1179. Mais quel rapport entre cette distinction et le nom que prend chaque espèce d'action; pourquoi sont-elles qualifiées réelles dans un cas, personnelles dans l'autre?

En généralisant une observation d'Ulpien (*fr.* 25, *de obl. et act.*), on a répondu que les premières s'exercent toujours contre le possesseur, quel qu'il soit, et que les secondes ont toujours lieu contre une même personne, contre celle qui doit et continue de devoir tant que son obligation n'est pas éteinte; d'où l'on pourrait aisément conclure que l'action personnelle reste attachée à une personne, tandis que l'action réelle s'attache à la chose et la suit en quelques mains qu'elle passe. Cette proposition, transformée en règle générale, n'est pas exacte, puisque plusieurs actions personnelles, notamment l'action *ad exhibendum*, imitant à cet égard l'effet des actions réelles, se donnent contre le possesseur (v. *Ulp. fr.* 3, § 3 *et* 15; *Julian. fr.* 8, *ad exhib.*). Lorsqu'on dit que ces dernières suivent la chose, c'est donc improprement et parce que l'action se confond avec sa source, c'est-à-dire avec le droit que le demandeur prétend avoir. Ce droit, par exemple, sa propriété, existe sur une chose et la suit dans toutes les mains : de là vient qu'il obtiendra une action contre le possesseur actuel, quel qu'il soit; mais cette action une fois obtenue contre tel ou tel n'existera que contre lui, et si la chose, sortant de ses mains sans fraude, devient l'occasion d'un nouveau procès contre un second possesseur (v. *Paul. fr.* 27, § 1, *de rei vind.*), on ne fera pas condamner ce dernier en vertu de la formule donnée contre un autre; il faudra appeler le nouveau possesseur *in jus*, pour avoir un nouveau juge et une nouvelle formule d'action.

Pour apprécier avec exactitude la dénomination d'action *in rem* et d'action *in personam*, il faut chercher ce que signifient, relativement à d'autres objets, la même distinction et les mêmes locutions.

1180. Un créancier convient quelquefois avec son débiteur de ne rien exiger; cette convention se fait, ou en termes généraux, sans rien préciser davantage ou, au contraire, en désignant la personne ou les personnes de qui l'on n'exigera point. Dans le premier cas, la convention, conçue en termes généraux et sans désignation de personnes, forme un pacte *in rem;* dans le second cas au contraire, la convention qui mentionne spécialement Titius ou Sempronius, est *in personam* (*Ulp. fr.* 7, § 8, *de pact.*). Ulpien dit ailleurs (*fr.* 9, § 1, *quod met. caus.*) que la disposition d'un édit est IN REM, précisément parce qu'elle est générale, *generaliter et in rem loquitur*, et ne désigne aucune personne, *nec adjicit a quo gestum*. Pareillement, les actions sont dites *in rem* ou *in personam*, d'après l'énoncé de la question que pose la formule. En effet, lorsqu'il s'agit de savoir si telle chose appartient à celui qui la revendique, cette question, absolument indépendante de la personne contre qui l'on agit, se pose en termes généraux, sans nommer le défendeur, et alors l'action est *in rem* (*Gaius, 4 inst.* 87). En matière d'obligation, au contraire, il ne suffit pas d'examiner si Titius est créancier; il faut savoir s'il est créancier de son adversaire. Il importe donc de désigner le défendeur : aussi notre texte, après avoir parlé des actions que chacun intente *cum eo qui ei obligatus est*, après avoir dit que ces actions sont *in personam*, explique cette locution en ajoutant que, dans ce cas, le demandeur soutient ADVERSARIUM *ei dare aut facere oportere* : ainsi ce dernier ne se borne pas à prétendre qu'il existe en sa faveur une obligation (1); il soutient de plus que cette obligation pèse

(1) Indépendamment de son origine et soit qu'elle consiste à donner ou à faire (*per quas intendit* DARE *aut* FACERE *oportere*). Le texte ajoute ET ALIIS QUIBUSDAM MODIS; cette expression à paru si obscure que plusieurs interprètes, soupçonnant une transposition, ont cru que ces derniers mots apaartiennent au premier membre de phrase, et doivent se lire comme il suit : *Obligatus est vel ex contractu vel ex maleficio, vel aliis quibusdam modis*. Théophile dément cette conjecture ; il faut donc reconnaître qu'il s'agit des différentes manières dont peut être conçue l'*intentio* de l'action personnelle ; car elle ne porte pas exclusivement DARE AUT FACERE *oportere*, mais quelquefois aussi PRÆSTARE

sur son adversaire, tandis que, dans une action réelle, il se prétend propriétaire (*text. hic, in fin.*), et ne fait pas mention du défendeur.

1181. Cependant il paraît impossible de ne pas nommer dans la formule toutes les personnes entre qui s'élève le litige : aussi la distinction précédente ne s'applique-t-elle pas à la formule entière, mais seulement à une des trois parties dont elle se compose ordinairement, et qu'on appelle *demonstratio*, *intentio*, *condemnatio*. La première désigne l'objet et la cause du litige (1), tandis que la troisième attribue au juge le pouvoir de condamner ou d'absoudre (2), pouvoir alternatif dont l'exercice suppose une vérification préalable, puisque le magistrat qui donne l'action pose toujours en question ce qui est allégué par le demandeur et contredit par le défendeur, ce que le premier veut faire reconnaître, en un mot *id quod intendit*. De là vient qu'on appelle *intentio* cette partie de la formule qui précise les cas de condamnation ou d'absolution, qui fixe la question du procès et détermine pour le juge ce qu'il doit examiner, pour les plaideurs ce qui devra être prouvé par l'un et contredit par l'autre (3); partie si importante dans l'action que souvent on la prend pour l'action même (v. § 14, *h. t.*; § 1, *quib.*

---

oportere (*Gaius*, 4 *inst.* 2; v. 937) et, dans l'action de vol, PRO FURE DAMNUM DECIDERE *oportere* (*Gaius*, 4 *inst.* 37, 45; v. *Ulp. fr.* 7, *de condict. furtiv.*).

(1) Quod A. Agerius N. Negidio hominem vendidit.... quod A. Agerius apud N. Negidium hominem deposuit (*Gaius*, 4 *inst.* 40).

(2) Judex, N. Negidium A. Agerio X millia condemna; si non paret, absolve (*Gaius*, 4 *inst.* 41).

(3) Si paret hominem ex jure quiritium A. Agerii esse; si paret N. Nedigium A. Agerio X millia dare oportere (*Gaius*, 4 *inst.* 43).

mod. re contr.). C'est aussi en prenant la partie pour le tout, que l'on divise les actions *in rem* ou *in personam* d'après la teneur de l'*intentio :* en effet, c'est à cette partie de la formule que notre texte se réfère, lorsque, pour mieux caractériser les actions personnelles et réelles, il ajoute, en parlant des premières, *per quas* INTENDIT *adversarium*, etc., et en parlant des secondes, *nam si Titius suam esse* INTENDAT, etc.

1182. Ainsi les jurisconsultes romains distinguent les actions dont l'exercice suppose une obligation du défendeur envers le demandeur, et celles qui, au contraire, sont indépendantes de toute obligation; dans les premières, il s'agit de savoir, non-seulement s'il existe une obligation envers Titius demandeur, mais encore si cette obligation est imposée à Séius, défendeur, et alors par la nature même de la question qu'elle précise, l'*intentio* est ordinairement rédigée *in personam*. Dans les autres actions, au contraire, on cherche uniquement si la chose ou le droit revendiqué appartient à Titius, et dans ce cas la question se trouvant posée en termes plus généraux, l'*intentio* est *in rem*. Ces différentes rédactions de l'*intentio*, coïncidant presque toujours avec la distinction même des actions, on a dit de l'action, comme de l'*intentio* même, qu'elle est tantôt *in rem* tantôt *in personam*. Cependant cette coïncidence n'est pas tellement exacte qu'elle ne se démente quelquefois, et alors nous trouverons que certaines actions sont personnelles par leur nature, indépendamment de l'*intentio* et de sa rédaction ou plutôt malgré cette rédaction (v. 1219).

§ II.

1183. L'usufruit, l'usage et les servitudes rurales ou

urbaines sont aussi l'objet d'une revendication, et par conséquent d'une action réelle (*text. hic; Ulp. fr.* 2, *si serv. vind.*), qui est exercée par l'usufruitier, par l'usager ou par le maître du fond dominant (*Ulp. fr.* 5, *si usufr. pet.*; *fr.* 1; *fr.* 2, *pr. et* § 1, *si servit. vind.*) contre le propriétaire ou le possesseur des objets soumis aux droits d'usufruit ou de servitude, et en général contre toute personne qui s'opposerait au libre exercice des droits dont il s'agit (*Ulp. fr.* 1, *si usufr. pet.* 1; *fr.* 10, § 1, *si serv. vind.*).

En agissant ainsi, le demandeur revendique un droit qu'il prétend exister en sa faveur, et alors comme dans la revendication des choses corporelles, l'action est affirmative ou confessoire, en sens inverse d'une autre action par laquelle un propriétaire soutient que sa chose n'est pas grevée, soit d'usufruit, soit de telle ou telle servitude envers le défendeur. Une action de ce genre serait également réelle, mais négative ou négatoire (*negativa, text. hic*; *negatoria, Ulp. fr.* 2, *si serv. vind.*), parce que le demandeur, au lieu de se prévaloir de son propre droit, suivant la règle générale, s'attache au droit d'autrui pour en nier l'existence. En réalité cependant, il ne se borne pas à nier le droit de son adversaire; s'il prétend qu'on ne doit pas exercer tels ou tels droits sur sa chose, c'est en ajoutant qu'on ne doit pas les exercer malgré lui, *invito se*, ou même en affirmant qu'il est fondé à s'y opposer, *sibi jus esse prohibendi* (*Ulp. fr.* 5, *si usufr. pet.*). L'action négatoire aboutit donc à soutenir que la chose du demandeur lui appartient en pleine propriété ou franche de telle servitude. Il n'élève pas directement cette prétention parce que l'*intentio* de la revendication, *si paret rem Titii esse*, ne se prête pas aux distinctions de propriété plus ou moins pleine, plus ou moins libre; mais il agit négatoirement pour suppléer à l'insuffisance du langage formulaire.

Le propriétaire agit négatoirement contre toute personne qui l'empêche de disposer librement de sa chose (*Ulp. fr.* 4, § 7), ou qui se permet, sur cette chose, ce qui n'est permis sur la chose d'autrui qu'en vertu d'une servitude (v. *Procul. fr.* 13; *Pomp. fr.* 14, § 1; *Alfen. fr.* 17, *eod.*).

1184. Justinien nous avertit que relativement aux choses corporelles, il n'existe point d'action négatoire; et pour justifier cette proposition, l'empereur ajoute que ces mêmes choses sont toujours revendiquées contre celui qui possède par celui *qui non possidet;* tandis que le possesseur d'un objet corporel n'a aucune action pour soutenir négatoirement que cet objet n'appartient pas à autrui. En matière d'usufruit et de servitude, tout est différent; car non seulement l'action négatoire est admise comme l'action confessoire, mais l'une et l'autre se donnent au possesseur du droit contesté, en sorte que la même personne peut se trouver *possessorem juris et petitorem* (*Ulp. fr.* 6, § 1, *si servit. vind.*; *fr.* 5, § 7, *si usufr. pet.*).

Ulpien (*fr.* 1, § 6, *uti possid.*) nous indique la véritable raison de cette différence, en nous apprenant que le possesseur d'une chose corporelle et spécialement d'une chose immobilière, peut, au moyen de l'interdit *uti possidetis* (v. § 4, *de interd.*), garantir sa possesion, par cela seul qu'il possède et sans engager la question de propriété. Aussi n'a-t-il point d'action, *sufficit ei quod possideat* (*Ulp. d. fr.* 1, § 6), parce que l'interdit garantit suffisamment sa possession; mais si la même garantie ne s'étend pas aux choses incorporelles, la possession ne doit plus suffire ; le débat, en cas de trouble, devra porter non sur la possession qui ne jouit d'aucune protection spéciale, mais sur l'existence du droit, et alors les actions confessoire ou négatoire seront utiles même au possesseur du droit. Aussi les lui a-t-on accordées, dans l'origine, lorsque les interdits ne s'appliquaient pas encore aux choses incorporelles, et on a continué d'accorder ces actions, quoique plus tard on ait donné pour l'usufruit et pour les servitudes un interdit utile (1).

1185. Après avoir établi que l'action négatoire n'existe pas relativement aux choses corporelles, et que pour ces dernières on n'accorde point d'action au possesseur, Justinien ajoute que cependant il existe un cas, un seul cas (*sane uno casu*) où le possesseur ACTORIS PARTES OBTINET. Ce cas unique, Justinien le laisse chercher dans les Pandectes où son investigation a tellement fatigué les interprètes, que plusieurs ont cru devoir changer notre texte en y introduisant une négation (*sane* NON *uno casu; Vinnius, hic*). Aujourd'hui de semblables expédients ne sont plus admissibles.

Pour entendre ce passage, il faut savoir d'abord quel en est l'objet, et ensuite ce que signifie cette locution : *actoris partes obtinere.*

En observant la marche des idées suivie par notre texte, on reconnaît qu'après avoir parlé des choses incorporelles, il les a complétement abandonnées pour revenir aux choses corporelles, en établissant qu'à leur égard

---

(1) *Ulp. fragm. vatic.* § 90 *et* 91 ; v. *Javol. fr.* 20, *de servit.* Voyez la Thèse soutenue pour la licence devant la faculté de Paris, le 13 août 1836, par M. Gaslonde, aujourd'hui suppléant de la faculté de Dijon.

(*in his*) la seule action usitée est confessoire et compète à ceux qui ne possèdent pas (*agit qui non possidet*) contre le possesseur; que celui-ci n'a point d'action pour nier la propriété d'un adversaire qui doit poursuivre au lieu d'être poursuivi (1). Cette dernière proposition s'applique évidemment aux choses corporelles; la modification qui suit immédiatement ne peut donc pas avoir d'autre objet : il en résulte que le possesseur d'une chose corporelle qui n'a point d'action, et qui par conséquent ne remplira jamais d'autre rôle que celui de défendeur, devra néanmoins faire, dans un cas spécial, ce que fait ordinairement le demandeur, ou, en d'autres termes, prouver sa propriété; car *actoris partes obtinere* ou *sustinere* signifie précisément que la personne dont on parle est chargée de la preuve (*Afric. fr.* 15, *de nov. op. nunciat*).

1186. En effet, on dit en règle générale que la preuve incombe au demandeur (§ 4, *de legat.*), et cette règle coïncide avec celle qui réserve au possesseur le rôle de défendeur; car alors celui qui revendique est tenu de prouver, d'abord parce qu'il est demandeur, et en outre parce que, faute de preuve, la possession resterait au défendeur (§ 4, *de interd.*); mais si ce dernier, au lieu de se borner à une simple dénégation, oppose aux assertions du demandeur d'autres assertions, par exemple en lui imputant un dol, alors il est tenu de prouver ce qu'il avance, et conséquemment de faire, pour l'exception, ce que le demandeur fait pour l'*intentio* (*Ulp. fr.* 19, *de prob.*). Tel est le sens de cet adage, *reus in exceptione actor est* (*Ulp. fr.* 1, *de except.*), et dans ce

(1) C'est pour cette raison probalement que notre texte l'appelle *actor*.

sens, les cas où le possesseur *actoris partes obtinet*, sont très-communs.

Mais s'il arrive souvent que le possesseur soit tenu de prouver l'exception dont il se prévaut, il n'est jamais ou presque jamais réduit à prouver sa propriété : cependant c'est sur une question de propriété que notre texte, après avoir refusé au possesseur l'action négatoire du droit d'autrui, suppose qu'il devra prouver son propre droit, et cela dans un cas spécial, *uno casu*. C'est qu'en effet il existe un cas unique où le possesseur qui est en même temps défendeur devra prouver que la chose lui appartient, savoir, lorsque la question de propriété sera posée par une exception dans l'intérêt du défendeur. Tel est précisément le cas où l'exception *justi dominii* est opposée à la revendication publicienne dont nous parlerons ci-après (1188).

§ III.

1187. Considérées dans leur origine, les actions sont civiles ou prétoriennes (*text. hic ;* v. *Ulp. fr.* 25, § 2, *de obl. et act.*).

Le préteur indique dans son édit les différentes actions qu'il accordera dans tel ou tel cas, par exemple, dans la gestion d'affaires (*Ulp. fr.* 3, *de neg. gest.*) ; et à ce sujet les jurisconsultes disent, en parlant du préteur, *proposuit actionem*, ou en parlant de l'action, *proponitur*, *proposita*, même lorsqu'il s'agit d'une action civile, notamment de la pétition d'hérédité (*Ulp. fr.* 1, *si pars hered.* ; *fr.* 1, *de poss. her. pet.* ; *fr.* 1, *de fideic. her. pet.* ; *fr.* 1, *de contrar. tut.*). Les actions qui sont indiquées dans l'édit ne sont donc pas toujours prétoriennes ; et en effet Justinien range seulement dans cette classe les actions que le préteur a établies *ex sua jurisdictione* (*text. hic*; § 8, *h. t.*; § 1, *de obl.*), pour introduire ou sanctionner les principes de son propre droit.

§ III ET IV.

1188. Les actions prétoriennes sont comme les actions civiles, réelles ou personnelles (*text. hic*; v. § 8, *h. t.*). Justinien va s'occuper d'abord des actions prétoriennes réelles. A cet égard, il annonce deux fictions tendant à modifier en sens inverse les effets civils de l'usucapion (§ 3, *h. t.*). Voyons dans quelle circonstance s'applique la première.

L'usucapion ne s'accomplit que par un certain temps de possession, et si dans l'intervalle la chose passe en d'autres mains, celui pour qui l'usucapion n'était que commencée n'a aucune action, du moins si l'on s'en tient aux principes du droit civil; car la revendication n'appartient qu'au propriétaire, *ut quis dominium suum vindicet* (§ 4, *h. t.*). Aussi, pour secourir ceux qui ont perdu la possession, le droit prétorien leur fait-il remise du temps qui reste à courir, en considérant comme accomplie à leur profit l'usucapion qu'ils ont commencée; et alors n'eussent-ils possédé qu'un moment (*Paul. fr.* 12, § 7, *de publ. in rem*), ils revendiqueront comme revendiquent ceux à qui l'usucapion réellement accomplie confère le domaine quiritaire. Tel est le but de l'action fictive qu'on appelle publicienne, du nom de son auteur, le préteur Publicius (§ 4, *h. t.*; v. *Gaius*, 4 *inst.* 36).

1189. Quel a été le motif d'une semblable fiction, et lorsque l'usucapion s'accomplissait par un an, par deux ans au plus (*pr.*, *de usucap.*), pourquoi abréger ou même effacer un délai déjà si court? Pour apprécier cette partie du droit honoraire, il faut se rappeler le véritable but de l'usucapion. Ce n'était pas seulement une faveur accordée à la bonne foi des possesseurs qui reçoivent une chose *a non domino;* c'était, du moins pour les choses *mancipi*, le complément indispensable de la tradition qui, même avec le fait et la volonté du propriétaire, ne transférait pas le *dominium*. On avait la chose *in bonis* sans avoir le *dominium* (452). Le possesseur qui n'avait pas complété l'usucapion ne pouvait donc pas, d'après le droit civil, revendiquer la chose passée en d'autres mains. Cependant il importait de maintenir, indépendamment de l'usucapion, les acquisitions conformes au droit des gens; c'est principalement dans ce but que le préteur suppose l'usucapion accomplie pour ceux qui, n'étant pas propriétaires *ex jure quiritium,* ne pouvaient pas revendiquer en cette qualité, et précisément parce qu'ils ne le pouvaient pas (1).

1190. La même fiction profite également à tous ceux qui ont besoin de l'usucapion, et par suite au simple possesseur qui, recevant la chose *a non domino,* ne l'avait pas acquise d'après le droit des gens; c'est pour ce dernier

(1) *Gaius,* 4 *inst.* 36. Tous les passages où se retrouve l'*intentio* de la revendication prouvent que le demandeur n'y soutient pas simplement *rem suam esse*, mais *suam esse* EX JURE QUIRITIUM. Gaius (2 *inst.* 194) dit formellement que *vindicare* c'est *intendere rem suam* EX JURE QUIRITIUM *esse*; et ailleurs (2 *inst.* 222) en parlant du legs *per præceptionem*, il distingue si la chose léguée appartenait au testateur *jure quiritium*, ou s'il l'avait simplement *in bonis*. Dans le premier cas le légataire a la revendication; dans le second, et suivant que le legs est fait à l'un des héritiers ou à un étranger, il faut intenter l'action *familiæ erciscundæ* ou l'action *ex testamento*, par cette raison qu'il est imposible d'exercer la revendication proprement dite pour les choses qui sont *in bonis* (v. *Gaius*, 2 *inst.* 24; 4 *inst.* 16, 36, 41, 86 *et* 93).

seul que Justinien, en supprimant la distinction des choses *mancipi* ou *nec mancipi* et le domaine quiritaire, paraîtrait avoir conservé l'action publicienne (v. *Ulp. fr.* 1, *de publ. in rem*). Cependant, sous Justinien même, l'usage de cette action n'est pas limité aux choses qu'on reçoit *non a domino :* en effet, si la tradition faite par le propriétaire autorise la revendication, c'est à la charge par ceux qui l'intentent de prouver leur propriété, et par conséquent la propriété de leur auteur, en remontant, de tradition en tradition, jusqu'au premier maître de la chose. L'usucapion seule dispense de toutes ces preuves, parce qu'elle confère au possesseur un droit indépendant de celui qu'ont pu avoir ou ne pas avoir ses prédécesseurs; mais, en exerçant l'action publicienne, je ne suis pas tenu de prouver que la chose m'appartient, mais seulement que j'étais en position de l'acquérir par usucapion, et que je l'aurais effectivement acquise si ma possession avait continué (v. *Gaius*, 4 *inst.* 36). Si l'action publicienne devient inutile pour les choses dont la tradition a été faite par le véritable maître, ce n'est donc qu'après une possession suffisante pour accomplir l'usucapion (1).

(1) V. *Ulp. fr.* 1, *pr. et* § 1, *de publ. in rem.* Gaius (2 *inst.* 36) n'exige pas que la chose ait été livrée *non a domino*; il accorde l'action publicienne à ceux qui n'ont pas encore usucapé la chose livrée *ex justa causa*, sans distinguer par qui elle a été livrée. Justinien lui-même n'a pas inséré dans son texte (§ 4, *h. t.*) les mots *non a domino*, qui se trouvent dans celui du préteur (*fr.* 1, *de publ. in rem*), sans doute par interpolation; car ces prétendues paroles de l'édit sont les seules qu'Ulpien ne reprend pas pour les expliquer et les commenter séparément. Plus loin, en parlant de la bonne foi qu'exige le préteur, il suffira, dit Ulpien (*fr.* 7, § 11, *eod.*), d'avoir acheté de bonne foi, quand même on aurait acheté *non a domino* : certes le jurisconsulte qui s'exprime

1191. La fiction publicienne ne profite qu'aux possesseurs de bonne foi (*Ulp. fr.* 1; *fr.* 7, § 11, *de public. in rem*), précisément parce que les possesseurs de mauvaise foi sont incapables d'usucaper (*Ulp. d. fr.* 7, § 17). La même raison conduirait à décider que l'action publicienne s'applique uniquement aux objets susceptibles d'usucapion, et en effet elle n'a pas lieu pour ceux dont l'aliénation est prohibée (*Paul. fr.* 12, § 4, *eod.*); mais, hors ce cas d'inaliénabilité, l'action s'applique à des choses non susceptibles d'usucapion (*Paul. d. fr.* 12, § 2 *et* 3), notamment à des choses incorporelles, comme l'usufruit, les servitudes rurales ou urbaines (*Ulp. fr.* 11, § 1, *de publ. in rem*; *fr.* 10, § 1, *de usurp.*; *Paul. fr.* 14, *de servit.*), quoique la loi Scribonia prohibe l'acquisition des servitudes par usucapion (1).

1192. L'action publicienne, soumise aux mêmes règles que la revendication, doit s'intenter aussi contre les

ainsi ne paraît pas considérer la tradition faite par le véritable maître comme incompatible avec l'exercice de l'action publicienne. V. le même Ulpien (*fr.* 11, § 1, *eod.*; *Nerat. fr.* 31, § 2, *de action. empt.*).

(1) *Paul. fr.* 4, § 29, *de usurp.* Cela s'explique, selon Pothier (6 *pand.* 2. *n°* 14), parce que ces choses sont susceptibles de s'acquérir, non par usucapion, mais par la possession *longi temporis* qui, ne donnant pas précisément le droit de servitude, mais plutôt *vicem servitutis* (*Anton. C.* 1, *de servit.*), permettait d'agir par un interdit ou par une action utile (*Ulp. fr.* 5, § 3, *de itiner.*; *fr.* 10, *si servit. vind.*; *fr.* 1, § 23, *de aqu. et aqu. pluv.*), non pour faire constater le droit, comme dans l'action civile confessoire, mais pour faire maintenir (*tueri*) la possession (*Scæv. fr.* 26, *eod.*; v. 425).

L'action publicienne n'a pas lieu pour un esclave fugitif, pour les choses furtives et autres objets dont l'usucapion est impossible (*Ulp. fr.* 9, § 5, *de publ. in rem*), non par leur nature même, mais à raison du vice qui s'y trouve attaché, et peut-être parce qu'il n'en résulte qu'un obstacle temporaire.

mêmes personnes, c'est-à-dire contre quiconque détient la chose. Il pourrait donc arriver que le détenteur actuel possédât lui-même de bonne foi et avec toutes les conditions requises pour l'usucapion; en sorte qu'il aurait à exercer, s'il perdait la possession, la même action qu'on exerce contre lui. Ici le demandeur et le défendeur, lorsqu'aucun d'eux n'a reçu la chose de son véritable maître, n'ont pas plus de droit l'un que l'autre. Leur position paraît égale, sauf l'avantage de la possession actuelle, qui semblerait décisif pour le défendeur (*Paul. fr.* 128, *de reg. jur.*; § 4, *de interd.*). Cependant Julien et après lui Ulpien (*fr.* 9, § 4, *de publ. in rem*) remontent à l'origine des deux possessions, et ne maintiennent le détenteur actuel que dans le cas où la tradition faite aux deux adversaires l'a été par deux auteurs différents. Dans le cas contraire, c'est-à-dire entre deux parties qui auraient successivement traité avec le même auteur, la plus ancienne des deux traditions détermine la préférence; et c'est même à cette antériorité de possession que s'attache Nératius (*fr.* 31, § 2, *de act. empt.*), soit que les deux traditions faites *a non domino* émanent ou non de la même personne. Nératius repousse à cet égard la distinction de Julien, et ne préfère la dernière tradition que lorsqu'elle a été faite par le véritable maître, parce qu'alors elle a donné plus que la possession; elle a transféré la propriété qui mérite et obtient une préférence indubitable (*Nerat. d. fr.* 31, § 2, *in fin.*).

1193. L'action publicienne, introduite dans un but d'équité, ne tend pas à dépouiller le défendeur des choses qui lui appartiennent (*Nerat. fr.* 17, *de publ. in rem act.*), et cependant, s'il est préservé, ce n'est qu'indirectement et au moyen d'une exception dite JUSTI DOMINII

(*Paul. fr.* 16, *de publ. in rem*; *Nerat. fr.* 17, *eod.*; *Pap. fr.* 57, *mandat.*), qui met le défendeur dans la nécessité de prouver sa propriété (1186, 1329).

La nécessité d'obtenir une exception prouve que l'action publicienne, par elle-même et indépendamment de toute addition qui en modifie la formule, amènerait la condamnation du propriétaire, et à plus forte raison celle de tout autre défendeur qui ne combattrait pas directement la prétention du demandeur (1320).

§ III ET V.

1194. Par une fiction contraire à celle qu'on vient d'exposer, l'usucapion accomplie est quelquefois rescindée (*rescissa usucapione*; § 5, *h. t.*), ce qui signifie que le préteur la considère comme non avenue, et permet au précédent propriétaire de revendiquer, comme si l'usucapion n'avait pas transféré la propriété au possesseur contre qui l'action est intentée (1).

Cette fiction modifie, sans le renverser entièrement, le principe de l'usucapion. Aussi l'action dont il s'agit n'appartient-elle pas indistinctement à tous les propriétaires qui ont laissé accomplir l'usucapion.

La rescision n'est ainsi accordée que pour des causes

(1) *Possessorem diceret adversarium suum non usucepisse quod usucepit* (§ 3, *h. t.*). Dans les éditions vulgaires, au lieu de POSSESSOREM, on lit POSSESSOR; ce qui indiquerait une revendication intentée, contre tous les principes, par celui qui possède. Le mot POSSESSOREM, qui se retrouve dans le § 5, ne laisse aucun doute sur la véritable leçon du § 3, et indique le rôle de celui qui possède : il est défendeur et par cela même adversaire de celui qui intente l'action.

spéciales, et notamment lorsque l'usucapion s'est accomplie pendant l'absence du possesseur qui n'a pas été défendu (*Ulp. fr.* 21, *pr. et* § 1, *in quib. caus. maj.*), en ce sens qu'il n'a été représenté ni par un *procurator*, ni par aucune autre personne qui se soit portée défendeur pour lui contre la revendication du propriétaire (*Ulp. d. fr.* 21, § 2; *Paul. fr.* 22, *eod.*). Alors en effet celui-ci, ne trouvant point d'adversaire, n'a pu obtenir ni juge ni action, et l'usucapion est devenue par cela même inévitable. C'est à l'iniquité d'un semblable résultat que le préteur remédie, soit parce que le possesseur non défendu a été absent ou détenu, soit parce qu'il a pris soin de se rendre inabordable, ou parce qu'il avait le privilége de n'être pas appelé *in jus* malgré lui (*Ulp. fr.* 1, § 1; *fr.* 23, *pr. et* § 4; *fr.* 26, § 2 *et* 3; *Paul. et Gaius, fr.* 24 *et* 25, *eod.*).

1195. En parlant de l'usucapion accomplie au profit d'un absent, notre texte (§ 5, *h. t.*) suppose une absence motivée par un service public ou par la captivité du possesseur, et cela mal à propos; car ceux qui s'éloignent volontairement et sans nécessité ne méritent pas plus de faveur que les personnes qui s'absentent malgré elles. L'équité, qui enlève à ces derniers le bénéfice de l'usucapion, milite à plus forte raison contre les premiers; et en effet, l'édit qui rescinde l'usucapion accomplie au profit des absents, s'applique sans distinguer les causes de l'absence, à tous les absents qui n'ont pas été défendus : *omnes qui absentes non defenduntur* (*Ulp. fr.* 21, *in quib. caus. maj.*).

Il en est autrement dans le cas inverse. Le propriétaire absent qui n'avait point de *procurator* pour revendiquer en son nom (*Paul. fr.* 39, *eod.*), ne peut être réintégré contre les effets de l'usucapion que dans le cas où son absence a été motivée par une crainte raisonnable, ou nécessitée par un service public (*Ulp. fr.* 1, § 1; *fr.* 3 *et* 5; *Callistr. fr.* 2, § 1; *fr.* 4, *eod.*). Le préteur réintègre pareillement les prisonniers de guerre qui, à leur retour, sont admissibles au droit de *postliminium* (*Ulp. d. fr.* 1, § 1; *fr.* 15; *Callistr. fr.* 14, *eod.*), et les hommes libres qui vivaient IN SERVITUTE (*Ulp. d. fr.* 1, § 1; *Callistr. fr.* 11; *Paul. fr.* 13, *eod.*) ou étaient détenus d'une manière quelconque (*Ulp. d. fr.* 1, § 1; *fr.* 10; *Callistr. fr.* 9, *eod.*).

1196. Dans ces différents cas, l'ancien propriétaire revendique comme si l'usucapion n'était pas accomplie, et l'action fictive que lui accorde à cet effet le droit prétorien (*Diocl. et Max.* C. 5, *quib. ex caus. maj.*; *Ulp. fr.* 17, *ex quib. caus. maj.*), prend le même nom que la précédente, sans doute parce que l'une et l'autre ont été introduites par le même préteur (1188). Ainsi deux actions publiciennes se donnent, chacune dans un but opposé, l'une par extension du principe de l'usucapion, l'autre pour restreindre ce même principe en détruisant un de ses effets; mais, dans ce dernier cas, l'action publicienne, appelée rescisoire par les interprètes (1), étant directement contraire au droit civil, doit être demandée dans l'année (*Paul. fr.* 35, *de obl. et act.*) qui suit la cessation de l'absence (*si... abesse desierit tunc intra annum*, etc.; § 5, *h. t.*), ou en général la cessation

(1) A cause du mot *rescissoria*, qui se trouve dans plusieurs textes (*Ulp. fr.* 28, § 5 *et* 6, *ex quib. caus. maj.*) pour indiquer le caractère plutôt que le nom de l'action qui se donne *rescissa usucapione* (§ 5, *h. t.*), comme d'autres se donnent *rescissa traditione* (§ 6, *h. t.*) ou *rescissa alienatione* (*Ulp. fr.* 13, § 1, *de minor.*).

des causes qui empêchaient d'agir; *intra annum quo primum de ea re experiundi potestas erit* (v. *Ulp. fr.* 1, § 1, *ex quib. caus. maj.*).

L'année dont il s'agit est l'année utile (298; *Alex.* C. 3, *de restit. mil.*), dont le calcul difficile et incertain (v. *Justin.* C. 1, *de annal. except.*) a été remplacé, dans le Bas-Empire, par un délai continu que Justinien (C. 7, *de temp. in integr.*) fixe à quatre ans (1). L'Empereur accorde même au propriétaire un moyen facile d'interrompre la prescription malgré l'absence du possesseur. Il suffira de manifester, dans une requête adressée au magistrat supérieur ou dans une protestation authentique, l'intention de revendiquer. Ce moyen d'interruption supprime en réalité l'action rescisoire, du moins pour le cas où la prescription a couru au profit d'un absent.

1197. D'autres actions du même genre, c'est-à-dire réelles, prétoriennes et rescisoires sont accordées, pour des motifs non moins équitables, à plusieurs autres personnes (§ 5, *h. t.*) que le préteur réintègre en certains cas dans la propriété des objets qu'elles ont aliénés. Tels sont les mineurs de vingt-cinq ans que le droit civil suppose capables d'aliéner, soit seuls, soit avec autorisation de tuteur, tant qu'ils sont impubères (502). Si l'aliénation légalement opérée préjudicie aux intérêts du mineur, le préteur vient à son secours, et entre autres

(1) Constantin avait déja substitué à l'année utile un délai continu de deux ans pour l'action de dol (C. 8, *de dol.*), et de cinq, quatre ou trois ans pour la restitution des mineurs, selon qu'ils étaient de Rome, de l'Italie ou des provinces (C. 2, C. Th. *de in integr. rest.*). C'est le terme moyen de quatre ans que Justinien adopte pour tout l'empire et pour toutes les restitutions, soit de mineurs, soit de majeurs, sauf l'action de dol dont la durée reste fixée comme elle l'était par Constantin, dont la constitution est conservée dans le code Justinien.

moyens de réparation, il accorde quelquefois, *rescissa alienatione*, une action réelle contre le détenteur de la chose (*Ulp. fr.* 13, § 1, *de minor.*). Tel est encore, même après l'âge de vingt-cinq ans, le propriétaire qui a consenti, mais par crainte, une aliénation quelconque. Le droit civil admet la validité d'une pareille aliénation; le préteur, au contraire, la considère comme non avenue (*Paul.* 1 *sent.* 7, § 6; *Ulp. fr.* 9, § 3 *et* 6, *quod. met. caus.*), et permet à ceux qui l'ont consentie d'intenter une action réelle, à moins qu'ils ne préfèrent agir au quadruple par une action personnelle (*Ulp. fr.* 9, § 3, 4 *et* 6, *eod.*; *Paul.* 1, *sent.* 7, § 4) dont il sera question plus loin (§ 27, *h. t.*).

§ VI.

1198. Entre autres aliénations valables d'après le droit civil, et considérées comme non avenues par le droit honoraire, remarquons ici celle qu'un débiteur fait en fraude de ces créanciers. Cette fraude suffit, d'après la loi Ælia Sentia, pour empêcher l'affranchissement d'un esclave (87); mais en prohibant la manumission qu'elle frappe de nullité, cette loi ne statue que sur un cas particulier, et toute autre disposition du maître sur sa chose reste valable. Il peut donc aliéner frauduleusement tous ses biens et même les esclaves qu'il ne pourrait pas affranchir (*Paul. fr.* 26, *de contrah. empt.*; *Ulp. fr.* 6, § 5, *quæ in fraud.*). Alors les créanciers fraudés n'ont d'autre ressource que de faire révoquer l'aliénation, et le préteur la révoque en effet en rescindant la tradition qui a transféré la propriété (*rescissa traditione*), et en permettant, non pas au débiteur lui-même, mais aux créanciers préalablement envoyés en possession (*text. hic*; v. 934), de revendiquer la chose en soutenant qu'elle n'a pas été livrée (*traditam non esse*), et par conséquent n'est pas sortie des biens de leur débiteur, *ob id in bonis debitoris mansisse.*

S'il existe une action réelle bien caractérisée, c'est assurément celle qu'on intente sur une question de propriété, en soutenant, comme le font ici les créanciers, que la chose dont l'aliénation est considérée comme non avenue n'a pas changé de maître. Aussi les créanciers qui revendiquent ainsi la chose aliénée par le débiteur, agissent-ils contre la personne qui détient (*Theoph. hic*).

1199. Cette action réelle ne se retrouve dans aucune autre partie du *corpus juris.* Elle est remplacée, au Digeste et au Code par une action *in factum* arbitraire, qui se donne contre les complices du débiteur ou contre leurs héritiers (*Ulp. fr.* 10, § 19, 20 *et* 25, *quæ in fraud.*), lors même qu'ils ne possèdent plus (*Paul. fr.* 9; *Ulp. fr.* 14, *eod.*) : à ces signes il est impossible de ne pas reconnaître une action personnelle. Elle tend à révoquer, non pas seulement les aliénations, comme l'action réelle de notre texte, mais tout ce que le débiteur a fait en fraude de ses créanciers, soit en aliénant sa chose, en libérant ses propres débiteurs, en s'imposant de nouvelles obligations, soit de tout autre manière (*Ulp. fr.* 1, § 2; *fr.* 3, *pr. et* § 1, *eod.*) pourvu qu'il ait diminué son patrimoine (*Ulp. d. fr.* 3, § 2); car les créanciers n'ont point d'action, lorsque le débiteur fait en sorte de ne pas acquérir, par exemple, lorsqu'il répudie une hérédité (*Ulp. fr.* 6, *pr.* § 1 *et seqq.*, *eod.*).

Quant aux personnes contre qui cette action est donnée, on distingue si elles ont traité avec le débiteur à titre onéreux, comme un acheteur, ou à titre gratuit en recevant une libéralité. Les premières courent une chance de perte; aussi ne sont-elles soumises à l'action des créanciers que lorsqu'elles ont participé à la fraude du débiteur (*Paul. et Ulp. fr.* 9; *fr.* 10, § 2, *quæ in fraud.*). L'action a lieu contre les autres personnes jusqu'à concurrence des valeurs dont elles se sont enrichies, et comme on ne leur enlève qu'un bénéfice sans les exposer à aucune perte, il importe peu qu'elles aient connu la fraude dont elles profitent (*Ulp. fr.* 6, § 11; v. *Venul. fr.* 25, *eod.*).

1200. L'action réelle de notre texte n'admettait probablement pas toutes ces distinctions. On peut donc supposer qu'elle a été introduite la première, et ensuite remplacée par une action personnelle d'une application plus étendue et plus équitable. Du reste, l'une et l'autre action porte le nom d'action Paulienne (v. *Paul. fr.* 38, *pr. et* § 4, *de usur.; Theoph. hic*).

Quoiqu'il en soit, la fraude ne résulte pas de la seule intention. Ici, comme précédemment (90), il y a fraude lorsque l'intention de frustrer les créanciers concourt avec le préjudice réel que leur cause l'insolvabilité du débiteur (*Pap. fr.* 79, *de reg. jur.*). Aussi doivent-ils vendre ses biens avant d'intenter l'action dont la durée est d'une année utile à compter de la vente (*Ulp. fr.* 6, § 14, *quæ in fraud.*). Après l'année, l'action n'existe plus que pour ce dont le défendeur est devenu plus riche (*Ulp. fr.* 10, § 24, *eod.*).

§ VII.

1201. Le contrat de gage se forme par la tradition d'un objet que le débiteur livre à son créancier pour sûreté de la dette (953). La garantie dans ce cas vient de la possession et se perd avec elle, du moins d'après le droit civil, qui n'accorde point d'action au créancier pour reprendre la chose passée en d'autres mains. D'un autre côté, en constituant un gage, le débiteur se dessaisit, et l'usage des objets engagés se trouve perdu pour lui. Il était donc difficile et souvent impossible de mettre en gage certaines choses, notamment celles dont un débiteur a besoin pour exercer son industrie ou sa profession. Cependant il importe au crédit de chacun d'avoir des garanties à offrir pour les engagements qu'il veut contracter (§ 4, *quib. mod. re*); aussi pour donner à cet égard des facilités que refuse le droit civil, le prêteur a-t-il admis que les créanciers acquerront et conserveront, indépendamment de toute possession, les sûretés que donne le contrat de gage.

A cet effet il leur permet de suivre, par une sorte de revendication (v. *Paul. fr.* 12, § 1, *quib. mod. pign. solv.*; *fr.* 29; *Marcian. fr.* 16, § 3, *de pign. et hyp.*), soit le gage proprement dit, c'est-à-dire la chose qui leur a été livrée et dont ils ont perdu la possession, soit même l'hypothèque ou la chose qui, sans aucune tradition, a été affectée par simple convention au paiement de la dette. Dans l'un et dans l'autre cas, les créanciers agissent contre tout détenteur (*ab omni possessore; Marcian. fr.* 12, § 7, *qui potior.*) par une même action que l'on appelle hypothécaire, en sorte que, relativement à l'exercice de cette action, gage et hypothèque (1) de-

(1) Le mot *hypotheca*, si fréquent dans les textes compilés par Tribonien, ne se rencontre point dans les autres. Vinnius en conclut que les anciens jurisconsultes n'ont point connu cette expression; qu'elle doit avoir été substituée au mot *fiducia*, dont ils se servaient fréquemment et qui n'existe plus dans les Pandectes. Il est certain que Tribonien, en

viennent synonymes, à cause de la similitude de leurs effets (*text. hic; Marcian. fr.* 5, § 1, *de pign. et hyp.; Ulp. fr.* 1, *pr. et* § 1, *de pigner. act.*), quoiqu'il existe une différence importante dans la manière dont chacun d'eux se constitue (*text. in fin.; Ulp. fr.* 9, § 2, *de pign. act.; Gaius, fr.* 4, *de pign. et hyp.; fr.* 238, § 2, *de verb. sign.*).

1202. L'action hypothécaire n'est qu'une extension d'une autre action introduite par le préteur Servius pour un genre spécial de créance. En effet l'action servienne n'était accordée qu'au bailleur d'un fonds rural sur les effets appartenant au fermier ou colon et affectés au paiement des fermages par une convention expresse, et par la convention seule; car d'une part, il n'existe point d'affectation tacite sur les meubles apportés par le colon dans la ferme (*Nerat. fr.* 4, *in quib. caus.*), et d'autre part, les actions que le droit honoraire accorde au sujet du droit de gage, naissent du simple pacte, sans tradition (*Paul. fr.* 17, § 2, *de pact.*). Plus tard on a senti la nécessité de généraliser le principe de l'action servienne, et on a donné par extension, pour toute espèce de créance (*Marcian. fr.* 5, *de pign. et hyp.*), l'action dite servienne utile, quasi-servienne ou simplement servienne et spé-

---

supprimant le mot *fiducia*, a dû le remplacer par une autre expression, probablement par celle de *pignus* (1076); mais il n'a pas dû substituer *hypotheca* qui désigne un gage purement conventionnel, à *fiducia* qui suppose une propriété transférée au créancier (955). Si on admettait la possibilité d'un pareil changement, combien d'autres altérations ne faudrait-il pas supposer dans le titre *de pignoribus et hypothecis*? D'ailleurs, quelle aurait été l'utilité des actions serviennes ou quasi-serviennes pour le créancier à qui la fiducie conférait le domaine quiritaire et par suite la revendication?

cialement hypothécaire (1), *qua creditores pignora hypothecasve persequuntur* (*text. hic*).

1203. Ici, comme dans la revendication proprement dite, on agit contre le détenteur quel qu'il soit (*Marcian. fr.* 12, § 7, *qui potior.*), et par conséquent contre le débiteur lui-même, ou contre les nouveaux propriétaires auxquels il aurait transféré la chose; car l'aliénation ne change rien aux droits du créancier (*Diocl. et Max.* C. 15, *de pign. et hyp.*; C. 12, *de distr. pign.*). En conséquence, le juge ordonne au défendeur de restituer au demandeur la chose hypothéquée, si mieux il n'aime payer la dette (*Marcian. fr.* 16, § 3, *de pign. et hyp.*), c'est-à-dire toute la dette; car le droit du créancier subsiste, malgré le paiement partiel, sur toute la chose et sur chacune des choses soumises à l'hypothèque (*Ulp. fr.* 19, *eod.*), même lorsque le détenteur est étranger à la dette, ou n'en doit qu'une portion. Ainsi, par exemple, au décès du débiteur primitif, la dette se divise entre plusieurs cohéritiers comme l'hérédité même, et chacun d'eux se libère en soldant sa part de la dette; mais l'hypothèque et l'action hypothécaire n'en subsistent pas moins pour tout ce que doivent encore les autres héritiers, comme si le défunt lui-même n'avait fait qu'un paiement partiel (*Pomp. fr.* 8, § 2, *de pign. act.*; *Diocl. et Max.* C. 16, *de distr. pign.*).

---

(1) *Pap. et Paul. fr.* 1, § 2; *fr.* 3; *fr.* 7 *et* 18, *de pign. et hyp.*; *Julian. fr.* 28, *de pigner. act.*; *Justin.* C. 1, *commun. de legat.* Cette action s'appelle aussi pignératitienne (*Paul. fr.* 41, *de pigner. act.*; *Modest. fr.* 22, *de pign. et hyp.*; *Diocl. et Max.* C. 5, *si alien. res pign.*) quoique cette dénomination désigne communément l'action personnelle qui résulte du contrat de gage (953; v. *Pothier*, 20 *pand.* 1, *n°* 19, *notes f et h.*).

Justinien, en accordant l'action hypothécaire aux légataires et fidéicommissaires sur les biens du défunt, décide qu'elle ne sera exercée contre les débiteurs du legs ou du fidéicommis, que pour la portion dont chacun d'eux est personnellement tenu (C. 1, *commun. de legat.*). En effet, il n'en est pas des legs comme des dettes héréditaires : le défunt était tenu de ces dernières en totalité; les legs, au contraire, sont une charge qui commence en la personne des héritiers après la mort du testateur. C'est alors aussi que commence l'hypothèque des légataires; et comme l'obligation de chaque héritier est une obligation primitive dont personne n'était tenu antérieurement, l'hypothèque se trouve limitée dès son origine au montant de cette obligation. Cette décision ne déroge donc point à l'indivisibilité de l'hypothèque : aussi, lorsque le débiteur primitif des legs vient à décéder, l'action hypothécaire doit-elle subsister contre chacun de ses héritiers, non pour la part dont il serait tenu personnellement, mais pour tout ce que devait le débiteur primitif, c'est-à-dire, l'héritier direct.

1204. Le créancier qui intente cette action prétend avoir un droit de gage sur la chose possédée par le défendeur, et, pour justifier cette prétention, il doit prouver non-seulement que le gage ou l'hypothèque ont été consentis, mais qu'ils l'ont été par la personne qui avait la chose *in bonis* au moment même de la convention (*Marcian. fr.* 23, *de probat.*). C'est donc toujours une question de propriété que l'on soumet au juge, et ici comme dans le paragraphe précédent, c'est la propriété du débiteur invoquée par les créanciers, mais justifiée par eux comme elle aurait pu l'être par le débiteur même, c'est-à-dire avec les mêmes preuves ou à l'aide des mêmes fictions.

En effet, le créancier obtient par l'action hypothécaire le même succès que le débiteur aurait obtenu, soit par la revendication proprement dite, soit par l'action publicienne (*Paul. fr.* 18, *de pign. et hyp.*). Il serait également repoussé par les mêmes exceptions, notamment par l'exception de dol, s'il agissait contre un possesseur de bonne foi, sans lui tenir compte de ses constructions, jusqu'à concurrence de la plus-value (*Paul. fr.* 29, § 2, *eod.*).

Le même objet dont la possession ne peut se trouver à titre de gage proprement dit qu'entre les mains d'un seul créancier, peut être successivement hypothéqué à plusieurs par différentes conventions, et alors la préférence appartient, indépendamment de l'époque où chaque obligation a été contractée, au créancier dont l'hypothèque a été consentie la première (*Marcian. fr.* 12, § 2, *et* 10, *qui potior.*) : tel est le sens de cet adage, PRIOR TEMPORE, POTIOR JURE (*Anton.* C. 4, *eod.*). Aussi l'action hypothécaire, intentée contre ceux qui possèdent en vertu d'un gage ou d'une hypothèque antérieure à celle du demandeur, serait-elle repoussée par une exception spéciale (*Marcian. d. fr.* 12, *pr. et* § 7 ; v. *Valer. et Gal.* C. 6, *eod.*).

1205. L'hypothèque peut s'établir sur un ou plusieurs objets déterminés, ou sur tous les biens actuels du débiteur pris en masse, et même sur tous ses biens présents et à venir (v. *Paul. fr.* 29, *pr. et* § 3, *de pign. et hyp.*; *Scævol. fr.* 34, § 2, *eod.*), le tout au gré des contractants et par le seul effet de leur consentement. Quelquefois même la convention se présume, et l'hypothèque s'établit tacitement pour certains créanciers, notamment pour le locateur d'un fonds urbain sur les objets apportés par le locataire dans le bâtiment qu'il occupe (*Nerat. fr.* 4, *in quib. caus. pign.*; *Ulp. fr.* 3, *eod.*), et pour le bailleur d'un bien rural, mais seulement sur les produits du fonds (*Pomp. fr.* 7, *eod.*); car la même présomption ne s'étend point aux objets apportés par le colon sur le bien affermé (*Nerat. d. fr.* 4, *eod.*; *Alex.* C. 5, *de loc. et cond.*). On appelle encore hypothèque tacite celle qui, indépendamment de toute convention, même présumée, est établie par la loi. Telles sont entr'autres (v. *Theod.* C. 6, *in quib. caus. pign.*; *Justin.* C. 8, § 4, *de sec. nupt.*; C. 6, § 4, *de bon. quæ liber.*) l'hypothèque du fisc sur tous les biens de ses débiteurs (*Herm. fr.* 46, § 3, *de jur. fisc.*; *Anton.* C. 1 *et* 2, *in quib. caus. pign.*), l'hypothèque introduite ou du moins reconnue par Constantin (C. 20, *de admin. tut.*) pour les mineurs de vingt-cinq ans sur les biens de leurs tuteurs ou curateur, l'hypothèque accordée par Justinien aux légataires et fidéicommissaires sur les biens du défunt (§ 2, *de legat.*; C. 1, *commun. de legat.*), et aux femmes sur les biens de leur mari pour sûreté des reprises dotales (§ 29, *h. t.*; C. 1, § 1, *de rei uxor.*).

§ VIII, IX ET X.

1206. Justinien passe aux actions personnelles prétoriennes sans rien dire des actions personnelles civiles; mais on a vu précédemment que toute action *in personam* a pour cause une obligation : or nous avons traité des contrats, des délits et en même temps des obligations et actions qu'ils produisent, actions qui sont toutes personnelles et presque toutes civiles (1). Après avoir

(1) L'action *furti manifesti*, l'action *vi bonorum raptorum*, et souvent même l'action d'injures, sont prétoriennes (1132, 1139, 1159).

distingué deux sortes d'obligations, civiles et prétoriennes (§ 1, *de oblig.*), on a donc suffisamment traité des premières. Il ne reste à parler que des secondes; et c'est à propos des actions personnelles prétoriennes qu'on va s'occuper ici de l'obligation que chacune d'elles sanctionne, comme précédemment et à propos des obligations civiles, on a indiqué les actions personnelles qui en dérivent.

Il existait à Rome des *argentarii* ou vendeurs d'argent, qui se livraient à différentes opérations de banque, et spécialement au change des monnaies dont ils étudiaient le titre pour apprécier exactement leur valeur. A raison de l'expérience qu'ils acquéraient dans cette partie, on les consultait et on les faisait intervenir dans presque tous les paiements; souvent même ils se chargeaient de payer pour autrui, le créancier préférant la monnaie certaine et vérifiée d'un expert, à la monnaie douteuse du débiteur. Les *argentarii* ouvraient à leurs clients des crédits, et par suite des comptes actifs et passifs dont ils tenaient écriture (v. *Ulp. fr.* 4; *Gaius, fr.* 10, § 1, *de edend.; Cujac.* 10 *observ.* 14). Lorsqu'un d'eux s'était ainsi chargé de payer pour autrui, le simple consentement devenait obligatoire, et par exception au principe général que les pactes ne produisent point d'action (*Ulp. fr.* 7, § 4 *et* 5, *de pact.*), le créancier avait contre l'*argentarius* une action civile dite *receptitia* (§ 8, *h. t.*).

1207. Semblable promesse faite par toute autre personne restait dans la foule des pactes que rien ne distingue, et ne serait devenue obligatoire que par la stipulation (v. § 8, *in fin.*). Mais tandis que le droit civil refusait de sanctionner les promesses purement consensuelles,

les préteurs ont voulu maintenir la foi promise (*Ulp. fr.* 1, *de pec. const.*); ils ont saisi toutes les occasions de garantir l'exécution des pactes, et les ont sanctionnés, autant qu'ils le pouvaient, en accordant des exceptions (*Ulp. fr.* 7, § 4 *et* 7, *de pact.*; v. § 3, *de except.*) et quelquefois même des actions. C'est ainsi qu'à l'exemple de l'action *receptitia*, donnée par le droit civil contre les seuls *argentarii*, ils ont introduit l'action *constitutæ pecuniæ* contre toute personne (*cum omnibus... quicumque*), ce qui comprend les *argentarii* mêmes; et cependant l'action *receptitia* restait encore plus avantageuse contre eux que l'action *constitutæ pecuniæ*.

En effet, la première était perpétuelle comme toutes les actions civiles (*pr.*, *de perp. et temp.*) : elle s'appliquait à tous les objets que l'*argentarius* serait convenu de payer, quels qu'ils fussent, sans examiner s'il existait une obligation antérieure. L'action prétorienne *constitutæ pecuniæ*, au contraire, ne durait quelquefois qu'une année; elle ne s'appliquait qu'à des quantités ou, en d'autres termes, aux choses *quæ pondere, numero mensurave constant* (949), et seulement lorsque la convention avait pour cause une dette antérieure (*Justin.* C. 2, *de const. pec.*).

1208. Ces deux actions subsistèrent donc distinctes l'une de l'autre; mais Justinien, par une fusion semblable à celle qu'il a opérée sur les sénatus-consultes trébellien et pégasien (791), supprime l'action *receptitia* en cumulant ses effets avec ceux de l'action *constitutæ pecuniæ*. Il la rend perpétuelle, et permet de l'intenter contre toutes personnes et pour toute espèce d'objets indistinctement, pourvu que la convention se réfère, comme l'exigeait le préteur, à une obligation préexistante (*d.* C. 2, *de const. pecun.*). Il semble effectivement qu'il en soit ici du constitut par lequel on convient de payer, comme du paiement même : l'un et l'autre supposent une dette et une dette de même nature, c'est-à-dire telle que le paiement n'en puisse pas être répété comme indûment effectué (v. *Ulp. fr.* 1, § 6, 7 *et* 8; *fr.* 3, *pr. et* § 1; *Papin. fr.* 25, § 1; *Paul. fr.* 29, *de pec. const.*).

1209. L'action *constitutæ pecuniæ* appartient au créancier contre le débiteur ou contre toute autre personne qui est convenue de payer sans stipulation (§ 8, *h. t.*); car le consentement suffit sous quelque forme qu'il intervienne, comme dans les contrats consensuels (v. *Ulp. fr.* 14, § 3; *Paul. fr.* 15, *de pec. const.*), pourvu qu'il y ait CONSTITUT.

Le verbe *constituere*, spécialement usité dans cette matière, a remplacé, dans la langue latine, l'ancien verbe RECIPERE : l'un et l'autre signifient prendre jour pour faire quelque chose. CONSTITUERE SE SOLUTURUM serait donc convenir de payer à jour fixe (*Cujac. ad Paul. fr.* 4 *et* 17; *fr.* 21, § 1, *de pec. const.*), et dans l'intention précise de se soumettre à l'action *constitutæ pecuniæ*; en sorte que la convention faite dans tout autre but, et par exemple pour former une stipulation, ne peut en aucun cas obtenir l'effet d'un constitut (*Ulp. fr.* 1, § 4, *eod.*).

1210. Quoique la promesse de payer ne soit assurément pas un paiement, il existe entre eux certaines analogies, et par suite on applique au constitut plusieurs principes du paiement, entre autres celui qui permet de payer une chose pour une autre (*Ulp. fr.* 1, § 5, *de pec. const.*; v. 1114). On a douté qu'une obligation conditionnelle ou à terme pût servir de base au constitut

(*Justin.* C. 2, *eod.*), sans doute, à l'égard de la première, parce que la dette n'existant pas encore (966), le paiement serait sujet à répétition (*Pomp. fr.* 16; *Cels. fr.* 48, *de cond. ind.*); aussi a-t-on décidé que le constitut sera suspendu par la même condition que la dette primitive (*Paul. fr.* 19, *de pec. const.*).

Pour l'obligation à terme, le doute n'avait pas les mêmes fondements : aussi est-il levé, dès le temps d'Auguste, par Labéon, pour qui la principale utilité du constitut était précisément d'avancer l'exigibilité des créances, en fixant le paiement soit à un jour plus prochain, soit au jour même où le constitut intervient (*Ulp. fr.* 3, § 2; *Paul. fr.* 4, *de pec. const.*). Aussi Cujas (*loc. sup. cit.*) a-t-il observé que le constitut se fait toujours à terme. Ce fut même une question de savoir si l'omission d'un terme ne doit pas entraîner la nullité du constitut; Paul (*fr.* 21, § 1, *eod.*) accorde, en ce cas, un délai tacite de dix jours. Remarquons, à cette occasion, que la convention de payer aujourd'hui même est véritablement à terme : en effet, l'action ne pourra être intentée que demain, tandis que l'obligation pure et simple permet d'agir immédiatement (*statim*, *Paul. d. fr.* 21, § 1; v. 961).

1211. Le constitut, qui à cet égard encore ressemble au paiement, peut être fait au créancier, ou pour lui, en son nom et avec son consentement, à une autre personne (*Ulp. fr.* 5, § 2; *fr.* 7, *de pec. const.*); et chacun peut constituer pour sa propre dette ou pour celle d'autrui (§ 9, *h. t.*), sans le consentement du débiteur ou même malgré lui (*Ulp. fr.* 27, *eod.*). Au premier cas, c'est-à-dire, lorsqu'il est consenti par le débiteur même, le constitut consolide et modifie la dette, soit en procurant au créancier une action que ne lui aurait pas donnée l'obligation naturelle, soit en ajoutant à l'action qu'il avait déjà une autre action plus rigoureuse (v. *Gaius*, 4 *inst.* 171), qu'il exercera pour un autre objet, dans un autre lieu ou à une autre époque (*Ulp. et Paul. fr.* 1, § 5; *fr.* 5; *fr.* 3, § 2; *fr.* 4, *eod.*). Dans le second cas, le constitut consenti par un tiers produit une sorte de cautionnement, comme la fidéjussion, mais plus avantageux au créancier, puisque, même avant Justinien, on pouvait exercer l'action *constitutæ pecuniæ* sans perdre l'action primitive contre le débiteur (1).

---

(1) *Ulp. fr.* 18, § 3, *de pec. const.* Il existe plusieurs autres différences : 1° l'obligation principale et celle du fidéjusseur doivent avoir le même objet (*Ulp. fr.* 8, § 8, *de fiedej.*), tandis que l'objet du constitut, peut n'être pas celui de la dette primitive (*Ulp. fr.* 1, § 5, *de pec. const.*); 2° le constitut peut avoir un terme moins éloigné que celui de l'obligation primitive (*Paul. fr.* 4, *eod.*). Cujas (*ad Paul. fr.* 4, 10 *et* 13, *eod.*) n'aperçoit sous ce rapport aucune différence entre le constitut et la fidéjussion. En s'appuyant sur la règle qui empêche le fidéjusseur de s'obliger *in duriorem causam* (1028), règle générale qui s'applique à toutes les personnes obligées pour autrui, et au constituant comme au fidéjusseur (*Ulp. fr.* 8, § 7, *de fidej.*), Cujas prétend que ce dernier peut s'obliger pour un terme plus prochain que le terme de l'obligation principale. Aucun texte, dit-il, ne s'y oppose. Pour moi je vois la prohibition écrite aux Institutes (§ 5, *de fidej.*) : *Non solum enim in quantitate, sed etiam in tempore minus et plus intelligitur; plus est enim statim aliquid dare, minus post tempus dare.* Ainsi le débiteur pur et simple d'une valeur quelconque doit plus que le débiteur à terme de cette même valeur. Je ne puis, il est vrai, citer aucun autre texte; mais en retournant l'argument de Cujas, je dirai que nulle part on n'a donné au fidéjusseur la faculté de s'obliger, comme le constituant, sous un terme plus rapproché que celui de l'obligation principale.

Le constitut, consenti pour une somme plus forte que le montant de la dette primitive vaut jusqu'à concurrence seulement de celle-ci. En effet, l'excédant n'était pas dû (*Ulp. fr.* 11, § 1, *de const. pec.*). On a vu précédemment les doutes qui dans la même hypothèse se sont élevés sur la validité de la fidéjussion (1028).

1212. En effet, le constitut se joint à l'obligation sans l'éteindre (*Gaius, fr.* 28, *de pec. const.*; *Ulp. fr.* 15, *de in rem vers.*), et cependant il y apporte d'importantes modifications. Ainsi, lorsqu'il existe deux créanciers solidaires (973) ou un seul créancier avec un adjoint *solutionis gratia* (1007), le constitut fait dans le premier cas avec l'un des créanciers, et dans le second cas avec le créancier seul sans adjonction, enlève au débiteur le droit de payer soit à l'autre créancier, soit à l'adjoint (*Paul. fr.* 8 *et* 10, *de const. pec.*), parce que le constitut est, à l'égard du créancier qui l'accepte, ce que serait un paiement par lui reçu (*Paul. d. fr.* 10) : cela signifie, selon moi, qu'après le constitut comme après le paiement, il est réputé avoir toujours été seul créancier ou seul capable de recevoir (v. 972). Pareillement, dans le cas d'une dette alternative qui permettrait au débiteur de payer telle chose ou telle autre à son choix, le constitut, consenti pour l'une des deux, ôte la possibilité d'offrir l'autre en paiement (*Pap. fr.* 25, *eod.*). Il en serait de même sans doute de toute autre dette, si le constitut était consenti pour un objet qui n'est pas celui de l'obligation primitive.

Le § 10 sera expliqué avec le § 4 au titre suivant, *quod cum eo*, etc.

§ XI.

1213. On ne s'en rapporte point aux allégations d'un plaideur, ni même aux serments bénévoles qu'il fait spontanément (*Ulp. fr.* 3, *de jurej.*); mais dans le cas contraire, c'est-à-dire lorsqu'il a été déféré à l'une des parties par son adversaire ou par le juge, le serment prêté et la foi qu'il obtient sont considérés comme un excellent moyen de terminer les contestations (*Gaius, fr.* 1, *eod.*). On distingue à cet égard le serment volontaire, le serment nécessaire et le serment judiciaire (Voyez au Digeste, livre 12, titre 2).

Cette dernière qualification s'applique au serment déféré *in judicio* par le juge. En effet, lorsque l'insuffisance des preuves fournies de part et d'autre (*inopia probationum; Diocl. et Max.* C. 3, *de reb. cred.*) n'a produit que des doutes (*in dubiis causis; Gaius, fr.* 31, *de jurej.*), le juge peut, pour en sortir, déférer le serment à l'une des parties, et prononcer pour ou contre elle suivant qu'elle a prêté ou refusé ce serment (*Gaius, d. fr.* 31, *de jurej.; Diocl. et Max.* C. 3, *de reb. cred.*).

1214. Lorsqu'il est certain que le défendeur doit être condamné, le serment judiciaire est encore usité pour déterminer le montant de la condamnation. A cette fin le juge permet au demandeur de *jurare in litem*, c'est-à-dire d'affirmer avec serment quel est pour lui l'intérêt du litige (*Marcell. fr* 8; *Callistr. fr.* 10, *de in lit. jur.*). Toutefois le juge qui défère un semblable serment peut ne le déférer que dans certaines limites, et jusqu'à concurrence d'une valeur qu'il précise (*Ulp. fr.* 4, § 2, *de in lit. jur.*); et même, après le serment prêté, il peut encore, s'il existe pour cela de fortes raisons, prononcer une condamnation moindre ou une absolution complète (*Ulp. d. fr.* 4, § 3; *Marcian. fr.* 5, § 2, *eod.*), sans être lié par un serment qu'il n'est jamais tenu de déférer (*Marcian. d. fr.* 5, § 1), et qu'il ne peut déférer que dans des cas spéciaux. Régulièrement, en effet, le demandeur n'est admis à *jurare in litem* que dans les actions réelles, dans les actions personnelles dites *bonæ fidei* ou dans l'action *ad exhibendum*, et seulement lorsqu'il y a dol ou mauvaise volonté de la part du défendeur. Lorsqu'on ne reproche à ce dernier qu'une simple faute, le juge doit apprécier lui-même ce qui est dû au demandeur sans déférer aucun serment (*Marcian. d. fr.* 5, § 3; *Paul. fr.* 2, § 1; *Ulp. fr.* 4, § 4, *eod.*).

1215. Dans toute contestation, et quelle que soit l'action intentée ou demandée (*Ulp. fr.* 2, § 1, 2 *et* 3; *fr.* 34, *de jurej.*), chacune des parties peut, soit *in jure*, soit *in judicio*, déférer le serment à son adversaire, en offrant de tenir pour vrai ce que celui-ci aura juré. Nul ne peut raisonnablement refuser une semblable proposition que dans la crainte de se parjurer; refuser, c'est donc désavouer tacitement ce qu'on ne veut pas jurer. Aussi, lorsqu'on n'en est pas dispensé par l'adversaire qui a déféré le serment, faut-il jurer ou perdre son procès (*Ulp. fr.* 34, § 6, *eod.*), à moins qu'on ne réfère le serment à celui même qui l'a déféré. Alors il n'existe pour lui aucun motif plausible pour ne pas se soumettre à une condition qu'il avait imposée le premier, et il doit succomber lorsqu'il ne prête pas le serment qu'il ne peut plus renvoyer à son adversaire (*Ulp. d. fr.* 34, § 7, *de jurej.*; v. *Pap. fr.* 25, § 1, *de pecun. const.*).

Le serment ainsi déféré ou référé entre les parties qui sont en instance (1) est celui que j'appelle néces-

(1) Lorsque le serment a été déféré *in jure*, le préteur fait perdre la cause du défendeur, en le contraignant de payer comme s'il avait été condamné, ou celle du demandeur, en lui refusant l'action qu'il sollicite (*Ulp. fr.* 34, § 6 *et* 7, *de jurej.*). Au contraire, lorsque l'action est déjà donnée et la cause portée *in judicio*, c'est le juge qui prononce en absolvant le défendeur ou en le condamnant (*d. fr.* 34, § 9). Ulpien, dans ces différents cas, suppose que le serment est déféré au défendeur, mais par forme d'exemple; car le serment peut être déféré au demandeur, tout aussi bien que par lui (*Ulp. fr.* 9, § 7, *de jurej.*; *Diocl. et Max.* C. 8, *de reb. cred.*).

saire, par opposition au serment volontaire dont s'occupe notre texte, et que l'une des parties défère également à l'autre, mais hors de toute instance, avant d'être *in judicio* ou même *in jure* (1).

1216. Alors tout dépend de la convention. La partie à qui son adversaire propose de jurer est libre de rejeter la proposition ; mais, après avoir consenti, elle n'est pas admise à référer le serment par elle accepté (*Paul. fr.* 17, *de jurej.*).

En cas d'acceptation, le débat semble tranché par une sorte de transaction conditionnellement subordonnée à la prestation du serment, transaction que le droit honoraire confirme, en considérant comme prouvé (*Ulp. fr.* 5, § 2, *de jurej.*) ce qui a été juré. Il ne reste plus alors d'autre question que celle de savoir si le serment a été régulièrement prêté. En effet, on jure ordinairement *per Jovem*, *per salutem suam*, *per genium principis* ou de toute autre manière, pourvu qu'elle ne blesse pas la religion de l'État, et en observant cette condition générale, que le serment nécessaire doit toujours être prêté tel qu'il est déféré (*Ulp. et Paul. fr.* 13, § 6 ; *fr.* 3, § 4 ; *fr.* 4 ; *fr.* 5, *pr.* § 1 *et* 3 ; *fr.* 33, *eod.*), et le serment volontaire tel qu'il a été convenu, à moins que l'on ne soit dispensé de le prêter par celui qui l'a déféré (2). Lorsqu'il s'élève un débat sur la question de

(1) Les interprètes ne s'accordent pas sur la distinction des serments volontaire et nécessaire. Cujas applique la première de ces deux qualifications au serment déféré, *in jure* ou *in judicio* parce qu'on est libre de le prêter ou de le référer, et la seconde au serment référé, parce que la même liberté n'existe plus. La distinction que j'adopte ici est celle de Voet.

(2) Le serment est considéré comme prêté sans l'avoir été, lorsque la partie qui était disposée à jurer, en a été dispensée par son adversaire

savoir si ce dernier serment a été régulièrement prêté, celui qui prétend avoir juré obtient, s'il est défendeur, une exception dont il sera question plus loin (§ 4, *de except.*), ou s'il est demandeur, une action (*Ulp. fr.* 9, § 1, *eod.*) dite DE JUREJURANDO.

En effet, notre texte suppose un créancier ou soi-disant tel, qui, sur la proposition de son adversaire (*postulante adversario*), prétend avoir juré *deberi sibi pecuniam*, et alors il ne s'agit pas de savoir si le demandeur est créancier, mais s'il a juré (*text. hic*; *Ulp. fr.* 9, § 1; *fr.* 5, § 2; *Paul. fr.* 28, § 10, *de jurej.*); car l'action *de jurejurando* est une de celles que l'on nomme IN FACTUM (v. *Diocl. et Max.* C. 8, *de reb. cred.*).

1217. On appelle actions IN JUS celles dont l'*intentio*, dictée par le droit civil, pose une question de droit (*Gaius*, 4 *inst.* 45), par exemple, celle de savoir dans la revendication si le demandeur a le domaine quiritaire, *si paret hominem ex jure quiritium A. Agerii esse*; dans les actions personnelles, si le défendeur est tenu de donner ou de faire, *si paret N. Negidium A. Agerio decem dare oportere* (*Gaius*, 4 *inst.* 41). Dans ce cas, la formule contient trois parties, la *demonstratio* qui énonce le fait à l'occasion duquel s'élève le litige, l'*intentio* qui pose la question de droit, et la *condemnatio*. Dans les actions *in factum*, au contraire, la question de savoir s'il y a propriété d'une part ou obligation de l'autre, en un mot, la question de droit disparaît; les deux premières parties de la formule se confondent, et le fait, au lieu d'être simplement énoncé comme il le serait dans la

(*Paul. fr.* 6, *de jurej.*); et il y a dispense tacite lorsque celui qui a provoqué le serment refuse de jurer préalablement *de calumnia* (802, 1369; v *Ulp. fr.* 34 § 4; *fr.* 37, *eod.*).

demonstratio, passe dans l'*intentio* où il est mis en question (*Gaius*, 4 *inst*. 46, 47 *et* 60).

Les actions *præscriptis verbis* sont des actions civiles dont l'*intentio* pose une véritable question de droit (*Pap. fr*. 1, *pr*. § 1 *et* 2; *Ulp*. *fr*. 15; v. *Nerat. fr*. 6, *de præscr. verb.*), quoiqu'on les appelle souvent *in factum* (*Gaius, fr*. 22, *eod.*) sous le rapport de la *demonstratio*, parce qu'au lieu de désigner le contrat par sa dénomination légale, comme on désigne une vente, un dépôt, etc., *quod vendidit.... quod deposuit* (*Gaius*, 4 *inst*. 40), on emploie une périphrase qui détaille les circonstances créatrices du contrat : *præscriptis verbis rem gestam demonstrat* (*Diocl. et Max*. C. 6, *de transact.*).

1218. Quoique les actions *in factum* ne posent pas une question de droit proprement dite, il n'en résulte pas toujours que la condamnation dépende uniquement de la vérification d'un fait matériel. Elle dépend souvent du caractère spécial qui doit être attribué aux faits que le juge appréciera. Ainsi, dans l'action *de dolo*, il s'agit de savoir si le défendeur a commis un dol, et lorsque le demandeur articulera les circonstances d'où résulte ce dol, par exemple, l'inexécution de certaine convention, le juge ne devra pas se borner à constater matériellement que la convention existe et n'est point remplie ; il faudra encore apprécier ce fait, en déterminer le caractère et décider s'il constitue un dol. Si, au contraire, la condamnation est subordonnée à la simple existence d'un fait déterminé, par exemple, d'un serment prêté, il suffira au juge de constater le fait sans l'apprécier. Ce dernier cas présente l'action *in factum* dans le sens le plus étroit, l'action *in factum* proprement dite, qu'on oppose sous cette seule dénomination à plusieurs autres, et notamment à l'action de dol (v. *Ulp. fr.* 11, § 1, *de dol.*).

1219. L'action *de jurejurando* et les autres actions *in factum* dont s'occupe Justinien (*text. hic;* § 12, *h. t.*) sont présentées comme personnelles; cependant, en affirmant le fait dont l'existence est mise en question, le demandeur n'argue ni d'un droit à lui appartenant, ni d'une obligation imposée au défendeur. Aussi la distinction des actions *in rem* ou *in personam* ne s'appliquait-elle, à proprement parler, qu'aux actions *in jus;* mais, comme le fait dont la formule *in factum* fait dépendre une condamnation peut être considéré comme la cause d'une obligation dont le demandeur argue implicitement, plusieurs actions *in factum* sont déclarées personnelles, lorsque le fait se trouve expressément imputé au défendeur, ou même lorsqu'il est articulé d'une manière générale et indépendamment de son auteur. Dans ce dernier cas, quoique l'*intentio* soit rédigée *in rem*, l'action n'en est pas moins personnelle; c'est ainsi qu'en parlant de l'action QUOD METUS CAUSA, les textes disent, d'une part, qu'elle est *in rem scripta* (*Ulp. fr.* 9, § 8, *quod met. caus.*), et d'autre part qu'elle est personnelle (§ 31, *h. t.*), comme les interdits (v. *tit.* 15) qui sont personnels par leur nature même, quoique rédigés *in rem* (*Ulp. fr.* 1, § 3, *de interd.*; v. 1365).

1220. Les formules *in factum* donnent à certaines personnes la possibilité qu'elles n'auraient pas autrement d'exercer plusieurs actions. Les fils de famille, par exemple, prétendraient inutilement qu'une chose quelconque leur appartient ou leur est due, puisque ce n'est pas à eux, mais au père de famille, qu'appartient la propriété ou la créance; mais les actions *in factum*, ne soulevant aucune question de propriété ou d'obligation, peuvent être exercées par les fils de famille (*Ulp. fr.* 13, *de obl. et act.*). Aussi leur accorde-t-on les actions de dépôt et de commodat (*Paul. fr.* 9, *eod.*), parce qu'il existe pour chacune d'elles une formule *in factum*, indépendamment de la formule civile *in jus* (*Gaius*, 4 *inst.* 47). Les fils de famille exercent aussi l'action d'injures (*Paul. d. fr.* 9, *de obl. et act.*; *Ulp. fr.* 13; *fr.* 17, § 10, *de injur.*), c'est-à-dire vraisemblablement l'action d'injure prétorienne (1156, 1159) et par conséquent *in factum*.

1221. Plusieurs actions *in factum* ont été introduites pour étendre l'application d'un principe ou d'une loi juste et nécessaire, par exemple, de la loi Aquilia. Alors l'action est tout à la fois utile et *in factum* : utile, à cause de l'extension qu'elle donne à l'action primitive ou directe; *in factum*, à cause des modifications apportées à la formule en supprimant son *intentio in jus* (1217). Ces actions, qui sont une création spéciale du droit honoraire (1151), diffèrent sensiblement de plusieurs autres actions prétoriennes qui, soit pour étendre aussi les principes du droit civil, soit même pour les restreindre, lui empruntent quelquefois ses formules et conservent leur *intentio in jus*, mais pour l'appliquer à des cas nouveaux, au moyen de plusieurs fictions, comme celles qui supposent l'usucapion accomplie, ou, en sens inverse, l'usucapion et certaines aliénations rescindées et non avenues (1196, 1197). C'est ainsi que la revendication se transforme, sous le nom d'action publicienne, en une action utile, c'est-à-dire fictive, qui n'est pas *in factum*. C'est ainsi pareillement que le *bonorum possessor*, le fidéicommissaire qui se trouvent *heredis loco* (782, 906), comme le *bonorum emptor* (933), exercent ou subissent les actions du défunt ou du débiteur, comme s'ils étaient héritiers (v. *Gaius*, 4 *inst.* 34, 35, 36 *et* 111). L'action de vol et l'action de la loi Aquilia, lorsqu'on les étend aux *peregrini*, se donnent aussi au moyen d'une fiction prétorienne qui considère ces derniers comme citoyens (*Gaius*, 4 *inst.* 37).

§ XII.

1222. Sans rien emprunter aux actions civiles, sans étendre et sans modifier leur formule, les préteurs ont créé beaucoup d'actions *in factum*, tantôt pour sanctionner un principe d'équité étranger au droit civil, notamment pour réprimer le dol (1260), tantôt pour faire respecter leur propre juridiction.

De là plusieurs actions pénales (*text. hic; Gaius*, 4 *inst.* 46), et entr'autres une action populaire (1168) *de albo corrupto*, contre tous ceux qui, à dessein, enlèvent ou altèrent les édits transcrits, soit *in albo*, c'est-à-dire sur un tableau de couleur blanche, spécialement usité pour leur publication, soit même sur du papier ou sur toute autre matière (*Ulp. fr.* 7, *pr.* § 1 *et seqq., de jurisdict.*).

1223. Pour obtenir une formule d'action, il faut que le demandeur se présente devant le magistrat avec son adversaire. Il doit donc, avant tout, appeler ce dernier *in jus* (§ 3, *de pœn. tem. lit.*), en le sommant à haute voix de s'y rendre immédiatement. En cas de refus, on pouvait l'entraîner de force (v. *Pothier*, 2 *pand.* 4, *n°* 1 *et* 2).

On ne porte pas la main sur toute personne indistinctement, sans blesser beaucoup de convenances. Aussi est-il défendu d'appeler *in jus* les magistrats supérieurs durant le cours de leur magistrature, les pontifes pendant qu'ils remplissent leur ministère, et les particuliers eux-mêmes tant qu'ils restent chez eux, ou lorsqu'ils vaquent au dehors à certaines affaires qui n'admettent ni retard ni interruption (v. *Ulp. fr.* 2 *et* 4; *Gaius, fr.* 18; *Paul. fr.* 19 *et* 21, *de in jus voc.*).

1224. Les enfants ne doivent appeler *in jus* leurs ascendants de l'un ou l'autre sexe qu'avec la permission du préteur (*Ulp. fr.* 4, § 1, 2 *et* 3; *Paul fr.* 5 *et* 6, *eod.*). Les mêmes égards sont dus au père adoptif, tant qu'il conserve l'adopté sous sa puissance *Ulp. fr.* 8, *eod.*) ; ils sont dus par tout affrachi à son patron ou à sa patrone, à leurs ascendants et descendants (*Ulp. fr.* 4, § 1; *fr.* 10, § 5 *et* 9, *eod.*), et même d'après les constitutions (*Alex.* C. 1; *Gord.* C. 2, *de in jus voc.*), à leurs héritiers ainsi qu'à l'épouse du patron. En cas de contravention, la personne appelée *in jus* obtenait contre son adversaire une action dont la condamnation s'élevait à 10,000 sesterces (1).

La violence employée sur une personne pour l'entraîner *in jus*, peut exciter ses amis à la délivrer en recourant aux mêmes moyens. Pour réprimer, à cet égard, toute résistance illicite, le droit honoraire établit, au profit de celui qui avait droit de conduire un adversaire *in jus*, et contre chacun de ceux qui s'y sont opposés en employant ou faisant employer la force, une peine équivalente à la somme que le demandeur prétendait obtenir de cet adversaire, sans préjudice du droit qu'il con-

---

(1) *Gaius*, 4 *inst.* 46. Dans la législation de Justinien elle est de 50 sols (*solidorum quinquaginta*; § 3, *de pœn. tem. lit.*) ou deniers d'or (*quinquaginta aureorum*; *Ulp. fr.* 24, *de in jus voc.*) chacun de 100 sesterces, ce qui ne monte plus en tout qu'à 5000 sesterces (v. 880).

serve contre ce dernier (*Ulp. fr.* 5, § 1 *et* 3; *fr.* 6, *ne quis eum qui in jus*).

§ XIII.

1225. Le magistrat qui pose une question au juge le charge ordinairement de condamner ou d'absoudre le défendeur, suivant que la question aura été affirmativement ou négativement résolue ; et à cette occasion nous avons distingué, entre autres parties de la formule, l'*intentio* qui pose la question, et la *condemnatio* qui confère au juge le pouvoir de condamner ou d'absoudre. Quelquefois cependant on n'ajoute pas ce pouvoir; alors la formule, réduite à la seule *intentio* sans *condemnatio*, n'est plus un *judicium* proprement dit. On l'appelle, *præjudicium* ou *præjudicialis formula* (*Gaius, 3 inst.* 123; 4 *inst.* 44; *Theoph. hic*), et dans notre texte *præjudicialis actio*, parce qu'on l'emploie souvent pour faire statuer sur des questions dont la décision préalable importe à la solution d'une autre question, qui fera plus tard l'objet d'un *judicium;* par exemple, lorsqu'un patron réclame de son affranchi les services dont celui-ci est tenu (921), ou se plaint d'avoir été appelé *in jus* par ce dernier (1224). Dans l'un et l'autre cas, si le prétendu affranchi se dit ingénu, il faut, avant d'examiner les griefs du soi-disant patron, décider si cette qualité lui appartient (*Ulp. fr.* 6, *si ingen.*; v. *Alex.* C. *Diocl. et Max.* C. 5 *et* 6, *de ord. cogn.*). Pour faire résoudre cette question préalable, le préteur donne un *præjudicium*, qui se donne également *sine causa*, c'est-à-dire lorsque la même question se présente seule, comme question principale et indépendante de toute autre (1).

(1) *Ulp. fr.* 6, *si ingen.* PRÆJUDICIUM se prend quelquefois dans une

C'est ainsi qu'on charge un juge d'examiner si telle personne est libre ou esclave, ingénue ou affranchie, et en général de décider les contestations relatives à l'état des personnes, et plusieurs autres questions; c'est mal à propos, en effet, qu'en s'attachant aux exemples de notre texte, on limiterait aux questions d'état l'usage des *præjudicia*. Ils servent aussi dans plusieurs autres cas, par exemple, lorsqu'il s'agit de déterminer le montant d'une dot constituée, *quanta dos sit* (*Gaius*, 4 *inst.* 44; v. 3 *inst.* 123).

1226. Nous trouvons ici trois *præjudicia* relatifs à l'état de personnes. Le premier, la *liberalis causa*, donne à juger si telle personne est libre ou esclave. Cette question peut être soulevée dans deux intérêts opposés, soit sur une réclamation tendant à faire décider que tel est esclave, soit au contraire sur une réclamation tendant à faire prononcer qu'il est libre. Dans le premier cas, l'action appartient au maître ou à tous ceux qui auraient sur l'esclave un droit quelconque, par exemple, un droit d'usufruit (*Ulp. fr.* 8, *de liber. caus.*; v. *fr.* 12, § 5, *eod.*). Dans le second cas, l'action appartient à la personne

---

acception différente, notamment dans le sens de préjugé ou présomption: *Grande præjudicium affert pro filio confessio patris* (*Ulp. fr.* 1, § 12, *de agnosc. et al.*). Il arrive souvent que la décision à rendre sur une question déciderait implicitement une autre question, qui cependant ne doit pas être ainsi préjugée ou jugée par avance. Alors le préteur en accordant une action sur la première question, restreint son effet au cas où cette question pourrait être décidée sans rien préjuger sur la seconde, et dans ce but il ajoute à l'action une exception conçue en ces termes: *Quod præjudicium hereditati non fiat* (*Gaius*, 4 *inst.* 132; *Ulp. fr.* 25, § 17, *de hered. pet.*; v. *fr.* 5, § 2, *eod.*). Dans ce cas et autres semblables (*Afric. fr.* 16 *et* 18, *de except.*; v. *Nerat fr.* 21, *eod.*), PRÆJUDICIUM prend un sens entièrement étranger au *præjudicia* de notre texte.

même dont l'état est en question ; si elle ne veut pas agir, l'action sera donnée, malgré elle, à un de ses parents, et à leur défaut, à une de ses parentes ou à son épouse et même à son patron (*Ulp. et Gaius, fr.* 1, *pr.*, § 1 *et* 2 ; *fr.* 2 ; *fr.* 3, *pr.*, § 2 *et* 3 ; *fr.* 4 *et* 5, *eod.*).

Avant Justinien, ceux dont la liberté était contestée ne figuraient point eux-mêmes dans l'instance. Soit qu'ils se trouvassent *in libertate* ou *in servitute*, ils devaient toujours être représentés par un étranger qui se constituait champion de la liberté, *assertor libertatis*, et en cette qualité soutenait le procès à ses risques et périls (v. *Gaius*, 4 *inst.* 14 ; *Paul.* 5 *sent.* 1, § 5 ; *Constant.* C. 1 *et* 4, C. Th. *de liber. caus.*). La décision, ainsi rendue entre l'*assertor* et le prétendu maître, avait toute la force de chose jugée pour la personne que cette décision déclarait libre : son état ne pouvait pas être contesté de nouveau par le même adversaire (*Alex.* C. 4 ; *Diocl. et Max.* C. 27, *de lib. caus.*) ; mais, en sens inverse, ceux qu'on déclarait esclaves pouvaient encore se prétendre libres, et faire juger jusqu'à trois fois la même question. Justinien, en supprimant l'*assertor* et tout ce qui le concerne, a voulu que dans tous les cas la chose jugée restât immuable (C. 1, *de assert. toll.*).

1227. On donne également un *præjudicium* sur la question de savoir si telle personne est ingénue ou affranchie (*text. hic ; Ulp. fr.* 6, *si ingen.*) ; et dans ce cas, comme dans le précédent, ceux dont l'état est controversé sont présumés, jusqu'à preuve contraire, avoir l'état qu'ils possèdent, c'est-à-dire dans lequel ils se trouvent de fait à l'époque où les parties se présentent *in jus*. Celui qui, à cette époque, était de bonne foi *in libertate* n'a donc pas à prouver qu'il est libre, c'est aux adversaires à démontrer qu'il est esclave. Dans le cas contraire, celui qui se prétend libre doit le prouver (*Ulp. fr.* 7, § 5; *fr.* 12, § 3 *et* 4, *de liber. caus.*). Pareillement, sur la question d'ingénuité, la preuve incombe au soi-disant patron ou au soi-disant ingénu, selon que ce dernier a possession d'état d'ingénu ou possession d'état d'affranchi (*Ulp. fr.* 14, *de probat.*).

L'état d'une personne peut être contesté même après sa mort, non comme question principale, mais comme question préalable, de laquelle dépend la décision d'une autre question (*Diocl. et Max.* C. 13, *de liber. caus.*); et, dans ce cas même, l'état dont le défunt était en possession au moment de sa mort ne peut être contesté que pendant cinq ans (*Callistr. fr.* 4, *pr. et* § 1, *ne de stat. defunct.*; *Valer. et Gal.* C. 6, *eod.*) par ceux qui voudraient lui attribuer une condition moins avantageuse; mais ce délai n'exclut pas ceux qui réclament pour le défunt une condition plus honorable (*Marcian. fr.* 1, *pr. et* § 4; *Herm. fr.* 3; *Valer. et Gal.* C. 6, *eod.*).

1228. Cette prohibition ne s'applique point aux autres questions qui s'élèvent sur l'état des personnes, et à l'occasion desquelles on donne aussi des *præjudicia*, par exemple pour savoir si tel est *sui juris*, ou fils de famille et soumis en cette qualité à la puissance de tel autre (v. (*Ulp. fr.* 1, § 2, *de rei vind.*; *Gordian.* C. 5, *ne de stat. def.*); s'il est frère, neveu ou cousin de ceux qui ne veulent pas le reconnaître comme parent (v. *Anton.* C. 2, *de ord. judic.*); si telle femme est l'épouse de tel homme (*Ulp. fr.* 3, § 4, *de agnosc. et al.*), et notamment si le mari de la mère est père de l'enfant. C'est dans ce but que la femme agit en certains cas contre son mari *de partu agnoscendo* (*Ulp. fr.* 1, § 1, *eod.*), indépendamment du *præjudicium* qui se donne sur la question de paternité, soit à l'enfant lui-même contre le mari de sa mère, soit à ce dernier contre l'enfant (*Ulp. d. fr.* 1, § 15, *eod.*; v. *fr.* 10, *de his qui sui vel. alien.*).

1229. Dans les contestations qui s'élèvent sur l'état des personnes, l'une des parties prétend avoir ou, en d'autres termes, revendique une qualité et conséquemment un droit que l'adversaire conteste, comme précédemment nous avons vu l'existence d'une servitude affirmée d'une part et déniée de l'autre. On ne sera donc pas étonné que les *præjudicia* relatifs aux questions d'état, soient comme les actions confessoires et négatoires, rangés parmi les actions *in rem* (*text. hic*; v. *Ulp. fr.* 1, § 2, *de rei vind.*).

En citant ici trois *præjudicia*, Justinien attribue aux deux derniers une origine prétorienne, et au premier seulement une origine civile. En effet, il dérive de la loi des Douze-Tables (v. *Gaius*, 4 *inst.* 14; *Pomp. fr.* 2, § 24, *de orig. jur.*). Remarquez toutefois le mot *fere*, qui n'offre ni une leçon ni un sens bien certain.

§ XV.

1230. On appelle revendication les actions *in rem*, et condictions les actions *in personam* dont l'*intentio* se réfère d'une manière générale aux obligations qui astreignent le défendeur, soit à donner, soit à faire, *quibus* DARE FACERE *oportere intenditur* (*text. hic*; *Gaius*, 4 *inst.* 5). Au premier aperçu, ou pourrait croire que cette définition embrasse toutes les actions personnelles; mais il s'en faut de beaucoup, puisque l'action personnelle s'applique aux trois espèces d'obligations, DARE, FACERE, PRÆSTARE (*Gaius*, 4 *inst.* 2) dont les deux premières se retrouvent seules dans notre texte, et d'ailleurs il existe plusieurs autres actions personnelles dont l'*intentio* diffère totalement de celle que présente ici la condiction (1180). Sa définition exclura donc d'abord toutes les actions *in factum*; ensuite, parmi les actions *in jus*, celles qui sont *bonæ fidei* (1246). Ainsi la condiction, dans l'acception la plus étendue de ce mot, ne comprendra que des actions *stricti juris*, sans les comprendre toutes.

Dans une autre acception, l'une des anciennes actions, dites actions de la loi, se nommait *condictio*, à cause du verbe *condicere* synonyme de *denunciare*, avertir, parce que le demandeur avertissait son adversaire de se représenter, après un délai de trente jours, pour recevoir un juge. Depuis la suppression des actions de la loi, le mot *condictio*, pris dans un sens étranger à son étymologie (*abusive, text. hic; non proprie, Gaius*, 4 *inst.* 18), désigne spécialement l'action personnelle dont l'*intentio* se réfère à la seule obligation de donner, DARE *oportere* (*text. hic; Gaius*, 4 *inst.* 18).

1231. Il existe donc deux condictions qui se distinguent, en partie au moins, par les notions antérieurement établies sur la stipulation certaine ou incertaine (957). Dans le premier cas, le créancier ne soutient pas DARE FACERE, mais simplement DARE *oportere*, et alors l'action s'appelle *condictio certi*, à cause de l'objet indiqué dans l'*intentio* (1). Au contraire, lorsque la stipulation est incertaine, l'*intentio* embrasse tout ce que le défendeur est tenu, soit de donner, soit de faire, DARE FACERE

(1) « *Si paret....* DECEM MILLIA DARE *oportere* » (*Gaius*, 4 *inst.* 41).

oportere (1). C'est la condiction dite *incerti* (*Ulp. fr.* 12, § 2, *de cond. furt.*; *Julian. fr.* 3, *de cond. sin. caus.*; *Marcian. fr.* 40, § 1, *de cond. ind.*) que l'on désigne communément par le nom d'action, en indiquant la cause de l'obligation. C'est ainsi qu'on l'oppose, sous le nom d'action *ex stipulatu* ou d'action *ex testamento*, à la *condictio certi* (v. *pr.*, *de verb. obl.*; *Gaius*, 2 *inst.* 204, 213) qui, abstraction faite de l'étymologie, est la condiction proprement dite, celle que les textes appellent *condictio* sans autre indication (v. *pr. et* § 1, *quib. mod. re contr.*; § 6, *de obl. quasi ex contract.*; *Ulp. fr.* 9, *de reb. cred.*; *fr.* 12, *de cond. furt.*).

Lorsqu'il n'existe ni stipulation ni legs, la condiction, *certi* ou *incerti* suivant la distinction précédente, a lieu pour toute obligation résultant, soit d'une loi qui ne donne pas d'autre action (*Paul. fr.* 1, *de cond. ex leg.*; v. § 24 *et* 25, *h. t.*), soit du contrat littéral (*pr.*, *de litt. obl.*), soit du MUTUUM (*pr.*, *quib. mod. re contr.*), et en général de toute dation qui, n'étant pas une donation proprement dite, autorise à répéter les choses qui ont été transférées sans cause, c'est-à-dire sans but et sans motif (v. *Ulp. fr.* 1, *de cond. sin. caus.*), ou dans un but qui n'est pas encore rempli, *causâ data, causa non secuta* (v. *Ulp. fr.* 1, § 1, *de cond. sin. caus.*; *Afric. fr.* 4, *eod.*), et même dans un but illicite et honteux, lorsque l'infraction et la turpitude existent seulement du côté de la personne qui a reçu (*Ulp. d. fr.* 1, § 3, *eod.*; *Paul. fr.* 1, *pr.*, § 1 *et* 2; *fr.* 3, *de cond. ob turp. caus.*; v. 1103).

La condiction s'intente aussi à l'occasion du dommage prévu par la loi Aquilia (*Ulp. fr.* 9, § 1, *de reb. cred.*),

(1) « *Quidquid paret....* DARE FACERE *oportere* » (*Gaius, ibid.*).

c'est-à-dire probablement, par le second chef de la loi (1144); enfin la même action se donne encore sous le nom de condiction furtive, pour la restitution des objets volés; mais ce dernier cas fait ici l'objet d'un paragraphe spécial.

§ XIV.

1232. Dare, comme nous l'avons déjà dit plusieurs fois, signifie transférer la propriété. Ainsi, puisque personne ne peut acquérir ce dont il est déjà propriétaire (*text. hic;* § 10, *de legat.; Gaius,* 4 *inst.* 4; *Paul. fr.* 159, *de reg. jur.*), nul n'agira relativement à sa propre chose, par la condiction proprement dite, *si paret* DARE *oportere,* sauf une exception admise en haine des voleurs (*odio furum, text. hic;* v. *Ulp. fr.* 12, *usufr. quem adm.*).

Ainsi, indépendamment de la revendication qu'il exerce contre tout détenteur et conséquemment contre le voleur, tant que celui-ci détient, le propriétaire aura la condiction contre le voleur ou ses héritierrs, quoiqu'ils ne détiennent plus (*text. hic;* § 19, *de obl. quæ ex del.*), quoique la chose ait péri (361) même par cas fortuit ou par force majeure (*Diocl. et Max.* C. 2, *de cond. furtiv.*); car le voleur est toujours en demeure de restituer l'objet volé (*Tryph. fr.* 20, *eod.*).

SECONDE DIVISION.

§ XVI.

1233. Ici se présente une division tripartite tirée du but dans lequel sont intentées les actions. Tantôt elles tendent à indemniser le demandeur en lui faisant obtenir ce dont il a été privé, ou l'équivalent, *quod ex patrimonio nobis abest* (*Paul. fr.* 35, *de obl. et act.*), sans punir le défendeur; et alors on dit, en parlant de l'action, qu'elle est donnée *rei perequendæ gratia* (*text. hic*), que *rem tantum persequitur* (*Gaius*, 4 *inst.* 7) ou que *rei persecutionem continet* (*Paul. d. fr.* 35); car ici *res* signifie précisément *quod ex patrimonio abest* par opposition à *pœna*. Tantôt, au contraire, l'action a pour but de soumettre le défendeur à une peine pécuniaire indépendante du préjudice qu'a éprouvé le demandeur. Dans ce dernier cas, l'action est pénale (v. § 1, *de perp. et temp.*; § 12, *h. t.*), parce qu'elle est donnée *pœnæ persequendæ gratia*. Quelquefois on atteint l'un et l'autre but par une seule action qui se donne *tam pœnæ quam rei persequendæ causa* (§ 18, *h. t.*) et par cette raison s'appelle mixte (*text. hic*; § 17 *et* 18, *h. t.*).

§ XVII.

1234. Sont données *rei persequendæ causa* toutes les actions réelles, et parmi les actions *in personam* toutes celles qui dérivent d'un contrat (1), excepté le dépôt qui produit quelquefois une action mixte (*text. hic*). En effet l'action *depositi*, d'après la loi des Douze-Tables, avait lieu pour le double de la chose déposée; mais le droit prétorien a restreint l'action au simple pour le dépôt

---

(1) *Gaius*, 4 *inst.* 7, même lorsqu'on a stipulé une clause pénale (v. § 7, *de verb. obl.*; § 19 *et* 20, *de inutil. stip.*). Cette peine conventionnelle n'est véritablement qu'une appréciation faite par les contractants de l'importance qu'ils attachent à l'exécution d'une autre convention. Il ne faut donc pas confondre cette peine avec celle que l'on encourt par un délit (*Vinnius*, *hic*).

ordinaire en maintenant l'action au double pour le cas spécial du dépôt qu'on appelle nécessaire ou misérable, parce qu'il se fait dans un moment de trouble et d'alarme, pour soustraire certains objets aux dangers d'un incendie, d'un naufrage, etc. (*Paul.* 2 *sent.* 12, § 11; *Ulp. fr.* 1, § 1 *et* 3, *dep.*). En pareil cas, on ne reproche pas au déposant d'avoir mal placé sa confiance, puisqu'il ne choisit presque jamais le dépositaire : aussi l'infidélité de ce dernier semble-t-elle plus coupable, et s'il nie le dépôt, il est condamné au double (1242). Il en est de même de ses héritiers, lorsqu'ils sont personnellement infidèles; mais lorsque l'auteur du dol est décédé, ses héritiers, tenus de son chef, le sont seulement *in simplum* (*text. hic; Nerat. fr.* 18, *dep.*; v. § 26, *h. t.*).

§ XVIII ET XIX.

1235. Quant aux actions résultant des délits, quelques-unes, et notamment la condiction furtive, tendent *ad rei persecutionem* (§ 19, *de obl. quæ ex del.*); mais la plupart sont ou purement pénales, comme les deux actions *furti* (§ 18, *h. t.*), ou mixtes, comme l'action *vi bonorum raptorum* (1) et plusieurs autres (v. § 23 *et* 26, *h. t.*).

§ XX.

1236. La division qui vient d'être expliquée nous a montré des actions mixtes. A leur occasion, Justinien

(1) Plusieurs jurisconsultes, considérant cette action comme purement pénale, la déclaraient indépendante de la revendication et de la condiction, comme les actions *furti* (v. *Gaius*, 4 *inst.* 8); mais cette opinion n'a point prévalu (§ 19, *h. t.*).

parle ici de certaines actions *quæ mixtam causam obtinere videntur*. Elles sont donc mixtes, mais dans quel sens?

Quoique la division des actions réelles et personnelles soit épuisée, on a voulu voir ici une troisième branche de cette division bipartite, et les actions dont il s'agit ont été considérées comme mixtes en ce sens qu'elles seraient tout à la fois réelles et personnelles. Cette explication se fonde sur Théophile et sur ces paroles de notre texte, *tam in rem quam in personam*. Ceux qui admettent l'existence d'actions tout à la fois réelles et personnelles ne peuvent trouver ici qu'une énumération insuffisante, puisque la moins douteuse des actions mixtes, s'il en existe dans le sens dont nous parlons, la pétition d'hérédité (v. *Diocl. et Max.* C. 7, *de petit. hered.*) ne s'y trouve pas, et que d'ailleurs on ne pourrait lui appliquer les dernières lignes de notre texte (*in quibus tribus judiciis*, etc.). Mais il faut reconnaître que les caractères de l'action *in rem* sont incompatibles avec ceux de l'action *in personam* : tantôt en effet le demandeur soutient que son adversaire est tenu envers lui d'une obligation, tantôt au contraire sa prétention est indépendante de toute obligation, et de là une division générale des actions en deux classes (*in duo genera*; § 1, *h. t.*) dont les caractères opposés ne peuvent se rencontrer dans une seule et même action. D'un autre côté, si l'on considère l'*intentio* et sa rédaction *in rem* ou *in personam* selon qu'elle nomme ou ne nomme pas le défendeur, on avouera que ce doit toujours être l'un ou l'autre, jamais l'un et l'autre; alors aucune action ne sera tout à la fois réelle et personnelle. Il faut donc chercher une autre interprétation.

1237. Dans les cas ordinaires, on distingue un défendeur qui doit être condamné ou absous, et un demandeur qui peut ne pas réussir, mais qui dans ce cas même n'encourt aucune condamnation. Certaines actions au contraire autorisent le juge à condamner indistinctement l'une ou l'autre partie : on ne distinge plus, sous ce rapport, ni demandeur ni défendeur; les rôles sont confondus, et l'action, au lieu d'être donnée à un demandeur contre un défendeur, semble plutôt donnée entre plusieurs parties dont la position reste égale. C'est ce qui arrive notamment dans les trois actions *familiæ erciscundæ, communi dividundo* et *finium regundorum* où le *judex* adjuge et conséquemment transmet à l'une des parties certains objets, et la condamne en retour à payer une somme déterminée (*text. hic, in fin.*), le tout conformément aux règles qui seront exposées plus loin (§ 4, 5 *et* 6, *de off. jud.*).

Les actions qui confondent ainsi les rôles de demandeur et de défendeur, sont celles qu'Ulpien (*fr.* 37, § 1, *de obl. et act.*) déclare mixtes; et comme les trois actions de notre texte figurent également dans celui d'Ulpien, on devrait interpréter l'un par l'autre, si les mots *tam in rem quam in personam* le permettaient.

Cette locution, plusieurs fois répétée dans les institutes (§ 3 *et* 31, *h. t.; pr., de perp. et temp.*), signifie constamment que le principe ou la distinction dont on s'occupe s'applique tant aux actions réelles qu'aux actions personnelles. Prise ici dans le même sens, la même locution signifierait donc que les actions dont il s'agit, les actions mixtes d'Ulpien, les actions *in quibus uterque actor est*, se rencontrent parmi les actions réelles comme parmi les actions personnelles. Si tel était le sens de notre texte, il citerait d'abord des exemples d'actions *in rem*, et ensuite des exemples d'actions *in personam*, comme au § 31; mais les actions qu'il énumère sont personnelles (*Paul. fr.* 1, *fin. reg.*; *Justin.* C. 1, § 1, *de annal. except.*), et non-seulement on ne cite aucune action réelle qui soit mixte dans le sens d'Ulpien, mais il serait difficile d'en trouver une seule.

1238. La véritable interprétation sera celle qui, expliquant le texte dans toutes ses parties, s'appliquera aux actions *familiæ erciscundæ, communi dividundo, finium regundorum*, et à elles seules, puisqu'on ne peut appliquer à aucune autre action nos dernières lignes (*in quibus tribus judiciis*, etc.).

Ces trois actions, ainsi qu'on l'a déjà dit, confèrent au juge le double pouvoir d'adjuger les choses et de condamner les personnes; et, en ce sens, Ulpien, parlant de l'action *familiæ erciscundæ*, observe qu'elle embrasse deux objets distincts, les choses et les prestations, *duobus constat. rebus et præstationibus* (*Ulp. fr.* 22, § 4, *famil. ercisc.*; v. *fr.* 4, § 3, *commun. div.*), c'est-à-dire les choses qu'il faudra adjuger, et les prestations ou obligations qui amèneront la condamnation des personnes. C'est dans le même sens que notre texte attribue, aux trois actions dont il s'agit, *mixtam causam*, pour indiquer qu'elles ont un double effet et donnent au juge un double pouvoir sur les choses et sur les personnes (*tam in rem quam in personam*), sur les choses qu'on lui permet d'adjuger, et sur les personnes qu'il devra condamner (v. § 4, 5 *et* 6, *de offic. jud.*).

TROISIÈME DIVISION.

§ XXI ET XXII.

1239. Les actions se donnent *vel in simplum, vel in duplum*, etc., pour obtenir une condamnation simple, double, triple ou quadruple; double, triple ou quadruple de quoi? Où se trouve le premier terme de cette progression, qui s'arrête au quatrième sans jamais l'excéder (§ 21)? Cette distinction paraît tirée de la manière dont sera conçue la formule (*conceptæ sunt*; § 21).

Souvent, en effet, le juge doit examiner si le défendeur doit une somme déterminée, *si paret.... decem.... dare oportere*, et la formule fixe le montant de la condamnation à cette même somme, *judex.... decem.... condemna* (*Gaius*, 4 *inst.* 86). Ici la quotité de l'*intentio* se trouve purement et simplement reproduite dans la condamnation; l'action est *in simplum*. Il en est de même, lorsqu'au lieu de poser un chiffre, la formule charge le juge d'évaluer l'objet à l'occasion duquel on agit (*quidquid ob eam rem.... dare facere oportet*), en lui ordonnant de condamner à une somme équivalente (*id judex condemna*, ou *quanti ea res erit.... tantam pecuniam condemnato*; *Gaius*, 4 *inst.* 47, 50, 51): mais, si le chiffre que l'*intentio* pose ou laisse à l'évaluation du juge ne doit pas être simplement reproduit dans la sentence; s'il faut le multiplier pour trouver le montant de la condamnation, alors l'action est *in duplum*, *in triplum* ou *in quadruplum*, suivant le taux du multiplicateur ou suivant le rapport mathématique qui existe entre l'*intentio* et la condamnation.

Cette division des actions ne se confond pas avec la précédente, mais s'en rapproche beaucoup. Ainsi les actions qui ont pour but *rei persecutionem*, sans être seules conçues *in simplum*, le seront toutes; tandis que les actions *in duplum*, etc., se trouveront exclusivement parmi les actions pénales ou mixtes. C'est du moins ce que semblent indiquer les exemples cités ici (§ 22), et dans les paragraphes subséquents.

§ XXIII, XXIV, XXV.

1240. Les actions *in duplum*, que cite Justinien, sont déjà connues. Remarquez toutefois l'action *servi corrupti* et les différents cas qu'elle embrasse (§ 23).

Gaius (3 *inst.* 191) nous a conservé, pour le *furtum conceptum* et pour le *furtum oblatum*, deux exemples d'actions *in triplum* tombées en désuétude (v. § 4, *de obl. ex del.*). Il n'en resterait donc plus, si Justinien n'avait créé, tout exprès peut-être pour la placer ici (§ 24), une autre action *in triplum* (1).

(1) Elle est donnée contre ceux qui, en formant une demande, font porter dans l'exploit (*libello conventionis*) une valeur excédant celle que doit véritablement le défendeur, ce qui augmente le salaire proportionnel (*sportularum nomine*) que celui-ci paie aux huissiers (*viatores.... executores litium*). Dans ce cas le demandeur sera tenu de payer aux personnes contre qui la demande a été formée, le triple du tort qu'il leur a causé (§ 24 *et* 33 *in fin., h. t.*; *Justin.* C. 2, § 2, *de plus pet.*).

Les huissiers, qui reçoivent au-delà du salaire fixé par Justinien (C. 4, § 2, *de sport.*) sont condamnés à payer quatre fois l'excédant (§ 25 *in fin.*).

Observez que ces deux actions au triple et au quadruple, établies dans le Bas-Empire, supposent un système de procédure totalement étranger au système formulaire (1172).

1241. Notre texte (§ 25) cite comme exemples d'actions *in quadruplum*, l'action de vol manifeste déjà connue, l'action *quod metus causa* dont il sera parlé ci-après (§ 27, *h. t.*), et une action mixte prétorienne contre ceux qui se feraient payer par une personne, soit pour renoncer à un procès civil ou criminel dont ils la menaçaient *calumniæ causa*, par un esprit de chicane et pour le seul plaisir de tourmenter, soit pour diriger contre un tiers un procès du même genre (§ 25, *h. t.*; v. *Ulp. fr.* 1, *pr. et* § 1; *fr.* 5, § 1, *de calumn.*; v. 1369).

Dans ce dernier cas, l'action n'appartient pas à celui qui a payé, mais aux personnes contre qui était dirigée la malveillance (*Ulp. fr.* 3, § 3, *eod.*).

§ XXVI.

1242. Parmi les actions au double ou au quadruple, il en est dont la condamnation s'élève ainsi dans tous les cas (*omnimodo, text. hic*; § 27, *h. t.*) par sa nature même, comme l'action *servi corrupti*, et les deux actions *furti* (v. § 27, *h. t.*). Quelquefois, au contraire, la condamnation ne s'élève ainsi que pour punir la dénégation du défendeur *inficiatio*; aussi l'action se donne-t-elle au double contre ceux qui nient l'obligation, et au simple contre ceux qui l'avouent *in jure*, sauf à débattre le montant des indemnités qu'on leur demande; car alors le magistrat donne un juge pour évaluer, *non rei judicandæ sed æstimandæ* (*Ulp. fr.* 25, § 2, *ad leg. aquil.*).

Les actions qui peuvent ainsi s'élever au double sont l'action *judicati* (1337), la *condictio certi* intentée pour une valeur déterminée en vertu d'un legs *per damnatio-*

nem (1), qui dans ce cas peut être considérée comme une sorte de sentence prononcée par le testateur contre l'héritier; l'action *damni injuriæ* en vertu de la loi Aquilia, qui contient aussi la formule DAMNAS ESTO (v. *Gaius, fr.* 2, *ad leg. aquil.*); l'action *depensi* (1025; v. *Gaius,* 4 *inst.* 9), et l'action *depositi* dans le cas de dépôt nécessaire (1234; *text. hic*; § 17, *h. t.*); enfin l'action qu'un acheteur exerce, pour la contenance du terrain vendu, lorsqu'il a été trompé par le vendeur (*Paul.* 1 *sent.* 19).

§ XXVII.

1243. Dans l'action *quod metus causa,* la condamnation au quadruple n'est pas inévitable comme dans l'action de vol manifeste. Ce n'est pas même la dénégation *in jure,* qui expose le défendeur à cette condamnation; il ne l'encourt que par sa résistance à l'*arbitrium* que le juge prononce avant de condamner, comme dans toutes les autres actions arbitraires (*text. hic;* v. 1292).

Le droit civil, pour les effets qu'il donne à la volonté des personnes, se contente de la volonté même sans examiner comment elle a été déterminée. Ainsi l'homme qui, cédant à la violence, consent ce qu'il ne consenti-

---

(1) *Gaius*, 2 *inst.* 282; 4 *inst* 9. Remarquez à cet égard les modifications de Justinien : 1° les legs étant tous assimilés entre eux et avec les fidéicommis (696), la condamnation s'élevera au double, quelle que soit la forme employée par le défunt; mais 2° on distinguera entre les légataires, pour ne doubler que les dispositions faites *religionis vel pietatis intuitu* aux églises, aux couvents, aux hospices et *cœteris venerabilibus locis* (§ 7, *de obl. quasi ex contr.*; § 1, *de pœn. tem. lit.*; v. C. 23, *de sacros. eccles.*); 3° enfin, pour éviter la condamnation au double, il ne suffit plus de confesser la dette; il faut l'acquitter sans attendre les poursuites (*text. hic*).

rait pas s'il était libre, agit valablement d'après le droit civil, parce qu'il s'agit de savoir s'il y a eu volonté ou consentement, et non pas de savoir comment on les a obtenus (v. *Paul. fr.* 21, § 5, *quod met. caus.*). Le droit prétorien, au contraire, s'occupe des causes de la volonté; lorsque celle-ci a été produite par la crainte sérieuse et actuelle (v. *Ulp. fr.* 5 *et* 9, *eod*) que peut inspirer aux moins timides (*Gaius, fr.* 6; *Ulp. fr.* 7, *eod*) une violence illicite (*Ulp. fr.* 3; *fr.* 12, § 1, *eod.*) et irrésistible (*Paul. fr.* 2, *eod.*), le préteur refuse de sanctionner ce qui a été fait (*Ulp. fr.* 1 *et* 3, *eod.*); et s'il en résulte un dommage, il accorde ou une exception dont nous parlerons plus loin (§ 1, *de except.*), ou une action qui peut être, comme nous l'avons déjà dit (1197), réelle ou personnelle. Il s'agit ici de cette dernière, que l'on appelle ordinairement QUOD METUS CAUSA, parce qu'elle est donnée *de eo quod metus causa factum sit* (*text. hic*; § 25 *et* 31, *h. t.*).

Elle est donnée contre l'auteur de la violence, et quel qu'en soit l'auteur, contre toute personne qui en a profité, même innocente et de bonne foi. En effet, dans le trouble que causent la crainte et la violence, celui qui la subit peut ne pas en connaître l'auteur : aussi n'est-on pas tenu de le désigner (*Ulp. fr.* 14, § 3, *quod met. caus.*).

1244. Cette action étant arbitraire (*Ulp. d. fr.* 14, § 4; v. § 31, *h. t.*), le juge ne condamne le défendeur qu'après lui avoir inutilement ordonné de restituer la chose (*text. hic*).

Restituer, c'est, lorsqu'il s'agit d'un objet corporel aliéné, retransférer la propriété au demandeur, lui remettre tous les produits qu'il aurait pu percevoir, lui tenir compte de tous les avantages dont il a été privé (*omnem causam; Ulp. fr.* 12, *quod met. caus.*), et garantir que cet objet n'a point été détérioré par le dol du défendeur (981; *Ulp. fr.* 9, § 5 *et* 7, *eod.*). Lorsqu'il s'agit d'une obligation contractée à son profit, le défendeur doit en faire remise à ceux qui ne se sont obligés que par crainte (*Ulp. fr.* 9, § 7; *fr.* 14, § 6, *quod met. caus.*). Si au contraire la crainte a déterminé un créancier à libérer son débiteur, il faut que celui-ci paie ou s'oblige de nouveau, en donnant pour cette nouvelle obligation des fidéjusseurs non moins solvables et des gages non moins sûrs que ceux qui existaient pour la première obligation (*Ulp. fr.* 9, § 7; *Gaius, fr.* 10, *pr. et* § 1; *Paul. fr.* 11, *eod.*). C'est au quadruple des restitutions ainsi calculées d'après les pertes du demandeur (*Paul. fr.* 21, § 2, *eod.*) que son adversaire est condamné, faute par lui de restituer (*Ulp. fr.* 14, § 1 *et* 4, *eod.*).

QUATRIÈME DIVISION.

§ XXX.

1245. D'après la loi des Douze-Tables et la rigidité primitive du droit civil, la force obligatoire des contrats n'excédait pas les termes précis de la convention. On était tenu d'exécuter littéralement ce qu'on avait promis, *quæ lingua essent nuncupata* (*Cicer.* 3 *offic.* 17), rien au-delà. Ainsi, par exemple, le débiteur d'un esclave ou d'un fonds pouvait empoisonner le premier, dégrader ou détériorer le second, et livrer la chose en cet état. Alors le débiteur était libéré, à moins que, par une stipulation dite *cautio de dolo*, il n'eût garanti au créancier qu'il n'existait et n'existerait aucun dol, *dolum malum abesse abfuturumque esse* (981), stipulation si rigide elle-même qu'on a douté si les mots *abesse abfuturumque*, applicables au présent et au futur, comprenaient le dol antérieur (v. *Ulp. fr.* 7, § 3, *de dol. mal.*; *Pothier, 4 pand.* 3, *n°* 13).

Une semblable rigidité rendait la fraude trop facile pour qu'on ne cherchât pas à exclure cette dernière. Les prudents apportèrent les premiers un remède partiel; ils modifièrent, dans certaines actions, l'office du juge, et voulurent qu'il statuât d'après la bonne foi; dans ce but, ils firent insérer dans l'*intentio* de la formule les mots EX FIDE BONA (1).

1246. De là deux classes d'actions (§ 28, *h. t.*), dont l'une comprend les actions dites *stricti juris*, parce que l'office du juge y reste resserré, comme il l'était primitivement, dans les limites du droit civil, et l'autre des actions dites *bonæ fidei* à cause des mots EX FIDE BONA insérés dans la formule. Alors l'action s'appelle *arbitrium*, et le juge *arbiter* (1177).

Rien n'est plus opposé à la bonne foi que la fraude et le dol (*Ulp. fr.* 3; § 3, *pro soc.*). Aussi, dans les actions *bonæ fidei*, le juge doit-il apprécier le préjudice que le défendeur a causé à son adversaire par dol ou même par réticence, en lui laissant ignorer ce dont la bonne foi exigeait qu'il fût averti (*Florent. fr.* 43, § 2, *de contrah. empt.*; *Ulp. fr.* 1, § 1; *fr.* 13, *de act. empt.*). Cette appréciation entre dans l'office du juge indépendamment

(1) *Judiciis in quibus additur* EX FIDE BONA (*Cicer.* 3 *offic.* 17; v. *Gaius, 4 inst.* 47 *et* 63). On y ajoutait pour l'action *rei uxoriæ* ÆQUIUS MELIUS, pour l'action *fiduciæ* UT INTER BONOS BENE AGIER (*Cicer.* 3 *offic.* 15; v. *Javol. fr.* 66, § 7, *sol. matrim.*; *Procul. fr.* 82, *de solut.*).

de toute convention, et malgré la convention contraire qui serait faite en contractant (1173; *Ulp. fr.* 23, *de reg. jur.*; *fr.* 1, § 7, *depos.*; *Paul. fr.* 17, *commod.*), en sorte que la CAUTIO DE DOLO se trouve superflue (*Ulp. fr.* 7, § 3, *de dol. mal.*).

Réciproquement le juge protégera le défendeur contre le dol du demandeur, indépendamment de l'exception *doli mali*, qui est sous-entendue dans les actions *bonæ fidei* (*Ulp. fr.* 21, *solut. matr.*; *Julian. fr.* 84, § 5, *de legat.* 1°).

1247. Le devoir ainsi imposé au juge d'apprécier la bonne ou la mauvaise foi des parties, lui donne toute liberté (*libera potestas permitti videtur*) pour fixer le montant de la condamnation d'après l'équité (*ex bono et æquo*); conséquemment, si le demandeur est lui-même tenu de quelqu'obligation envers le défendeur, le juge appréciera les engagements respectifs des deux parties et ne prononcera la condamnation que déduction faite de ce qui est dû par le demandeur (*text. hic*; *pr.*, *de cons. obl.*). C'est ainsi que s'opère la compensation sur laquelle nous reviendrons au § 39.

L'équité veut que le débiteur, lors même qu'il est exempt de dol, répare le tort qu'il a causé par sa faute, et notamment par le retard qu'il a mis à remplir l'obligation. Aussi, dans les actions de bonne foi, le juge tient-il compte, suivant les distinctions précédemment établies (1071, etc.), des fautes commises par le défendeur, et le condamne-t-il à restituer les fruits de la chose ou les intérêts de la somme due, à compter du moment où il a été en demeure (1).

(1) *Ulp. fr.* 34; *Marcian. fr.* 32, § 2, *de usur.* La demeure existe

Si les parties, en contractant l'obligation d'où résulte une action *bonæ fidei*, y ont ajouté dans l'intérêt de l'un ou de l'autre des pactes, c'est-à-dire des clauses purement consensuelles, qui par elles seules ne sont pas obligatoires (1033), le juge les appréciera comme clauses intégrantes du contrat (*Ulp. fr.* 7, § 5, *de pact.*), pourvu qu'elles ne soient pas elles-mêmes contraires à la bonne foi (1) ou à l'essence du contrat qu'elles ne doivent point dénaturer (*Paul. fr.* 5, § 4, *de præscr. verb.*; *Ulp. fr.* 1, § 6, *depos.*; v. *Pap. fr.* 24, *eod.*). A défaut de convention, le juge devra même suppléer les clauses que l'usage général ajoute ordinairement au contrat (*Ulp. fr.* 31, § 20, *de ædil. edict.*; v. 1053).

1248. Dans les actions *stricti juris*, tout est différent. Le juge ne cherche pas l'équité, mais le droit proprement dit, sans s'inquiéter du dol pratiqué par un des plaideurs ou par l'autre, à moins que d'une part le demandeur n'ait stipulé la *cautio de dolo* (*Ulp. fr.* 7, § 3, *de dol. mal.*), ou que d'autre part le défendeur n'ait obtenu l'exception *doli mali* (v. § 1, *de except.*). Le juge n'apprécie qu'une seule obligation, celle du défendeur, et le condamne à payer exactement sa dette, sans compensa-

---

ex re ipsa par cela seul que le débiteur est en retard d'exécuter l'obligation, lorsque le créancier est mineur de 25 ans (*Diocl. et Max. C.* 3, *in quib. caus. in integr.*; v. *Paul. fr.* 87, § 1, *de legat.* 2°). Dans tout autre cas, le débiteur doit avoir été interpellé (*Marcian fr.* 32, *de usur.*); et alors encore il peut n'être pas *in mora*, si son retard est expliqué par des circonstances plausibles (v. *Ulp. et Paul. fr.* 21, 22, 23 *et* 24, *de usur.*). C'est donc une question de fait plutôt qu'une question de droit (*Marcian. d. fr.* 32, *eod.*).

(1) V. *Paul. fr.* 27, § 4, *de pact.*; par exemple la convention qui d'avance affranchirait un débiteur de la responsabilité du dol qu'il pourra commettre (1078; *Ulp. fr.* 23 *de reg. jur.*).

tion, sans égard aux pactes convenus, même en contractant. Toutefois cette rigueur a été modifiée, et sous le règne de Septime Sévère, il était établi que le juge doit faire exécuter parmi les pactes dont il s'agit, ceux qui tendent à diminuer l'obligation du défendeur (*Paul. fr.* 4, § 3; *fr.* 17, *de pact.*; *Ulp. fr.* 11, § 1, *de reb. cred.*; v. *Pap. fr.* 40, *eod.*).

Lorsqu'il s'agit d'une somme, le juge ne condamne point à payer les intérêts qu'on n'a pas stipulés, mais pour tout autre objet il accorde les fruits à compter de la *litis contestatio*, parce que le demandeur doit avoir *omnis causa*, c'est-à-dire tout ce qu'il aurait si la chose lui avait été remise à cette même époque (1).

1249. L'action *ex testamento* est de droit strict (*Marcian. et Paul. fr.* 5 *et* 6, *de in lit. jur.*), et conséquemment le légataire n'obtenait point les intérêts (*Gaius*, 2 *inst.* 280); mais dans la compilation justinienne, l'action des légataires est assimilée, pour les intérêts et les fruits, aux actions de bonne foi (v. *Ulp. fr.* 34, *de usur.*; *Diocl. et Max.* C. 3, *in quib. caus. in integr.*), précisé-

---

(1) *Paul. fr.* 31, *de reb. cred.*; v. 1380. Plusieurs actions de droit strict donnent les fruits perçus avant la *litis contestatio* et même avant la demeure. Telles sont les actions tendant à une restitution proprement dite, lorsqu'on agit pour se faire donner une chose dont on a été propriétaire; telle est notamment la *condictio indebiti* (*Paul. d. fr.* 38, § 1, 24, *et* 6, *de usur.*; *fr.* 173, § 1, *de reg. jur.*; *fr.* 15; *fr.* 65, § 5, *de condict. ind.*); mais dans ce cas même le demandeur n'a pas les intérêts (*Anton.* C. 1, *de cond. ind.*). Le texte de Paul (*fr.* 35, *de usur.*), qui semble les faire courir du jour de la *litis contestatio*, concerne les intérêts stipulés qui couraient déjà et continuent de courir *lite contestata*, c'est-à-dire malgré la *litis contestatio*, ce dont on pouvait douter à cause de la novation qui s'opère alors (1312).

ment parce que, sous Justinien, il n'existe plus de différence entre les legs et les fidéicommis : en effet, pour ces derniers, le préteur, statuant seul, décidait d'après l'équité, accordait les intérêts ou les fruits à compter de la demeure (*Gaius*, 2 *inst.* 278, 280 ; v. *Paul. fr.* 14, *de usur.*; *fr.* 84, *de legat.* 2° ; *Pap. fr.* 78, § 2, *eod.*; *fr.* 8, *de usur.*). C'est en remaniant les textes qu'on a étendu la même faveur aux légataires (1).

§ XXVIII.

1250. Pour faire connaître les actions *bonæ fidei*, Justinien, comme Cicéron (3 *offic.* 17), comme Gaius (4 *inst.* 62), emploie une énumération qui ne peut être que limitative, et cependant Cicéron, Gaius et Justinien ne s'accordent pas exactement, ce qui tient sans doute à la différence des temps. En effet les actions *bonæ fidei* dérivent des obligations le plus fréquemment usitées, sans lesquelles l'homme vivrait à peine en société (*in quibus vitæ societas continetur; Cic.* 3 *offic.* 12), et leur nombre a dû augmenter à mesure que les rapports sociaux se sont multipliés. Plusieurs actions sont ainsi devenues *bonæ fidei*, qui auparavant n'avaient pas été considérées comme telles : aussi la liste de Justinien est-elle plus nombreuse que les autres, bien qu'on n'y trouve pas l'action *fiduciæ* tombée en désuétude (955).

---

(1) V. *Paul.* 3 *sent.* 8, § 4; *fr.* 39, *de usur.* Ce dernier texte parle d'objets légués par fidéicommis, *equis per fideicommissum legatis.* Evidemment Paul avait écrit *relictis* au lieu de *legatis.* Remarquez au surplus combien les remaniements ont été maladroits : tandis que les décisions précédentes accordent les intérêts et les fruits à compter de la demeure, un titre spécial au Code (*de usur. et fruct. legat. et fideic.*), ne les donne qu'à compter de la *litis contestatio.*

Si les actions *bonæ fidei* sont toutes énumérées dans notre texte, faut-il considérer celles qui n'y sont pas comprises comme étant par cela même *stricti juris*? Non certainement, puisqu'on distinguera bientôt une autre classe d'actions dites arbitraires, qui diffèrent également et des actions de droit strict et des actions de bonne foi. Dans cette classe figurent les actions *in rem* et plusieurs actions *in personam* (§ 31, *h. t.*). Ainsi l'énumération de notre texte est restreinte aux actions personnelles sans les embrasser toutes. Elle ne s'applique en effet qu'aux actions personnelles *in jus*; car, dans les actions *in factum*, le préteur n'ordonne point aux juges de statuer *ex fide bona*, sans doute parce que, ne leur soumettant pas une question de droit proprement dit, il n'a pas à craindre qu'ils statuent d'après le droit strict (1)?

1251. Restreignant donc cette division aux actions personnelles civiles ou *in jus*, nous verrons que les actions *bonæ fidei* ne résultent jamais d'aucun délit, mais des contrats ou quasi-contrats, et principalement de ceux

(1) Comparez, dans Gaius (4 *inst.* 47), les deux formules de l'action *depositi*, l'une *in jus* l'autre *in factum*. Les mots *ex fide bona* ne se trouvent point dans la seconde.

Plusieurs actions pénales *in factum* laissent à l'équité du juge le soin de fixer le taux de la condamnation (*pr. et* § 1, *de obl. quæ quasi ex del.*); cependant elles ne sont point qualifiées actions de bonne foi, précisément parce que n'ayant rien de commun avec les actions *in jus*, et surtout avec les actions *stricti juris*, on n'a jamais eu besoin d'y faire entrer la bonne foi, l'office du juge ayant toujours été réglé par l'équité et peut-être même par une équité plus large. N'est-ce pas là, en effet, ce que veut dire Ulpien (*fr.* 14, § 13, *de relig.*), lorsque, parlant de l'action *funeraria*, il donne à l'équité du juge plus de latitude encore que dans l'action *negotiorum gestorum*, et cela d'après la nature même de l'action : *Solutius æquitatem sequi, cum hoc ei et actionis natura indulgeat.*

qui produisent des obligations synallagmatiques. En effet sont *bonæ fidei* les actions EX EMPTO et EX VENDITO, EX LOCATO et EX CONDUCTO, MANDATI, PRO SOCIO, résultant des quatre contrats consensuels; les actions DEPOSITI, COMMODATI, PIGNERATITIA, des trois contrats réels qui sont bilatéraux; tandis que le *mutuum*, la stipulation et l'obligation dite *litterarum* produisent une action de droit strict. Sont également *bonæ fidei* les actions NEGOTIORUM GESTORUM, TUTELÆ, FAMILIÆ ERCISCUNDÆ, COMMUNI DIVIDUNDO, résultant de quatre quasi-contrats synallagmatiques; l'action PRÆSCRIPTIS VERBIS, du moins lorsqu'elle vient de l'échange ou du contrat estimatoire (1); l'action REI UXORIÆ dont s'occupe le paragraphe suivant, et enfin la pétition d'hérédité, la seule des actions *in rem* qui soit *bonæ fidei*, puisqu'elle est déclarée telle par Justinien qui tranche sur ce point d'anciennes controverses dont il est resté quelques traces (v. 1378).

1252. La pétition d'hérédité est une action civile réelle (*Ulp. fr.* 25, § 18, *de her. pet.*) qui soumet au juge la question de savoir si telle hérédité appartient au demandeur (*Ulp. fr.* 9, *de except. rei jud.*). Elle est

---

(1) *Text. hic*; v. *Ulp. fr.* 1, *de æstim.* Cette action n'est-elle *bonæ fidei* que dans les deux cas spécifiés par Justinien? On ne voit pas pourquoi l'action *præscriptis verbis* n'aurait pas le même caractère dans plusieurs autres cas où elle imite une action de bonne foi, par exemple l'action de mandat ou les actions de louage (v. *Paul. fr.* 5, § 2 *et* 4, *de præscr. verb.*). On peut supposer sans invraisemblance que Justinien emprunte ici les paroles d'un ancien jurisconsulte qui ne donnait pas à l'action *præscriptis verbis* toute l'étendue d'application qu'elle a obtenue du temps de Papinien, Paul et Ulpien. Ce genre d'actions est assez récent en effet, puisque Gaius (3 *inst.* 143 *et seqq.*) présente comme douteuse des questions qui depuis ont été tranchées au moyen de l'action *præscriptis verbis*.

donnée contre ceux qui ont entre leurs mains l'hérédité même ou des objets qui en dépendent, et possèdent, soit PRO HEREDE comme héritier, lorsqu'ils se croient ou du moins se prétendent héritiers, soit PRO POSSESSORE ou comme *prædo,* lorsque, sachant n'avoir aucun droit, ils possèdent sans se dire héritiers, sans rien alléguer pour justifier leur possession, si ce n'est cette possession même (*Ulp. fr.* 9; *fr.* 11, *pr. et* § 1; *fr.* 12 *et* 13, *de her. pet.*). Dans ces deux cas, il suffit au demandeur de prouver qu'il est héritier; mais cette preuve ne servirait à rien contre un acheteur, contre un donataire ou tout autre possesseur qui invoque une acquisition spéciale. Aussi n'est-ce plus la pétition d'hérédité, mais la revendication qu'il faudrait intenter contre ces derniers (*Diocl. et Max.* C. 7, *de her. pet.*; *Ulp. fr.* 13, § 1, *eod.*).

§ XXIX.

1253. En cas de divorce ou de prédécès du mari, la dot, qu'elle qu'en soit l'origine, doit être restituée à la femme seule, si elle est *sui juris*; sinon à la femme et à l'ascendant dont elle dépend. En conséquence l'action *rei uxoriæ* qui a pour objet la restitution de la dot, est exercée dans le premier cas par la femme, dans le second par le père avec le concours de sa fille (*Ulp.* 6 *reg.* 6; *fr.* 2, *pr. et* § 1; *Paul. fr.* 3; *Pap. fr.* 42; *Afric. fr.* 34, *solut. matrim.*).

Lorsque le mariage se dissout par le prédécès de la femme, la dot reste au mari, sauf deux cas particuliers de restitution pour lesquels on distingue, d'après son origine, la dot profectice que la femme *sui juris* ou fille de famille, tient de son père ou d'un ascendant paternel, et la dot adventice provenant de toute autre origine. La première doit être restituée à l'ascendant donateur, quand il survit (*Ulp.* 6 *reg.* 4; *Pomp. fr.* 6, *de jur. dot.; Lab. fr.* 79, *eod.;* v. *Cels. fr.* 6, *de coll. bon.*), et la seconde au constituant ou à ses héritiers, mais pourvu que la restitution ait été stipulée (*Ulp.* 6 *reg.* 5), ou du moins consentie par un simple pacte qui produisait une action *præscriptis verbis* (v. *Justin.* C. 1, § 13, *de rei uxor.*).

1254. La restitution de la dot dans les cas où elle avait lieu, pouvait être poursuivie ou par une action de bonne foi dite *rei uxoriæ*, ou par une action de droit strict *ex stipulatu*. La femme ne transmettait l'action *rei uxoriæ* à ses héritiers que lorsqu'elle avait mis son mari en demeure (*Ulp.* 6 *reg.* 7); et, pour agir elle-même, elle devait, en vertu d'un édit qu'on appelle *de alterutro*, renoncer aux avantages que son mari lui aurait faits par institution, par le legs ou par fidéicommis; enfin le mari, poursuivi par cette action, pouvait retenir pour différentes causes certaines portions de la dot (*Ulp.* 6 *reg.* 9 *et seqq.;* v. 1270; § 37, *h. t.*), et avait la faculté de se libérer en trois ans et par tiers, *annua, bima, trima die*, des quantités ou valeurs appréciables au poids, au compte ou à la mesure; mais les corps certains devaient être restitués immédiatement (*Ulp.* 6 *reg.* 8).

L'action *ex stipulatu* ne pouvait résulter que d'une stipulation formelle; cette action plus avantageuse que la précédente, se transmettait aux héritiers du stipulant, se cumulait avec les avantages faits par le défunt à la femme survivante sans aucune application de l'édit *de alterutro*, et ne laissait au mari aucune rétention à exercer, aucun délai pour restituer.

1255. Justinien veut que, sans distinguer entre la dot adventice ou profectice, sans distinguer comment s'est dissous le mariage, l'action *ex stipulatu* soit exercée, savoir : par le mari, pour se faire payer la dot ou se faire garantir de l'éviction, et par la femme ou ses héritiers pour en obtenir la restitution, le tout en vertu d'une stipulation tacite que l'Empereur sous-entend de part et d'autre (*Justin. d.* C. 1, *pr.*, § 1, 3, 5, 7, 8 *et* 13, *de rei uxor.*; v. *Theod.* C. 7. C. Th. *de testam. et codicil.*; *Cuj.* 3 *obs.* 16).

En conséquence, il supprime l'action *rei uxoriæ*, et transporte son caractère d'action de bonne foi à l'action *ex stipulatu* (*text. hic*; *d.* C. 1, § 2, *de rei uxor.*), en conservant au mari le bénéfice de compétence (1269; § 37, *h. t.*), et fixe une année de délai pour la restitution des objets dotaux, autres que les immeubles. Ces derniers devront être immédiatement restitués (*d.* C. § 7).

1256. Pour assurer l'exécution des stipulations tacites qu'il suppose entre les époux (1), Jutinien accorde une hypothèque au mari sur les biens de la femme, et à la femme sur les biens du mari (*text. hic; d.* C. § 1). Il veut même que la femme soit préférée à tous autres créanciers, malgré l'antériorité de leur hypothèque sur les mêmes biens (*text. hic*; C. 12, *pr. et* § 1, *qui potior.*); mais ce privilége, limité au cas où la femme agit elle-même (*cum ipsa mulier.... cujus solius*, etc.), ne passe

(1) *d.* C. *pr. et* § 1. Cet avantage ne s'étend pas à l'étranger qui fournit la dot. Il ne peut se la faire restituer et agir à cet effet *ex stipulatu* ou *præscriptis verbis* qu'en vertu d'une stipulation ou d'un pacte formel. Autrement, l'action *ex stipulatu* appartient à la femme à raison de la stipulation tacite que sous-entend Justinien (*d.* C. 1, § 13).

point à ses héritiers, ou du moins à tous ses héritiers. Justinien (*Nov.* 91) le refuse expressément à ceux qui ne sont pas enfants de la défunte, et lorsque le père a été marié deux fois, l'Empereur préfère les enfants de la première femme à la seconde, et conséquemment aux autres créanciers du mari (C. 12, § 1, *qui potior.*; *Nov.* 91, *præf. et cap.* 1). Faut-il, comme Vinnius, généraliser cette décision, en accordant aux enfants dont le père n'est pas remarié le même privilége qu'à leur mère? On peut croire avec Janus a Costa que la défaveur des secondes noces a dicté ici une disposition spéciale ; ainsi, en tout autre cas, les créanciers, s'ils ne sont pas déjà primés par l'hypothèque d'une seconde femme vivante, ne le seront point par les enfants de la femme décédée.

§ XXXI ET XXXII.

1257. D'après ce qu'on a vu jusqu'ici, l'issue du litige dépend de la question posée dans l'*intentio*. Pour condamner le défendeur, il suffit que cette question soit affirmativement résolue. Ici, au contraire, se présente une nouvelle classe d'actions, dites arbitraires, qui soumettent la condamnation à une seconde condition (1), en sorte que le défendeur contre qui l'*intentio* est déjà vérifiée, et qui par conséquent perd son procès, peut encore obtenir son absolution en donnant au demandeur une satisfaction que le juge détermine ARBITRIO, c'est-à-dire par une décision qui souvent donne au défendeur un ordre im-

(1) *Si paret fundum capenatem quo de agitur, ex jure quiritium P. Servilii esse,* NEQUE IS FUNDUS.... RESTITUETUR (*Cicer. in Verr. act.* 2, *lib.* 2, nº 31).

pératif (*jussus*, § 27 *h. t.*), et quelquefois lui accorde seulement une faculté (1263). Dans l'un ou l'autre cas, le défendeur qui exécute l'*arbitrium* doit être absous, tandis que l'inexécution entraîne sa condamnation, *nisi arbitrio judicis.... actori satisfaciat.... condemnari debeat* (*text. hic*; v. *Marcian. fr.* 16, § 3, *de pign. et hyp.*; *Ulp. fr.* 68, *de rei vind.*). Ainsi le résultat définitif de toute action, la condamnation ou l'absolution du défendeur dépend dans les actions arbitraires, non pas seulement de l'*intentio* et de sa vérification, mais encore de l'*arbitrium* et de son exécution. C'est en ce sens que ces actions sont *ex arbitrio pendentes* (*text hic*).

Les actions sont toutes absolutoires en ce sens que l'action la mieux fondée n'entraîne pas absolument la condamnation du défendeur. Celui qui serait inévitablement condamné, si le juge statuait à l'instant même de la *litis contestatio*, peut dans le cours de l'instance acquiescer aux prétentions qu'il avait contestées, et obtenir son absolution, pourvu qu'il satisfasse le demandeur *ante rem judicatam* (§ 2, *de perp. et temp.*).

Cette satisfaction, qui se donne de gré à gré avant la décision du litige, n'a rien de commun avec celle que le juge d'une action arbitraire détermine d'office, sans le consentement des parties, après avoir jugé contre le défendeur la question du procès (v. § 2, *de off. jud.*).

1258. L'*arbitrium*, lorsqu'il consiste dans un *jussus*, est obligatoire; le défendeur peut donc être contraint à l'exécution par la force publique, du moins lorsqu'il a entre ses mains la chose que le juge prescrit de restituer (*Ulp. fr.* 68, *de rei vind.*) ou d'exhiber (*Julian. fr.* 8, *ad exhib.*); car tels sont les *Jussus* que le juge donne le plus souvent (1). Sous ce rapport, l'*arbitrium* diffère essentiellement de la condamnation, qui est toujours pécuniaire (*Gaius*, 4 *inst.* 48). D'ailleurs l'*arbitrium*, qui varie suivant la nature des affaires, est toujours déterminé *ex bono et æquo* (§ 31, *in fin.*) ; mais, lorsqu'il s'agit de condamner le défendeur qui n'a point obéi, cette même équité ne le protége plus : l'exception *doli mali* n'est pas sous-entendue dans les actions arbitraires, comme dans les actions *bonæ fidei* (1246) ; en effet, nous la voyons souvent opposée à la revendication (§ 30 *et seqq.*, *de divis. rer.*). Du reste, la plupart des actions arbitraires, c'est-à-dire l'action *ad exhibendum* et toutes les actions réelles ou personnelles dont l'*arbitrium* ordonne une restitution, admettent, comme les actions de bonne foi, le serment *in litem* (1214 ; v. *Ulp. d. fr.* 68, *de rei vind.* ; *Marcian. fr.* 5, *de in lit. jur.*) ; et alors le montant de la condamnation, surpassant la valeur des satisfactions ordonnées par l'*arbitrium*, devient pour le défendeur une punition sévère (v. *Ulp. fr.* 1 ; *Paul. fr.* 2 ; *Marcel. fr.* 8, *eod.* ; 1244).

1259. A la différence des actions de bonne foi, qui sont toutes *in personam*, il existe des actions arbitraires réelles et d'autres personnelles (*tam in rem quam in personam inveniuntur*). Au lieu de les énumérer, Justinien se borne à citer quelques exemples, chose remarquable, du moins pour les actions réelles, car elles sont toutes

(1) *Veluti* REM RESTITUAT, VEL EXHIBEAT, *vel solvat*, *vel ex noxali causa servum dedat* (*text. hic*). Nous reviendrons plus loin (1259, 1291) sur le paiement (*vel solvat*) et sur l'abandon noxal (*vel ex noxali causa servum dedat*) considérés comme objets de l'*arbitrium*. Quant à la restitution et à l'exhibition de la chose, v. § 2 *et* 3, *de off. jud.*

arbitraires (1), et dans toutes aussi l'*arbitrium* consiste à restituer la chose, excepté l'action servienne ou quasi-servienne, qui laisse au défendeur la faculté de restituer l'objet hypothéqué ou de le dégager en acquittant la dette (*Marcian. fr.* 16, § 3, *de pign. et hyp.*). Cette action nous offre ainsi l'exemple d'une satisfaction donnée, comme le suppose notre texte (*vel solvat*), par un paiement.

Les actions personnelles arbitraires que cite Justinien sont l'action *quod metus causa*, déjà expliquée (1243; § 27, *h. t.*), l'action *quod certo loco* sur laquelle nous reviendrons (1263; § 33, *h. t.*), l'action *ad exhibendum* à laquelle sera consacré un paragraphe spécial (§ 3, *de off. jud.*), et l'action de dol, *de eo.... quod dolo malo factum est.*

1260. Il y a dol, *dolus malus*, dans tous les cas où des ruses, supercheries ou machinations ont été employées par une personne envers une autre, pour la circonvenir ou la tromper (*Ulp. fr.* 1, § 2, *de dol. mal.*). Alors, pour que la première ne profite point de sa malice, ou que la seconde ne soit pas victime de sa simplicité, les préteurs ont introduit en faveur de celle-ci l'action *de dolo malo*, action infamante et qui, par cette raison, n'est donnée qu'en connaissance de cause, pour un intérêt non modique (*Ulp. et Paul. fr.* 9, § 5; *fr.* 10 *et* 11, *eod.*), à ceux

---

(1) Dans les exemples cités par Justinien ne figurent ni l'action *in rem* par excellence, c'est-à-dire la revendication, ni aucune autre action réelle civile. Les premiers exemples d'actions personnelles sont également pris parmi les actions prétoriennes. N'expliquerait-on pas, jusqu'à un certain point, cette marche de notre texte, par cette supposition que les actions arbitraires tirent leur origine du droit prétorien, et que successivement le même caractère a été donné d'abord à quelques actions civiles personnelles, et ensuite aux actions civiles *in rem*,

qui ne pourraient se pourvoir ou se garantir par aucune autre action, par aucune autre voie (*Ulp. d. fr.* 1, *pr.* § 1 *et* 4). Dans l'action de dol, le juge ordonne de restituer, comme dans l'action *quod metus causa*; mais, au lieu de s'élever au quadruple, la condamnation reste simple (*Paul. fr.* 18, *de dol. mal.*). Une autre différence consiste en ce que l'action *de dolo* ne se donne pas contre les tiers, mais contre l'auteur du dol (*Ulp. fr.* 15, § 3, *eod.*) ou contre ses héritiers, et jusqu'à concurrence seulement des valeurs dont ces derniers se trouveraient enrichis par le dol du défunt. Aussi l'action exercée contre eux est-elle non infamante et perpétuelle (*Paul. fr.* 29; *Ulp. fr.* 17, § 1; *Gaius, fr.* 26, *eod.*), tandis que, contre l'auteur du dol, l'action infamante ne dure qu'un an. Ce délai expiré, on n'a plus contre lui qu'une action *in factum* proprement dite, jusqu'à concurrence de ce dont il est enrichi (*Gaius, fr.* 28, *eod.*).

Voyez, pour l'explication du § 32, celle du § 1, *de officio judicis* (1374).

§ XXXIII.

1261. Il s'agit ici de la plus-pétition, c'est-à-dire du cas où la prétention du demandeur excède ce qu'on lui doit ou ce qui lui appartient réellement, soit à raison de l'objet même pour lequel on agit (*re*), soit à raison du temps (*tempore*), lorsqu'on agit avant l'échéance du terme ou avant l'événement de la condition (1), soit à raison

(1) *Ante diem vel conditionem*, dit le texte. Vinnius pense que l'action intentée avant l'accomplissement de la condition est considérée comme non avenue et ne soumet pas la créance aux chances du litige, précisément parce que cette créance n'existe pas encore (966). Cepen-

du lieu (*loco*), lorsque l'action est intentée partout ailleurs qu'au lieu fixé pour le paiement; car la somme qui se paie aujourd'hui vaut plus que la même somme payée à une époque ultérieure (1211); et d'un autre côté, la valeur des marchandises varie suivant la localité, comme le taux des espèces monnayées. Pareillement, le défendeur, soit qu'il doive alternativement tel objet ou tel autre, soit qu'il doive une chose déterminée seulement par le genre auquel elle appartient, a un choix qu'on ne doit pas lui enlever : or on le lui enlève lorsqu'on demande précisément, soit l'un des deux objets de l'obligation alternative, soit tel cheval ou tel esclave au lieu d'un cheval ou d'un esclave indéterminément. L'excès se trouve alors dans l'objet même de l'action; (*causa text. hic*); et, dans ce cas comme dans les trois autres, la plus-pétition emporte déchéance, sauf toutefois le bénéfice de restitution que le droit prétorien accorde toujours aux mineurs (§ 5, *de her. qual.*), et rarement aux majeurs de vingt-cinq ans. Notre texte donne sur ces différents points des détails et des exemples suffisants (v. *Paul.* 1 *sent.* 10). Cherchons seulement les motifs d'une semblable rigueur.

1262. La *condictio certi* autorise le juge à condamner le défendeur, si ce dernier doit au demandeur un objet

---

dant Javolenus (*fr.* 36 *de reb. cred.*), et Julien (*fr.* 36 *de solut.*) cité par Vinnius lui-même décident, comme notre texte, qu'en agissant avant l'accomplissement de la condition, le demandeur tombe dans le cas de la plus-pétition à raison du temps et encourt la déchéance. Toutefois les textes mêmes de Javolenus et de Julien indiquent à cet égard l'existence d'une controverse qui peut, jusqu'à un certain point, expliquer les décisions opposées (*Marcian. fr.* 13, § 5, *de pign. et hyp.*; *Paul. fr.* 43, § 9, *de ædil. edict.*; v. *Ulp. fr.* 1, § 4, *quando dies ususfr.*).

ou une somme déterminée, *si paret N. Negidium A. Agerio decem dare oportere.* Pareillement, dans la revendication, le défendeur ne peut être condamné qu'autant que la chose appartient au demandeur, *si paret hominem ex jure quiritium A. Agerii esse.* Dans cette position, si le demandeur n'est reconnu créancier ou propriétaire que pour une partie seulement de ce qui est exprimé dans l'*intentio*, la condition dont la condamnation dépend n'est pas accomplie, et le juge doit nécessairement absoudre le défendeur. Ce résultat dérive de la rédaction de l'*intentio* (*si quis... in intentione plus complexus fuerit*). Aussi la même faute commise dans toute autre partie de la formule, par exemple, dans la *demonstratio*, du moins lorsqu'elle reste distincte de l'*intentio* (1217), n'entraîne-t-elle pas la même déchéance (v. *Gaius*, 4 *inst.* 53, 57, 58 *et* 60).

Il existe même beaucoup d'actions où la plus-pétition est impossible. Telles sont toutes les actions *incerti* dont l'*intentio* ne précise aucun objet, aucune valeur, et porte seulement *quidquid paret...... dare facere oportere* (*Gaius*, 4 *inst.* 41, 47 *et* 54). Dans ce nombre figurent les actions de bonne foi. Il en est autrement des actions arbitraires, puisque la plus-pétition a lieu dans la revendication (*text. hic*); et cependant il existe une action arbitraire introduite précisément pour préserver de la plus-pétition le créancier qui veut agir dans un lieu autre que celui indiqué pour le paiement (*propter quam causam alio loco petenti arbitraria actio proponitur; text. hic*).

1263. En règle générale, le défendeur doit être appelé *in jus*, soit dans le lieu où il a son domicile particulier (*Diocl. et Max.* C. 2, *de jurisd. omn. jud.*; *Theod. et*

Arcad. C. 3, *ubi in rem*), soit dans la ville de Rome qui est le domicile commun (v. *Modest. fr.* 33, *ad municip.*), soit dans le lieu même où il s'est obligé (*Ulp. fr.* 19, § 1 *et* 2; *Paul. fr.* 20, *de judic.*).

Lorsqu'il existe un lieu indiqué pour le paiement le débiteur peut y être appelé *in jus* (*Ulp. d. fr.* 19, § 4, *eod.*; *Julian. fr.* 21, *de obl. et act.*). Il était même dangereux de l'appeler ailleurs. A la vérité, on ne courait aucun risque pour les actions de bonne foi (*Paul. fr.* 7, *de eo quod cert. loc.*), ni même pour les actions de droit strict où il s'agit d'une obligation *ad faciendum* (*Pap. fr.* 43, *de judic.*), parce qu'alors l'*intentio* est incertaine et la plus-pétition impossible (1262); mais lorsque l'obligation de droit strict concerne un objet certain qui doit être donné ou simplement livré dans un lieu déterminé (*Ulp. fr.* 2, § 2; *Paul. fr.* 5; *fr.* 7, § 1; *Pomp. fr.* 6, *de eo quod cert. loc.*), le créancier agissant partout ailleurs, tomberait dans la plus-pétition. Ainsi le créancier n'osait pas demander l'action contre son débiteur lorsqu'il le trouvait dans tout autre lieu que celui indiqué pour le paiement; et dans ce lieu même, il ne pouvait guère la demander, parce que le débiteur évitait ordinairement de s'y trouver. Pour éviter cet inconvénient, le préteur a introduit, *de eoquod certo loco* DARI *oportet*, une action arbitraire qui n'expose point à la plus-pétition, et par conséquent peut être demandée sans danger, dans un autre lieu que celui du paiement (*Gaius, fr.* 1, *de eo quod cert.*; *Alex.* C. *ubi conv. qui cert. loc.*), mais toujours dans un des lieux précédemment indiqués.

Le préteur, en donnant l'action *de eo quod certo loco*, modifie la formule civile en y insérant la mention du lieu fixé pour le paiement (1), afin que le juge, statuant d'après l'équité (*Ulp. fr.* 4, § 1, *eod.*), puisse augmenter ou diminuer la condamnation en raison de la différence des lieux, et suivant que cette différence profite au débiteur ou au créancier (*Ulp. fr.* 2, *pr. et* § 8; *Gaius, fr.* 3, *eod.*). Considérée sous ce rapport, l'action serait arbitraire, puisque tous les textes le disent (§ 31 *et* 33, *h. t.; Ulp. et Gaius, d. fr.* 2 *et* 3; *Paul. fr.* 5, 7 *et* 10, *eod.*), mais dans un sens tout différent des autres actions arbitraires; car on arriverait à la condamnation sans *arbitrium*. Remarquons toutefois que le défendeur contre qui l'*intentio* se trouve vérifiée, peut encore être absous dans plusieurs cas, notamment s'il donne caution de payer au lieu indiqué (*Ulp. fr.* 4, § 1, *eod.*), cette action est donc arbitraire dans le même sens que les autres, puisqu'elle se distingue surtout par la possibilité d'absoudre le défendeur, quoiqu'il y ait chose jugée contre lui, lorsqu'il donne au demandeur la satisfaction indiquée par le juge.

1264. Le système judiciaire ayant subi, dans le Bas-Empire, une révolution presque totale, la plus-pétition ne doit plus conduire aux mêmes conséquences; cependant elle est encore l'objet de plusieurs dispositions répressives. Zenon (C. 1, *de plus petit.*) a doublé la durée du terme pour le débiteur poursuivi avant l'échéance; Justinien (*text. hic;* C. 2, *pr. et* § 2, *eod.*) veut que dans les autres cas, le demandeur rende au défendeur le triple de tous les dommages que celui-ci aurait éprouvés,

(1) *Ulp. fr.* 2, § 2, *de eo quod cert. loc.* De cette modification résulte une action prétorienne utile (*Gaius, fr.* 1, *eod.*), que notre texte oppose à l'action pure (*pure intendat..... pura intentione.... pura actione*) ou action civile non modifiée, *sine commemoratione illius loci.*

spécialement le triple de l'excédant de salaire par lui payé aux *viatores* (1240; § 24, *h. t.*).

§ XXXIV ET XXXV.

1265. En continuant à s'occuper des erreurs commises dans l'*intentio*, notre texte suppose qu'elle mentionne, soit une partie seulement de ce qui est dû ou de ce qui appartient au demandeur (§ 34), soit une chose pour une autre (*aliud pro alio*, § 35); par exemple si le demandeur prétend qu'on lui doit en vertu d'un testament ce qu'on doit réellement en vertu d'une stipulation. Il semble d'abord que ce n'est pas là demander une chose pour une autre, puisque l'erreur porte sur l'origine et non sur l'objet de la créance. D'ailleurs une semblable erreur paraîtrait appartenir à la *demonstratio* plutôt qu'à l'*intentio* : cependant c'est bien de l'*intentio* que parlent Gaius (4 *inst.* 55) et Justinien (§ 35). Faut-il en conclure qu'indépendamment de la *demonstratio*, l'*intentio* mentionne et met en question non-seulement l'existence et l'objet de la dette, mais aussi sa cause et son origine? Oui, du moins dans l'action *ex testamento* (*Gaius*, 2 *inst.* 213) dont on parle ici. Dans ce cas l'erreur sur la cause est véritablement une erreur sur l'objet, parce que l'*intentio* porte d'une manière générale *quidquid* EX TESTAMENTO *dare facere oportet*, sans rien spécifier.

Pour déterminer les conséquences de l'erreur dont s'occupe notre texte, il faut distinguer si l'*intentio* est incomplète ou si elle mentionne un objet pour un autre. Dans le premier cas le défendeur est condamné pour tout ce que porte l'*intentio*. Dans le second cas, il doit être absout; mais comme l'erreur dont il s'agit a laissé en dehors du litige tout ce qui ne figure pas dans cette même *intentio*, le demandeur agira de nouveau, soit pour le surplus, sans craindre l'exception de la chose jugée (1), soit pour un autre objet, sans craindre aucune exception.

1266. Justinien qui emprunte les expressions de Gaius, leur donne un autre sens. Ces mots, *sine periculo* (§ 34), *nihil periclitari* (§ 35), signifient que le demandeur n'a pas besoin d'exercer une seconde action : l'erreur pouvant être corrigée *eodem judicio*, le juge prononce comme si l'on ne s'était pas trompé sur la quantité ou sur l'objet (§ 34, *h. t.*; v. *Zen*. C. 1, § 3; *Justin*. C. 2, § 1, *de plus pet.*). Il en était autrement dans la procédure formulaire (v. *Paul. fr.* 23, *de jud.*; *Javol. fr.* 18, *comm. div.*).

CINQUIÈME DIVISION.

§ XXXVI, XXXVIII ET XL.

1267. On distingue ici certaines actions, ou plutôt certains cas dans lesquels la condamnation, obtenue par le demandeur, reste quelquefois inférieure à sa créance. L'explication du premier exemple (§ 36) rentrera dans celle du § 4, au titre suivant.

Le débiteur est quelquefois condamné jusqu'à concurrence seulement de ses facultés pécuniaires, *quatenus facere possit..... quatenus facultates ejus patiuntur* (§ 37), c'est-à-dire pour la totalité de la dette, si sa for-

(1) Après avoir agi pour une partie, le demandeur ne pouvait sans s'exposer à une exception dite *litis dividuæ*, agir pour le surplus pendant la préture du même magistrat (v. *Gaius*, 4 *inst.* 56).

tune suffit, sinon pour la somme que ses biens produiront sans rien déduire, du moins en règle générale (v. 1268), même pour ce qu'il doit à d'autres créanciers (*Ulp. fr.* 16, *de re jud.*).

Cette faveur, que les interprètes ont appelée *beneficium competentiæ*, est personnelle en ce sens que le débiteur ne la transmet point à ses héritiers (*Ulp. fr.* 12, *sol. matr.*; *Paul. fr.* 13, *eod.*; *fr.* 25, *de re jud.*); mais il continue d'en jouir contre les héritiers du créancier décédé (v. *Gaius*, *fr.* 27, *sol. matr.*).

1268. Ce bénéfice est accordé, par commisération, au débiteur qui précédemment a fait à ses créanciers l'abandon de tout ce qu'il avait (§ 40). Cet abandon ou cession de biens dont l'origine remonte à la loi Julia (v. *Diocl. et Max.* C. 4, *qui bon. ced. poss.*), était soumis primitivement à des solennités qui ont été supprimées. Depuis Théodose (C. 6, *pr. et* § 1, *qui bon. ced. poss.*; v. *Marcian. fr.* 9, *de cess. bon.*), il suffit que le débiteur manifeste sa volonté. Du reste la cession, sans transférer la propriété aux créanciers, les autorise à vendre les biens abandonnés (*Diocl. et Max.* C. 4, *qui bon. ced.*), et libère le débiteur jusqu'à concurrence du prix, en lui procurant, pour le surplus, l'avantage de n'être pas incarcéré (*Alex.* C. 1, *eod.*). Aussi les créanciers, antérieurs ou postérieurs à la cession, conservent-ils le droit d'agir encore contre le cessionnaire, lorsque celui-ci fait une acquisition de quelque importance; et, dans ce cas même, il est condamné seulement *quatenus facere potest* (§ 40, *h. t.*; *Ulp. fr.* 4 *et* 6; *Modest. fr.* 7, *de cess. bon.*).

Le même bénéfice appartient, à raison de la nature de la créance, au donateur contre qui le donataire agit par action personnelle, pour faire exécuter la donation promise (§ 38, *h. t.*; *Ulp. fr.* 28, *de reg. jur.*; *Pomp. fr.* 30, *de re jud.*). Dans ce cas et par une faveur toute spéciale, les biens du donateur se calculent, déduction faite 1° de ses autres dettes, et 2° de ce qui est nécessaire à son existence (1). Si au lieu d'une action personnelle, le donataire exerce la revendication, qui est arbitaire, le donateur n'est condamné, comme tout autre possesseur, que faute par lui de restituer la chose qu'il possède (1376), et alors il n'existe aucun motif pour limiter une condamnation qu'il a pu et n'a pas voulu prévenir (*Paul. fr.* 41, § 1, *de re jud.*); mais le bénéfice de compétence lui sera réservé dans l'action *judicati,* si elle est intentée (*Paul. d. fr.* 41, § 2, *eod.*).

1269. L'avantage d'être condamné seulement *quatenus facere potest,* appartient, en raison des rapports qui existent ou ont existé entre le demandeur et le défendeur, savoir :

Aux ascendants poursuivis par leurs descendants ; au patron et à la patronne, à leurs enfants et à leurs ascendants, lorsqu'ils sont poursuivis par l'affranchi (§ 38, *h. t.*; *Ulp. fr.* 16 *et* 17, *de re jud.*; *Pomp. fr.* 18, *sol. matr.*);

Aux associés agissant entr'eux *judicio societatis* (§ 38, *h. t.*). C'est du reste une question de savoir si cette décision concerne seulement la société universelle, ou toute société sans distinction (v. *Ulp. fr.* 16, *de re jud.*; *fr.* 63, *pro soc.*);

---

(1) *Paul. fr.* 19, § 1, *de re jud.* Un autre texte (*fr.* 173, *de reg. jur.*), extrait du même auteur et du même ouvrage (*lib.* 6 *ad Plautium*), accorde la seconde déduction à tous les débiteurs qui jouissent du bénéfice de compétence. Il est évident que Justinien a généralisé une exception qui n'existait d'abord que pour le donateur.

Au mari *sui juris* ou au père du mari fils de famille, lorsque la femme agit contre l'un ou l'autre pour la restitution de sa dot (§ 37, *h. t.*; *Ulp. fr.* 17, *de re jud.*; *fr.* 12, *sol. matr.*; *Paul. fr.* 15, § 2, *eod.*); et réciproquement, à la femme poursuivie pour le paiement de la dot qu'elle a promise (*Paul. fr.* 17, § 1, *sol. matr.*). Son père a le même avantage, mais seulement lorsqu'il est attaqué, pour la même cause, pendant la durée du mariage (*Pomp. fr.* 22, *de re jud.*; v. *Paul. fr.* 21, *eod.*; *fr.* 17, *sol. matr.*).

Sous Antonin-le-Pieux, le bénéfice accordé au mari pour la restitution de la dot a été étendu à toutes les créances de la femme, et par réciprocité à toutes les créances du mari contre celle-ci (*Modest. fr.* 20, *de re jud.*), pourvu cependant qu'il ne s'agisse pas de délit (*Tryph. fr.* 52, *eod.*).

§ XXXVII.

1270. Les répétitions dotales de la femme était susceptibles d'être encore diminuées par différentes rétentions que le mari, quelle que fût d'ailleurs sa fortune, pouvait exercer sur la dot (*Ulp.* 6 *reg.* 9 *et seqq.*). Justinien ne conserve de toutes ces rétentions que celle des dépenses nécessa[illegible] [illegible] *t. hic*; C. 1, § 5, *de rei uxor.*).

Les dépenses du mari sur les objets dotaux sont, ou nécessaires, lorsqu'il y aurait faute de sa part à ne point les faire pour prévenir la perte des biens; ou utiles, lorsque sans être indispensables, elles améliorent la dot; ou voluptuaires, lorsqu'elles ornent et embellissent sans améliorer (*Ulp.* 6 *reg.* 15, 16 *et* 17; *fr.* 1, *pr.*, § 1 *et* 3; *fr.* 14, *pr.*, § 1 *et* 2, *de imp. in res dot.*; *Paul. fr.* 2 *et* 4, *eod.*; *fr.* 79, *pr.*, § 1 *et* 2, *de verb. sign.*).

Les dépenses nécessaires diminuent la dot *ipso jure* (*text. hic*) en ce sens que, par le seul fait de ses avances, le mari se trouve libéré d'autant (*Ulp. fr.* 5, *de imp. in res dot.*) sur les valeurs pécuniaires dont la dot se compose en tout ou en partie. Les autres objets, au contraire, restent dotaux ; mais le mari les retient jusqu'au remboursement de ses avances (*Ulp. d. fr.* 5, *eod.*; *Paul. fr.* 56, § 3, *de jur. dot.*).

1271. Les dépenses utiles ne diminuent pas la dot (*Ulp. fr.* 7, § 1, *de imp. in res dot.*) ; cependant le mari, lorsqu'il n'avait point agi malgré la femme, jouissait d'un droit de rétention (*Paul. fr.* 8, *eod.*; *fr.* 79, § 1, *de verb. sign.*) que Justinien supprime en lui réservant l'action de mandat ou l'action *negotiorum gestorum*, contre la femme, suivant qu'elle a connu ou ignoré les dépenses du mari (C. *un.* § 5, *de rei uxor.*). Quant aux dépenses d'agrément, faites avec ou sans le consentement de la femme (*Ulp. fr.* 11, *de imp. in res dot.*), le mari conserve le seul droit qu'il avait, celui de reprendre tout ce dont l'enlèvement serait possible et profitable (*Ulp. fr.* 9, *eod.*; *Just. d.* C. *un.* § 5, *de rei uxor.*).

§ XXX ET XXXIX.

1272. Parmi les causes qui empêchent la condamnation de s'élever au niveau de la dette, se trouve aussi la compensation (§ 39).

Dans les actions *bonæ fidei*, le juge apprécie équitablement ce que les parties se doivent respectivement (1247). Ainsi le défendeur, lorsqu'il est lui-même créancier de son adversaire, n'est condamné que pour l'excédant de sa dette sur celle du demandeur (*in reliquum*).

Cette imputation réciproque de la créance sur la dette et de la dette sur la créance, *debiti et crediti inter se contributio* (*Modest. fr.* 1, *de compens.*), la compensation, en un mot, fut originairement restreinte aux obligations synallagmatiques résultant du même contrat (*ex eadem causa;* § 39, *h. t.*; *Gaius*, 4 *inst.* 61), et par cela même exclue des actions de droit strict, qui supposent des obligations unilatérales. La compensation *ex eadem causa* se conçoit difficilement, lorsqu'on observe que les différentes obligations produites par un contrat synallagmatique ont toujours un objet différent; que le vendeur, par exemple, doit livrer un corps certain, tandis que l'acheteur doit un prix en argent: or il est impossible de compenser la chose vendue avec le prix de la vente; mais si l'on se rappelle que toute action, quel que soit son objet, aboutit toujours à une condamnation pécuniaire (1374), on reconnaîtra que la compensation est facile à établir entre les sommes que chaque partie serait condamnée à payer, si le juge prononçait une condamnation pour chaque obligation.

1273. Considérée sous ce rapport, la compensation *ex eadem causa* fut non-seulement possible mais indispensable, à une époque où les contrats bilatéraux qui ne produisent qu'une action directe, ne donnaient pas encore d'action *contraria*. Le commodataire ou le tuteur, poursuivi par l'action directe, obtenait par voie de compensation les indemnités qui lui étaient dues: mais ces indemnités excèdent quelquefois la créance du demandeur; quelquefois aussi la chose pour laquelle s'intente l'action directe, est déjà restituée ou perdue par force majeure, et alors ceux à qui appartient cette action se garderont bien de l'intenter. En pareils cas, la compensation devient insuffisante ou même impossible : aussi a-t-on reconnu, dans le commodat, dans la tutelle et autres cas semblables, la nécessité d'une action *contraria* (v. *Gaius*, *fr.* 18, § 4, *commod.*; *Ulp. fr.* 1, § 4 *et* 8, *de contrar. tut.*) qui s'exerce en même temps que l'action directe ou même séparément, *etiam sine principali* (*Paul. fr.* 17, § 1, *commod.*; v. *Ulp. d. fr.* 1, § 8, *de contrar. tut.*).

La compensation *ex eadem causa* conduit à ce résultat que toute obligation doit se résoudre en indemnité pécuniaire ; qu'un vendeur par exemple, ou un dépositaire, etc., au lieu d'être contraint à livrer ou à restituer la chose vendue ou déposée, sera condamné à en payer la valeur ou seulement l'excédant de cette valeur, soit sur le prix soit sur sur les sommes dont il se trouve lui-même créancier. Sans nier cette conséquence, il faut remarquer qu'en s'obstinant à garder l'objet du contrat, lorsqu'il est entre leurs mains, le vendeur, le dépositaire ou toute autre personne tenue comme eux d'une action *bonæ fidei*, s'exposeraient par leur dol à une condamnation que le *jusjurandum in litem* rendrait fort grave (1214). D'ailleurs dans le dépôt et dans les autres contrats réels bilatéraux, celui à qui la chose doit être remise peut, lorsqu'il est propriétaire, intenter la revendication, et par le *jussus* dont nous avons parlé se faire restituer la chose même (1258, 1376).

1274. Le débiteur, attaqué par une action de droit strict, était condamné pour la totalité de sa dette, sans pouvoir compenser ce que le demandeur lui devait pour toute autre cause ; mais sous Marc-Aurèle, le refus d'une semblable compensation fut considéré, de la part du demandeur, comme un dol ; et au moyen de l'exception *doli mali*, la compensation fut admise, même dans les actions de droit strict, et, par conséquent, entre les obligations respectives qui ne dérivent point de la même cause (1).

Justinien l'admet *ipso jure*, sans recourir à l'exception de dol, dans toutes les actions personnelles ou réelles, sauf la seule action *depositi* (2); mais en même temps, pour ne pas donner au défendeur un moyen trop facile de prolonger le procès le plus simple, l'Empereur ne permet d'autres compensations que celles qui dérivent d'un droit évident (*jure aperto;* § 30, *h. t.*) ou en d'autres termes d'une créance liquide (*causa liquida;* C. 14, § 1, *de comp.*) dont l'appréciation ne doit pas retarder la solution du litige primitif. Dans tout autre cas le défendeur devra se pourvoir par action séparée.

1275. Ces décisions de Justinien ont-elles véritablement innové? Oui, répond Cujas (8 *obs.* 15; 15 *obs.* 12), mais en ce point seulement que la compensation aura lieu dans les actions réelles. Du reste en le refusant au dépositaire, en exigeant une créance liquide, et en permettant la compensation *ipso jure*, l'Empereur, selon Cujas, n'établit rien de nouveau.

Pour éclaircir les doutes qui s'élèvent à cet égard, il

(1) V. *Janus a Costa, ad* § 39, *h. t.*; *Schulting., ad Paul.* 2 *sent.* 5, § 3. Les mots EX EADEM CAUSA, conservés par inadvertance dans notre § 39, ont été supprimés dans le § 30 (v. *Gaius*, 4 *inst.* 61), et ne se trouvent point dans Théophile.

(2) *Excepta sola depositi actione* (§ 30, *h. t.*; v. *Justin.* C. 11, *depos.*; C. 14, *de comp.*). Si l'action de dépôt est seule exceptée, que veulent dire Dioclétien et Maximien (C. 4, *de commod.*)? que veut dire Justinien lui-même, lorsqu'il refuse la compensation à ceux qui occupent mal à propos la possession d'autrui, *possessionem alienam perperam occupantibus* (*d.* C. 14, § 2, *de comp.*)?

faut savoir qu'avant Justinien et même avant Marc-Aurèle, il existait pour certaines personnes des règles particulières. Ainsi, l'*argentarius*, créancier et tout à la fois débiteur de Titius, devait, sans attendre que celui-ci opposât la compensation, et sous peine de plus-pétition (1), restreindre son *intentio* à l'excédant de sa créance sur sa dette, du moins lorsque l'une et l'autre avaient pour objet des choses de même nature, et pourvu que la dette fût exigible (*Gaius*, 4 *inst.* 64, 66, 67 *et* 68). Les décisions spéciales qui ne concernaient que l'*argentarius*, généralisées au moyen des mots, *inter omnes*, *ex omni contractu*, et probablement aussi par d'autres altérations (v. *Paul. fr.* 4 *et* 21, *de comp.; 2 sent.* 5, § 3) ont pu tromper Cujas, en lui faisant croire qu'avant Justinien la compensation avait déjà lieu *ipso jure* dans toutes les actions, et opérait rétroactivement l'extinction réciproque de la créance et de la dette à compter du jour où elles ont existé simultanément.

1276. Pour prouver que le dépositaire n'a jamais pu compenser, on cite une sentence de Paul (2 *sent.* 12, § 12) fondée sur ce motif, qu'il faut rendre la chose même, *res ipsa reddenda est;* mais cette raison, qui d'ailleurs se serait appliquée à plusieurs autres cas, n'en était pas une du temps de Paul, puisque toute condamnation était pécuniaire (1374).

Relativement à la dette liquide, Cujas cite deux textes (*Scævol. fr.* 22, *de compens.*; *Pomp. fr.* 3, *de tutel. et rat.*)

---

(1) La plus-pétition ne pouvait pas résulter de la compensation ordinaire, puisque cette compensation n'avait lieu *ipso jure* que dans les actions *bonæ fidei*, qui n'admettent point de plus-pétition. D'un autre côté la condamnation dans le cas de compensation, reste inférieure au montant de la créance (*minus consequatur quam ei debebatur*, § 39). Cette créance n'est donc pas diminuée.

très-peu concluants, et qui d'ailleurs ne détruisent pas ceux qui admettent la compensation de dettes non liquides ou mêmes litigieuse (v. *Gaius, fr.* 8; *Ulp. fr.* 10, *de compens.*).

TITRE VII.

Des Obligations contractées par les personnes soumises à la puissance d'autrui.

PR. ET § VI.

1277. D'après le droit civil, le père de famille à qui profitent les créances de ses esclaves ou des enfants placés sous sa puissance, n'est pas tenu des engagements par eux contractés (924); mais le droit prétorien se montre plus équitable pour les créanciers d'une personne *alieni juris*, et leur accorde plusieurs actions contre le père où le maître de cette dernière (v. § 10, *de action.*).

Les règles établies sur cette matière sont, à peu de chose près, communes aux esclaves et aux fils de famille; pour abréger, nous ne parlerons que des premiers, sauf à indiquer ensuite ce qui s'applique seulement aux seconds (v. § 7, *h. t.*).

Les créanciers qui, après avoir contracté avec un esclave, agissent contre son maître, ne sont pas toujours également favorables. Pour attribuer à chacun d'eux ce qu'il doit équitablement obtenir, le droit honoraire distingue si l'on a contracté avec l'esclave, 1° par ordre du maître; 2° sans son ordre, mais à sa connaissance, ou 3° à son insu. Dans ce dernier cas, il distingue encore si le maître a ou n'a pas profité des valeurs reçues par l'esclave (*Gaius, fr.* 1, *quod cum eo*).

§ I.

1278. Ceux envers qui l'esclave s'engage d'après l'ordre du maître, se fient véritablement à ce dernier (*fidem domini sequi videtur*). Aussi est-il tenu, pour la totalité de la dette (*in solidum*), comme si l'on avait contracté avec lui (*Ulp. fr.* 1, *quod juss.*), et soumis à une action dite QUOD JUSSU, sans doute à cause des premiers mots de la formule. Il en est de même, lorsque le maître ratifie les engagements que l'esclave aurait pris sans son ordre (*Ulp. fr.* 1, § 6, *eod.*); car la ratification ou approbation postérieure équivaut presque toujours au mandat (*Ulp. fr.* 12, § 1, *rat. rem hab.*; *fr.* 12, § 4, *de solut.*; *fr.* 60, *de reg. jur.*).

§ II.

1279. Le principe est le même (*eadem ratione*) pour les esclaves à qui le maître confie la direction d'un commerce quelconque, soit en leur donnant le commandement d'un navire par lui armé, soit en les mettant à la tête de tout autre négoce, et par exemple d'une boutique (*tabernæ forte*). Toute personne qui contracte avec eux relativement aux opérations dont ils sont chargés (1), contracte d'après l'ordre implicite du maître (§ 8, *h. t.*). Aussi peut-elle agir contre lui pour la totalité de la dette, *in solidum* (*text. hic*; *Gaius*, 4 *inst.* 71; *Paul.* 2 *sent.* 8, § 1 *et* 2).

Dans ce cas, on obtient, contre l'armateur du navire *exercitor*, une action dite exercitoire, et contre tout

(1) *Ejus rei gratia... ejus rei causa cui præpositus erit* (*text. hic*). Voyez, à cet égard, Ulpien (*fr.* 1, § 7, 8, 9, 10, 11 *et* 12, *de exercit.*; *fr.* 5, § 11, 12, 13, 14, 15 *et* 16, *de instit.*) et Africain (*fr.* 7, *de exercit.*).

autre préposant ou commettant, à raison des engagements pris par son préposé ou commis, *institor*, l'action dite institoire. Si le commis se substitue un autre commis, ou si le commettant est lui-même *alieni juris*, l'action institoire ne sera donnée, ni contre le préposant pour les obligations contractées par le substitué, ni dans aucun cas contre le maître du préposant; mais dans l'intérêt de la navigation et en considération des avantages qui en résultent pour l'état, l'action exercitoire a lieu, soit contre l'armateur même, soit contre le maître dont il dépend et avec la volonté duquel le navire a été armé (*Ulp. fr.* 1, § 19, 20, 21 *et* 22, *de exercit.; Paul. fr.* 6, *eod.; 2 sent.* 6), pour les engagements pris par le capitaine ou par ceux qu'il a substitués dans le commandement du navire, même à l'insu de l'armateur ou malgré sa défense (*Ulp. d. fr.* 1, § 5).

1280. Les actions exercitoire et institoire ont également lieu contre ceux qui préposent l'esclave d'autrui ou même une personne libre (*text. hic; Ulp. fr.* 1, § 4, *de exercit.*; *fr.* 7, § 1, *de instit.*). Dans ce dernier cas, le capitaine ou le commis sont de véritables mandataires : on pourrait donc s'étonner qu'après avoir contracté avec eux, on eût besoin d'une action prétorienne pour agir contre celui qui les a préposés, c'est-à-dire contre un mandant; mais il faut se rappeler que, d'après le droit civil, chacun contracte pour soi (1005); que le mandataire, en exécutant le mandat, s'oblige lui-même sans obliger le mandant. Ceux qui traitent avec le premier, n'ont aucune action civile contre le second; ils ont donc besoin des actions exercitoire ou institoire pour agir contre l'armateur ou contre le préposant, lorsqu'ils ne préfèrent pas exercer contre le capitaine ou contre le commis, l'action résultant des engagements qu'il a contractés (*Ulp. fr.* 1, § 17 *et* 24, *de exercit.*; v. *fr.* 7, § 1, *de instit.*).

L'action institoire et l'action exercitoire ne s'appliquaient d'abord qu'aux opérations de commerce. En généralisant le principe qui les a fait admettre, on a voulu que ceux qui ont traité avec le mandataire pussent, quel que soit l'objet du mandat, agir contre le mandant par l'action institoire utile, *ad exemplum institoriæ actionis* (*Pap. fr.* 19, *de inst.*; *Ulp. fr.* 13, § 25, *de act. empt.*; *fr.* 10, § 5, *mand.*).

§ III.

1281. Les esclaves qui n'ont aucune propriété (§ 3, *per quas pers. cuiq. adq.*), peuvent néanmoins avoir un pécule, c'est-à-dire une sorte de patrimoine (§ 10, *de action.*) que le maître détache du sien pour donner aux esclaves la faculté de l'administrer séparément, à leur propre compte (*Ulp. fr.* 5, § 3 *et* 4, *de pecul.*; *Pomp. fr.* 4, *eod.*); en sorte qu'ils peuvent, à raison de ce pécule, se trouver débiteur ou créancier de leur maître.

Si l'esclave fait avec tout ou partie de son pécule un commerce dont le maître a connaissance (*sciente domino*), le fonds et les produits de ce commerce (v. *Ulp. fr.* 5, § 5, 11, 12, 13 *et* 14, *de trib. act.*) servent à payer ce que l'esclave doit aux étrangers à raison de son commerce (*Ulp. d. fr.* 5, § 4), et ce qu'il doit à son maître pour une cause quelconque (*Ulp. d. fr.* 5, § 7). Le maître fait la répartition dans laquelle il est lui-même compris, et en cas d'insuffisance, il paie aux créanciers une valeur proportionnelle au montant de leur créance. Si l'un deux, prétendant n'avoir reçu qu'une partie de ce qui lui revenait, se plaint de la distribution, il peut, pour le surplus, intenter contre le maître, qui toutefois ne répond que de son dol (*Ulp. fr.* 7, § 2 *et* 3, *eod.*), une action qu'on appelle tributoire (*text. hic*; v. *Ulp. fr.* 5, § 19, *eod.*).

§ IV.

1282. Ceux qui contractent avec un esclave à l'insu de son maître (*sine voluntate domini*), ou même malgré lui (*Gaius, fr.* 29, § 1, *de pecul.*; *Paul. fr.* 47, *eod.*), ont encore action contre ce dernier, mais seulement dans certaines limites. En effet les esclaves emploient souvent aux affaires du maître tout ou partie des valeurs qu'ils ont reçues, par exemple, des sommes par eux empruntées, et font, soit des acquisitions, soit des dépenses nécessaires (v. *text. hic*) ou simplement utiles, pour lesquelles une personne libre aurait l'action *negotiorum gestorum* (*Ulp. fr.* 3, § 2, *de in rem vers.*). Dans ce cas, le maître est tenu de tout ce que ses esclaves ont ainsi employé à ses affaires; et s'ils doivent quelque chose de plus, il en est encore tenu, mais jusqu'à concurrence seulement du pécule de chaque esclave (*text. hic*; *Gaius, fr.* 1, *quod cum eo*; v. *Ulp. d. fr.* 3, § 1, 3 *et seqq.*; *de in rem vers.*).

Les créanciers dont nous parlons agissent *de peculio* et en outre *de... eo quod in rem domini versum sit* (*text. hic*), ou plus brièvement DE IN REM VERSO (§ 5, *h. t.*), c'est-à-dire, suivant plusieurs interprètes, par deux actions distinctes, l'une DE PECULIO, l'autre de *in rem verso*; tandis qu'en réalité il n'existe qu'une seule action, qu'une seule formule, dont la condamnation est double (*duas habet condemnationes, text. hic*; *Gaius*, 4 *inst.* 74). En effet, lorsque les textes parlent d'une action donnée soit *de peculio* soit *de in rem verso*, ils n'entendent pas distinguer ou caractériser plusieurs actions ni même une action spéciale, ayant une existence distincte de toute autre; ils indiquent seulement l'objet ou la valeur qui détermine le montant des condamnations que subit un chef de famille, lorsqu'on agit contre lui en vertu des engagements pris par une personne soumise à sa puissance, et par l'action qu'ils produisent ordinairement. C'est ainsi, par exemple, que l'action *negotiorum gestorum*, l'action de mandat, l'action *ex stipulatu* sont souvent intentées *de peculio* et *de in rem verso* (v. *Sev. et Ant.* C. 1, *quod cum eo*; *Ulp. fr.* 3, § 7 *et* 10, *de pecul.*), c'est-à-dire jusqu'à concurrence du pécule et des valeurs employées aux affaires du maître.

1283. Lorsqu'on agit ainsi, le juge apprécie d'abord les valeurs que l'esclave a employées aux affaires de son maître, et ne s'occupe du pécule que subsidiairement pour les valeurs qui n'ont pas reçu le même emploi. Tel est le sytême que Justinien consacre ici d'après Gaius; mais Paul et Ulpien, jurisconsultes postérieurs, considèrent les valeurs appliquées aux affaires du maître comme une dette dont celui-ci est tenu envers l'esclave, et qui augmente d'autant son pécule, en sorte qu'en agissant *de peculio*, le créancier agit par cela même *de in rem verso* (v. *Paul. fr.* 19, *de in rem verso*).

Toutefois, il importe d'agir spécialement *de in rem verso*, lorsqu'on ne peut plus agir *de peculio*, c'est-à-dire lorsque l'esclave n'a plus de pécule, lorsqu'il est mort, affranchi ou passé sous une autre puissance depuis plus d'une année utile (*Ulp. fr.* 1, *pr.*, § 1, 2, 3,

4, 5 *et* 6, *quando de pecul.*). Alors en effet l'action n'existe plus *de peculio*, mais subsiste toujours *de in rem verso* (*Ulp. fr.* 1, § 1, *de in rem vers.*; *Paul. d. fr.* 19. *eod.*); enfin, quand plusieurs créanciers agissent en même temps *de peculio*, celui d'entr'eux qui a fourni des valeurs employées aux affaires du maître, doit aussi, pour éviter toute concurrence sur ces mêmes valeurs, agir explicitement *de in rem verso* (*Ulp. d. fr.* 1, § 2).

1284. L'action tributoire suppose une distribution à laquelle le maître et certains créanciers concourent chacun au prorata de sa créance (1281), sans privilége aucun pour celui qui se présente le premier. On le paie, il est vrai, comme s'il était seul; mais alors il donne caution de restituer la part qui reviendrait aux autres créanciers s'il en survient (*Ulp. fr.* 5, § 19, *de tribut.*). L'action *de peculio*, au contraire, donne à celui qui agit le premier, un avantage exclusif (*Paul. fr.* 6, *eod.*); et comme le maître, s'il pouvait agir pour ce que lui doit son esclave, agirait *de peculio* contre soi-même, on le considère comme ayant prévenu tous les autres créanciers. Aussi, lorsqu'il n'a pas d'autre moyen pour obtenir ce qui lui est dû (*Ulp. fr.* 11, § 6 *et* 7, *de pecul.*), prélève-t-il sa propre créance (1).

Le père de famille étant créancier de tout ce qui est dû aux personnes placées sous sa puissance, déduit également tout ce que l'esclave doit à ces dernières (*text. hic*; *Ulp. d. fr.* 9, § 3); pourvu qu'elles ne soient pas

(1) *Text. hic*; *Ulp. fr.* 9, § 2, *de pecul.* Par la même raison, il prélève aussi la créance des personnes dont il doit surveiller les intérêts, comme tuteur, curateur, gérant d'affaires ou associé (*Ulp. d. fr.* 9, § 4; *fr.* 11, § 9; *fr.* 13 *et* 15, *eod.*).

elles-mêmes comprises, en qualité d'esclaves *vicarii*, dans le pécule de l'esclave *ordinarius;* car alors leur créance appartient, comme leur personne et leur propre pécule, au pécule de leur débiteur (*text. hic; Ulp. fr.* 17, *de pecul.*).

§ V.

1285. Ceux qui pourraient agir *de peculio* et *de in rem verso*, ne peuvent pas intenter à leur choix les actions *quod jussu*, institoire ou exercitoire, qui s'appliquent à des cas spéciaux, ni même l'action tributoire, qui suppose une dette commerciale; mais en sens inverse, le créancier à qui compéterait l'une de ces actions, peut à plus forte raison agir *de peculio* et *de in rem in verso*, lorsque cette action, après laquelle on ne revient point aux autres, lui offre quelque avantage (*Ulp. fr.* 4, § 5, *quod cum eo; fr.* 9, § 1, *de trib.*). Les actions *quod jussu*, institoire ou exercitoire, étant données pour la totalité de la dette, sont toujours préférables : à leur défaut, le créancier qui a fourni des valeurs employées par l'esclave aux affaires du maître, doit indubitablement agir *de in rem verso ;* mais dans le cas contraire, le choix entre l'action *de peculio* et l'action tributoire dépend de circonstances que le texte explique suffisamment.

Ajoutons seulement que l'action tributoire étant relative au commerce que l'esclave fait, pour son compte, avec tout ou partie de son pécule, et les actions institoire ou exercitoire, au commerce que l'esclave dirige pour le compte de son maître, la première ne concourt jamais avec les autres (*Ulp. fr.* 11, § 7, *de instit. act.*).

§ VIII.

1286. Le maître contre qui le préteur permet d'agir soit par les actions *quod jussu*, exercitoire ou institoire, soit *de in rem verso*, peut aussi être poursuivi directement par l'action civile que l'on nomme condiction (*text. hic; Ulp. fr.* 9, § 2; *Paul. fr.* 29, *de reb. cred.*; *fr.* 17, § 4 *et* 5, *de instit. act.*). Cette décision, qui n'admet aucun doute, n'est pas à beaucoup près sans difficulté; car s'il existe une action civile, on ne conçoit plus pourquoi tant d'actions diverses introduites par les préteurs. Vinnius suppose que l'interprétation des prudents, consacrant plus tard les principes établis par le droit prétorien, a autorisé directement ce que les préteurs avaient permis indirectement. S'il en était ainsi, le texte devrait accorder contre le maître toutes les actions résultant des engagements pris par ses esclaves, mais on ne donne que la condiction, et encore on la restreint à deux cas, savoir, lorsqu'on a traité avec eux par ordre du maître, et lorsqu'on leur a fourni les valeurs qu'ils ont employées aux affaires de celui-ci. En effet, pour avoir la condiction contre une personne, il n'est pas nécessaire que je contracte avec elle; il suffit qu'elle se trouve enrichie à mes dépens ou que ma chose passe dans son patrimoine (*Afric. fr.* 23; *Cels. fr.* 32, *de reb. cred.*). Ce principe explique suffisamment le second cas; quant au premier, il faut remarquer qu'en contractant avec une personne par ordre d'une autre, on ne contracte pas avec cette dernière, mais cependant c'est à elle qu'on se fie. Celui qui contracte avec les esclaves par ordre du maître, *fidem domini sequi videtur* (§ 1, *h. t.*); il y a donc, à l'égard de ce dernier, RES CREDITA (v. *Ulp. fr.* 1, *de reb. cred.*), et dès-lors on ne doit plus s'étonner de trouver ici la condiction. Elle paraît toutefois n'y être arrivée que progressivement par l'extension que les jurisconsultes lui ont donnée en généralisant son principe (1).

§ VI.

1287. Tout ce qu'on a dit jusqu'ici des esclaves et de leur maître, s'applique aux fils de famille et à l'ascendant sous la puissance duquel ils se trouvent (*text. hic; Ulp. fr.* 1, § 4, *de tribut. act.; fr.* 1, § 5, *de pecul.*), sauf les différences suivantes.

Le maître est tenu, dans les limites ci-dessus exposées, de tous les engagements que l'esclave a pris relativement à son pécule; mais lorsque celui-ci s'oblige pour autrui, soit par mandat, soit par fidéjussion, ou de toute autre manière, il n'en résulte aucune action contre le maître (*Ulp. fr.* 3, § 5 *et* 6; *Paul. fr.* 47, § 1, *de pecul.; Julian. fr.* 19; *Javol. fr.* 20, *de fidej.*). Cette distinction ne s'applique point aux fils de famille (*Ulp. fr.* 3, § 9, *de pecul.*).

§ VII.

1288. Réciproquement, il est défendu de faire aux fils de famille aucun prêt d'argent (*mutuas pecunias*

---

(1) Julien (*fr.* 33, *de condict. ind.*) la refuse entre les personnes qui n'ont pas traité ensemble, *quia nullum negotium inter nos contraheretur*. Le même motif, *si quidem nullum negotium mecum contraxisti*, fait hésiter Celsus (*fr.* 32, *de reb. cred.*); mais il passe outre et accorde la condiction refusée par Julien. Plus tard, Africain (*fr.* 23, *eod.*), Ulpien (*fr.* 9, § 2, *eod.*) et Paul (*fr.* 29, *eod.*; *fr.* 17, § 4 *et* 5, *de inst. act.*) l'accordent sans hésiter.

dari) sans le consentement de l'ascendant à la puissance duquel ils sont soumis (*Paul. fr.* 12, *de sc. maced.*).

Dans ce cas, le sénatus-consulte macédonien (1), qui ne s'applique point aux esclaves (*Diocl. et Max.* C. 7, *quod cum eo*), veut que toute action soit refusée, tant contre le fils que contre le père de famille (*text. hic*), au préteur qui a su ou a pu savoir que l'emprunteur n'était pas *sui juris* (*Ulp. fr.* 3, *pr. et* § 2, *de sc. maced.*).

TITRE VIII.

Des Actions noxales.

1289. On s'est occupé dans le titre précédent des obligations contractées par une personne *alieni juris*, et des actions qui en résultent contre le père de famille, car en accordant à une personne *alieni juris* l'administration d'un pécule, il a dû prévoir qu'elle prendrait en contractant des engagements licites : aussi en est-il tenu du moins jusqu'à concurrence du pécule. Le père de famille est également tenu *de peculio*, pour les obligations formées *quasi ex contractu*, par exemple à l'occasion du serment qu'un fils de famille a déféré (*Ulp. fr.* 5, § 2, *de*

(1) Rendu, selon Tacite (11 *annal.* 13), sous le règne de Claude, en 779, et selon Suétone (*Vesp.* 11), sous le règne de Vespasien. On suppose que ce sénatus-consulte a été porté sous le premier de ces deux règnes et renouvelé sous le second. V. Ev. Otton (*hic*) et Pothier (14 *pand.* 6, *n°* 1).

On ne sait pas précisément si le *Macedo* qui a donné son nom au sénatus-consulte, était un usurier fameux, ou un fils de famille perdu de débauches, accablé de dettes et parricide, comme le dit Théophile. Les termes du sénatus-consulte (v. *Ulp. fr.* 1, *de sc. maced.*) favorisent la première opinion qui est généralement adoptée.

pecul.), et des tutelle ou curatelle qu'il a gérées (*Sever. et Ant.* C. 1, *quod cum eo*). L'action *judicati* se donne aussi *de peculio,* parce que le *judicium*, quelle que soit l'action intentée, oblige les contendants comme les obligerait un contrat proprement dit (*Ulp. fr.* 3, § 11, *de pecul.*; 1296); mais le père de famille qui donne un pécule à ses enfants ou à ses esclaves, ne doit pas supposer que son administration deviendra pour eux l'occasion d'un méfait ou d'un délit quelconque. Aussi les actions qui résulteraient d'une semblable cause, ne se donnent-elles pas *de peculio*, du moins en règle générale; car si le père de famille avait profité du fait, on donnerait contre lui, *de peculio*, et seulement pour les valeurs dont il a profité, les actions *rei persecutoriæ* qui résultent du délit, notamment la condiction furtive (*Ulp. fr.* 3, § 12, *eod.*; v. *fr.* 4, *de cond. furtiv.*; *fr.* 16, *de vi et vi arm.*; *Paul. fr.* 3, § 4, *rer. amot.*).

Quant aux actions pénales on ne les exerce pas *de peculio* (*Ulp. fr.* 58, *de reg. jur.*); mais on les donne dans un tout autre but contre le père ou le maître du délinquant (1294), et alors on les nomme noxales.

§ I ET IV.

1290. Cette dénomination vient des mots NOXA et NOXIA. Le premier désigne l'auteur du délit, et le second indique le délit même (*ipsum maleficium;* § 1, *h. t.*; *Ulp. fr.* § 1, *si quadr. paup.*; *Gaius, fr.* 238, § 3, *de verb. sign.*), quoique NOXA se prenne souvent pour NOXIA (v. *Gaius, fr.* 1; *Callistr. fr.* 32, *h. t.*; *Pomp. fr.* 45, § 1, *de legat.* 1°), notamment dans la maxime NOXA CAPUT SEQUITUR (*Ulp. d. fr.* 1, § 12, *si quadr.*; v. 3, *h. t.*).

L'origine des actions noxales, telle qu'elle est indiquée ici (§ 4), n'exige aucune explication.

PR. ET § II.

1291. En soumettant le maître aux actions noxales, la loi des Douze-Tables n'a pas voulu l'exposer à perdre plus que la valeur de l'esclave délinquant (§ 2, *h. t.*; *Gaius*, 4 *inst.* 75), ni la totalité même de cette valeur lorsquelle excède le montant des condamnations. Aussi l'action noxale, et la sentence même qui en résulte, laissent-elles au maître la faculté de se libérer, soit en payant le montant de la condamnation (*litis æstimationem; pr., h. t.*), soit en abandonnant l'esclave délinquant au demandeur (*pr. et* § 3, *h. t.*; *Gaius*, 4 *inst.* 75; *fr.* 1, *h. t.*; v. *pr.*, *de off. jud.*).

Le même abandon, fait *in jure* avant la *litis contestatio*, empêche l'action noxale d'être accordée (*Ulp. fr.* 21; *Gaius*, *fr.* 29, *h. t.*), et devant le juge, il amène l'absolution du défendeur. En effet, nous voyons d'une part que ce dernier doit être condamné lorsqu'il ne fait pas l'abandon *arbitrio judicis* (§ 31, *de action.*), et d'autre part, que ce même *arbitrium*, lorsqu'il est exécuté ou du moins lorsque l'exécution ne dépend pas du défendeur, conduit à son absolution (1).

1292. La faculté de se libérer par l'abandon noxal n'existe pas pour ceux qui prétendent faussement n'avoir

(1) *Paul. fr.* 19; *Ulp. fr.* 14, § 1, *h. t.* Le texte de Paul s'applique à l'action de la loi Aquilia qui, par elle-même, n'est pas arbitraire. Cela prouve que les actions noxales sont toujours arbitraires, et non pas seulement, comme le prétendent plusieurs auteurs anciens et modernes, lorsqu'on intente *noxaliter*, l'action de dol, l'action *quodmetus causa*, ou toute autre action qui de sa nature est arbitraire.

pas en leur puissance l'esclave délinquant. Ils sont purement et simplement soumis à l'action résultant du délit (*Paul. fr.* 2, § 1, *si ex noxal. caus.*). Il en est de même de ceux qui ont toléré le fait dont ils ont eu connaissance et qu'ils pouvaient empêcher (*Ulp. fr.* 2, § 3; *fr.* 3; *Paul. fr.* 4, *h. t.*; *Diocl. et Max.* C. 4, *eod.*).

§ III.

1293. L'abandon noxal emporte aliénation définitive de l'esclave, et cependant celui-ci, chose remarquable, peut obtenir sa liberté par le secours du préteur, et malgré son nouveau maître, lorsqu'il se procure assez d'argent pour réparer le dommage qu'il a causé. Cette décision de notre texte n'est reproduite dans aucun autre; on peut y voir une innovation de Justinien, modifiant, pour l'appliquer aux esclaves, un principe que l'ancien droit appliquait aux fils de famille (1296).

Ainsi le demandeur à qui l'esclave est abandonné, en devient propriétaire; mais par quel moyen? Par la mancipation, qui transfère le domaine quiritaire. Gaius (4 *inst.* 79) l'indique suffisamment, et les textes par lesquels on croit prouver que le demandeur a simplement l'esclave *in bonis* (*Paul. fr.* 26, § 6, *h. t.*; *fr.* 2, § 1, *si ex nox. caus.*) ne s'appliquent point à l'esclave *noxæ deditus*, mais à celui que le demandeur emmène, *ducit*, par ordre du préteur, en l'absence du maître et lorsque personne ne se présente à la défense.

§ V.

1294. L'action noxale se donne contre le maître actuel, sans examiner quel maître il avait, ou même s'il était esclave à l'époque du délit (v. *Ulp. fr.* 7 *et* 36; *fr.* 38, § 1, *h. t.*). Le principe NOXA CAPUT SEQUITUR, et les conséquences que notre texte en déduit, n'ont pas besoin d'explication.

Si le maître est soumis à l'action noxale, c'est moins comme propriétaire que comme possesseur de l'esclave qu'il a *in potestate*, en ce sens qu'il a de fait la possibilité de le représenter (*Paul. fr.* 22, *pr.*, § 2 *et* 5, *h. t.*). Aussi le maître n'est-il pas soumis à l'action noxale, lorsque son esclave est en fuite (*Paul.* 2 *sent.* 31, § 37; *Ulp. fr.* 21, § 3, *h. t.*) ou possédé *opinione dominii* par un étranger. Dans ce cas, l'action noxale se donne contre le possesseur (*Ulp. fr.* 11; *Gaius, fr.* 13; *Paul. d. fr.* 22, § 1, *h. t.*).

Remarquez dans quel sens notre texte oppose l'action directe, qui s'exerce contre une personne à raison de son propre fait, à l'action noxale qui poursuit une personne pour le fait d'autrui.

§ VI.

1295. Les contrats ne produisent entre le maître et l'esclave aucune obligation proprement dite, et conséquemment aucune action (999). Le même principe s'applique aux délits commis par le maître envers ses esclaves ou par les esclaves envers le maître. Il n'en résulte aucune action lors même que les esclaves sont aliénés ou affranchis, et l'action résultant d'un délit commis par un homme libre ou par l'esclave d'autrui envers un étranger, s'éteint lorsque celui-ci devient leur maître. Dans ce dernier cas, les proculéiens voulaient que l'action fût seulement assoupie, pour reprendre sa force plus tard, si le délinquant obtenait sa liberté ou passait sous la puissance d'un autre maître. Les sabiniens, dont Justinien adopte ici l'opinion, considéraient l'action comme définitivement éteinte (*text. hic*; v. *Gaius*, 4 *inst.* 78).

§ VII.

1296. Tout ce qu'on dit des esclaves s'appliquait primitivement aux fils de famille de l'un ou l'autre sexe (*Gaius*, 4 *inst.* 75, 77, 78 *et* 79), sauf qu'ils ne devenaient point esclaves du demandeur. La mancipation par laquelle s'opérait l'abandon noxal, les plaçait *in mancipio*, et l'*emptor* n'était forcé de les affranchir que lorsqu'ils lui avaient procuré, par leurs acquisitions, l'équivalent du tort par eux causé (1).

L'abandon noxal du fils de famille, contraire à l'esprit du christianisme (*nova hominum conversatio*), était inusité dans le Bas-Empire, lorsqu'il fut aboli par Justinien (*text. hic*); et depuis on a dû agir, à défaut d'action noxale, comme on agissait quelquefois dans l'ancien droit, c'est-à-dire, en exerçant contre les fils de famille, l'action résultant de leur délit, pour agir ensuite *de peculio* contre le père pour le montant des condamnations prononcées contre le fils (*Jul. fr.* 34; *Ulp. fr.* 35, *h. t.*; *fr.* 3, § 11, *de pecul.*). L'esclave, au contraire, ne pouvait être poursuivi qu'après son affranchissement (v. § 5, *h. t.*).

---

(1) V. Gaius (1 *inst.* 140). V. aussi un fragment de Papinien conservé dans la comparaison des lois mosaïques (*tit.* 2, § 3) et transcrit dans l'*Enchiridium*, en note du § 3, *h. t.*

TITRE IX.

Du Dommage causé par un quadrupède.

PR.

1297. La loi des Douze-Tables accorde une action noxale pour le dommage que certains animaux causent sans se rendre coupables d'aucun tort, précisément parce qu'ils sont dépourvus de raison (*animal.... sensu caret*). Ce dommage *sine injuria facientis datum* s'appelle *pauperies*, par opposition au dommage causé *injuria*, dont on s'est occupé ci-dessus (*tit.* 3). De là cette rubrique de notre titre, *si quadrupes pauperiem fecisse dicatur* : en effet, la loi n'a parlé que des quadrupèdes; mais, au moyen de l'action utile, le même principe a été appliqué aux autres animaux (v. *Paul. fr.* 4, *h. t.*).

La loi concerne exclusivement les animaux domestiques, qui deviennent dangereux lorsqu'ils sortent des habitudes pacifiques de leur espèce (*contra naturam; text. hic; Ulp. fr.* 1, § 4 *et* 7, *h. t.*); aussi l'action de *pauperie* ne résulte-t-elle pas du fait des bêtes féroces, *si genitalis sit feritas* (*text. hic;* v. *Ulp. fr.* 1, § 10, *h. t.*). Remarquez cependant la décision de notre texte sur le dommage causé par un ours échappé à son maître : celui-ci, dit-on, n'est pas soumis à l'action noxale, parce qu'il n'est plus propriétaire de l'animal qui a recouvré son indépendance (*text. hic*; v. 341). Cette conséquence suppose que l'action noxale a lieu contre le maître d'un animal sauvage, tant que dure sa propriété. En effet, il est tenu de l'action *de pauperie*, mais probablement de l'action utile (v. § 1, *h. t.*).

§ I.

1298. Ce texte n'exigerait aucune explication si les derniers mots ne déclaraient, d'après Ulpien (*fr.* 130, *de reg. jur.*; *fr.* 60, *de obl. et act.*), que lorsqu'il existe plusieurs actions relatives au même objet, et surtout plusieurs actions pénales (*præsertim pœnales*), l'exercice de l'une n'empêche jamais l'exercice de l'autre.

Il faut savoir premièrement, et malgré l'adverbe *præsertim*, que les actions *rei persecutoriæ* ne se cumulent pas; secondement, que les actions pénales se cumulent relativement au même objet, comme on le dit ici, lorsque chacune d'elles résulte d'un fait, et conséquemment d'un délit distinct. Ainsi le même homme, voleur et meurtrier de mon esclave, sera soumis pour le vol à l'action *furti*, et pour le meurtre à l'action de la loi Aquilia (*Ulp. fr.* 2, *pr.*, § 1, 2, 3, 4, 5 *et* 6, *de priv. del.*). Quant aux différentes actions pénales qui résulteraient du même fait, l'exercice de la plus sévère éteint toutes les autres; tandis, au contraire, que l'exercice de l'action la moins sévère, par exemple, de l'action *furti nec manifesti* contre le ravisseur, permet d'exercer encore une autre action, c'est-à-dire, dans l'espèce, l'action *vi bonorum raptorum*, mais seulement pour ce qu'elle contient de plus que l'autre (*Paul. fr.* 1, *vi bon. rapt.*; *fr.* 41, § 1, *de obl. et act.*; v. *Cuj.* 8 *obs.* 24).

TITRE X.

Par qui l'on peut agir.

PR.

1299. La nécessité d'exercer par soi-même toutes les

actions qu'on aurait à intenter se conçoit à peine, tant elle serait gênante; et cependant, malgré ses inconvénients (*text. hic ;* v. *Ulp. fr.* 1, § 2, *de procur.*), cette nécessité exista autrefois (*olim*) dans le système des actions de la loi. On n'agissait au nom et en exerçant le droit d'autrui (*alieno nomine*) que dans trois cas particuliers auxquels se joignit plus tard une quatrième exception, en vertu de la loi Hostilia, loi dont l'époque est restée inconnue.

Ainsi agissait PRO POPULO, l'agent ou le syndic exerçant les actions d'une ville ou d'une province (v. *Gaius, fr.* 1, § 1, *quod cujusq. univers.*); PRO LIBERTATE, l'*assertor*, dont nous avons parlé précédemment (1226), et PRO TUTELA, le tuteur exerçant les actions du pupille. En cas de procès entre le pupille et son tuteur, on nommait pour agir au nom du premier un tuteur prétorien, dont on continua de se servir après la suppression des actions de la loi, du moins dans certains cas (v. *Gaius,* 1 *inst.* 184; 4 *ibid.* 103 *et seqq.*; *Ulp.* 11 *reg.* 24), que Justinien ne distingue plus. Aussi a-t-il remplacé le tuteur prétorien par un curateur (271; § 3, *de auct. tut.*). La loi Hostilia s'applique spécialement à l'action *furti*, et permet à quiconque le voudra d'intenter cette action, soit au nom de ceux qui se trouvent prisonniers chez l'ennemi ou absents *rei publicæ causa*, soit au nom des personnes placées sous leur tutelle (*text. hic*; v. *Theoph.*).

1300. Les actions de la loi ayant été supprimées, l'usage permit de plaider, tant comme demandeur que comme défendeur, ou pour soi-même en son propre nom, ou au nom d'autrui en qualité de tuteur, de curateur, de procureur, et même, quoique Justinien n'en parle plus, en qualité de COGNITOR (*Gaius,* 4 *inst.* 82;

v. *Paul.* 1 *sent.* 2 *et* 3). Dans ces différents cas, l'intervention d'une personne plaidant au nom d'autrui nécessite un changement dans la formule : l'*intentio* reste la même comme si le *dominus*, c'est-à-dire celui à qui ou contre qui l'action compéte, plaidait *suo nomine*; mais le nom de ceux qui agissent ou défendent pour autrui est substitué, dans la *condemnatio*, au nom du *dominus*. Ainsi, par exemple, *Primus* agissant pour *Secundus* contre *Tertius*, la formule serait ainsi conçue : *si paret Tertium* SECUNDO *dare oportere*, *Tertium* PRIMO *condemna* (v. *Gaius*, 4 *inst.* 35, 86 *et* 87).

§ I.

1301. Le procureur et le *cognitor* se distinguaient par plusieurs différences.

En effet, le procureur, n'étant qu'un mandataire, se constitue par un mandat que sa volonté, jointe à celle du constituant, forme indépendamment de toute autre condition, sans paroles solennelles, et même en l'absence de l'adversaire ou à son insu (*text. hic*, *in fin.*; *Gaius*, 4 *inst* 84; *Ulp. fr.* 1, § 3, *de procur.*; *Paul. fr.* 2, *eod.*; 1 *sent.* 3, § 1). Le *cognitor*, au contraire, se constituait absent ou présent, mais toujours au moyen de certaines paroles prononcées par le constituant en présence de son adversaire (*Gaius*, 4 *inst.* 83).

En raison même de cette solennité, le *cognitor* représentait le constituant, comme si ce dernier eût agi lui-même en son propre nom (*Gaius*, 4 *inst.* 97 *et* 98) : aussi le contrat ou quasi-contrat judiciaire, que la décision du juge forme entre les plaideurs (v. *Ulp. fr.* 3, § 11, *de pecul.*), se formait-il, malgré l'intervention du *cognitor*, entre le constituant et son adversaire. C'est au constituant ou contre lui que compétait ordinairement l'action *judicati* (1), qui se donne au double contre la partie qui prétend mal à propos n'avoir pas été condamnée (*Gaius*, 4 *inst.* 171; *Paul.* 1 *sent.* 19, § 1 ; v. *Ulp. fr.* 6, § 1, *de re judic.*); tandis que cette même action compétait au procureur ou contre lui (*fragm. vatic.* 317, 332), conformément à ce principe général que, lorsque le mandataire contracte en exécution du mandat, il en résulte action, non pour ou contre le mandant, mais pour ou contre celui qui a contracté, c'est-à-dire le mandataire (1280).

1302. Ces distinctions entre le *cognitor* et le procureur se sont effacées peu à peu. Dès le règne d'Alexandre-Sévère, le procureur fut, à certains égards, assimilé au *cognitor*, lorsque le mandant comparaissait en personne pour le constituer (*fragm. vatic.*; § 317, 331 : *Modest. fr.* 65, *de procur.*) et cette assimilation partielle a dû se trouver beaucoup plus complète au temps de Justinien, puisqu'il supprime jusqu'au nom du *cognitor* dans les textes qu'il applique au procureur.

Ainsi, dans les Pandectes, c'est au constituant ou contre lui que compète l'action *judicati*, on ne la donne au procureur ou contre lui, que par exception, lorsqu'il est venu s'offrir à la défense, et lorsqu'il a été constitué *procurator in rem suam* (*Ulp. fr.* 4, *de re judic.*; *Paul. fr.* 61, *de procur.*; v. *fr.* 30, *eod.*).

(1) *Paul.* 1 *sent.* 2, § 4. A moins que le *cognitor* n'eut été constitué *in rem suam*, pour exercer à ses risques et périls, mais au nom du constituant, une action cédée par ce dernier (v. *fragm. vatic.* 317; *Théod.* C. 7, C. Th. *de cognit. et procur.*).

§ II.

1303. On a vu au premier livre comment se constituent les tuteurs : ajoutons seulement que l'action *judicati* compète aux pupilles et contre les pupilles, non au tuteur ou contre le tuteur qui, en se portant demandeur ou défendeur en leur nom, remplit un devoir forcé (*Ulp. fr.* 2, *de admin.*; v. *Pap. fr.* 6; *Scæv. fr.* 7, *quand. ex fact. tut.*). Aussi en est-il autrement du tuteur qui prend bénévolement le rôle de défendeur dans les cas où il suffit d'autoriser le pupille en laissant délivrer l'action contre ce dernier (1). Les mêmes principes semblent applicables dans la curatelle des mineurs de vingt-cinq ans; mais comme aucune action ne peut être donnée contre les fous (*Pomp. fr.* 2, *de condict. furt.*; *Ulp. fr.* 4, *de in jus voc.*), leur curateur, condamné en leur nom, est soumis à l'action *judicati* pendant tout le temps que durent ses fonctions (*Pap. fr.* 5, *quando ex fact. tut.*; *et ibi Cujac.*).

TITRE XI.

Des Cautions.

1304. Nous avons déjà vu (983) que le préteur, en accordant une action, contraint quelquefois l'une des par-

(1) *Ulp. fr.* 2, *de adm. et peric.* Le tuteur peut à son choix se porter défendeur au nom du pupille, ou autoriser ce dernier afin qu'il défende lui-même en son propre nom; et cependant ce choix n'a lieu ni lorsque le pupille est absent ou *infans*, ni lorsqu'il est présent et âgé de plus de sept ans. Le tuteur doit nécessairement se porter défendeur, dans le premier cas, et autoriser le pupille dans le second (*Ulp. fr.* 1, § 2, *eod.*). Le choix laissé au tuteur n'existe donc que dans l'intervalle entre l'enfance et l'âge de sept ans accomplis; l'enfance ne se prolonge donc pas jusqu'à ce dernier âge (995).

ties à donner des *satisdationes*, c'est-à-dire à contracter par stipulation certains engagements qui sont garantis par fidéjusseurs. Ces stipulations prétoriennes sont usitées dans plusieurs cas, et surtout lorsque l'action est donnée à une personne ou contre une personne qui plaide au nom d'autrui; aussi ce titre n'est-il, pour ainsi dire, qu'une continuation du précédent.

Notre titre se divise en deux parties : la première (*pr. et* § 1) expose le droit romain proprement dit; la seconde (§ 2, *et seqq.*), le droit du Bas-Empire.

PR. ET § I.

1305. Dans l'action réelle, le défendeur possède et doit conserver sa possession pendant toute la durée du litige. Aussi quoiqu'il plaide en son propre nom, doit-il donner la caution dite *judicatum solvi* (*pr., h. t.*; v. *Ulp. fr.* 6 *et* 9, *judic. solv.*) pour le cas où, après avoir succombé, il ne restituerait pas la chose ou ne paierait pas le montant de la condamnation (*litis æstimationem*). Faute par le défendeur de donner cette garantie, la possession est transférée au demandeur, si toutefois ce dernier fournit lui-même la caution qu'on lui refuse (v. *Paul.* 1 *sent.* 11, § 1; v. 1354).

La caution *judicatum solvi*, sauf quelques cas exceptionnels, n'est point exigée du défendeur qui plaide en son propre nom dans une action *in personam* (§ 1, *h. t.*; v. *Gaius*, 4 *inst.* 102); mais d'après une règle ancienne, applicable même aux actions personnelles, aucun de ceux qui se portent défendeurs au nom d'autrui, n'est réputé solvable sans caution *nemo defensor*, etc. (§ 1, *h. t.*; *Gaius*, 4 *inst.* 101) : aussi, en pareil cas, le procureur doit-il donner la caution *judicatum solvi* (§ 1, *h. t.*). Le *cognitor*, d'après ce qu'on a dit (1301), semblerait n'y être pas assujetti. Effectivement, ce n'est pas lui, mais le constituant qui donne caution (*Gaius*, 4 *inst.* 101), sans doute pour l'honneur de la régle *nemo defensor*, etc.

1306. Le procureur, agissant au nom d'autrui, doit garantir que le *dominus* ratifiera (*pr.*, *h. t.*; *Gaius*, 4 *inst.* 98 *et* 100), et donner dans ce but la caution DE RATO (v. § 4, *de div. stip.*). On peut craindre en effet que l'action par lui intentée au nom d'une autre personne, ne soit intentée de nouveau par celle-ci. Ce danger n'existait pas dans le cas du *cognitor* (1301); aussi le demandeur n'avait-il aucune caution à fournir, soit qu'il agît en son propre nom, ou comme *cognitor* (*pr.*, *h. t.*; *Gaius*, 4 *inst.* 96, 97, 98 *et* 100).

L'édit prétorien soumettait les tuteurs et curateurs aux mêmes cautions que le procureur; mais l'usage les en a dispensés, d'abord dans certains cas exceptionnels (*pr.*, *h. t.*; *Gaius*, 4 *inst.* 99 *et* 101), et plus tard, en règle générale (*Ulp*, *fr.* 23, *de admin. et peric.*; *fr.* 2, § 2, *eod.*).

§ II.

1307. Le défendeur plaidant en son propre nom, n'est plus assujetti, dans le droit nouveau, à donner caution *pro litis æstimatione;* mais il doit, dans toute espèce d'actions, prendre (*pro sua tantum persona*) l'engagement de rester *in judicio* jusqu'à la fin du procès. A cet égard on se contente quelquefois, suivant le rang et la dignité de chacun, d'une simple promesse (*Macer*, *fr.* 15, *qui satisd. cog.*; *Leo et Anthem.* C. 33, § 3, *de episc. et cleric.*), quelquefois au contraire on exige soit la caution juratoire, c'est-à-dire un serment (*text. hic*; *Honor. et Theod.* C. 17, *de dignit.*), soit un fidéjusseur (*text. hic*).

Pour entendre cette décision, il faut savoir que la caution *judicatum solvi* comprend, même sous Justinien (1), plusieurs clauses distinctes. Celui qui la fournit s'oblige non-seulement à payer les sommes auxquelles il pourra être condamné, mais aussi à rester *in judicio* jusqu'à la fin du procès (*Theoph. ad* § 4, *h. t.*). Il résulte donc de notre texte que dans toute action, le défendeur est soumis à la caution *judicatum solvi* pour la seconde clause (*pro sua tantum persona*), mais qu'il en est dispensé, quant à la première (*pro litis æstimatione*), pourvu qu'il plaide en son propre nom; car, dans le cas contraire, son engagement doit s'étendre à toutes les clauses de la caution *judicatum solvi* (§ 4, *h. t.*).

1308. Notre texte ne se réfère donc pas, comme on le croit communément à l'ancien *vadimonium* par lequel une personne appelée *in jus* promettait à son adversaire de s'y représenter à jour fixe, *se certo die sisti*, lorsqu'une première comparution se trouvait insuffisante (*Gaius*, 4 *inst.* 184). Cette caution s'appelle, au Digeste, caution *judicio sisti* (*Ulp. fr.* 3, *si quis in jus*; *fr.* 4, *in jus vocat.*), probablement parce que le mot *judicium* aura été substitué au mot *jus*.

§ IV.

1309. Lorsque le défendeur plaide par procureur, la caution *judicatum solvi* devient indispensable, conformément à la maxime *nemo defensor*, etc. Cependant on

(1) Dans l'ancien droit, la caution *judicatum solvi* contenait trois clauses, savoir : la première *de re judicata*, la seconde *de re defendenda*, la dernière *de dolo malo* (*Ulp. fr.* 6, *judic. solv.*).

distingue si le défendeur est présent ou absent (*text. hic*; § 5, *h. t.*).

Lorsqu'une partie vient elle-même *in judicium* pour constituer un procureur, celui-ci est assimilé à l'ancien *cognitor* (1302); et alors ce n'est pas lui, mais le constituant qui fournit la caution *judicatum solvi*. A cet effet celui-ci contracte, soit par une stipulation solennelle, c'est-à-dire judiciaire, soit par une stipulation extrajudiciaire, et en se portant lui-même fidéjusseur de son procureur, une obligation transmissible à ses héritiers; dans les deux cas enfin, il doit consentir hypothèque sur tous ses biens. Le défendeur doit aussi garantir, en observant les distinctions précédemment exposées (1307), qu'il se présentera *in judicio* pour entendre prononcer la sentence (*Theoph. hic*).

§ V.

1310. Ceux qui veulent se porter défendeur au nom d'un absent, y sont admis dans toute espèce d'actions; mais dans ce cas la caution *judicatum solvi* doit être fournie par le procureur même. Notre texte ajoute qu'elle sera donnée *pro litis æstimatione*, c'est-à-dire même *pro litis æstimatione*, ou pour toutes les clauses que comprend cette caution (1307), tandis que le défendeur, lorsqu'il plaide en son propre nom, n'est soumis à cette garantie que *pro sua tantum persona* (§ 4, *h. t.*).

§ III, VI ET VII.

1311. Quant au demandeur, si l'action est intentée par un procureur, ce dernier devra donner caution *de rato* (1306), excepté lorsque le mandat sera authentiquement constaté (*actis insinuatum*), ou lorsque le *dominus* se présentera lui-même *in judicio* pour reconnaître son procureur (§ 3) qui, dans ce cas, est un véritable *cognitor* (1302).

Précédemment les tuteurs et les curateurs ont été assimilés aux procureurs, pour la caution qu'ils doivent fournir (*pr. in fin.*, *h. t.*). Justinien applique également ce qui précède aux tuteurs et curateurs qui plaident en cette qualité, non pour autrui, mais par autrui (*per alium*, § 5) : cela veut dire que leur présence *in judicio*, ou le mandat qu'ils donnent en forme authentique, suffira pour exempter de la caution le procureur par eux constitué.

Les §§ 6 et 7 n'exigent aucune explication.

TITRE XII.

Des Actions perpétuelles ou temporaires, et des Actions qui se transmettent activement ou passivement aux héritiers.

1312. La double distinction dont va s'occuper notre titre est étrangère aux actions dont le préteur a délivré la formule (*contestatæ*, § 1 *h. t.*; *inclusæ judicio*, *Gaius*, *fr.* 139, *de reg. jur.*). Ainsi lorsqu'on distingue, d'une part des actions perpétuelles ou temporaires, d'autre part des actions qui sont ou ne sont pas héréditairement transmissibles, il s'agit du droit de demander l'action plutôt que de l'action même (v. *Gaius*, 4 *inst.* 110).

Quant aux actions dont la formule a été délivrée, elles se transmettent activement et passivement aux héritiers du demandeur et du défendeur (§ 1 *in fin.*, *h. t.*; *Ulp. fr.* 26; *Paul. fr.* 33; *Callistr. fr.* 58, *de obl. et act.*), et subsistent sans limitation (*Gaius*, *fr.* 139, *de reg. jur.*), tant que peut durer l'instance judiciaire (1335). Ce double résultat vient de la *litis contestatio* et de la novation qu'elle opère, du moins dans certains cas, en substituant à l'obligation primitive une obligation nouvelle qui, plus tard, est elle-même remplacée par une autre obligation résultant du *judicatum*. Aussi les anciens ont-ils indiqué par des expressions techniques les diverses modifications que subit l'obligation du défendeur dans les différentes phases de la procédure. Celui qui, primitivement, devait donner, *dare oportere*, après la *litis contestatio* doit être condamné, *condemnari oportere*; et après avoir été condamné, il devra exécuter la sentence, *judicatum facere oportere* (*Gaius*, 3 *inst.* 180).

PR.

1313. Sauf quelques exceptions (v. *Scævol. fr.* 2, *de l. j. repetund.*; *Gaius*, 3 *inst.* 121), le temps pendant lequel une action peut être demandée au préteur est illimité pour les actions qui dérivent des lois, des sénatus-consultes ou des constitutions impériales, c'est-à-dire pour les actions civiles. Il est d'un an pour un grand nombre d'actions prétoriennes, et cela, dit Justinien, parce que l'autorité du préteur ne durait elle-même qu'un an. Cette raison, si elle était vraie, s'appliquerait à toutes les actions prétoriennes sans distinction. D'un autre côté il en résulterait que l'action doit être demandée au magistrat pendant la préture duquel est né le droit de la demander, ce qui souvent restreindrait l'année à quelque jours. Il est plus vraisemblable que les préteurs, en introduisant un grand nombre d'actions, ont circonscrit dans un court délai celles qui paraissaient les plus rigoureuses ou les plus éloignées des principes du droit civil.

1314. En effet les actions prétoriennes sont, tantôt une création spéciale du droit honoraire (*ex propria prætoris jurisdictione pendent*), tantôt une imitation du droit civil (1). La durée des premières est ordinairement (*plerumque*) restreinte à un an, sans l'être toujours; car si ce délai s'applique aux actions pénales (v. *Ulp. fr.* 9, § 1, *quod fals. tut.*; *fr.* 22, § 6, *de liber. caus.*), les actions *rei persecutoriæ* au contraire sont perpétuelles (v. *Ulp. fr.* 4, § 10, *de damn. inf.*; *Paul. fr.* 21, § 3, *rer. amot.*). L'action de vol manifeste au quadruple qui dérive directement du droit prétorien, est perpétuelle, quoique pénale, parce qu'elle adoucit la disposition du droit civil en substituant une peine pécuniaire à une peine capitale (1132; *Gaius*, 4 *inst.* 111; v. *text. hic*).

Le droit honoraire imite le droit civil lorsqu'il emprunte les actions de ce dernier pour leur donner, au moyen de certaines fictions (1221), une application plus étendue, et alors ces actions qu'on appelle fictives, sont perpétuelles comme les actions civiles qu'elles imitent (*Gaius*, 4 *inst.*, 111; v. *text. hic*); mais au contraire,

(1) *Gaius*, 4 *inst.* 111. Justinien, voulant effacer cette distinction du texte de Gaius, supprime dans cette phrase *aliquando tamen*, les mots *imitantur jus legitimum*, qu'il remplace par ceux-ci, *et in perpetuum extenduntur*. Il en résulte qu'en parlant des actions *quæ ex propria prætoris jurisdictione pendent*, l'Empereur semble désigner les actions prétoriennes en général, et notamment celles que l'on accorde au possesseur de biens, et autres personnes qui sont, comme lui, *loco heredis*.

lorsque la fiction prétorienne restreint un principe civil en rescindant ses effets, les actions rescisoires ne se donnent que pendant une année utile, lors même qu'elles se donnent *in rem* (*Paul. fr.* 35, *de obl. et act.*), et par conséquent *rei persequendæ causa* (1234).

1315. Sous Justinien il n'existe plus à proprement parler d'actions perpétuelles, et cependant cette dénomination reste aux actions dont la durée n'a été limitée que dans le Bas-Empire, par les constitutions qui ont établi contre toute personne, excepté les pupilles, une prescription de trente ans pour toutes les actions personnelles ou réelles, et spécialement pour l'action hypothécaire dont l'objet est sorti des mains du débiteur (1). Dans le cas contraire, cette action n'est soumise qu'à la prescription de quarante ans, établie par Anastase (C. 4, *de præscr.* 30 *vel* 40 *ann.*) comme dernière limite des actions qui pouvaient encore durer plus de trente ans, et spécialement de l'action hypothécaire dont l'objet se trouve en la possession du débiteur (*Just.* C. 7, *pr.*, § 1 *et* 2, *eod.*).

En déclarant que la durée de toutes les actions a été limitée dans le Bas-Empire, notre texte semble manquer d'exactitude, puisque la revendication a toujours été circonscrite dans les délais de l'usucapion. En réalité cependant la revendication n'avait point de durée fixe : elle suivait la propriété, s'acquérait et se perdait avec cette dernière, et c'est précisément ainsi que l'usucapion,

(1) *Honor. et Theod.* C, 3, *de præscr.* 30 *vel* 40 *ann.* Cette constitution est de Théodose le jeune; mais il est certain que la prescription trentenaire avait été établie antérieurement par Théodose-le-Grand. V. *Cujac.* 18 *obs.* 26.)

en transférant le *dominium*, rendait impossible une revendication qui avait existé, pour le précédent propriétaire, aussi long-temps que sa propriété même : ainsi, dans ce cas, l'action réelle conservait toute la durée dont sa nature est susceptible. Pour nous montrer la revendication circonscrite dans un délai quelconque, il faudrait établir que, faute d'avoir agi plutôt, un propriétaire qui demeure tel, ne pourra plus revendiquer une chose qui est encore sienne, contre un possesseur à qui la propriété n'est point acquise. C'est précisément ce que nous voyons dans la constitution de Justinien : le possesseur qui détient depuis trente ou quarante ans peut maintenir sa possession, en repoussant l'action du propriétaire ou du créancier hypothécaire; mais, si la chose sort de ses mains, il ne la revendiquera pas comme la revendiqueraient, en pareil cas, ceux qui ont acquis la propriété par usucapion. La revendication ou l'action hypothécaire contre le nouveau possesseur continue d'appartenir au maître ou au créancier, nonobstant l'exception victorieuse que leur a opposée le précédent possesseur, et que le détenteur actuel n'opposera lui-même qu'après avoir possédé pendant trente ou quarante ans (*Justin*. C. 8, *pr. et* § 1, *de præscr.* 30 *vel* 40 *ann.*).

Nous parlons ici du possesseur de mauvaise foi. Quant à ceux qui ont possédé de bonne foi et *ex justa causa* (471), ils peuvent, après avoir opposé la prescription de 10 ou 20 ans, et à plus forte raison celle de 30 ou 40 ans, revendiquer la chose passée en d'autres mains (*d.* C. 8, *pr. et* § 1).

§ I.

1316. Les actions qui pourraient être données à une personne ou contre elle, se donnent de la même manière à ses héritiers ou contre ses héritiers, et à chacun ou contre chacun d'eux en raison de sa part héréditaire (v. *Dec.* C. 2; *Diocl. et Max.* C. 6, *de hered. act.*). Toutefois cette règle générale ne s'applique véritablement qu'aux actions personnelles; car si les actions réelles, la revendication, par exemple, se donnent à l'héritier ou contre lui, c'est plutôt comme propriétaire ou comme possesseur que comme représentant du défunt.

Parmi les actions personnelles, tant civiles que prétoriennes (1), nous distinguerons encore les actions pénales qui résultent d'un délit (*ex maleficiis pœnales*). D'après une règle qui paraît absolue (*certissima*), elles s'éteignent par la mort du délinquant (*text. hic;* § 9, *de leg. aquil.; Gaius,* 4 *inst.* 112 *et* 113; *fr.* 111, § 1, *de reg. jur.; Ulp. fr.* 1, *de priv. del.*). Aussi ne se donnent-elles point contre ses héritiers, si ce n'est jusqu'à concurrence des valeurs dont le délit les aurait enrichis; car le fait

(1) *Actiones quæ aut* IPSO JURE *competunt aut* A PRÆTORE *dantur*. Il résulte de cette phrase que certaines actions sont données par le préteur, tandis qu'on aurait les autres de plein droit, c'est-à-dire dans le sens vulgairement attribué à cette locution, sans les demander à personne. De contre-sens en contre-sens, on arriverait ainsi à un non-sens. IPSUM JUS, le droit par excellence, le droit proprement dit, le droit primitif, n'est rien autre chose que le droit civil, par opposition au droit honoraire (v. § 10, *de act.; Ulp fr.* 9, § 1, *usufr. quemadm. cav.*). Ainsi les actions qui compétent *ipso jure*, sont les actions établies par le droit civil; les actions données par le préteur (*quæ à prætore dantur*) s'entendent ici des actions par lui introduites, et non pas des actions dont il délivre la formule; car dans ce dernier sens, les actions sont toutes données par le préteur.

qui ne leur nuit pas ne doit pas non plus leur profiter (*Paul. fr.* 35, *de obl. et act.*; *Pomp. fr.* 38, *de reg. jur.*).

Les délits produisent quelquefois des actions *rei persecutoriæ*, et ces dernières, malgré leur origine, se donnent ordinairement contre les héritiers du délinquant (v. § 19, *de obl. quæ ex del.*; *Ulp. fr.* 7, § 2, *de condict. furt.*; *Paul. fr.* 6, § 4, *rer. amot.*); mais cette règle n'est plus aussi certaine que la précédente (v. *Ulp.*, *Paul. et Gaius*, *fr.* 4, § 6; *fr.* 5, 6 *et* 7, *de alien. judic. mut.*).

1317. Les mêmes raisons, et par conséquent les mêmes distinctions, ne s'appliquent point aux héritiers des personnes contre qui un délit a été commis; aussi succèdent-ils au droit de demander les actions pénales, excepté l'action d'injures (*text. hic*; *Ulp. fr.* 1, § 1, *de priv. del.*; *fr.* 13 *et* 28, *de injur.*) et quelques autres actions également fondées sur le ressentiment, par exemple, l'action de testament inofficieux (*Ulp. fr.* 6, § 2; *Paul. fr.* 7, *de inoff. test.*; v. *fr.* 7, *de injur.*; *fr.* 24, *de in jus voc.*).

1318. Les actions résultant des contrats étant presque toujours *rei persecutoriæ* (*d.* § 17, *de action.*), se donnent en règle générale aux héritiers et contre les héritiers.

Justinien excepte le cas où le défunt a commis un dol dont l'héritier ne profite pas. S'il s'agissait d'une action pénale et d'un délit, rien ne serait plus exact; mais, en matière de contrats, les héritiers sont tenus, comme le défunt lui-même, à raison du dol commis par ce dernier dans l'exécution de ses obligations (*Ulp. fr.* 152, § 3; *fr.* 157, § 2, *de reg. jur.*; *Paul. fr.* 49; *Pomp. fr.* 12, *de obl. et act.*), et spécialement, quoique dise Théophile, dans l'exécution du dépôt ordinaire (*Ulp. fr.* 7, § 1, *depos.*). Aussi les paroles de Justinien, lorsqu'on ne les applique pas à l'action pénale qui résulte du dépôt nécessaire, sont-elles difficiles à expliquer; mais le texte primitif est beaucoup plus simple. L'exception faite par Gaius (4 *inst.* 113) concernait les héritiers de l'adstipulateur et et ceux du *sponsor* ou du *fidepromissor* (1019).

§ II.

1329. Ce texte, étranger à l'objet du titre qu'il termine, suppose une action donnée contre un défendeur qui, se trouvant dans le cas de perdre sa cause, serait inévitablement condamné, si le juge statuait immédiatement; mais entre le moment où l'action est donnée, *post acceptum judicium* (*Gaius*, 4 *inst.* 114), et le moment où le juge prononce, *ante rem judicatam* (*text. hic; Gaius, ibid.*), il s'écoule un intervalle dont le défendeur profite quelquefois pour satisfaire et désintéresser le demandeur. En pareil cas, que fera le juge? Le défendeur sera-t-il absous, parce qu'il a satisfait, ou, au contraire, sera-t-il condamné, comme il devait l'être et comme il l'aurait été à l'époque où l'action a été donnée? Les proculéiens adoptaient ce dernier système sans l'appliquer ni aux actions de bonne foi, ni aux action réelles. Les sabiniens, au contraire, rejetant cette distinction, pensaient que le défendeur doit toujours être absous, lorsqu'il a satisfait son adversaire *ante rem judicatam;* dans ce sens ils disaient *omnia judicia esse absolutoria* (*Gaius,* 4 *inst.* 114), et Justinien consacre ici leur opinion (v. 1293).

TITRE XIII.

Des Exceptions.

1320. Celui contre qui l'action est donnée peut se défendre devant le juge par la contradiction qu'il oppose directement à l'*intentio*, en déniant ce que le demandeur affirme. Ainsi, dans la revendication par exemple, la question étant de savoir si le demandeur est propriétaire, la défense consiste à soutenir que la chose revendiquée ne lui a jamais appartenu ou du moins ne lui appartient plus, et la discussion s'établit alors sur les différents moyens d'acquérir, de conserver ou de perdre la propriété. Dans les actions personnelles, le défendeur niera la dette en soutenant que les conditions requises pour constituer l'obligation n'ont jamais été réunies, ou que l'obligation qui existait se trouve dissoute. Lorsqu'il s'agira d'un *mutuum*, le défendeur pourra donc alléguer qu'on ne lui en a pas remis l'objet ou du moins qu'on ne lui en a pas pas transféré la propriété (943), et lorsqu'il s'agira d'une stipulation, qu'elle est inutile pour une des causes précédemment expliquées (*liv.* 3, *tit.* 19), ou enfin que son obligation est éteinte par un paiement ou par tout autre moyen de libération (v. *liv.* 3, *tit.* 29). Pareillement, dans une action *in factum*, la défense consisterait à nier le fait dont l'existence est affirmée par le demandeur.

Il en serait autrement si le défendeur alléguait de son côté des circonstances, ou invoquait des arguments qui ne combattent pas directement l'*intentio*. Il sortirait alors de la question posée, et transporterait le débat sur une autre question, ce qui changerait la nature du litige. Le juge ne peut pas permettre cette déviation, mais les circonstances indirectes dont il ne doit pas s'occuper, peuvent être prises en considération par le magistrat qui, en accordant l'action, fixe le point litigieux. C'est au magistrat, par conséquent, que le défendeur doit s'adresser pour que celui-ci donne au juge un mandat plus étendu; et il le donne effectivement en ajoutant à la question posée dans l'*intentio* une question secondaire dont la condamnation dépendra comme d'une condition nouvelle. Ainsi l'action ordinaire, l'action dans sa plus simple expression, disant au juge *si paret dare oportere condemna*, le magistrat, sur la réclamation du défendeur, ajoutera souvent cette clause, *si in ea re nihil dolo malo A. Agerii factum sit neque fiat*, ou toute autre clause semblable, conçue en forme de condition négative, et appelée par cette raison même exception (v. *Paul. fr.* 22, *h. t.*; *Gaius*, 4 *inst.* 119).

PR. ET § VI.

1321. Cette clause, comme l'annonce notre texte, favorise la défense en lui donnant plus de latitude; car en demandant une exception le défendeur n'acquiesce point à l'*intentio* (*Marcel. fr.* 9, *h. t.*). Le demandeur doit toujours prouver sa prétention, et s'il ne la prouve pas, le défendeur est nécessairement absous (*Anton.* C. 4, *de edend.*); mais dans le cas contraire et lors même que l'*intentio* serait justifiée, le défendeur conserve encore une chance d'absolution. La question qui résulte de l'exception, reste à examiner (*Diocl. et Max.* C. 9, *de except.*); et quoique la preuve incombe alors au défendeur (*Ulp.*

fr. 1, *h. t.; fr.* 19, *de prob.*), la possibilité même de prouver lui devient précieuse, puisque le juge, à défaut d'exception, ne s'occuperait pas des allégations étrangères à l'*intentio* et à la question qui en résulte.

Justinien indique ici, mais par forme d'exemple seulement (§ 6), plusieurs cas où l'emploi d'une exception devient nécessaire.

Les premiers supposent une action par laquelle le demandeur cherche à faire prévaloir une prétention juste, c'est-à-dire fondée sur le droit civil, mais contraire à l'équité (*licet justa... tamen iniqua; pr.*). Comme les considérations d'équité sont inadmissibles devant le juge que son devoir astreint aux règles du droit civil (*pr. de offic. jud.*) le défendeur ne peut éviter la condamnation dont il est menacé qu'en faisant insérer dans la formule une exception qui modifie l'action et par conséquent les pouvoirs du juge.

§ I.

1322. Ainsi lorsqu'il s'agit d'un contrat de droit strict, par exemple, d'une stipulation, le droit civil qui se contente du consentement sans examiner comment il a été obtenu, déclare le contrat obligatoire, quoique le répondant n'ait promis que parce qu'il était contraint par violence (*metus coactus*), surpris par dol (*dolo inductus*) ou induit en erreur (*errore lapsus*). Dans ce cas, si le stipulant intente la condiction *dare oportere*, cette action amènera une condamnation indubitable (*efficax est*), si le préteur n'ajoute pas à la formule l'exception *metus causa*, l'exception de dol ou une exception *in factum*.

Si au contraire, le demandeur agissait par une action

bonæ fidei, les exceptions dont on vient de parler seraient sous-entendues dans l'action même (*Ulp. fr.* 21, *solut. matr.*; *Julian. fr.* 84, § 5, *de legat.* 1°; *Paul. fr.* 38; *Scæv. fr.* 58, *de hered. pet.*). En effet, les obligations d'où résultent les actions de bonne foi, sont nulles même d'après le droit civil, lorsque le consentement a été surpris par un dol sans lequel on n'aurait pas contracté (*Ulp. fr.* 7, *de dol. mal.*; *fr.* 16, *pr. et* § 1, *de minor.*; *Paul. fr.* 3, § 3, *pro soc.*).

1323. L'exception *metus causa* et l'exception de dol se donnent pour les mêmes causes que les deux actions du même nom, auxquelles ces exceptions correspondent (v. *Ulp. fr.* 9, § 3, *quod met. caus.*; *fr.* 2, *de dol. mal. et met.*). Ainsi, de même que l'action *de dolo* s'exerce exclusivement contre l'auteur du dol, l'exception *doli mali* ne repousse que lui; on l'opposerait donc inutilement au demandeur, si le dol dont on se plaint n'était pas le sien. L'exception *metus causa*, au contraire, repousse le demandeur, quel qu'il soit, par cela seul qu'il y a eu violence, sans examiner quel en est l'auteur (1). Lorsque la violence n'est pas imputable au demandeur, ou lorsqu'on ne peut la lui imputer faute de preuves qui établissent sa culpabilité, il faut donc choisir l'exception *metus causa* plutôt que l'exception *doli mali* qui, dans le cas contraire, ne serait pas moins avantageuse. En effet qui-

(1) Le préteur, en accordant l'exception de dol, s'occupe uniquement du dol commis par le demandeur, *si in ea re nihil dolo malo A. Agerii factum sit neque fiat* (*Gaius*, 4 *inst.* 119; v. *Ulp. fr.* 2, § 1, *de dol. mal. et met.*); mais l'exception *metus causa* pose une question générale, celle de savoir s'il y a eu violence sans examiner quel en est l'auteur, *si in ea re nihil metus causa factum est* (*Ulp. fr.* 4, § 33, *eod.*); en un mot, la première de ces deux exceptions est *in rem*, la seconde *in personam*.

conque use de violence, commet par cela même un dol; car le dol résulte des actes contraires à la bonne foi, et, dans sa généralité, l'exception *doli mali* les comprend tous (v. *Ulp. fr.* 4, § 33, *de dol. mal. et met.*).

1324. Il n'est même pas nécessaire qu'une fraude quelconque ait été commise avant la *litis contestatio*, ou, comme le suppose notre texte, au moment du contrat; il y a dol dans la persévérance même du demandeur lorsqu'il s'obstine à suivre une action dont il aperçoit l'iniquité, et alors on lui oppose l'exception *doli mali* (*Ulp. fr.* 36, *de verb. obl.*; *fr.* 2, § 3 *et* 5, *de dol. mal. et met.*; *Pap. fr.* 12, *eod.*). C'est ainsi, entre autres exemples, qu'on l'oppose à la revendication dans tous les cas où elle tendrait à enrichir le propriétaire aux dépens du possesseur de bonne foi (§ 30, 32, 33 *et* 34, *de div. rer.*). C'est ainsi que le débiteur du pupille, après avoir payé sans autorisation de tuteur, évite de payer une seconde fois, du moins pour tout ce dont le pupille a profité dans le premier paiement (504; § 2, *quib. alien.*). C'est ainsi pareillement que le promettant, lorsqu'il n'a répondu que par erreur (*errore lapsus*, *text. hic*), oppose l'exception de dol au stipulant qui voudrait profiter de sa méprise (*Scæv. fr.* 17; *Ulp. fr.* 4, § 3, *de dol. mal. et met.*).

Lorsque l'erreur tombe sur l'objet stipulé, celui qui promet une chose pour une autre, ne s'oblige pas (1002; § 23, *de inutil. stip.*), et conséquemment n'a besoin d'aucune exception. L'erreur dont il s'agit ici est celle qui détermine à consentir, et le consentement qu'elle produit est valable d'après le droit civil, comme le consentement surpris par dol ou extorqué par violence : aussi la stipulation est-elle valable, et le promettant ne peut-il éviter la condamnation qu'à l'aide d'une exception (*text. hic*).

1325. Souvent au lieu de donner l'exception *doli mali*, le préteur met en question le fait même d'où résulterait le dol. Ainsi, par exemple, si le défendeur prétend que son adversaire avait promis de ne rien exiger, l'exception pourra être conçue dans les termes généraux, *si nihil dolo malo factum est neque fiat*, ou se référer spécialement au fait allégué *si non convenit ne ea pecunia peteretur* (*Gaius*, 4 *inst.* 119; *Ulp. fr.* 2, § 4, *de dol. mal. et met.*). Dans ce dernier cas, l'exception est *in factum* (*text. hic;* v. § 2, 3 *et* 4, *h. t.*), en ce sens qu'il suffit au défendeur de prouver le fait dont l'existence matérielle a seule été mise en question ; tandis que, dans le cas contraire, le juge devrait non-seulement constater le fait, mais aussi l'apprécier et le qualifier, pour décider s'il est ou non constitutif d'un dol. L'exception *in factum* suppose cette appréciation déjà faite par le magistrat qui a donné la formule, et le juge n'a plus à s'en occuper (1218). Le choix entre l'exception de dol et l'exception *in factum* appartient au défendeur (v. *Ulp. fr.* 2, § 4 *et* 5, *de dol. mal. et met.*), lorsqu'il ne plaide pas contre un ascendant ou contre son patron; car alors et par ménagement pour ces derniers l'exception *doli mali*, comme l'action *de dolo*, se traduit toujours *in factum* (*Ulp. fr.* 4, § 16, *eod.*; *fr.* 11, § 1, *de dol. mal.*).

§ II.

1326. La personne qui reçoit un *mutuum* s'oblige, et chacun le conçoit aisément. Si l'emprunteur est tenu de rendre, c'est parce qu'il a reçu : la cause de son obligation se trouve dans la somme qu'on lui remet, et c'est précisément pour l'obtenir qu'il s'engage à rendre plus tard une somme égale. Pareillement si l'acheteur consent à payer un prix, c'est pour avoir une chose, et si le vendeur consent à livrer, c'est pour obtenir un prix. Ce prix que doit l'acheteur, et qui par conséquent forme l'objet de son obligation, devient une cause pour celle du vendeur, et réciproquement l'objet que le vendeur s'engage à livrer, devient la cause des engagements que l'acheteur prend relativement au prix. L'obligation de l'emprunteur, celles du vendeur et de l'acheteur, sont valables d'après le droit civil et d'après l'équité; dans les contrats verbaux, au contraire, on ne voit pas aussi clairement pourquoi le promettant s'engage. Sans doute lorsqu'il fait une donation, lorsqu'il veut, en se portant fidéjusseur, accomplir un mandat ou se rendre *negotiorum gestor*, le promettant trouve, dans sa libéralité ou dans son obligeance, une cause suffisante d'obligation; mais dans tout autre cas, les engagements qui ne seraient motivés que par le fait même de la stipulation, constitueraient une obligation sans cause, conforme au droit civil, mais contraire à l'équité. Aussi, dans ce cas encore, le débiteur serait-il protégé par l'exception de dol (*Ulp. fr.* 2, § 3, *de dol. mal. et met.*).

Les stipulations interviennent souvent à l'occasion d'un autre contrat, surtout à l'occasion du *mutuum;* et alors l'emprunteur se trouve, pour un seul et même objet, obligé de deux manières, *re* à raison des valeurs qu'il reçoit, et *verbis* au moyen de la stipulation (*Ulp. fr.* 9, § 3, 4, 5, 6 *et* 7, *de reb. cred.;* v. *fr.* 6, § 1, *de novat.*; *Paul. fr.* 126, § 2, *de verb. obl.*). Souvent aussi la stipulation précède la numération des espèces qui doivent être réalisées ensuite, mais qui ne le sont pas toujours : alors le promettant, qui n'a rien reçu, n'est pas obligé *re;* mais comme il a répondu à la stipulation, il se trouve obligé *verbis.* Telle est précisément l'hypothèse de notre texte; le demandeur exige une somme qu'il a stipulée *quasi credendi causa*, mais qui n'a point été remise au promettant (*neque numeraverit*). Celui-ci est obligé par la stipulation (*cum ex stipulatu tenearis*), mais obligé sans cause, et conséquemment contre toute équité. On lui donnera donc l'exception de dol (*Gaius*, 4 *inst.* 116; *Ulp. fr.* 2, § 3, *de dol. mal. et met.*), ou l'exception *in factum* dite NON NUMERATÆ PECUNIÆ (*text. hic; Ulp. fr.* 4, § 16, *eod.*).

1327. Cette exception, soit que le créancier se prévale d'une stipulation ou d'un contrat littéral (v. *pr.*, *de litter. obl.*), est régie quant à sa durée et quant aux preuves, par des règles spéciales.

En effet, lorsque le débiteur laisse passer un certain temps sans se plaindre, son silence est considéré comme un aveu tacite de la numération, et l'exception n'est plus accordée. Le délai dont il s'agit a varié : étendu d'un an à cinq ans par Aurélius ou plutôt par Dioclétien et Maximien (C. 11., *de caut. et non numer.*), il est réduit à deux années par Justinien (*text. hic; pr.*, *de litter. obl.*; C. 14, *pr. et* § 3, *de non numer.*).

Le défendeur qui oppose une exception doit la prouver (1321); cependant l'exception *non numeratæ pecuniæ* rejette sur le demandeur la nécessité de prouver qu'il a compté les valeurs dont il s'agit (*Anton.* C. 3; *Diocl. et Max.* C. 10, *eod.*).

1328. La question de savoir quelles preuves incombent en général au demandeur, quelles au défendeur, est soumise à deux règles dont il importe d'établir la concordance.

La première SEMPER NECESSITAS PROBANDI INCUMBIT ILLI QUI AGIT (§ 4, *de legat.*; *Marcian. fr.* 21, *de probat.*) paraît si générale, si absolue même, que pour exiger du défendeur certaines preuves qu'on lui impose quelquefois, les textes lui attribuent le rôle et même le titre de demandeur, *reus in exceptione actor est* (*Ulp. fr.* 1, *de except.*; *fr.* 19, *de prob.*). En effet, prouver c'est en général *actoris partes obtinere* (*Afric. fr.* 15, *de nov. op. nunciat.*).

La seconde règle EI INCUMBIT PROBATIO QUI DICIT, NON EI QUI NEGAT (*Paul. fr.* 2, *de prob.*) est confirmée par cette observation que la preuve d'une dénégation est impossible (*Diocl. et Max.* C. 23, *eod.*). En généralisant cette seconde règle on la fait trop souvent prévaloir : alors la première se restreint en ce sens que le demandeur est tenu de prouver lorsqu'il affirme, et seulement ce qu'il affirme; que de son côté, le défendeur prouve son exception, parce qu'ordinairement elle repose sur une assertion positive; que dans le cas contraire et par exemple dans l'exception *non numeratæ pecuniæ*, le défendeur n'est pas tenu de prouver son assertion négative; la preuve du fait contraire et par conséquent affirmatif est rejetée sur le demandeur. De là on conclut que, réciproquement dans les actions négatoires, le demandeur n'a rien à prouver; qu'il lui suffit d'agir pour forcer le défendeur à établir l'existence du droit qu'on lui dénie.

1329. Cette conclusion dogmatique est abusive, puisqu'elle détruit la première des deux règles. D'ailleurs il est formellement décidé (*Diocl. et Max.* C. 23, *de prob.*) que le demandeur, lors même qu'il lui serait impossible de justifier sa prétention, ne peut rejeter sur le défendeur le fardeau de la preuve contraire, et c'est précisément pour justifier cette décision que l'on ajoute (*d.* C. 23) : *cum per rerum naturam factum negantis probatio nulla sit.* En effet, entre deux adversaires dont l'un avance une proposition tandis que l'autre y résiste, sans avancer lui-même aucune proposition nouvelle, la preuve incombe toujours au premier *qui dicit,* et jamais au second *qui negat,* en ce sens qu'il reste sur la défensive ; mais les rôles changent dès que le second avance de son côté une proposition quelconque : alors ce n'est plus lui *qui negat;* c'est lui *qui dicit,* il doit donc prouver ce qu'il soutient, quelque difficile que puisse être la preuve.

Ainsi entendue, la seconde règle concorde parfaitement avec la première. Le demandeur est toujours tenu de prouver son *intentio* confessoire ou négatoire (1), parce qu'elle énonce toujours sa prétention, c'est-à-dire une proposition qu'il met en avant ; et par la même raison, le défendeur devient demandeur relativement aux exceptions qu'il oppose : il doit donc les prouver. S'il en est autrement dans l'exception *non numeratæ pecuniæ*, c'est probablement parce que des fraudes trop nombreuses ont nécessité à cet égard une dérogation qu'il ne faut pas généraliser.

§ III.

1330. Un créancier convient avec son débiteur de ne

---

(1) Africain (*fr.* 15, *de op. nov. nunciat.*) suppose que celui contre qui on veut intenter l'action négatoire refuse d'y défendre : dans ce cas, il sera forcé de garantir qu'il n'entreprendra rien avant d'avoir lui-même intenté l'action confessoire *jus sibi esse.* Ainsi, ajoute le jurisconsulte, la partie qui n'accepte pas le rôle de défendeur, sera puni de son refus, par la nécessité où elle se trouvera de prouver son propre droit. N'est-ce pas décider que dans le cas contraire, celui qui défend à l'action négatoire n'a rien à prouver (v. 1305) ?

rien exiger. Si malgré cette convention le premier agit contre le second, ce dernier aura besoin d'une exception, si l'on suppose, avec notre texte, une obligation que le pacte n'a pu éteindre, par exemple celle qui résulte d'un *mutuum* ou d'une stipulation; car les contrats consensuels se dissolvent par le simple consentement (1123). La convention des parties suffit également pour rendre inefficace l'action *furti* ou l'action *injuriarum*, et cela *ipso jure*, c'est-à-dire indépendamment de toute exception, parce qu'il existe à cet égard une disposition précise dans la loi des Douze-Tables (*Paul. fr.* 17, § 1, *de pact.*).

En admettant donc une action de droit strict (*si paret dare oportere*), fondée sur une obligation que le droit civil considère comme toujours existante malgré la convention des parties, le préteur accordera l'exception IN FACTUM dite PACTI CONVENTI (*text. hic; Gaius,* 4 *inst. inst.* 116) ou l'exception de dol (1325).

§ IV.

1331. Le créancier qui propose et le débiteur qui accepte le serment volontaire sur l'existence de la dette, conviennent que le créancier n'exigera rien, si le prétendu débiteur jure ne rien devoir (*nihil se dare oportere*). Cette convention est un pacte conditionnel; on pourrait donc appliquer ici tout ce qu'on a dit sur le paragraphe précédent (v. *Ulp. fr.* 2, *de jurejur.*) et donner l'exception PACTI (*Ulp. fr.* 25, *eod.*); mais il existe pour ce cas particulier une exception spéciale dite *jurisjurandi* (*text. hic*).

Ainsi le préteur accorde cette exception lorsque la prestation du serment est contestée (*Ulp. fr.* 9, *de jure jur.*); car autrement si le fait que l'exception doit mettre en question est avoué *in jure*, le préteur refuse l'action (1174), et conséquemment le débiteur n'a pas à se défendre. En généralisant cette distinction, on comprend comment une même règle, par exemple la prohibition du Sc. macédonien, s'applique tantôt par un refus d'action (*denegatur actio;* § 7, *quod cum eo; Ulp. fr.* 1; *fr.* 7, § 6, *de sc. maced.*), tantôt par une exception qui suppose nécessairement l'action donnée (v. *Ulp. fr.* 7, § 4, 7, 8 *et* 10, *eod.*). C'est ainsi que, pour appliquer le rescrit d'Adrien sur le bénéfice de division entre fidéjusseurs, l'action demandée contre l'un d'eux est accordée pour sa part, et conséquemment refusée pour la part des autres (1021), si leur solvabilité n'est pas contestée; tandis que, dans le cas contraire, l'action se donne pour la totalité, mais avec cette exception SI NON ET ILLI SOLVENDO SINT (*Paul. fr.* 28, *de fidej.*).

1332. Jusqu'ici on a vu l'exception de dol et plusieurs autres exceptions analogues opposées aux actions personnelles de droit strict; elles sont également nécessaires contre les actions réelles et conséquemment contre plusieurs actions arbitraires, notamment contre la revendication, lorsque le possesseur veut arguer du dol (§ 30, 32, 33 *et* 34, *de div. rer.*), de la violence (*Gaius*, 4 *inst.* 117) ou du serment à lui déféré, s'il prétend avoir juré que la chose lui appartient (*text. hic*) ou qu'elle n'appartient pas à son adversaire (*Ulp. fr.* 1, *de jurej.*). Dans les actions de bonne foi, l'exception de dol, et par suite toutes les exceptions *in factum* fondées sur l'équité (1246), sont inutiles parce que l'*intentio* qui prescrit au juge de statuer *ex fide bona*, lui soumet par cela même l'appréciation du dol qui est incompatible avec la bonne foi; mais au contraire on a toujours besoin d'une exception pour faire admettre toute autre défense qui ne contredit pas directement l'*intentio*. C'est ainsi que plusieurs exceptions se trouvent fréquemment ajoutées aux actions de bonne foi ou aux actions prétoriennes, entr'autres l'exception *juris jurandi* aux actions *in factum* (*Ulp. fr.* 3, § 1, *de jurej.*), parce que le serment prêté ne change rien au fait que l'*intentio* met en question; l'exception *justi dominii* à l'action publicienne, parce que le défendeur, en se prétendant propriétaire, ne combat point directement l'usucapion fictive dont se prévaut le demandeur; l'exception *rei judicatæ* aux actions de droit strict ou même aux actions de bonne foi, parce que l'autorité de la chose jugée ne détruit pas toujours la prétention du demandeur (v. 1335).

§ V.

1333. Le jugement des hommes n'est jamais infaillible, et par cette raison même il importe de s'en tenir à une décision prise; car un examen nouveau de la même question ne garantirait pas d'une erreur nouvelle. La prolongation du litige et de ses incertitudes produit, sans avantage réel, d'inextricables complications (*Paul. fr.* 6, *de except. rei jud.*); enfin la multiplicité des procès cause, dans la société civile, un trouble permanent. On peut sans doute, lorsqu'on admet l'appel, établir que la cause, jugée en premier ressort, sera soumise de nouveau à un juge supérieur; mais il faut toujours s'arrêter en considérant comme juste, lors même qu'elle ne le serait pas (v. *Mæcian. fr.* 65, § 2, *ad sc. trebell.*), une décision qui doit être finale. De là vient l'autorité de la chose jugée, qui peut n'être pas la vérité, mais qui en tient lieu : RES JUDICATA PRO VERITATE ACCIPITUR (*Ulp. fr.* 207, *de reg. jur.*; v. *Modest. fr.* 1, *de re jud.*).

De là cette conséquence qu'après avoir agi contre une personne, il ne faut pas agir une seconde fois contre elle pour le même sujet. Aussi, lorsqu'il délivre une nouvelle action contre le défendeur qui prétend avoir été absous, le préteur subordonne-t-il la condamnation à la non-existence d'une décision antérieure, *si ea res judicata non sit* (*Ulp. fr.* 9, § 2, *de except. rei jud.*).

1334. L'autorité de la chose jugée, toute nécessaire qu'elle est, consacre quelquefois des erreurs que l'exception *rei judicatæ* rendra irréparables. Cette exception ne tend donc pas, comme les précédentes, à faire prévaloir l'équité et la bonne foi sur le droit strict : aussi n'est-elle sous-entendue dans aucune action. On l'ajoute aux actions *bonæ fidei* (*Sever. et Anton.* C. 2, *de judic.*), comme aux autres, dans l'hypothèse, bien entendu, où le demandeur ne convient pas qu'il y ait chose jugée; autrement le préteur refuserait l'action (1331).

Mais dans ce cas même l'exception est-elle nécessaire? L'autorité de la chose jugée étant un principe fondamental du droit civil, son application n'entre-t-elle pas *ipso jure* dans l'office du juge? Elle y entrait toujours dans le système des actions de la loi, lorsque les exceptions étaient encore inconnues (*Gaius*, 4 *inst.* 108); mais dans la procédure formulaire, toute allégation du défendeur qui ne combat point directement l'*intentio*, nécessite une exception : or la décision du juge sur une action *in factum* ou sur une action réelle, ne détruit ni le fait qui était en question, ni le droit du demandeur. Lorsque celui-ci viendra de nouveau soutenir l'existence du même fait, ou se dire propriétaire du même objet, son *intentio* restera vraie, quoiqu'il ait succombé une fois : le défendeur ne peut donc se prévaloir de la chose jugée qu'au moyen d'une exception (*Gaius*, 4 *inst.* 106 *et* 107). Il en serait de même pour les actions personnelles *in jus*, si l'obligation qui leur sert de base subsistait encore; mais la novation qui résulte de la *litis contestatio* (1175, 1312), libère le défendeur et rend l'exception *rei judicatæ* superflue.

1335. Toutefois on distinguait à cet égard les instances ou *judicia* qui *legitimo jure consistunt*, autrement dits *judicia legitima*, et ceux qui *imperio continentur*. L'effet de ces derniers se conservait et cessait avec l'*imperium*, c'est-à-dire avec l'autorité du magistrat qui avait donné l'action (*Gaius*, 4 *inst.* 105), tandis que les *judicia legitima* avaient une durée fixe, limitée à dix-huit mois par une des deux lois *Julia judiciaria* (*Gaius*, 4 *inst.* 104). Il n'y avait de *judicium legitimum* qu'à Rome ou dans un rayon d'un mille autour de cette ville; et dans cette limite même il fallait que l'action, donnée entre citoyens, renvoyât les parties devant un seul juge citoyen comme elles. Autrement la distance, la pluralité des juges ou la qualité de *peregrinus*, soit dans le juge, soit dans l'une des parties, suffisait pour que le *judicium* fût *imperio continens*, soit que l'action dérivât du droit civil ou du droit prétorien (*Gaius*, 4 *inst.* 104, 105 *et* 109).

Dans les *judicia legitima*, l'obligation du défendeur poursuivi par une action personnelle *in jus* était toujours novée, et conséquemment éteinte par la *litis contestatio* :

il n'avait donc besoin d'aucune exception pour se défendre contre une nouvelle action (*Gaius*, 3 *inst.* 181; 4 *inst.* 107); mais dans tout autre cas il ne s'opérait aucune novation, et rien n'empêchait le défendeur absous d'être poursuivi de nouveau, même par une action personnelle *in jus*. Il avait donc besoin d'une exception pour faire prévaloir l'autorité de la chose jugée (*Gaius*, 3 *inst.* 180, 181; 4 *inst.* 106).

Sous Justinien, les distinctions précédentes ne sont plus admissibles (1). Néanmoins le système du *judicium imperio continens* était moins étranger à Constantinople et à son empire tout provincial, que le système du *judicium legitimum* : aussi l'Empereur a-t-il placé ici un texte qui déclare l'exception *rei judicatæ* indispensable même dans une action personnelle (*sive in rem sive in personam*), parce que l'obligation subsiste toujours *nihilominus obligatio durat*.

1336. L'autorité de la chose jugée empêche, comme nous l'avons vu (1333), de renouveler un procès terminé. L'exception *rei judicatæ* profitera donc au défendeur dans tous les cas où l'action tendrait à ouvrir un nouveau débat sur la même question (*Ulp. fr.* 3; *fr.* 7, § 4; *Marcel. fr.* 19, *de except. rei jud.*), ou comme le dit notre texte (*de eadem re*) sur la même cause, la même affaire. Or le procès n'est plus le même, lorsqu'il se renouvelle entre d'autres personnes (*Paul. fr.* 22; *Ulp. fr.* 7, § 4, *de except. rei jud.*); car la chose jugée pour ou contre

---

(1) Il en existe des traces au Digeste (v. *Paul. fr.* 20, § 1; *fr.* 25, *de dol. mal.*). Dans le premier de ces deux textes l'action *pro socio* est totalement éteinte; dans le second, elle subsiste, sauf l'exception *rei judicatæ*. Cujas a cherché une explication qu'il n'aurait pas adoptée, s'il avait connu les Institutes de Gaius.

une personne n'a d'autorité que pour ou contre elle (1), et pour ou contre ceux qui lui auraient succédé (*Ulp. fr.* 11, § 3, 9 *et* 10; *Pap. fr.* 28, *eod.*; *Anton.* C. 2, *de except.*), qui l'auraient représentée dans le procès (1303; *Ulp. fr.* 4; *fr.* 11, § 7, *de except. rei jud.*) ou qui se confondraient avec elle comme un père de famille avec les enfants soumis à sa puissance (*Ulp. d. fr.* 11, § 8, *eod.*). Entre les mêmes personnes la question et par conséquent l'affaire n'est plus la même, dès qu'on ne demande pas, en tout ou en partie (*Ulp. fr.* 7, *pr. et* § 1; *Pomp. fr.* 21, § 1; *Afr. fr.* 26, § 1, *de except. rei jud.*), le même corps, la même quantité ou le même droit qu'on avait inutilement demandé (*Ulp. et Paul. fr.* 12 *et* 13, *eod.*). Enfin, entre les mêmes parties et relativement au même objet, l'affaire cesse encore d'être la même quand la nouvelle action soulève une question différente, par exemple lorsqu'après avoir revendiqué on agit par condiction (2); lorsqu'il existe, pour accueillir la prétention d'une partie ou pour condamner son adversaire, une cause (*causa*

(1) RES INTER ALIOS JUDICATAS ALIIS NON PRÆJUDICARE (*Macer, fr.* 63, *de re judic.*). Voyez Ulpien (*fr.* 1, *de except. rei jud.*), Paul (*fr.* 16, *qui potior.*) et le titre du Code (*liv.* 7, *tit.* 60) INTER ALIOS ACTA VEL JUDICATA ALIIS NON NOCERE.

(2) *Paul. fr.* 31, *de except. rei jud.* En effet, il s'agit de savoir dans la revendication si le demandeur est propriétaire, et dans la condiction, au contraire, si son adversaire doit lui conférer la propriété, SI PARET EUM DARE OPORTERE. Plusieurs textes accordent l'exception de la chose jugée contre le demandeur qui redemande le même objet, fût-ce par une autre action (*Ulp. fr.* 5; *fr.* 7, § 4, *eod.*). Cette décision s'applique dans le cas où l'on aurait à choisir entre plusieurs actions concourant au même but : après avoir opté pour l'une d'elles, on ne peut plus revenir aux autres (v. *Julian. fr.* 8; *fr.* 25, § 1, *eod.*); car on ne doit pas plaider de nouveau sur la même question, même en exerçant une action différente (*Ulp. fr.* 7, § 4 *et* 5; v. *fr.* 3, *eod.*).

petendi; Paul. fr. 14, *eod.*), à laquelle ne s'applique point la chose jugée, c'est-à-dire à l'égard des actions personnelles, une autre obligation (*Paul. d. fr.* 14, § 2), et à l'égard des actions réelles, un droit nouveau pour le demandeur (2), ou une possession nouvelle pour le défendeur qui aurait été absous précisément parce qu'il ne possédait pas (*Ulp. fr.* 9; *fr.* 18; *Gaius, fr.* 17, *de except. rei jud.*). Dans ces différents cas en effet, on peut sans contradiction condamner le défendeur qui aurait été absous, et réciproquement.

1337. L'existence de la chose jugée peut, comme celle du serment (1216), être controversée dans deux sens opposés, soit, comme nous l'avons admis jusqu'ici, lorsqu'elle est niée par le demandeur et affirmée par le défendeur qui prétend avoir été absous, soit au contraire lorsqu'elle est affirmée par le demandeur et niée par la personne qu'il prétend avoir été condamnée. On accorde, dans le premier cas, l'exception *rei judicatæ*, et dans le second, une action dont l'objet direct est précisément de savoir s'il y a chose jugée (v. *Macer, fr.* 1, *quæ sent. sine appel.*).

---

(1) *Ulp. fr.* 11, § 4; *Julian. fr.* 25, *de except. rei jud.* Une seule et même chose peut devenir l'objet de plusieurs obligations différentes et conséquemment être due plusieurs fois en même temps, par le même débiteur, au même créancier. Aussi après avoir jugé que cette chose n'est pas due en vertu de telle obligation, peut-on juger, sans contradiction, qu'elle est due en vertu de telle autre. En matière de revendication il n'en est pas de même : nul ne peut acquérir ce qui lui appartient déjà (1232), et lorsqu'on se dit propriétaire, la question du procès embrasse toutes les causes d'acquisitions antérieures au litige, du moins lorsque le demandeur n'a pas spécifié en quelle qualité et en vertu de quelle cause, il prétend être déclaré propriétaire (*Paul. fr.* 14, § 2, *eod.*); mais celui qui aurait revendiqué en vertu de telle ou telle acquisition peut, sans craindre l'exception de la chose jugée, soutenir que le même objet lui était acquis par tout autre moyen (*Ulp. fr.* 11, § 2, *eod.*).

Cette action, dite *judicati*, produit une condamnation au double (1242).

§ VIII.

1338. Le système des exceptions a été d'abord introduit par le droit prétorien, et ensuite adopté par le droit civil, comme celui des possessions de biens que le préteur accorde quelquefois *uti ex legibus*, etc. (901). Aussi distinguons-nous ici les exceptions qui dérivent soit du droit prétorien lui-même (*ex ipsius prætoris jurisdictione*), comme l'exception de dol, l'exception *metus causa* (1323), soit des lois ou des autres sources du droit civil qui ont la même autorité (*legis vicem obtinent*). Ainsi le fidéjusseur, en vertu du rescrit d'Adrien, évite une condamnation totale par le moyen d'une exception (1331). C'est aussi par l'exception de dol, et en vertu d'un rescrit de Marc-Aurèle, que la compensation a été admise dans les actions de droit strict (1274; § 30, *de act.*). Plusieurs modifications apportées à l'IPSUM JUS, c'est-à-dire au droit primitif, par les sénatus-consultes, notamment par le Trébellien et le Macédonien, s'appliquaient également par voie d'exception (v. 782, 1331).

Les lois, par exemple, la loi Falcidie, s'appliquent souvent *ipso jure* (769). Cependant on cite des lois dont les dispositions ne profitent au défendeur par voie d'exception. Telle est notamment la loi Julia (1368), qui a introduit le bénéfice de cession, et par suite l'exception NISI BONIS CESSERIT (§ 4, *de replicat.*). Telle est aussi la loi Cincia qui, en exceptant quelques personnes, et notamment certains parents du donateur (v. *Paul. fragm. vatic.*, § 298 *et seqq.*), défendait de donner à tout autre donataire au-delà d'une valeur déterminée, valeur dont le taux est resté inconnu.

1339. Malgré cette prohibition, le donateur n'avait aucune action pour revendiquer la partie des objets donnés qui excédait le taux légal (1); mais il pouvait se défendre par une exception, toutes les fois que le donataire agissait contre lui comme propriétaire des objets donnés (*Paul. fr.* 5, § 2, *de dol. mal. et met. except.*). De là cette conséquence, que la prohibition restait impuissante dans tous les cas où le donataire n'avait pas besoin d'agir, c'est-à-dire toutes les fois qu'on lui avait conféré la propriété et la possession. La tradition seule a toujours rempli ce double but pour les choses *nec mancipi*, tandis que, pour les choses *mancipi*, il fallait transférer la propriété par mancipation ou par *cessio in jure*, et la possession par tradition (*fragm. vatic.* § 293). A ce moyen, le donataire, n'ayant pas besoin d'agir contre le donateur, ne craignait pas l'exception de la loi Cincia, du moins lorsqu'il s'agissait d'immeubles; car, pour les meubles, celui qui en avait transféré la propriété et la possession pouvait quelquefois reprendre cette dernière par l'interdit *utrubi* (1358, 1364), et dans ce cas le donataire, étant réduit à revendiquer contre le donateur, était repoussé par l'exception de la loi Cincia. Il n'était donc en parfaite sécurité que lorsqu'il n'avait plus à redouter l'interdit *utrubi* (*Paul. fragm. vatic.* § 311).

Ceci démontre que les différents moyens indiqués pour

(1) La donation n'est pas nulle même pour l'excédent (*Ulp. reg.* 1). Les textes qui donnent une action au donnateur ne lui donnent que la *condictio indebiti*, dans un cas que nous expliquerons ci-après.

garantir le donataire ne sont pas des conditions exigées par la loi Cincia pour la validité des donations en général, mais sont plutôt des précautions communément employées afin d'éluder la prohibition, et admises dans l'usage pour toute donation qui *supra modum legitimum facta est* (*Paul. d. fr.* 5, § 2, *de dol. mal. et met.*; v. *fragm. vatic.* § 293 *et* 311). Aussi les mêmes moyens ne sont-ils pas indiqués aux personnes que la loi Cincia exceptait de sa prohibition, précisement parce qu'on ne pouvait leur opposer aucune exception (*Paul. fragm. vatic.* § 310).

Quand le donateur, au lieu de transférer la propriété, s'obligeait simplement *donationis causa*, on ne pouvait, au moyen des mêmes précautions, excéder le taux légal. Le donataire, n'ayant d'autre garantie qu'une action personnelle, pouvait toujours être repoussé par l'exception de la loi Cincia (*Ulp. fragm. vatic.* § 266; *Javol. fr.* 24, *de donat.*). Le paiement fait par le donateur ne suffisait même pas à la sécurité du donataire, puisque ce paiement était sujet à répétition (*Ulp. ibid.*; v. *Cels. fr.* 21, § 1, *de donat.*).

§ VIII ET IX.

1340. Les exceptions se divisent en péremptoires et dilatoires, ou, ce qui revient au même, en perpétuelles et temporaires (§ 8). Les premières sont inévitables, tandis que le demandeur peut éviter les exceptions temporaires (*Gaius, fr.* 3, *h. t.*; v. 4 *inst.* 121), soit en agissant plus tard (v. § 10, *h. t.*), soit en agissant par telle personne plutôt que par telle autre (v. § 11, *h. t.*); et comme ces précautions laissent au défendeur un délai (*temporis dilationem; d.* § 10), de là vient que les exceptions temporaires ont été appelées dilatoires. Cette division ne tient donc pas au résultat que produisent les différentes exceptions, mais à leur durée.

En effet, elles sont perpétuelles ou temporaires comme les actions (v. *tit.* 12), en ce sens que les premières peuvent toujours être demandées au préteur, et sont toujours insérées dans la formule, quelle que soit l'époque à laquelle on veut agir, quel que soit le procureur ou le *cognitor* par qui l'on veut agir. C'est ainsi que l'exception de dol est perpétuelle (§ 9), parce qu'elle se donne en tout temps, par opposition à l'action *de dolo* qui est temporaire (1).

Sont également perpétuelles ou péremptoires les exceptions qui résultent des lois, des sénatus-consultes, et sans doute aussi des constitutions. Telles sont aussi, parmi les exceptions prétoriennes, l'exception *metus causa*, et l'exception *pacti conventi* lorsque le demandeur est convenu de ne jamais rien exiger, *ne omnino peteretur* (§ 9, *h. t.*; *Gaius*, 4 *inst.* 121; *fr.* 3, *de except.*).

§ X.

1341. Dans le cas contraire, le créancier qui est convenu de ne rien exiger avant une certaine époque, par exemple, avant cinq ans, n'aura contre le débiteur qu'une exception dilatoire, qu'il évitera en différant d'agir, c'est-à-dire de demander une action jusqu'à l'ex-

(1) 1260. L'exception est perpétuelle, lors même que l'action serait temporaire, parce qu'il ne dépend pas du défendeur que l'action soit intentée contre lui avant telle ou telle époque (*Paul. fr.* 5, § 6, *de dol. mal. et met.*; v. *Diocl. et Max.* C. 5 *et* 6, *de except.*). De là vient cette maxime : *temporalia ad agendum, perpetua ad excipiendum.*

piration du délai convenu. Autrement l'exception jointe à la formule en paralyserait l'effet, et le demandeur agissant de nouveau, lorsque l'exception dilatoire n'est plus à craindre, agira encore inutilement, parce que la même affaire a déjà été l'objet d'un JUDICIUM (*rem in judicium deducebant et consumebant*), d'où résulterait contre la seconde action une exception péremptoire (*Gaius*, 4 *inst.* 123), qui est sans doute l'exception de la chose jugée (*Theoph. hic*).

1342. L'inobservation du délai accordé par un pacte postérieur au contrat, fournit au défendeur une exception (*text. hic*); celle du terme convenu dans le contrat même entraînait plus-pétition (1261; § 33, *de act.*). Justinien, supprimant cette différence, veut que dans l'un et l'autre cas le demandeur puisse agir de nouveau, mais seulement après un délai double du premier, et après avoir remboursé à son adversaire les dépens du premier procès, le tout par extension d'une constitution de Zenon (1264; *text. hic*, *in fin.*; *Justin.* C. 2, *de plus pet.*).

§ XI.

1343. Les exceptions dilatoires sont en petit nombre. A celle que mentionne notre texte, Gaius (4 *inst.* 122) en joint deux autres qui sont également dilatoires *ex tempore* (*Gaius*, *ibid.* 124), parce qu'on les évite en retardant l'action.

Il est d'autres exceptions dilatoires dites *procuratoriæ* et *cognitoriæ*, auxquelles on s'expose en choisissant pour procureur ou pour *cognitor* une personne incapable d'agir en cette qualité, tandis qu'on les éviterait en faisant un autre choix ou en agissant soi-même. Ces exceptions, puisqu'on peut les éviter, sont dilatoires, non pas *ex tempore* comme les précédentes, mais *ex persona* (*text. hic*; *Gaius*, 4 *inst.* 124; *Ulp. fr.* 2, § 4, *de except.*).

Parmi les causes qui empêchaient d'agir pour autrui comme procureur sont le service militaire (*Alex.* C. 7, *de procur.*), et l'infamie soit du procureur lui-même, soit du constituant. En conservant le premier de ces deux empêchements, Justinien (*text. hic*) atteste et confirme expressément la désuétude du second.

TITRE XIV.

Des Répliques.

PR.

1344. Le demandeur, auquel on oppose une exception, peut toujours y défendre, comme on défend à une action (1320), par la dénégation et la contradiction directe de ce que prétend son adversaire. Ainsi contre l'exception de dol, contre les exceptions *rei judicatæ* ou *pacti conventi*, le demandeur soutiendra qu'il n'a commis et ne commet aucun dol, qu'il n'y a ni chose jugée ni convention faite entre son adversaire et lui; mais si, au lieu de contredire l'exception, il veut s'en garantir indirectement, en invoquant des circonstances prises en dehors de l'exception même, le demandeur ne doit plus être entendu. Il soulève alors une question nouvelle, que le juge ne doit pas examiner si ce n'est lorsque le préteur l'aura posée, en ajoutant à la formule une condition spéciale dont la vérification, paralysant l'exception, empêche l'absolution du défendeur et reproduit la nécessité d'une condamnation.

Cette addition (1) faite à la formule dans l'intérêt du demandeur s'appelle réplique (*text. hic*).

1345. Justinien donne un exemple facile à comprendre. Observons donc seulement que la nécessité d'une réplique vient de ce que l'exception est ici posée *in factum*, et conséquemment subordonnée à l'existence du premier pacte, c'est-à-dire à un fait matériel et inflexible que ne dément ni ne détruit l'existence d'un second pacte. Il en serait autrement si l'exception avait été posée *de dolo;* car alors le juge, devant apprécier tous les faits constitutifs du dol, apprécierait les deux conventions, et par elles la bonne ou la mauvaise foi des parties. La réplique serait donc inutile.

Voici un autre exemple : Une chose a été vendue et livrée *non a domino;* PRIMUS, propriétaire, agit en revendication contre SECUNDUS, acheteur, qui est absous. Plus tard l'objet passe entre les mains de Primus qui l'avait inutilement revendiqué, et SECUNDUS agit à son tour par l'action publicienne, qui, dans ce cas, sera repoussée par l'exception *justi dominii,* si PRIMUS prouve qu'il est propriétaire (1193); toutefois, comme la question de propriété a déjà été jugée entre les mêmes parties, on ne doit plus la juger de nouveau (1333). Sur cette question, si elle était soulevée comme question principale dans une revendication renouvelée contre lui, SECUNDUS invoquerait, au moyen d'une exception, l'autorité de la chose jugée; aussi lorsque, dans l'action publicienne, la propriété est remise en question par l'ex-

(1) ADJECTIONE *opus est* (*Gaius* 4 *inst.* 126, 127, 128). Notre texte remplace *adjectione* par ALLEGATIONE (*pr.*, § 1 *et* 2, *h. t.*), parce que dans le Bas-Empire il n'existe plus de formules.

ception *justi dominii*, SECUNDUS combattra-t-il cette dernière en se prévalant de la chose jugée, comme il s'en prévaudrait contre la revendication.

1346. Ici cette question de chose jugée se présente sous la forme d'une exception qui, dans le cas particulier, se trouvant opposée à l'exception *justi dominii*, formera une réplique (*Julian fr.* 24, *de except. rei jud.*), et alors le juge aura trois questions à examiner, savoir : 1° la question principale qui résulte de l'action ou plutôt de son *intentio;* 2° celle qui est posée dans l'intérêt du défendeur, par l'exception en général, et dans le cas particulier par l'exception JUSTI DOMINII, *si non ejus sit res;* 3° enfin la question de chose jugée, *si ea res judicata non sit*, posée dans l'intérêt du demandeur par la réplique.

La réplique, en effet, n'est rien autre chose qu'une exception en sens inverse opposée par le demandeur au défendeur, en un mot l'exception d'une exception, *contraria exceptio, quasi exceptionis exceptio* (*Paul. fr.* 22, § 1, *de except.*).

§ I, II ET III.

1347. Les mêmes motifs qui nécessitent contre l'action une exception, et contre l'exception une réplique, nécessitent quelquefois contre la réplique une duplique (§ 1), contre celle-ci une triplique (§ 2), et ainsi de suite à l'infini; car on ne prévoit pas quelle sera la limite possible des questions ainsi posées dans l'intérêt du défendeur et dans celui du demandeur alternativement.

Toutefois les Pandectes, auxquelles nous renvoie Justinien (§ 3), n'offrent aucune exception qui dépasse la duplique, et la duplique elle-même ne s'y trouve qu'une seule fois (1).

Dans cet exemple unique, le dol du demandeur est mis en question par la duplique, comme il l'est si souvent par l'exception proprement dite. Le dol du défendeur peut aussi devenir l'objet d'une réplique (*Ulp. fr.* 4, § 14, *de dol. mal. et met.; Sever. et Ant.* C. 2, *de judic.*) pourvu qu'elle ne soit pas opposée à l'exception de dol; car lorsqu'il y a dol réciproque, on craindrait, en condamnant le défendeur, que son adversaire ne profitât de la fraude commune. On refuse donc la réplique, et alors l'action, paralysée par l'exception *doli mali*, reste sans effet (*Ulp. d. fr.* 4, § 13, *de dol. mal. et met.*).

§ IV.

1348. Les exceptions qui appartiendraient au débiteur principal sont accordées, même contre sa volonté (*Julian fr.* 15, *de fidej.*; *Marcian. fr.* 19, *de except.*), à ses fidéjusseurs et en général à tous ceux qui sont obligés pour lui (v. *Ulp. fr.* 32, *de fidej.*; *fr.* 9, § 3, *de sc. maced.*). Telle est du moins la règle générale (*plerumque, text. hic*); car plusieurs exceptions, notamment celle qui empêche la condamnation des débiteurs qui ont fait cession de biens (*text. hic, in fin.*; v. 1368), ne se donnent point aux fidéjusseurs (v. *Pomp. fr.* 24, *de re jud.*), soit parce qu'elles tiennent à la personne (*personæ cohærent*; *Paul. fr.* 7, *de except.*), soit parce que

(1) *Julian. fr.* 7, § 1, *de curat. fur.* Dans ce texte, comme dans celui d'Ulpien (*fr.* 2, § 3, *de except.*), la duplique est appelée triplique, sans doute parce qu'elle vient, en troisième ordre, après l'exception proprement dite et après la réplique.

la cession de biens dérive elle-même d'une cause que la fidéjussion doit précisément garantir, c'est-à-dire à l'insolvabilité du principal obligé (v. *text. hic, in fin.*).

Quant aux exceptions *rei cohærentes* (*Paul. d. fr.* 7, § 1), comme elles tiennent à l'obligation plutôt qu'à la personne du débiteur, on les accorde à ceux qui sont obligés pour lui, lorsque tel est l'intérêt du débiteur même (*Paul. fr.* 21, § 5, *de pact.*), c'est-à-dire lorsque ceux-ci pourraient recourir contre lui par l'action de mandat ou par l'action *negotiorum gestorum;* car, à raison de ce recours, le créancier qui agit contre le fidéjusseur agit indirectement contre le débiteur même (*text. hic; Ulp. fr.* 29, *de recept. qui arb. rec.*). Aussi dans tous les cas où ce recours n'aurait pas lieu, les exceptions qui appartiendraient au débiteur ne se donnent-elles à aucun autre (*Paul. fr.* 32, *de pact.; Ulp. fr.* 9, § 3, *de sc. maced.*).

Parmi les exceptions *rei cohærentes,* telles que les exceptions tirées du dol, de la violence, de la chose jugée, etc., etc., se trouve aussi l'exception *pacti conventi* (*text. hic*), ce qui supose un pacte fait *in rem*, d'une manière générale (*Paul. fr.* 7, § 1, *de except.*), comme se fait ordinairement le pacte *de non petendo.* Quelquefois, au contraire, le créancier consent à ne rien exiger du débiteur même avec qui le pacte est convenu (v. *Ulp. fr.* 7, § 8, *de pact.*), et alors la convention ne profite ni aux héritiers de celui-ci, ni aux personnes qui sont obligées pour lui (*Paul. fr.* 25, § 1, *eod.;* v. 1180).

TITRE XV.

Des Interdits.

PR.

1349. Dans certaines affaires (v. *Ulp. et Paul. fr.* 1 *et* 2, *h. t.*) et notamment en matière de possession, le préteur interpose son autorité et prononce en termes solennels, un ordre impératif ou prohibitif. Ce commandement ou cette prohibition prépare la décision définitive, et pose une règle dont l'application (1) reste à faire par un juge que le magistrat constituera, s'il y a lieu, en donnant une action (v. *Gaius*, 4 *inst.* 141,166).

La règle qui se trouve ainsi établie par l'interdit, existe uniquement pour la contestation où elle est posée, et pour les personnes que cette contestation divise (1365). En effet le mot *interdictum*, que les anciens jurisconsultes faisaient dériver du verbe INTERDICERE pour l'appliquer exclusivement aux ordres prohibitifs (1351; § 1, *h. t.*), a été pris dans un sens plus général, et appliqué aux jussions comme aux prohibitions du préteur. Les unes et les autres s'appellent *interdicta*, parce qu'elles

---

(1) Application souvent rétroactive, par exemple, dans les interdits *uti possidetis* et *utrubi*, qui pour maintenir une personne troublée dans sa possession prohibe la violence, *uti possidetis... quo minus ita possideatis, vim fieri veto.* Evidemment cette prohibition s'applique aux faits antérieurs. Ce n'est donc au fonds, que la promulgation d'un principe qui réprouve les voies de fait employées contre ceux dont la possession réunit certains caractères (1359). C'est sur l'application de ce principe lorsqu'elle est contestée, et notamment sur la question de savoir lequel des contendants possédait à une certaine époque et avec les conditions exprimées dans l'interdit, que les parties sont renvoyées devant un juge (v. *Gaius*, 4 *inst.* 166).

sont spéciales pour une contestation et pour les personnes que cette contestation divise (*inter duos dicuntur*; § 1, *in fin.*). INTERDICTUM signifie donc *dictum inter duos* par opposition à l'EDICTUM que le préteur établit comme règle générale entre tous. Ainsi les interdits sont, à proprement parler, des édits spéciaux, des édits personnels (v. *Gaius*, 4 *inst.* 141,166) qu'il faut renouveler chaque fois qu'une affaire semblable se représente.

1350. Les interdits semblent tirer leur origine de la nécessité où ont toujours été les magistrats d'empêcher les rixes et de réprimer les actes de violence : aussi la forme la plus ordinaire est-elle VIM FIERI VETO. On peut croire que les magistrats sont intervenus de cette manière lorsqu'ils n'avaient pas encore assez d'autorité pour ajouter au droit civil ou pour le modifier par des édits généraux; et lorsque ces derniers furent en usage, les préteurs continuèrent à prononcer des interdits dans les affaires où cette marche avait été précédemment observée. Toutefois, afin de généraliser et même de régulariser leur système, ils promirent de prononcer dans telle ou telle circonstance tel ou tel interdit (v. *Ulp. fr.* 1, *de tab. exhib.*; *fr.* 2, *ne quid in loc. pub.*; *fr.* 1, *ut in flum. publ.*; *fr.* 1, § 29, *de aqu. quotid.*).

Le renouvellement successif d'un ordre ou d'une défense que le préteur ne refusait à personne, ne fut dès-lors qu'une formalité dont on s'affranchit plus tard en la considérant comme tacitement accomplie, et quoique l'interdit n'eût pas été prononcé, on a fini par agir comme s'il l'avait été (§ 8, *h. t.*; v. *Diocl. et Max.* C. 3, *de interd.*); en effet, Justinien s'occupe moins ici des interdits que des actions qui en tiennent lieu, *quæ pro his exercentur* (*text. hic*).

§ I.

1351. Les interdits qui consistent dans une défense, soit VIM FIERI VETO pour l'interdit *uti possidetis* dont il sera question au § 4, ou pour le cas d'inhumation cité dans notre texte (v. *Ulp. fr.* 1, *de mort. inf.*), soit simplement VETO ou NE FIAT pour les ouvrages entrepris dans un lieu sacré, sur la rive ou dans le lit d'un fleuve navigable (*text. hic.*; v. *Ulp. fr.* 1, *ne quid in loc. sacr.*; *fr.* 1, *de flumin.*), les interdits proprement dits de plusieurs jurisconsultes et notamment de Gaius (*text. hic.*, *in fin.*; *Gaius*, 4 *inst.* 139, 140; v. *Ulp. fr.* 1, *de tab. exhib.*), s'appellent prohibitoires par opposition aux interdits impératifs que les mêmes jurisconsultes nommaient *decreta*, et qui sont restitutoires ou exhibitoires, selon que le préteur prescrit de restituer (RESTITUAS, *Ulp. fr.* 1, *quor. bon.*) ou d'exhiber (EXHIBEAS, *Ulp. fr.* 1, *de hom. lib. exhib.*; v. *Ulp. fr.* 1, § 1, *h. t.*). De cette distinction dépendait, relativement à la procédure, une différence importante; car lorsque les parties étaient renvoyées devant un juge par suite des interdits restitutoires ou exhibitoires, chacune d'elles pouvait demander une formule arbitraire, comme celles des actions réelles ou de l'action *ad exhibendum* (1379), qui laissent au défendeur la possibilité d'être absous en restituant ou en exhibant *judicis arbitrio* (*Gaius*, 4 *inst.* 142, 162, 163), et permettent au demandeur de faire exécuter par la force publique la restitution ordonnée par le juge (*Ulp. fr.* 68, *de rei vind.*).

1352. Nous trouvons ici deux exemples d'interdits restitutoires qui seront expliqués plus loin (§ 3 *et* 6, *h. t.*). Quant aux interdits exhibitoires, ils remplacent l'action *ad exhibendum* que l'on intente, dans un intérêt pécuniaire, pour obtenir l'exhibition des choses et des esclaves(1379), mais non celle des personnes libres. Il faut donc, pour ces dernières, recourir à un interdit (*Gaius, fr.* 13, *ad exhib.*); par exemple, lorsqu'un père de famille que la puissance paternelle autorise à revendiquer ses enfants (*Ulp. fr.* 1, § 2, *de rei vind.*), veut préalablement se les faire représenter par la personne qui les retient chez elle (*text. hic*; *Ulp. fr.* 1, *de lib. exhib.*). Justinien cite deux autres exemples. Le premier, qui ne se retrouve dans aucun autre texte, concerne les personnes dont la liberté est mise en question et que le préteur ordonne de représenter, sans doute au prétendu maître qui veut les faire déclarer esclaves, ou à la personne qui voudrait au contraire les faire déclarer libres (v. 1226). Dans le second exemple (*de liberto exhibendo*; *Paul. fr.* 2, § 1, *h. t.*; v. *Gaius*, 4 *inst.* 162), il s'agit d'un patron qui, pour exiger les services que lui doit son affranchi (921), demande que ce dernier soit représenté par la personne chez laquelle il se cache. Ces deux interdits n'ont rien de commun avec l'interdit *de homine libero exhibendo* qui protége la liberté individuelle : il est accordé dans l'intérêt des personnes frauduleusement détenues lorsque leur qualité d'hommes libres n'est pas contestée, à quiconque veut se les faire représenter (v. *Ulp. fr.* 1, *pr. et* § 1; *fr.* 3, § 7 *et* 9, *de hom. lib. exhib.*).

§ II.

1353. Nous venons de voir une division générale (*summa*; § 1), qui comprend tous les interdits. Ici, au contraire, se présente une division spéciale de certains interdits relatifs aux intérêts privés. Ils ont tous pour objet la possession, qui par elle-même offre de grands avantages, et par suite donne lieu à de fréquentes et graves contestations.

Le possesseur est, jusqu'à preuve contraire, considéré comme propriétaire. En cas de revendication, le rôle de défendeur lui est assuré, et le dispense de rien prouver. Si le demandeur n'établit pas clairement son droit, le doute qui subsiste suffit pour lui faire perdre sa cause, et le défendeur, lors même qu'il n'a aucun droit, reste en possession (§ 4, *h. t.*; v. *Ulp. fr.* 1, § 3, *uti possid.*). Aussi, pour ne pas prendre ou même pour ne pas conserver sans nécessité le rôle de demandeur, en exerçant une action réelle, faut-il examiner si l'on ne pourrait pas, au moyen de quelque interdit, obtenir la possession (*Gaius, fr.* 24, *de rei vind.*; v. *Ulp. fr.* 12, § 1, *de adq. vel amitt. poss.*):

1354. Sous ce rapport on distingue ici: 1° des interdits *adipiscendæ possessionis causa*, comme l'interdit salvien et l'interdit QUORUM BONORUM, qui font acquérir la possession des choses qu'on n'a pas encore possédées (1); 2° des interdits *retinendæ possessionis causa*, comme les interdits *uti possidetis* et *utrubi*, qui maintiennent la possession dans les mains où elle se trouve (§ 4, *h. t.*); 3° enfin des interdits *recuperandæ possessionis causa*,

---

(1) § 3, *h. t.*; *Gaius, 4 inst.* 144; *Paul. fr.* 2, § 3, *h. t.* Cependant l'interdit QUORUM BONORUM est restitutoire (§ 1, *h. t.*; *restituere debeat*, § 3, *h. t.*; *restituas*, *Ulp. fr.* 1, *quor. bon.*). En effet *restituere* prend ici une acception plus large que celle de notre verbe restituer; il signifie remettre quelque chose à une personne soit qu'il s'agisse pour elle d'acquérir ou de recouvrer la possession.

comme l'interdit UNDE VI, qui font recouvrer une possession perdue (§ 6, *h. t.*).

Cette division tripartite se complète par une quatrième classe d'interdits que l'on appelle doubles, parce qu'ils sont à la fois *adipiscendæ* et *recuperandæ possessionis causa* (*Paul. fr.* 2, § 3, *h. t.*). Tels sont les interdits QUEM FUNDUM, QUAM HEREDITATEM, qui, en matière de revendication ou de pétition d'hérédité, changent les rôles de demandeur et de défendeur, en transférant la possession au premier, lorsque le second ne veut pas se constituer défendeur en donnant la caution *judicatum solvi* (1).

§ III.

1355. L'interdit salvien est accordé au propriétaire d'un héritage rural pour se faire mettre en possession des objets affectés par le colon au paiement des fermages (*text. hic*). Cet interdit a tant d'analogie avec l'action servienne que les effets de l'un et de l'autre ont toujours paru difficiles à distinguer. M. de Savigny croit apercevoir dans le premier l'origine de la seconde, comme si les préteurs s'étaient d'abord servis de l'interdit pour essayer ce que les actions servienne et quasi-servienne ont ensuite établi d'une manière plus générale, en sorte que l'interdit serait devenu complètement inutile. Je crois, au contraire, que l'interdit et l'action s'appliquent indépendamment l'un de l'autre; que si le bailleur recourt à la seconde, c'est lorsqu'il ne peut pas avoir le premier; mais que, s'il obtient la possession par l'interdit salvien, il n'aura plus besoin de l'action servienne. Au lieu de se porter demandeur, il attendra comme

(1) 1305; Voyez un fragment d'Ulpien récemment découvert à Vienne.

défendeur, l'action que voudraient intenter d'autres créanciers à qui les mêmes objets seraient hypothéqués par le colon, et qui invoqueraient peut-être la règle *prior tempore, potior jure* (1204).

En effet, l'action servienne avait créé pour le bailleur une préférence qui a cessé d'être exclusive dès que l'action quasi-servienne eut validé, pour toutes créances indistinctement, l'hypothèque constituée par un simple pacte. A compter de ce moment, le bailleur put craindre que les meubles affectés par le fermier au paiement des fermages, ne fussent déjà hypothéqués à d'autres dettes. Pour obvier à cet inconvénient, l'interdit salvien est venu améliorer la position du bailleur, en lui assurant la possession préalable, et par suite le rôle de défendeur contre l'action hypothécaire des autres créanciers. Dans ce sens, l'interdit salvien, loin d'avoir précédé l'action servienne, serait une conséquence du principe introduit par cette action et généralisé par l'action quasi-servienne.

C'est ainsi que l'interdit se donne contre le débiteur ou contre les détenteurs étrangers, par opposition aux maîtres de l'héritage affermé : en effet, lorsque les choses apportées par le fermier sur un fonds indivis, sont affectées séparément et *in solidum* à la sûreté des différents copropriétaires, chacun d'eux a l'interdit Salvien *adversus extraneos*, tandis qu'entre eux ce même interdit reste sans force ; celui qui a la possession la conserve, sauf l'action servienne que les autres pourront intenter contre lui. *Possessor vincet, et erit descendendum ad servianum judicium* (*Ulp. fr.* 2, *de salv. interd.*; v. *Julian. fr.* 1, § 1, *eod.*).

1356. Les successeurs prétoriens qui ont obtenu la

bonorum possessio, se font mettre, au moyen de l'interdit QUORUM BONORUM, en possession réelle des biens héréditaires par toutes personnes qui les posséderaient *pro herede* ou *pro possessore*, les mêmes en apparence contre qui se donne la pétition d'hérédité (1252). Aussi M. de Savigny qui a vu, dans l'interdit Salvien, l'origine de l'action servienne, aperçoit-il pareillement, dans l'interdit *quorum bonorum*, l'origine d'une pétition d'hérédité prétorienne, nommée *possessoria hereditatis petitio* qui produit, pour le *bonorum possessor*, les mêmes résultats que la pétition d'hérédité proprement dite pour l'héritier (*Gaius*, *fr.* 2, *de possess. hered. pet.*). En réalité cependant ces deux actions se distinguent de l'interdit par des différences essentielles; car ce dernier s'applique exclusivement aux choses corporelles (*Paul. fr.* 2, *quor. bon.*; v. *Ulp. fr.* 13, § 15, *de hered. pet.*) et compète même contre le véritable héritier (v. *Gaius*, 4 *inst.* 144). Il agit donc en sens inverse de la pétition d'hérédité qui appartient aux héritiers, même contre le *bonorum possessor* (*Ulp. fr.* 11, *de her. pet.*).

Ces contradictions, évidentes dans le système de M. de Savigny, disparaissent lorsqu'on distingue ce qu'il ne faut jamais confondre, savoir, la possession et la propriété ou les autres droits qu'on peut avoir sur la chose d'autrui : en effet la possession et la propriété n'ont rien de commun (*Ulp. fr.* 12, § 1, *de adq. vel amitt. poss.*), et ce qu'on aurait jugé sur l'une ne serait pas jugé sur l'autre (*Diocl. et Max.* C. 3, *si a non comp. jud.*).

Ainsi l'interdit *quorum bonorum* procure au successeur prétorien la possession avec tous ses avantages, notamment celui de rester défendeur contre la pétition d'hérédité intentée par les héritiers, comme le prouve la distinction des possessions de biens *cum re* ou *sine re* (907), et comme le décide Arcadius (C. 3, *quor. bon.*) en séparant le procès relatif à la possession et à l'interdit QUORUM BONORUM du procès qui pourra s'élever plus tard sur la propriété (*secunda actione proprietatis non exclusa*).

1357. Sous Justinien, il n'existe plus de possession de biens *sine re*; la pétition d'hérédité possessoire est effacée du Code; l'interdit *quorum bonorum* subsiste, mais avec une modification importante. Il se donne toujours contre ceux qui possèdent *pro herede* ou *pro possessore;* mais la première de ces deux expressions qui comprenait le véritable héritier, *tam is qui heres est quam is qui putat se heredem esse* (*Gaius*, 4 *inst.* 144) est restreinte au détenteur qui se croit héritier sans l'être, *qui putat se heredem esse* (*text. hic*). En effet, comme nous l'avons dit, le droit civil et le droit prétorien ne forment plus qu'un (907); quiconque est héritier se trouve par cela même *bonorum possessor* et réciproquement. L'interdit QUORUM BONORUM n'est donc plus un avantage pour le premier contre le second; mais il compète à l'un et à l'autre pour obtenir la possession des choses que le défunt possédait à l'époque de sa mort, lors même que la propriété en est contestée, sauf, comme nous l'avons dit, l'action à intenter plus tard sur cette contestation (1).

(1) *Etiam si quod possit tribui de proprietate luctamen.... secundaria actione proprietatis non exclusa* (*Arcad. et Honor.* C. 1, C. Th. *quor. bon.*; C. 3, *h. t.*). Voyez sur cet interdit la Thèse soutenue pour le doctorat à Paris, en août 1837, par M. Gaslonde, aujourd'hui suppléant de la faculté de droit de Dijon.

§ IV.

1358. Le prêteur maintient la possession soit, en cas d'action réelle intentée contre le possesseur, au moyen des exceptions qu'il accorde quelquefois à celui-ci, soit, en cas de troubles ou de voies de fait, au moyen d'un interdit qui prohibe la violence (*Ulp. fr.* 1, § 4, *uti poss.*), c'est-à-dire tout fait qui gêne la liberté du possesseur en l'empêchant d'user à son gré, par exemple, de cultiver ou de bâtir (*Pomp. fr.* 11, *de vi et de vi arm.*), et spécialement en lui contestant la possession même (*Ulp. fr.* 1, *uti poss.*); car il s'élève souvent de graves contestations sur le fait même de la possession, dont chacun se prétend investi, en sorte que la revendication devient impossible tant qu'on n'aura pas décidé à qui des contendants appartient la possession et par suite le rôle de défendeur (*text. hic*).

Dans ces différents cas, le préteur maintient, au moyen de l'interdit UTI POSSIDETIS, ceux qui possèdent un héritage urbain ou rural au moment où l'interdit est prononcé; et au moyen de l'interdit UTRUBI ceux qui, par eux-mêmes ou par leur auteur, ont possédé un meuble pendant la majeure partie de l'année (*text. hic; Gaius*, 4 *inst.* 149, 150, 151), en ce sens qu'ils ont possédé, dans l'année, plus long-temps que leur adversaire (*Lic. Ruf. fr.* 156, *de verb. sign.*; v. *Gaius*, 4 *inst.* 152).

Dans le Bas-Empire (1) on cesse de distinguer les meu-

---

(1) *Hodie*, dit Justinien. La différence des deux interdits UTI POSSIDETIS et UTRUBI subsistait encore sous Dioclétien et Maximien (v. *fragm. vatic.* § 293). Le texte d'Ulpien, tel qu'il existe au Digeste (*fr.* 1, § 1, *de utrub.*), est donc interpolé.

bles et les immeubles: et comme on accorde une action utile (§ 8, *h. t.*), sans prononcer aucun interdit, on s'arrête au temps de la *litis contestatio* pour maintenir celui qui possède à cette époque un objet quelconque (*text. in fin.*).

1359. Les interdits UTI POSSIDETIS et UTRUBI maintiennent la possession, lors même qu'elle est vicieuse ou *injusta* (v. *Gaius*, 4 *inst.* 151; *Venul. fr.* 53, *de adq. vel amitt. poss.*). On appelle ainsi la possession obtenue, soit de force, par l'expulsion d'autrui (*alium vi expulerat, text. hic*; v. *Paul.* 5 *sent.* 6, § 3 *et* 4), soit clandestinement, c'est-à-dire furtivement et à l'insu des personnes dont on craignait la résistance (*clam arripuerat, text. hic*; v. *Ulp. fr.* 6, *de adquir. vel amitt. poss.*), soit précairement en sollicitant avec prières la permission de posséder, *precario roguverat ut sibi possidere liceret* (*text. hic*; v. *Ulp. fr.* 2, § 3, *de precar.*). Ainsi le possesseur, malgré le vice de sa possession, sera préféré à tous ceux qui ne possèdent pas (*Paul. fr.* 2, *uti poss.*), excepté les personnes mêmes dont la possession serait passée entre ses mains par force, par surprise ou par prières, *etiamsi alium vi expulerat*, etc. (*text. hic*; v. *Pomp. fr.* 17, *de precar.*; *Ulp. fr.* 1, § 9, *uti poss.*) : bien loin en effet de maintenir contre ces derniers une possession vicieuse à leur égard, le préteur la leur ferait rendre (1). Pour réus-

(1) Par les interdits UNDE VI (v. § 6, *h. t.*) ou DE PRECARIO (v. *Ulp. fr.* 2, *de precar.*) pour les cas de violence ou de précaire. La possession clandestine des immeubles donnait pareillement lieu à un interdit spécial (v. *Ulp. fr.* 7, § 5, *comm. div.*) qui est promptement tombé en désuétude. En effet, l'occupation d'un étranger a paru insuffisante pour déposséder ceux qui, dans l'ignorance du fait, n'ont pas perdu l'intention de posséder (*Cels. fr.* 18, § 3; *Pomp. fr.* 25, § 2; *Pap. fr.*

sir dans les interdits UTI POSSIDETIS et UTRUBI, il faut donc posséder *nec vi nec clam nec precario*, non dans un sens absolu, mais relativement à son adversaire, *ab adversario* (*text. hic*), *alter ab altero* (*Ulp. fr.* 1, *uti poss.*).

1360. On conçoit aisément comment une personne se met en possession *vi* ou *clam* (v. *Ulp. fr.* 6, *de adquir. vel amitt. poss.*); mais quant à la possession précaire, on comprend difficilement que, pour l'obtenir, un homme adresse des prières à un autre homme. Cependant le *precarium* s'accorde aux prières d'une personne, pour qu'elle possède tant qu'il plaira au concédant (*Ulp. fr.* 1; *fr.* 2, § 3, *de precar.*); c'est une sorte de bienfait que ce dernier peut toujours révoquer, sans attendre l'expiration du terme qui aurait été convenu (*Ulp. fr.* 1; *Cels. fr.* 12, *de precar.*). Le concédant obtient à cet effet un interdit ou même une action PRÆSCRIPTIS VERBIS qui n'existait pas d'abord (*Ulp. fr.* 1, *pr.*, § 2 *et* 3; v. *Paul. fr.* 14; *Julian. fr.* 19, § 2, *eod.*), en sorte qu'il tient le concessionnaire dans sa dépendance. Le *precarium*, suivant M. de Savigny, tirerait son origine des concessions que faisaient anciennement les patriciens à leurs clients. Les textes n'indiquent rien de semblable, mais ils nous montrent une possession précaire fréquemment accordée par le créancier au débiteur, dont il a reçu la chose en gage (*Ulp. fr.* 6, § 4, *eod.*); et lorsque le vendeur livre une semblable possession à l'acheteur, qui n'a pas encore acquitté le prix (*Ulp. fr.* 20, *eod.*; *Alex.* C. *de pact. inter empt.*), c'est encore un débiteur qui reçoit du créancier

46, *de adq. vel. amitt poss.*). On a pensé que cette intention leur suffit pour conserver la possession *animo solo* (*Paul. fr.* 3, § 7, *eod.*) jusqu'au moment où ils ont connaissance du fait (*Pap. d. fr.* 46; v. 1362).

la chose que celui-ci retenait entre ses mains. L'utilité de cette concession se faisait surtout sentir avant l'introduction des actions serviennes et quasi-serviennes, lorsque le gage était nécessairement livré ou même mancipé au créancier qui, dans ce dernier cas, devenait propriétaire (955).

Celui qui obtient le *precarium* possède (1). Examinons à cette occasion ce que signifient, dans la langue du droit, les mots possession et posséder.

1361. Posséder, dans le sens le plus étendu, c'est détenir, et dans ce sens, M. de Savigny a distingué trois sortes de possessions, savoir : 1° la possession civile qui, d'après le droit civil proprement dit, c'est-à-dire d'après la loi des Douze-Tables, conduit à l'usucapion. Pour posséder ainsi il faut détenir par soi-même ou par d'autres, mais toujours avec l'idée de la propriété, *animo domini*.

2° La possession proprement dite, que le droit prétorien protège et garantit par des interdits, lors même qu'elle ne pourrait pas conduire à l'usucapion : ainsi dans le cas de donation entre époux, le donataire ne possède pas civilement, parce qu'il ne peut point usucaper (*Paul. fr.* 26, *de don. inter. vir. et ux.*; *fr.* 1, § 2, *pro don.*) ; cependant il possède dans le sens pur et simple du mot posséder (*Paul. d. fr.* 1, § 2, *pro don.*; *fr.* 1, § 4; *de adq. vel amitt. poss.*). Cette possession proprement dite, lorsqu'on l'oppose à la possession civile, s'appelle quelquefois possession naturelle (*Ulp. fr.* 1, § 9 *et* 10, *de vi et de vi arm.*), comme la dénomina-

---

(1) *Ulp. fr.* 4, § 1, *de precar.* Pourvu que la permission demandée et obtenue soit celle de posséder; car lorsqu'on demande à rester sur un fonds (*ut in fundo moretur*; *Ulp. fr.* 6, § 2, *eod.*), on ne possède pas.

tion d'enfants naturels, par opposition aux enfants adoptifs, désigne quelquefois les enfants nés des justes noces (v. *pr. et* § 7, *de adopt.*).

3° La possession purement naturelle des personnes qui détiennent sans aucune idée de propriété, comme l'usufruitier, le dépositaire, le commodataire, le colon ou le locataire, dont les textes disent, tantôt qu'ils possèdent naturellement (*Pap. fr.* 49; *Ulp. fr.* 12; *Paul, fr.* 3, § 3, *de adq. vel amitt. poss.*); tantôt qu'ils ne possèdent point (1), mais sont IN POSSESSIONE (§ 5, *h. t.*; *Gaius*, 4 *inst.* 153; *fr.* 9, *eod.*), tandis qu'un autre possède par eux (*Paul. fr.* § 3 *et* 12; *Pomp. fr.* 25, § 1; *Marcian. fr.* 37, *eod.*).

Cette possession purement naturelle n'est point garantie par les interdits (2), et n'est à proprement parler qu'une détention étrangère à l'idée de propriété qui caractérise la véritable possession. Cependant ceux qui obtiennent *precario* la permission de posséder, ont plus que la possession purement naturelle, puisqu'on leur accorde les interdits possessoires (*Ulp. fr.* 4, § 1, *de precar.*), comme s'ils détenaient *animo domini*. Il en est de même du créancier gagiste (v. *Julian. fr.* 36, *de adq.*

---

(1) § 4, *per quas pers. nob. adq.*; *Macer, fr.* 15, § 1, *qui satisd cog.*; *Ulp. fr.* 9, *de rei vind.*; *fr.* 6, § 2, *de precar.*; *Paul. fr.* 3, § 20, *de adq. vel amitt. poss.*).

(2) Ulpien (*fr.* 1, § 10, *de vi et de vi arm.*) les refuse catégoriquement au colon; et si d'autres textes les lui accordent dans un cas particulier, c'est parce qu'il a véritablement acquis la possession en repoussant ou en expulsant le locateur (v. *Marcel. et Pap. fr.* 12 *et* 18, *eod.*). L'usufruitier et l'usager ont aussi les interdits utiles (v. 1184), non pour l'objet corporel qu'ils détiennent sans le posséder, mais pour la quasi-possession du droit (*quasi possessione*; *pr. h. t.*; v. *Ulp. fr.* 4, *uti poss.*; *fr.* 3, § 16 *et* 17, *de vi et de vi arm.*).

vel amitt. poss.) qui possède sous tout autre rapport que l'usucapion (*Javol. fr.* 16, *de usurp.*).

§ V.

1362. Nous avons déjà vu (522,525) comment on possède ou par soi-même, ou par toute autre personne qui détient pour nous, comme les colon, locataire, dépositaire, commodataire, etc. Dans ces différents cas, on conserve la possession, comme on l'acquiert, c'est-à-dire *animo et corpore*, par la volonté jointe au fait de la détention (*Paul. fr.* 3, § 1 *et* 3, *de adquir. vel amitt. poss.*); et au contraire on doit cesser de posséder dès que les deux conditions ne sont plus réunies, c'est-à-dire dès qu'on veut ne plus posséder une chose que l'on détient encore, où dès qu'on ne détient plus la chose que l'on veut toujours avoir en sa puissance (v. *Pap. fr.* 44, § 2; *Paul. fr.* 1, § 4; *fr.* 3, § 6 *et* 13; *fr.* 30, § 4; *Ulp. fr.* 17, § 1, *eod.*). La première de ces propositions n'est susceptible d'aucun doute; mais la seconde est contredite par Justinien : l'intention, dit-il, conserve à chacun la possession des choses dont il ne s'éloigne que momentanément pour y revenir ensuite (*text. hic*). En statuant ainsi, l'empereur suppose qu'on s'éloigne d'une maison ou d'un fonds, c'est-à-dire d'un immeuble, et c'est aux immeubles en effet, que s'applique la décision de notre texte (*Paul. fr.* 5 *sent.* 2, § 1; *fr.* 3, § 11, *de adq. vel amitt. poss.*). Ainsi, bien que le fonds ne soit occupé par personne et même lorsqu'il est occupé par un étranger qui ne détient pas pour l'absent, ce dernier continue de posséder *animo solo* (1), en ce sens qu'il a toujours

(1) Un texte de Paul, inséré deux fois au Digeste (*fr.* 8, *de adq. vel amitt. poss.*; *fr.* 153, *de reg. jur.*), semble décider que la possession

l'interdit *uti possidetis* jusqu'au moment où il est informé qu'un autre s'est mis en possession (*Cels. fr.* 18, § 3; *Pap. fr.* 46, *de adq. vel amitt. poss.*), et même tant qu'il n'a pas rénoncé à ressaisir la détention (*Pomp. fr.* 25, § 2; *Paul. fr.* 3, § 8; *fr.* 7, *eod.*). Ainsi le décident les jurisconsultes du troisième siècle (*Pap. et Paul.*, *loc. cit.*) contre l'opinion de Labéon (v. *Ulp. fr.* 6, § 1, *eod.*), abandonnée dès le second siècle par les Sabiniens (v. *Gaius*, 4 *inst.* 153; *Cels. et Pomp.*, *loc. cit.*).

1363. A l'égard des meubles, on fait une distinction. La volonté suffit pour conserver, tant qu'une autre personne ne s'en saisit pas, la possession d'un esclave qui a encore l'esprit de retour (*Pap. fr.* 47, *de adq. vel amitt. poss.*) ou même celle d'un esclave fugitif, précisément parce qu'il serait trop difficile à garder (*Ulp. fr.* 13, *eod.*); mais la possession des meubles inanimés ou dépourvus de raison se perd dès qu'on ne les a plus en sa puissance (*Paul. d. fr.* 3, § 13, *Pap. d. fr.* 47); par exemple, lorsqu'ils sont perdus ou volés par tout autre que notre esclave; car le père de famille possède, par les personnes placées sous sa puissance, tout ce que possèdent ces dernières (*Ulp. fr.* 13; *Gaius*, *fr.* 15, *eod.*; v. 520).

§ VI.

1364. Le préteur accorde pendant un an l'interdit

---

ne se perd jamais que par le concours du fait et de l'intention. Telle serait en effet la décision de Paul, contraire à celle des autres jurisconsultes et à la sienne propre, si le mot UTRUMQUE signifiait toujours *l'un et l'autre*. M. de Savigny pense qu'ici ce mot signifie *l'un* ou *l'autre*; et en effet dans plusieurs textes (*Paul. fr.* 8, § 13, *de grad.*; *Ulp. fr.* 1, § 3, *uti post.*), UTRUMQUE et ALTERUTRUM ont la même signification.

UNDE VI aux personnes expulsées (*vi dejectus*) d'un immeuble (*fundi vel ædium*) par la violence ou par la crainte d'un mal présent (*Ulp. fr.* 9, *quod met.*). Dans ce cas la possession doit leur être restituée, quoiqu'elles l'eussent elles-mêmes enlevée ou surprise à leur adversaire ou obtenue de lui *precario* (1). Cette décision, que Justinien donne sans distinction, ne s'appliquait avant lui que dans le cas de violence à main armée (*Gaius*, 4 *inst.* 155); dans le cas contraire l'interdit UNDE VI, comme l'interdit UTI POSSIDETIS, ne protégeait pas ceux qui possédaient *vi, clam* ou *precario* à l'égard de leur adversaire (*Gaius*, 4 *inst.* 154). Du reste, ceux que la violence ou la crainte détermine à livrer eux-mêmes la possession, n'ont pas cet interdit (*Ulp. fr.* 5, *de vi et de vi arm.*), mais l'action *quod metus causa* (1243).

L'interdit *unde vi* ne s'applique point aux meubles; mais Valentinien, sévissant contre l'auteur de la violence, veut qu'il restitue la chose, indépendamment de la propriété qu'il perdra si elle lui appartient, ou de la valeur qu'il paiera dans le cas contraire (*text. hic;* § 1, *de vi bon. rapt.; Valent. et Theod.* C. 7, *unde vi*). Quant aux

---

(1) *Licet ab eo qui dejecit vi vel clam vel precario possidebat* (*text. hic*). La force est autorisée contre la force, soit pour résister, soit pour reprendre la possession dont on serait déjà expulsé; mais pour cela il faut agir immédiatement, sans aucun intervalle (*Ulp. fr.* 3, § 9, *de vi et de vi arm.*; v. *Paul.* 5 *sent.* 6, § 7).

(2) Ulpien (*fr.* 1, § 6, *de vi et de vi arm.*) en donne pour motif l'existence des actions *furti, vi bonorum raptorum* et *ad exhibendum*; mais ces trois actions supposent un intérêt (1135, 1141, 1379) et par conséquent ne garantissent pas la possession considérée en elle-même. Si l'on ne donnait pas l'interdit UNDE VI à l'égard des meubles, c'est donc, suivant M. de Savigny, parce que l'interdit UTRUBI suffisait pour recouvrer la possession, lorsqu'on y recourait assez tôt (1358).

autres peines que doit encourir l'auteur de la violence, voyez le § 8, *de publicis judiciis*.

§ VII.

1365. Une troisième division des interdits les distingue en simples et doubles. Les interdits UTI POSSIDETIS et UTRUBI sont doubles (*text. hic; Gaius*, 4 *inst.* 160; *Paul. fr.* 2, *h. t.*), non comme l'interdit QUEM FUNDUM (1354); mais doubles au mixte, comme les trois actions FAMILIÆ ERCISCUNDÆ, COMMUNI DIVIDUNDO et FINIUM REGUNDORUM (*Gaius, fr.* 2, § 1, *comm. divid.*; v. *Ulp. fr.* 37, § 1, *de obl. et act.*), en ce sens que les deux contendants sont dans la même position, chacun d'eux étant tout à la fois demandeur défendeur (*Julian. fr.* 10, *fin. reg.*; v. 1237).

En accordant les interdits prohibitoires, les seuls qui puissent être doubles (*text. hic*), le préteur défend les voies de fait, *vim fieri veto*, sans nommer personne; mais toute générale qu'elle paraît, cette prohibition ne s'applique en réalité qu'aux parties contendantes, et à l'une d'elles seulement dans les interdits simples. Ainsi les interdits, quoique formulés *in rem*, sont personnels par leur nature même, *vi ipsa* (*Ulp. fr.* 1, § 3, *h. t.*).

§ VIII.

1366. On ne parlera point ici des procédures auxquelles donnait lieu l'interdit rendu par le préteur, procédures très-compliquées, comme on le verra dans les Institutes des Gaius.

Le silence de notre texte sur ce point est présenté comme une conséquence des changements qu'avait éprouvés le système judiciaire, changements contemporains de la révolution politique et religieuse qui a déplacé le siége du gouvernement. En effet, le magistrat qui auparavant ne statuait lui-même que sur un petit nombre d'affaires (v. *Ulp. fr.* 1, *pr.*, § 1 *et seqq.*, *de extraord. cogn.*) dut statuer directement sur toutes les autres causes, et ne plus donner de *judex* que par extraordinaire, lorsqu'il lui devenait impossible de suffire à la multiplicité des affaires. De cette manière l'exception fut transformée en règle générale et les *judicia* devinrent tous *extraordinaria* (1172). Voyez à cet égard un texte de Paul (*fr.* 47, § 1, *de negot. gest.*) notablement interpolé par Tribonien.

1567. Théophile (*pr.*, *de succ. subl.*; § 4, *qui et ex quib. caus.*) assure que la justice, tant que les *judicia* ont été *ordinaria*, ne se rendait pas toute l'année, mais seulement dans le cours limité d'une session qui se tenait en hiver sous le nom de *conventus*, et dont le dernier jour était réservé aux opérations du conseil de manumission dont on a parlé au premier livre (91; v. *Gaius*, 1 *inst.* 20). La vente en masse de tous les biens d'un débiteur par ses créanciers a cessé, suivant Justinien (*pr.*, *de succ. subl.*), avec les *judicia ordinaria*, et suivant Théophile, avec le *conventus*; mais on n'aperçoit pas comment. Théophile est beaucoup plus satisfaisant, lorsqu'il attribue l'usage du *conventus*, ou plutôt son origine, aux habitudes martiales des anciens Romains qui n'accordaient aux débats judiciaires que la saison pendent laquelle il faut laisser reposer les armes.

TITRE XVI.

De la Punition des Plaideurs téméraires.

PR.

1368. Les hommes plaident souvent pour le plaisir de plaider. Aussi les fondateurs du droit (*qui jura sustinebant*) ont-ils toujours cherché à diminuer le nombre des procès (v. *Julian. fr.* 21, *de reb. cred.*; *Paul. fr.* 2, *de aqu. et aqu. pluv.*), en empêchant que l'on ne plaidât, soit comme demandeur, soit comme défendeur, avec trop de facilité (*facile*), c'est-à-dire sans motifs ou sur des motifs fort légers, *si ratio litigandi non fuit* (*Pap. fr.* 78, § 2, *de legat.* 2°).

Pour arriver au même but, Justinien oppose à la témérité des plaideurs une pénalité pécuniaire et quelquefois infamante, et le respect religieux qui s'attache au serment.

§ I.

1369. On appelle *calumnia* l'esprit de chicane ou la mauvaise foi d'une personne qui, pour vexer son adversaire, soutient sciemment une mauvaise prétention, comptant pour réussir sur l'erreur du juge ou sur son injustice plutôt que sur la vérité (*Gaius*, 4 *inst.* 178). A Rome, cette disposition malheureuse était réprimée, dans le défendeur, par différents moyens, notamment par la nécessité où il était de jurer que sa résistance n'avait pas lieu *calumniæ causa* (*Gaius*, 4 *inst.* 172). Toutefois ce serment, n'étant exigé qu'à défaut d'autre garantie, n'était jamais déféré dans les procès, ou soit par la résistance du défendeur, soit par la nature même de l'action, la condamnation s'élève au double, et à plus forte raison au triple ou au quadruple (1). Sous Justinien, la garantie du serment devient universelle; il doit être déféré dans toute espèce de procès (*omnibus qui conveniuntur, text. hic*); conséquemment le défendeur qui ne veut pas être considéré comme acquiesçant doit jurer *sese bona instantia uti* (*text. hic*; C. 2, *pr. et* § 7, *de jurej. propt. calumn.*).

L'esprit de chicane était également réprimé, dans le demandeur, par plusieurs moyens, entre autres, par une action *de calumnia* accordée contre lui, pour le dixième et quelquefois pour le quart du procès originaire, aux personnes qu'il poursuivait de mauvaise foi, lorsqu'elles ne préféraient pas le contraindre, comme elles le pouvaient dans toute action, à jurer qu'il n'agissait pas *calumniæ causa* (*Gaius*, 4 *inst.* 173, 176).

1370. Justinien supprime l'action *de calumnia* déjà tombée en désuétude, et ne laisse subsister que le serment *pro calumnia* (*text. hic*) : ainsi le demandeur doit, à peine de déchéance, jurer qu'il agit, non par esprit de chicane (*calumniandi animo*; *d.* C. 2, *pr. et* § 6), mais parce qu'il croit à la bonté de sa cause.

Les avocats de l'une et de l'autre partie doivent aussi prêter un long serment (*text. hic*), dont la formule nous a été transmise par Justinien (C. 14, § 1, *de judic.*).

L'Empereur veut, en outre, que les dépens (*impensas litis*) et les autres pertes ou dommages (*damnum*), que

(1) *Gaius*, 4 *inst.* 9, 171 *et* 172; v. § 26, *de act.* Notre texte suppose des cas où la contradiction du défendeur élève la condamnation au triple (*adversus inficiantes... dupli vel tripli actio*), ce dont on ne connaît aucun exemple.

le procès aura causés à la partie qui le gagne, lui soient remboursés par le mauvais plaideur (*improbus litigator*), c'est-à-dire par le vaincu, lors même qu'il n'aurait pas plaidé de mauvaise foi (v. *Justin.* C. 13, § 6, *de judic.*). En cela Justinien n'établit précisément rien de nouveau (v. *Papin. fr.* 78, § 2, *de legat.* 2°; *Ulp. fr.* 79, *de judic.*; *Zen.* C. 5, *de fruct. et lit. exp.*).

§ II ET III.

1371. On comprend facilement pourquoi les actions de vol, *vi bonorum raptorum*, d'injures et de dol, sont infamantes contre le défendeur, non-seulement lorsqu'il est condamné, mais aussi lorsqu'il transige (*sed etiam dacti*; § 2, *h. t.*; v. *Ulp. fr.* 4, § 5, *de his qui not. inf.*) pour un prix quelconque (*Ulp. fr.* 6, § 3, *eod.*), et par cela même avoue un fait honteux (v. *Paul. fr.* 5, *eod.*). Quant aux actions infamantes qui résultent de certains contrats, elles ne flétrissent le défendeur que lorsqu'il est condamné (§ 2, *h. t.*; *Paul. fr.* 7, *de his qui not. inf.*); et dans le cas même où l'action directe se trouve infamante, parce qu'elle suppose un manque de foi, l'action *contraria* où il s'agit ordinairement d'indemnités et de calculs, n'emporte aucune flétrissure (§ 2, *h. t.*; *Ulp. fr.* 6, § 7, *eod.*), du moins en règle générale; car l'action *contraria*, lorsqu'elle suppose un manque de foi, devient aussi infamante (*Ulp. d. fr.* 6, § 5).

Ces distinctions semblent supposer que, dans l'action directe elle-même, la condamnation encourue, non pour dol, mais pour simple faute, n'emporte aucune infamie (v. § 6, *de susp. tut.*; *Ulp. d. fr.* 6, § 7).

Ajoutons qu'il s'agit ici des défendeurs poursuivis en leur propre nom pour un fait qui leur est personnel, et non de ceux qui défendraient au nom ou pour le fait d'une autre personne dont ils seraient tuteur, procureur ou héritier (v. *Ulp. fr.* 6, § 2; *Julian. fr.* 1, *eod.*).

Le § 3 ne contient rien qui ne soit expliqué ci-dessus (1223; v. § 12, *de action.*).

TITRE XVII.

Des Devoirs du Juge.

PR.

1372. Le premier devoir du juge est de statuer conformément aux lois, aux constitutions ou à l'usage, c'est-à-dire conformément aux règles établies par le droit écrit ou non écrit; car les sénatus-consulte et les *responsa prudentum* sont tacitement compris dans cette énumération incomplète des sources du droit civil (v. *Modest. fr.* 19, *de appel.*; *Theoph. hic*). Doit-on y comprendre également les édits prétoriens? Si l'on se rappelle que ces édits, malgré leur grande autorité, ne font point partie du droit civil proprement dit, de l'*ipsum jus*, on reconnaîtra que leur observation n'entrait pas directement dans l'office du juge. Aussi, pour faire appliquer le droit honoraire, faut-il tantôt ajouter à l'action une exception, tantôt recourir aux actions *in factum* pour ne pas poser au juge une question qu'il déciderait nécessairement d'après les règles du droit civil.

Telle est, au surplus, la sévérité de ce premier devoir qu'une décision directement contraire aux principes du droit, reste nulle, indépendamment de l'appel qui devient inutile. Aussi, en pareil cas, peut-on débattre et juger de nouveau la même question, sans craindre l'autorité qu'obtient ordinairement la chose jugée (v. *Modest. d. fr.* 19, *de appel.*; *Alex.* C. 2, *quand prov. non est nec.*). Quant au juge qui a violé les lois, il encourt la déportation (*Paul.* 5 *sent.* 25, § 4; *fr.* 1, § 3, *de l. c. de fals.*).

L'observation des lois est un précepte général duquel dérivent ou auquel se joignent, pour certaines actions, des devoirs particuliers dont Justinien s'occupe dans les paragraphes suivants.

§ I.

1373. La loi des Douze-Tables, qui assujettit le maître d'un esclave aux actions noxales, lui permet de se libérer en abandonnant le délinquant (1291; *Ulp. fr.* 6, § 1, *de re jud.*) : aussi (*ideo*) lors même qu'il condamne le maître, le juge doit-il réserver expressément l'abandon noxal, et à cet effet prononcer une condamnation spéciale, dont notre texte a conservé la formule.

Le défendeur condamné pourra donc abandonner l'esclave; mais on ne l'y contraindra point, parce qu'il n'est pas condamné à faire cet abandon qui reste purement facultatif. Le seul objet direct et obligatoire de la condamnation, c'est la valeur pécuniaire fixée par le juge (*decem aureos condemno, text. hic*; v. *Ulp. d. fr.* 6, § 1).

1374. En effet, toute condamnation est essentiellement pécuniaire, et lors même que le procès porte sur un corps certain, le juge ne condamne pas à remettre la chose, mais à payer une somme qu'il fixe par évaluation (*Gaius*, 4 *inst.* 48), de manière que le montant de la condamnation soit toujours déterminé, lors même que la formule aurait été donnée *de incerta quantitate* (1); car autrement, si le juge prononçait une condamnation sans en fixer le montant, la sentence, loin de terminer le litige, deviendrait la source d'un nouveau procès (*Theoph. hic.*; v. *Gordian.* C. 3 *et* 4, *de sent. quæ sine cert. quant.*).

Justinien conserve ce principe, du moins comme une règle générale que le juge doit observer autant que faire se pourra (*quantum possibile sit*; § 32, *de act.*), ce qui jette ici beaucoup de vague. Remarquons d'ailleurs que, dans le Bas-Empire la condamnation n'est plus exclusivement pécuniaire; elle consiste en une somme d'argent ou en toute autre chose (*pecuniæ vel rei*; § 32, *de act.*), suivant l'objet pour lequel l'action est intentée. On ne concevait pas même, sous Justinien, que la condamnation portât sur la valeur des choses au lieu de porter sur la chose même (v. *Justin.* C. 17, *de fideic. libert.*).

§ II.

1375. L'action réelle proprement dite, la revendication n'offre rien de particulier dans l'hypothèse où le juge prononce contre le demandeur (*contra petitorem judicaverit*); car alors il doit, comme dans toute autre action, absoudre le défendeur. Dans le cas inverse, la condamnation du défendeur qui possède semble inévitable; mais comme l'action *in rem* est arbitraire, il reste

(1) § 32, *de act.* Par exemple, *Quanti ea res erit, tantam pecuniam condamna*, ou *Quidquid ob eam rem dare facere oportet, id condemna* (*Gaius*, 4 *inst.* 47 *et* 52) par opposition à la CONDICTIO CERTI : *Si paret decem dare oportere, decem condemna* (*Gaius, ibid.* 41 *et* 43).

encore pour le défendeur une chance d'absolution dans l'exécution de l'*arbitrium* (1257).

Le défendeur peut donc être absous lors même qu'on a jugé contre lui; et dans ce cas, s'il invoque plus tard l'exception de la chose jugée, il faudra répliquer qu'il n'y a pas chose jugée en sa faveur (*Ulp. fr.* 9, § 1, *de exc. rei jud.*; *Marcian. fr.* 16, § 5, *de pign. et hyp.*). En effet il ne faut pas confondre la chose jugée avec la condamnation ou l'absolution du défendeur : la première diffère de la seconde comme la cause de l'effet. Il y a chose jugée sans condamnation ni absolution dans les *præjudicia* (1225); dans les autres actions la chose jugée résulte implicitement au moins de la condamnation ou de l'absolution du défendeur, et en outre, quand l'action est arbitraire le juge, avant de rendre son *arbitrium*, prononce explicitement sa décision sur la question résultant de l'*intentio*. Ainsi par exemple les textes distinguent, tantôt si le juge a prononcé en droit qu'un impubère a pu tester valablement, et en conséquence que l'hérédité appartient à l'institué, ou s'il a décidé en fait que le défunt est décédé pubère, et en conséquence que son testament est valable (*Alex.* C. 2, *quand. prov. non est nec.*); tantôt si le défendeur absous, dans une revendication, l'a été par tel motif plutôt que par tel autre, et spécialement parce qu'il ne possédait pas (*Ulp. fr.* 9 *et* 18, *de except. rei jud.*; *Gaius*, *fr.* 17, *eod.*).

1376. L'*arbitrium* qu'il ne faut jamais confondre avec la revendication, consiste, en cas de revendication, dans un ordre intimé au défendeur (*jubere debet eum*) de restituer la chose avec les fruits (*rem ipsam cum fructibus*; v. 1244). Si le défendeur demande du temps, non pour traîner en longueur (*sine frustratione*), mais parce qu'une restitution immédiate serait impossible, le juge accordera un délai, pourvu que le défendeur garantisse, en donnant un fidéjusseur, le montant de la condamnation (*de litis æstimatione*) qui, à défaut de restitution dans le délai fixé, sera prononcée contre lui.

Lorsque le défendeur a la chose à sa disposition, la restitution se fait immédiatement par sa volonté ou même malgré lui, au moyen de la force publique (*manu militari*; *Ulp. fr.* 68, *de rei vind.*), et alors l'*arbitrium* se trouvant exécuté en partie au moins par la remise de l'objet principal, il ne peut y avoir condamnation que pour les accessoires, par exemple pour les fruits. Si la restitution se trouve impossible, le défendeur subit une condamnation qui, en cas de dol de sa part, n'a d'autre limite que le serment *in litem* prêté par son adversaire (1214), et qui, dans le cas contraire, se restreint à la valeur de la chose principale et de ses accessoires. Il en est de même dans les autres actions où l'*arbitrium* ordonne une restitution (*Ulp. d. fr.* 68, *de rei vind.*; v. *Marcian. fr.* 16, § 3, *de pign. et hyp.*; v. 1244).

1377. De la revendication Justinien passe à la pétition d'hérédité, pour établir relativement aux fruits une similitude presque complète (1) entre les deux actions.

---

(1) *Eadem ratio pene habetur.* Ce correctif s'applique aux fruits que le *prædo* ou possesseur de mauvaise foi a négligé de percevoir. On ne sait pas précisément ce que signifie le mot *pene*; mais on l'expliquerait peut-être en observant que dans la revendication le possesseur de mauvaise foi doit compte à son adversaire de tous les fruits que ce dernier aurait pu percevoir (*Pap. fr.* 62, § 1, *de rei vind.*), tandis que dans la pétition d'hérédité le *prædo* n'est comptable des fruits non perçus que dans le cas où il a dû (*Ulp. fr.* 25, *de her. pet.*) et par conséquent pu les percevoir (*M. Æl. Ant.* C. 1, § 1, *de pet. her.*).

Cette similitude semble exister en effet pour les fruits perçus *post inchoatam petitionem* (*text. hic, in fin.*), ou ce qui revient au même *post litem contestatam*; car à compter de ce moment, le possesseur ne peut plus être de bonne foi, et il doit compte soit des fruits qu'il a perçus et consommés, soit même des fruits qu'il aurait pu percevoir (*text. in fin.; Paul. fr.* 4, § 2, *fin. reg.*; *M. Æl. Ant.* C. 1, § 1, *de petit. hered.; Diocl. et Max.* C. 22, *de rei vind.*).

Quant aux fruits du temps antérieur, on peut s'étonner de la comparaison établie par notre texte; car s'il appartient au juge qui statue sur la pétition d'hérédité de faire rendre les fruits perçus avant la *litis contestatio*, parce qu'ils sont compris dans l'hérédité, sorte d'universalité qui est susceptible de s'accroître et s'accroît en effet de tous les fruits (*fructus augent hereditatem*; *Ulp. fr.* 20, § 3; *fr.* 25, § 20, *de hered. pet.*), il semble qu'on doive décider autrement pour les fruits d'un objet déterminé. Ces fruits restent distincts de la chose qui les a produits; comment donc le juge qui doit prononcer sur la revendication de cette chose, pourrait-il statuer à leur égard? Ne faut-il pas plutôt les demander par une action particulière, c'est-à-dire par la revendication, lorsqu'ils existent encore, et par la condiction, lorsqu'ils ont été consommés (361, 503, v. *Paul. fr.* 15, *de usur. et fruct.*)? D'un autre côté si la revendication permet au possesseur de bonne foi de profiter des fruits perçus et consommés (§ 35, *de div. rer.*; *Paul. fr.* 1; *fr.* 4, § 2, *fin. reg.*), la pétition d'hérédité, au contraire, l'oblige à rendre, sinon tous les fruits, du moins tous les profits qu'il en a tirés (*Paul. fr.* 40, § 1, *de hered. pet.*; v. *fr.* 28, *eod.*).

1378. Nous remarquerons d'abord que, si les fruits

déjà perçus au moment de la *litis contestatio*, peuvent devenir l'objet d'une revendication spéciale (v. *Gordian.* C. 4, *de crim. expil. her.*) il n'en résulte pas qu'il soit interdit au juge de les comprendre dans l'*arbitrium* qui ordonne de restituer la chose *cum sua causa* (1380),et par conséquent *cum fructibus* (*text. hic*). Quant à la différence précédemment signalée entre la pétition d'hérédité et la revendication relativement aux fruits consommés de bonne foi, elle dérive d'un sénatus-consulte rendu sous Adrien (1); il ne serait donc pas impossible que notre texte, tiré d'un ancien jurisconsulte, remontât par sa rédaction à une époque antérieure.

Quoi qu'il en soit, lorsque le juge statue sur la restitution des fruits en matière de revendication, c'est par un *jussus* ou *arbitrium* antérieur à toute condamnation (*jubere debet ut rem ipsam restituat cum fructibus*). Sous ce rapport, il n'y aurait aucune comparaison possible entre la revendication et toute autre action qui ne serait pas également arbitraire. Que signifie donc la similitude qu'on établit ici entre la revendication et la pétition d'hérédité? Il est vraisemblable qu'avant d'être définitivement rangée parmi les actions *bonæ fidei* (§ 29, *h. t.*), la pétition d'hérédité était arbitraire comme les autres actions réelles.

§ III.

1379. Ceux qui veulent revendiquer un objet mobilier (2) agiraient souvent au hasard, si auparavant ils

---

(1) La veille des Ides ou le 14 de mars, pendant le consulat de J. Balbus et de J. Celsus (*Ulp. fr.* 20, § 6, *de her. pet.*; *M. Æl. Ant.* C. 1, *de pet. her.*), c'est-à-dire l'an de Rome 882, et de Jésus-Christ 129.

(2) C'est surtout pour faciliter la revendication qu'a été introduite

n'examinaient pas la chose pour vérifier son identité ou constater son état. Ils ont donc pécuniairement intérêt à se la faire représenter, et obtiennent, à raison même de cet intérêt, une action personnelle dite *ad exhibendum*, contre toutes personnes à qui la possession ou la simple détention rend l'exhibition possible, et même contre celles qui se seraient mises par dol dans l'impossibilité d'exhiber (*Ulp. fr.* 3, § 3, 4 *et* 15; *fr.* 5, § 2; *fr.* 9, § 2; *Pomp. fr.* 4; *fr.* 14; *Gaius, fr.* 13, *ad exhib.*).

Cette action étant arbitraire, on s'occupe ici du *jussus*, par lequel le juge, après avoir reconnu l'intérêt que prétend avoir le demandeur, et conséquemment après avoir prononcé contre le défendeur, ordonne à celui-ci d'exhiber la chose (§ 31, *de action.*), c'est-à-dire de la représenter au demandeur en le mettant à même de faire publiquement, par ses yeux et par ses mains, la vérification qui lui importe (*Ulp. fr.* 3, § 8, *de hom. lib. exhib.*; *Pomp. fr.* 246, *de verb. sign.*), et d'intenter ensuite l'action qui lui appartient (*Ulp. fr.* 2, *ad exhib.*); ce qui suppose que l'objet, lorsqu'il se trouve joint à un autre, en sera séparé et détaché (*Paul. fr.* 6, *eod.*; *fr.* 23, § 5, *de rei vind.*).

1380. La représentation de la chose ne constitue pas une exhibition suffisante, lorsque, dans l'intervalle

---

l'action *ad exhibendum* (*Ulp. fr.* 1, *ad exhib.*; v. *fr.* 3, § 6 *et* 10, *eod.*), qui du reste appartient en règle générale à quiconque serait pécuniairement intéressé à obtenir l'exhibition (*Ulp. fr.* 3, § 7; *Gaius, fr.* 13, *eod.*), soit pour intenter ensuite une action réelle quelconque (*Ulp. fr.* 3, § 3 *et* 4, *eod.*), ou même certaines actions personnelles, par exemple une action noxale pour le fait d'un esclave dont on ignore le nom, mais dont on connaît le maître. Le demandeur peut se faire représenter tous les esclaves de ce dernier afin de désigner parmi eux le délinquant (*Ulp. d. fr.* 3, § 7, *eod.*).

du litige, la résistance du défendeur a fait perdre à son adversaire un droit ou un avantage quelconque, et notamment l'action qu'il se proposait d'exercer après l'exhibition. Dans ce cas il faut, pour éviter la condamnation, que le défendeur exhibe, outre la chose même, ce qu'on appelle *rei causa* (*text. hic*); c'est-à-dire qu'il faut replacer le demandeur dans la position où l'aurait mis une exhibition immédiate, et conséquemment l'indemniser de tout ce que lui ont fait perdre, soit le défaut d'exhibition, soit une exhibition tardive (*Ulp. fr.* 9, § 5, 7 *et* 8; *fr.* 11; *Paul. fr.* 10, *eod.*). Il faudra donc tenir compte des fruits perçus pendant le litige (*medii temporis*); et si l'usucapion accomplie, dans le même intervalle, a rendu la revendication impossible, le défendeur doit, en exhibant l'objet dont il est devenu propriétaire, consentir que la revendication produise rétroactivement l'effet d'une revendication exercée avant l'usucapion (*Ulp. d. fr.* 9, § 6). Autrement l'exhibition est inutile, et n'empêche pas le défendeur d'être condamné (*text. hic*).

On applique à la restitution des objets revendiqués ce qui vient d'être dit sur la *rei causa*, ainsi que les décisions de notre texte sur le délai demandé par le défendeur, sur la caution qu'il doit fournir et sur la condamnation à laquelle l'exposerait le défaut d'exhibition ou de caution (*Gaius, fr.* 18 *et* 20, *de rei vind.; Paul. fr.* 12, § 5, *ad exhib.;* v. § 2, *h. t.;* 1244).

§ IV ET V.

1381. Nous avons parlé précédemment des différentes parties dont se compose la formule, et entre autres de la *condemnatio*, qui confère au juge le pouvoir d'absoudre le défendeur ou de prononcer contre lui une condamnation pécuniaire (1374). Quelquefois ce pouvoir de condamner une personne se trouve combiné avec un autre pouvoir sur certaines choses, celui de les adjuger c'est-à-dire d'en attribuer la propriété exclusive (v. § 7; et alors la formule qui donne au juge ce dernier pouvoir contient, indépendamment de la *condemnatio*, une autre partie dite *adjudicatio*. C'est ce qui arrive dans les trois actions FAMILIÆ ERCISCUNDÆ (§ 4), COMMUNI DIVIDUNDO (§ 5) et FINIUM REGUNDORUM (1).

L'action *familiæ erciscundæ* et l'action *communi dividundo* ont pour but commun le partage soit d'une hérédité entre plusieurs co-héritiers, soit d'une ou plusieurs choses indivises entre plusieurs co-propriétaires. Lorsqu'il existe plusieurs objets, le juge doit adjuger chacun d'eux et les répartir entre les copartageants, en égalisant la valeur des lots autant que possible ; mais comme on n'obtient presque jamais un partage parfaitement égal, le juge qui a fait les adjudications doit, pour rétablir l'égalité, user du pouvoir de condamner. Il condamne effectivement celui des co-partageants dont le lot serait trop fort, à payer aux autres une somme fixe (*certa pecunia ;* § 4, *h. t. ;* § 20, *de act. ; Julian. fr.* 52, § 2, *famil. ercis.*).

1382. Le juge peut, sauf les condamnations nécessaires pour égaliser les valeurs, diviser un seul et même objet,

---

(1) § 6 *et* 7, *h. t.*; v. *Gaius*, 4 *inst.* 39 *et* 42. Le mot adjuger (*hypothecam adjudicatam*; *Marcian. fr.* 16, § 5, *de pign. et hyp.*; v. *fr.* 12, *qui potior.*), se trouve quelquefois employé à l'occasion de l'action hypothécaire; mais alors il ne s'agit pas de transférer la propriété des objets ainsi adjugés, puisque le créancier adjudicataire ne peut pas les revendiquer (*Marcian. d. fr.* 16, § 5).

par exemple un fonds, et adjuger à chacun des co-partageants une partie déterminée (§ 5, *h. t.; Ulp. fr.* 22, § 2, *famil. ercis.*) ou même, lorsque la division est impossible ou trop difficile, adjuger à une seule personne la totalité de la chose ou des choses à partager (§ 5, *h. t.; Ulp. fr.* 55, *famil. ercis.*). Le juge peut aussi adjuger à l'un des co-partageants la nue-propriété, et à l'autre l'usufruit du même objet; enfin, lorsqu'il adjuge différents héritages à différentes personnes, il peut établir entre eux une servitude quelconque (*Ulp. fr.* 22, § 3, *famil. ercis.; fr.* 7, § 1, *comm. div.; Javol. fr.* 18, *eod.*).

Voilà pour les choses à partager; mais les actions dont nous parlons ici s'appliquent encore à différentes obligations (v. *Ulp. fr.* 22, § 4, *famil. ercis.*) qui se forment entre cohéritiers ou entre co-propriétaires (1100). Sous ce rapport, il n'est plus question d'adjuger; le *judex* n'a qu'un pouvoir, celui de condamner ou d'absoudre (v. § 4, *in fin.*).

§ VI.

1383. La limite des champs contigus qui appartiennent à différents propriétaires est souvent incertaine; alors, en cas de contestation, l'action *finium regundorum* (1) charge le juge de rechercher la véritable limite. A cet effet, le juge doit s'éclairer par ses propres yeux, par l'inspection des anciens monuments et par le rapport des arpenteurs (v. *Ulp. fr.* 8, § 1; *Pap. et Paul.*

(1) On appelle *fines* ou *confinium* un espace de cinq pieds de largeur, qui, d'après la loi des Douze-Tables, devait rester vacant et par conséquent inculte entre les propriétés voisines (*Pothier*, 10 *pand.* 1, *n°* 9; 50 *pand.* 16, *n°* 52 *et* 98).

fr. 11 *et* 12, *fin. reg.*), et condamner celle des parties qui résisterait à l'ordre par lui donné soit d'abattre un arbre ou une construction qui empiète sur la limite (*Paul. fr.* 4, § 3, *eod.*), soit d'arpenter les héritages (*text. hic in fin.*), et probablement aussi de restituer le terrain usurpé (v. *Ulp. fr.* 8; *Modest. fr.* 7, *eod.*); car l'action personnelle *finium regundorum*, qui tient lieu de la revendication (*pro vindicatione rei est*; *Paul. fr.* 1, *fin. reg.*), a toutes les apparences d'une action arbitraire.

Les condamnations que le juge peut avoir à prononcer, comprennent aussi les délits commis par l'un des voisins *circa fines*, par l'enlèvement des pieds corniers (*arbores finales*), ou par la soustraction des bornes (*text. hic*; v. *Paul. fr.* 4, § 4, *fin. reg.*).

1384. Jusqu'ici l'adjudication ne figure en aucune manière. Elle n'intervient, en effet, dans l'action *finium regundorum*, que lorsqu'il y a nécessité d'adjuger, et conséquemment de transférer à l'un des voisins une partie quelconque du terrain qui appartient à l'autre, en indemnisant celui-ci par une condamnation prononcée contre le premier; mais il faut pour cela qu'il y ait avantage à substituer aux limites actuelles d'autres limites plus apparentes et plus certaines (*text. hic*; *Ulp. fr.* 2, § 1; *Gaius, fr.* 3, *fin. reg.*).

§ VII.

1385. La propriété des objets adjugés, comme on vient de le dire (§ 4, 5 *et* 6), est immédiatement acquise à l'adjudicataire (*text. hic*), indépendamment de toute tradition; parce que l'adjudication est par elle-même une manière de transférer le domaine des choses *mancipi* ou *nec mancipi* (*Ulp.* 19 *reg.* 2 *et* 16; *fr.* 6, § 3, *de statulib.*), du moins lorsque le *judicium* est *legitimum* (*Paul. fragm. vatic.* 47; v. 1335).

Dans l'action *finium regundorum*, l'effet translatif de propriété que l'on attribue à l'adjudication, se conçoit aisément; quant aux deux autres actions, on n'aperçoit pas aussi clairement ce que peut acquérir chacun des copartageants, puisqu'il était déjà propriétaire de l'objet qu'on lui adjuge. Cet objet lui appartenait en effet, mais pour partie seulement, c'est-à-dire pour la moitié, le tiers ou le quart, tandis qu'après l'adjudication ce même objet lui appartient pour la totalité; il y a donc acquisition réciproque, chacun ayant échangé la part indivise que ses cohéritiers ou ses copropriétaires avaient sur son lot, contre la part indivise qu'il avait lui-même sur le lot des autres. Lors même qu'il s'agit d'un seul objet, par exemple, d'un terrain que l'on divise en deux portions (v. § 5, *h. t.*), l'adjudication des deux lots a encore tous les résultats d'un véritable échange : en effet, chacun des copropriétaires avait primitivement une fraction indivise, une moitié du tout et de chaque atome, et pour cette moitié dans la totalité, il obtient la totalité d'une moitié distincte et déterminée. Cela est tellement vrai que l'hypothèque établie par l'un des copropriétaires sur sa part indivise, par exemple sur sa moitié, subsiste après l'adjudication sur la moitié d'un lot et sur la moitié de l'autre (v. *Ulp. fr.* 6, § 8, *commun. div.*).

TITRE XVIII.

Des Accusations publiques.

§ I.

1386. Parmi les procès criminels, on appelle *publica*

judicia ceux qu'une loi spéciale a déclarés tels (*Macer, fr.* 1, *h. t.*; *fr.* 3, *de prævar.*), en instituant pour l'avenir une juridiction permanente contre certains crimes (v. *Sigon., de judic. lib.* 2, *cap.* 4).

On les nomme *publica*, parce que le droit d'accuser et de poursuivre appartient, du moins en règle générale (*plerumque*), à toute personne (*cuivis ex populo, text. hic*; v. *Ulp. fr.* 43, § 10, *de rit. nupt.*; *Modest. fr.* 30, § 1, *de l. c. de fals.*; *Constant.* C. 30, *ad l. j. de adult.*) qui ne serait pas formellement exceptée, comme le sont notamment les femmes et les pupilles, dans tous les cas où le fait ne les intéresse pas directement (v. *Mac., Paul. et Herm. fr.* 8, 9, 10 *et* 11, *de accus.*).

C'est dans le même sens que les actions populaires (1168) prennent quelquefois aussi le nom d'actions publiques (*Paul. fr.* 30, § 3, *de jurejur.*).

PR. ET § XII.

1387. On concevra facilement qu'il existe, pour les *publica judicia*, une procédure spéciale qui n'admet point les actions (*pr.*), c'est-à-dire les formules dont nous avons parlé précédemment (1172), quoique le mot *actio* et le verbe *agere* ne soient pas inusités dans cette matière (v. *Ulp. fr.* 5, *si ex nox. caus.*; *Paul. fr.* 2; *Pap. fr.* 10; *Macer, fr.* 15, § 3, *ad sc. turpil.*).

1388. Malgré la promesse de Justinien (§ 12), ses Pandectes ne donnent aucun détail sur l'ancienne procédure, réglée, en grande partie du moins, par une loi Julia dite *publicorum judiciorum* (*Paul. fr.* 4, *de testib.*; *fr.* 3, *de accus.*), portée sous le règne d'Auguste, en 729. Paul nous apprend que de son temps les anciennes formes étaient tombées en désuétude, en sorte que les *judicia publica* se jugeaient *extra ordinem*, quoique l'on continuât d'appliquer les peines primitivement établies par les lois (*fr.* 8, *h. t.*), peines qui ont été presque toutes modifiées et aggravées.

Consultez à cet égard Brisson (*Select. ex jur. civ. antiq.*, *lib.* 2 *cap.* 1), et surtout Sigonius (*lib.* 2, *de judiciis*).

§ II.

1389. Dans le langage ordinaire, toute condamnation qui blesse l'honneur et attaque la considération des personnes est capitale, du moins d'après l'acception latine du mot *capitalis;* mais dans le langage judiciaire, il n'y a de peine capitale que celle qui fait perdre au condamné la vie (*ultimo supplicio*), la liberté (*metallo;* 69) ou tout au moins les droits et le titre de citoyen (*aquæ et ignis interdictione vel deportatione*, *text. hic;* v. 191; *Modest. fr.* 103, *de verb. sign.*). Toute autre peine et la rélégation elle-même ne seraient pas capitales, parce qu'elles ne priveraient pas la cité d'une tête (*Paul. fr.* 2, *h. t.*), c'est-à-dire d'un citoyen.

Remarquez cette locution, *cœtera si quam infamiam irrogant,* etc. (*text. hic*), locution doublement inexacte; car d'un côté plusieurs *judicia* dont nous avons parlé précédemment (1371) sont infamants sans être *publica,* et d'un autre côté la condamnation résulant des *publica judicia* est toujours infamante (*Macer*, *fr.* 7, *h. t.*).

§ III.

1390. Pour énumérer les *publica judicia,* Justinien cite directement les lois qui les ont établis (*publica sunt hæc : lex Julia,* etc.), comme s'il confondait le JUDICIUM avec la loi qui l'a constitué, l'effet avec la cause (*Macer, fr.* 1, *h. t.*).

Les attentats contre le prince ou contre l'état ont été punis par différentes lois (v. *Pothier*, 48 *pand.* 4, *n°* 1), notamment par la loi des Douze-Tables (*Marcian. fr.* 3, *ad leg. jul. maj.*), et en dernier lieu par la loi Julia dite MAJESTATIS, qui paraît avoir été proposée par Jules César. A l'interdiction du feu et de l'eau, seule peine infligée par cette loi (v. *Paul.* 5 *sent.* 29, § 1), on a substitué, sous Tibère, la peine de mort dont parle notre texte. Elle est encourue par ceux qui, sans avoir consommé l'attentat, ont essayé de le commettre (*moliti sunt*) ; car l'intention et le fait sont punis avec la même sévérité (*Arcad. et Honor.* C. 5, *ad l. j. majest.*), ce qui paraît établi comme règle générale pour tous les crimes (v. 1395).

1391. Il en est autrement de cette seconde décision qui, après le décès du coupable, permet de condamner sa mémoire (*text. hic;* § 5, *de her. quæ ab int.*). C'est une exception au principe général que la mort éteint la poursuite criminelle (*Ulp. fr.* 11, *ad l. j. majest.; Marcian. fr.* 1, § 4, *de requir.; Paul. fr.* 20, *de pœn.*), exception appliquée limitativement, sous Marc-Aurèle (1), au crime qualifié PERDUELLIO. On appelle ainsi, à cause du vieux mot *perduellis* qui signifiait ce qu'a signifié plus tard *hostis*, le crime de quiconque agit contre sa patrie en ennemi déclaré, et notamment le crime des traîtres et des transfuges (v. *Pothier,* 48 *pand.* 4, *n°* 2, 3 *et* 4). Dans tout autre cas, quoiqu'il y ait crime de lèse-majesté puni

(1) Voyez au Code (*lib.* 9, *tit.* 8) trois décisions qui terminent le titre *ad leg. Jul. majest.*

par la loi Julia, la mort du coupable éteint les poursuites (*Ulp. d. fr.* 11).

§ IV.

1392. La loi Julia contre l'adultère, *de adulteriis coercendis*, la même qui prohibe l'aliénation du fonds dotal (499), a été portée sous le règne d'Auguste (*Ulp. fr.* 1, *ad. l. j. de adult.*), l'an de Rome 736 ou 737. Cette loi statue notamment sur l'adultère proprement dit, sur une débauche que les expressions du texte et l'épithète *nefanda* désignent suffisamment, enfin sur le *stuprum*. On appelle ainsi le commerce qu'un homme entretient en dehors des noces ou du concubinat avec une femme libre, célibataire ou veuve (*Modest. fr.* 34, *eod.*; *fr.* 101, *de verb. sign.*), qui cependant vit honnêtement (*honeste viventem*) en ce sens que ses mœurs ne la rende pas indigne du titre de *materfamilias* (1), par opposition aux femmes esclaves ou de mauvaise vie, femmes dont la fréquentation reste impunie (*Paul.* 2 *sent.* 26, § 16). On suppose ici un *stuprum* sans violence (*sine vi*) pour ne pas tomber dans le cas d'une autre loi Julia, dont s'occupe le § 8, *h. t.*).

---

(1) On appelle ici *materfamilias* toute femme de bonnes mœurs, sans distinguer si elle est célibataire, mariée ou veuve (*Ulp. fr.* 46, § 1, *de verb. sign.*; v. *Pap. fr.* 10, *ad l. j. de adult.*). Quelquefois le même titre désigne plus spécialement une femme jouissant d'une considération bien établie, *notæ auctoritatis feminam* (*Ulp. fr.* 3, § 6, *de liber. exhib.*). Dans une autre acception *materfamilias* est l'opposé de *filiafamilias* et le corrélatif de *parterfamilias* : ce mot désigne alors une femme *sui juris* (*Ulp. fr.* 4, *de his qui sui jur.*; *fr.* 1, § 1, *ad sc. tertyll.*; *Afric. fr.* 34, *solut. matr.*). Enfin Cicéron (*in topic.*) donne le titre d'*uxor* à toutes les femmes mariées *justis nuptiis*, et celui de *materfamilias* à celles qui se trouvent *in manu* (v. 847).

1393. La peine de mort, infligée au complice de la femme adultère (*temeratores alienarum nuptiarum*) et à la femme elle-même (v. *Alex.* C. 9, *ad. l. j. de adult.*), ne l'a point été par la loi Julia comme le dit notre texte, mais par une constitution de Constantin (1). Auguste s'était contenté de confisquer le tiers des biens de la femme et la moitié des biens de son complice, en reléguant l'un et l'autre dans deux îles différentes (*Paul.* 2 *sent.* 26, § 14; v. *Marcian. fr.* 5, *de quæst.*).

Justinien dans ses Novelles (*Nov.* 134, *cap.* 10) a conservé contre l'homme la peine de mort. Quant à la femme, l'empereur veut qu'elle soit rasée et enfermée dans un monastère où elle restera toute sa vie, si son mari ne l'a pas reprise de son vivant, et au plus tard dans le délai de deux ans.

On ne sait pas précisément quelle peine la loi Julia avait portée contre ceux dont la débauche s'exerce *cum masculis*. Paul (2 *sent.* 26, § 12) nous les montre soumis à une peine capitale dès le troisième siècle, mais dans un cas particulier qui aggrave le crime. D'après une constitution de Théodose (C. 6, C. Th. *ad. l. j. de adult.*), ils devaient périr dans les flammes; Justinien (*text. hic*) a préféré la peine du glaive établie par Constantin (C. 31, *ad. l. j. de adult.*).

Quant à la punition du *stuprum*, rien ne confirme ni ne dément les dispositions que notre texte attribue à la loi Julia.

---

(1) *Constant.* C. 30, § 1, *ad l. j. de adult.*; *Just. nov.* 134, *cap.* 10. Pour que la paix des ménages ne fût pas inconsidérément troublée par les étrangers qui voudraient accuser une femme d'adultère, Constantin (*d.* C. 30, *pr.*) n'a conservé le droit d'accuser qu'au mari et à ses plus proches parents, c'est-à-dire à son père, à son frère et à ses oncles paternels ou maternels.

§ V.

1394. La loi Cornélia, proposée par Cornélius Sylla, l'an de Rome 672 ou 673, la première ou la seconde année de sa dictature, punit ceux qui ont tué un homme, et même ceux qui, pour le tuer, portent un projectile quelconque (*telum*; v. *text. hic.*); elle punit également ceux qui donnent la mort par le poison (*venenis*) ou par des enchantements (*susurris magicis*) et ceux qui vendent publiquement des substances vénéneuses (*mala medicamenta*). Aussi cette loi est-elle intitulée DE SICARIIS ET VENEFICIIS (*Marcian. fr.* 1; *fr.* 3, *pr. et* § 5, *ad l. c. de sicar.*), et quelquefois de SICARIIS seulement (*text. hic*; *Ulp. fr.* 4, *eod.*); ce titre la distingue d'une autre loi Cornélia dont parlera le § 7.

1395. La loi ne punit pas ceux qui ont tué sans le vouloir; mais en sens inverse ceux qui, sans avoir causé la mort, ont voulu la donner et se sont préparés au meurtre (*cum telo ambulant, text. hic*), sont punis, parce qu'en général on considère moins le résultat que l'intention : *consilium enim unius cujusque, non factum puniendum est* (*Paul.* 5 *sent.* 23, § 3; *fr.* 7, *ad l. c. de sicar.*; *Marcian. fr.* 1, § 3, *eod.*). Cette règle que les anciens jurisconsultes n'appliquaient point aux délits privés (1127), v. *Gaius*, 3 *inst* 198; § 8, *de obl. quæ ex del.*), paraît générale pour tous les crimes (*Callistr. fr.* 14, *ad l. c. de sicar.*) : toutefois, on ne punit jamais la mauvaise pensée que l'homme peut concevoir et qu'il renferme en lui-même (*Ulp. fr.* 18, *de pæn.*); mais la volonté devient criminelle et punissable lorsqu'elle se manifeste par des préparatifs et des tentatives dont l'effet manque par cas fortuit, *cum id casu aliquo perpetrare non potuerit* (*Paul. loc. cit.*).

Quoi que dise notre texte, la loi Cornélia n'infligeait pas la peine de mort, mais seulement la déportation ou plutôt l'interdiction du feu et de l'eau. Cependant la peine de mort existait déjà du temps de Paul (5 *sent.* 23, § 1) et d'Ulpien (*collat. leg. mosaic. tit.* 12, § 5; v. *Marcian. fr.* 3, § 5; *Modest. fr.* 16, *ad l. c. de sicar.*).

§ VI.

1396. Parricidium ou *paris cædes*, signifiait primitivement le meurtre d'un homme par son semblable, et devenait alors synonyme d'homicide (*Festus, v° parici*; v. *Pomp. fr.* 2, § 23, *de orig. jur.*). D'après une autre étymologie (*patris* ou *parentis cædes*), ce mot, pris dans une acception beaucoup plus étroite, a désigné plus tard le meurtre d'un ascendant quelconque. Dans ce dernier sens, le parricide est devenu l'objet d'une disposition spéciale dans la loi Cornélia *de sicariis* (*Pomp. fr.* 2, § 32, *eod.*); disposition que la loi Pompéia portée en 701, sous le consulat de Cn. Pompée, a étendue de manière à comprendre le meurtre des père, mère et aïeux, des frère, sœur, oncle, tante, cousin et cousine, le meurtre d'un conjoint, d'un gendre et en général d'un allié en ligne directe au premier degré, enfin le meurtre des patron et patronne (*Marcian. fr.* 1, *de l. p. de parr.*; *fr.* 3 *et* 4, *eod.*).

Le père meurtrier de ses enfants n'est pas compris dans cette énumération, peut-être à cause du droit de vie et de mort qui résultait anciennement de la puissance paternelle; mais la loi a été appliquée au meurtre des enfants par la mère ou par un aïeul (*Marcian. d. fr.* 1) qui n'a point la puissance paternelle.

1397. Le coupable, dans ces différents cas, a toujours

été puni de mort; cependant le supplice que détaille notre texte ne vengeait que le parricide proprement dit, c'est-à-dire le meurtre des père, mère ou aïeux (*Modest. fr.* 9, *pr. et* § 1, *eod.*). Ce supplice, usité chez les anciens Romains pour différents crimes, fut ensuite réservé aux parricides, sans leur être ni constamment ni exclusivement infligé (v. *Paul.* 5 *sent.* 24; *Modest. d. fr.* 9), jusqu'au moment où il fut rétabli par Constantin (C. *de his qui par. vel liber.*) qui punit le meurtre des enfants par le père, comme celui du père par les enfants.

La peine s'étend jusqu'aux étrangers qui aident à commettre le crime (*cujus dolo malo id factum est*) ou qui s'en rendent complices (*conscii*; *text. hic*) en y prenant une part quelconque (*Ulp. fr.* 6 *et* 7, *de l. p. de parric.*; v. *fr.* 10, § 2, *quæ in fraud.*); car la simple connaissance du projet n'entraîne, contre ceux qui ne l'ont pas révélé, que la relégation (*Scæv. fr.* 2, *de l. p. de parric.*).

§ VII.

1398. La loi Cornélia *de falsis*, portée en 673, est aussi appelée *testamentaria*, parce qu'elle ne s'appliquait qu'aux testaments. Cependant Justinien dit expressément que la loi punit le faux commis dans un écrit quelconque (*testamentum vel aliud instrumentum falsum*; *text. hic*; v. *Paul.* 5 *sent.* 25, § 1), parce qu'en effet les dispositions de la loi Cornélia sur les testaments ont été étendues aux autres actes, et notamment aux codiciles, par le sénatus-consulte Libonien porté sous le règne de Tibère ou de Claude (v. *Ulp., collat. leg. mosaic., tit.* 8, § 6). La loi Cornélia punissait aussi le crime de fausse monnaie (*Ulp. fr.* 9, *pr.*, § 1 *et* 2, *de l. c. de fals.*; *Paul.*

5 *sent.* 25, § 1), et de là vient que Cicéron l'appelle TESTAMENTARIA, NUMMARIA.

La peine indiquée par notre texte, et la distinction qu'il établit d'après la condition du coupable, paraissent appartenir véritablement à la loi Cornélia (v. *Marcian. fr.* 1, § 13, *eod.*; *Paul. loc. cit.*).

§ VIII.

1399. La loi Julia contre la violence (*de vi publica aut privata*) est-elle de César ou d'Auguste? A-t-il existé deux lois distinctes, l'une sur la violence publique, l'autre sur la violence privée? On l'ignore; mais il est certain qu'antérieurement il avait été porté deux autres lois sur le même sujet, savoir, la loi Plautia, en vertu de laquelle fut poursuivi Catilina, et une loi proposée par Pompée, à laquelle se réfère le plaidoyer de Cicéron *pro Milone* (v. *Pothier,* 48 *pand.* 6 *et* 7, *n°* 1).

Entre la violence publique et la violence privée, la distinction résulte, suivant Justinien (*text. hic;* § 6, *de interd.*), de cette circonstance que l'une serait commise à main armée, et l'autre sans armes. Les anciens textes semblent distinguer, au contraire, si la violence blesse l'ordre public ou des intérêts privés (v. *Paul.* 5 *sent.* 26, § 1 *et* 3; *fr.* 12, *ad l. j. de vi publ.; Mæcian. fr.* 8; *Ulp. fr.* 7 *et* 10, *eod.*; *fr.* 2, § 1 *et* 2, *de vi bon. rapt.*).

Justinien conserve ici les peines établies par la loi Julia (*Ulp. fr.* 10, § 2, *ad l. j. de vi publ.; Marcian. fr.* 1, *ad de l. j., vi priv.*; *Modest. fr.* 8, *eod.*; *Paul.* 5 *sent.* 26, § 1 *et* 3), malgré la constitution de Constantin (C. 6, *ad l. j. de vi publ. vel priv.*) qui avait remplacé la déportation par la peine de mort, peine que Justinien inflige spécialement au crime de rapt commis envers une femme mariée, célibataire ou veuve, libre ou esclave d'autrui (*text. hic*; C. *de rapt. virg.*).

§ IX.

1400. On appelle péculat le vol des deniers publics, des objets sacrés ou religieux, vol puni par une loi de César ou d'Auguste, dite Julia *peculatus et de sacrilegis et de residuis* (*Digest. lib.* 48, *tit.* 13).

Le pillage et l'enlèvement des objets sacrés appartenant à l'état se nomme sacrilége. Sous Alexandre Sévère, ce crime était puni de mort (*Paul. fr.* 9, *pr. et* § 1; *Marcian. fr.* 5, *ad. l. j. pecul.*).

Les comptables qui retiendraient induement les deniers publics par eux perçus, sont soumis à la loi Julia *residuorum*, qui les oblige à payer un tiers en sus de la somme dont ils restaient débiteurs (*Marcian. fr.* 4, § 3, 4 *et* 5; *Paul. fr.* 2; *fr.* 9, § 6, *eod.*).

1401. Quant au péculat, la loi Julia le réprimait par une peine pécuniaire du quadruple (*Paul.* 5 *sent.* 27; *Herm. fr.* 46, § 9, *de jur. fisc.*), remplacée dès le temps d'Ulpien (*fr.* 3, *ad. l. j. pecul.*) par la déportation, que Justinien conserve contre toute personne excepté les fonctionnaires publics (*judices*, *text. hic*) qui auraient commis le péculat pendant la durée de leurs fonctions. Eux et leurs complices, et quiconque aurait sciemment reçu les deniers par eux soustraits, restent soumis à la peine capitale, c'est-à-dire à la peine de mort établie sous Théodose (*text. hic*; *Honor.*, *Theod. et Arcad.* C. *de crim. pecul.*; *Grat.*, *Val. et Theod.* C. 5, C. Th. *ad l. j. repet.*).

§ X.

1402. La loi Fabia ou Favia dont on ignore l'âge et

l'auteur, quoiqu'elle existât du temps de Cicéron, punit les plagiaires, c'est-à-dire ceux qui, sciemment et de mauvaise foi, recèlent, vendent, achètent, mettent ou tiennent dans les fers un citoyen romain, ingénu ou affranchi, et même l'esclave d'autrui (*Paul.* 5 *sent.* 30, § 1; *Ulp. collat. leg. mosaïc. tit.* 14, § 3; *fr.* 1, *de leg. fab.*; *Hermog. fr.* 6, § 2, *eod.*).

Cette loi infligeait une peine pécuniaire que les constitutions ont remplacée, dès le temps de Paul (5 *sent.* 30, § 1) par des peines capitales ou par la relégation, suivant la condition du coupable. Telle est probablement la distinction à laquelle se réfère Justinien (*text. hic*), quoiqu'il ait conservé plusieurs constitutions de ses prédécesseurs qui infligent la peine de mort sans distinction (*Diocl. et Max.* C. 7; *Constant.* C. 16, *ad. l. f. de plag.*).

§ XI.

1403. Nous avons déjà parlé de la loi Julia *de residuis* (1400).

Ambitus est le crime des ambitieux qui répandent l'argent pour briguer les fonctions publiques. Depuis l'an de Rome 322, des lois nombreuses ont été portées sur cette matière; la dernière de toutes est la loi Julia, présentée par Auguste (v. *Pothier*, 48 *pand.* 14, *n°* 1). La peine qui est ordinairement de cent pièces d'or (v. *Modest. fr.* 1, § 1, *de l. j. amb.*) s'élève quelquefois jusqu'à la déportation (*Paul.* 5 *sent.* 30; v. *Arcad. et Honor.* C. *ad. l. j. de amb.*).

Les lois *de ambitu* ont été nécessaires sous la république, et tant que les magistrats furent élus par le peuple. Plus tard, ils ont été nommés par le prince, et alors la loi Julia s'est trouvée sans application IN CIVITATE; mais la répression fut encore utile dans les villes municipales, IN MUNICIPIO (*Mod.fr.* 1, *pr. et* § 1, *de l. j. amb.*).

1404. D'après la loi Julia *repetundarum*, portée par César dans son premier consulat (v. *Pothier*, 48 *pand.* 11, *n°* 1), le fonctionnaire public qui, pour remplir ou au contraire pour ne pas remplir son devoir en tout ou en partie, aurait reçu quelques valeurs (*Marcian. fr.* 1; *Macer, fr.* 3; *Venul. fr.* 4, *d. l. j. repet.*; v. *Macer, fr.* 3, *eod.*), doit être condamné au quadruple (*Grat. et Val.* C. 1; *Theod. et Val.* C. 6, *ad l. j. rep.*), et quelquefois subir la déportation ou même la mort, suivant la gravité du crime (*Paul.* 5 *sent.* 28; *Macer, fr.* 7, § 3, *de l. j. rep.*).

ANNONA signifie le froment et par extension tous les vivres. La loi Julia *de annona* impose une amende de vingt sols d'or à quiconque en ferait hausser le prix (*Ulp. fr.* 2, *pr.* § 1 *et* 2, *de l. j. de annon.*).

FIN.

TROYES. — IMPRIMERIE DE CARDON.

www.ingramcontent.com/pod-product-compliance
Lightning Source LLC
Chambersburg PA
CBHW031606210326
41599CB00021B/3078

* 9 7 8 2 0 1 4 4 7 9 1 2 6 *